Romy Hilbrich | Karin Hildebrandt | Robert Schuster (Hrsg.)

Aufwertung von Lehre oder Abwertung der Professur?
Die Lehrprofessur im Spannungsfeld von Lehre, Forschung und Geschlecht

Hochschulforschung Halle-Wittenberg

Herausgegeben für das Institut für Hochschulforschung (HoF) von
Peer Pasternack

Romy Hilbrich | Karin Hildebrandt | Robert Schuster
(Hrsg.)

Aufwertung von Lehre oder Abwertung der Professur?

Die Lehrprofessur im Spannungsfeld von
Lehre, Forschung und Geschlecht

Akademische Verlagsanstalt
Leipzig 2014

Diese Publikation wird im Rahmen des Vorhabens „„Männliche' Forschung – ‚weibliche' Lehre? Konsequenzen der Föderalismusreform für Personalstruktur und Besoldung am Arbeitsplatz Universität" aus Mitteln des Bundesministeriums für Bildung und Forschung und des Europäischen Sozialfonds der Europäischen Union gefördert (Förderkennzeichen 01FP1022/23).

GEFÖRDERT VOM

Bibliografische Information der Deutschen Nationalbibliothek
Die Deutsche Nationalbibliothek verzeichnet diese Publikation in der Deutschen Nationalbibliografie; detaillierte bibliografische Angaben sind im Internet über http://dnb.dbb.de abrufbar.

Reihe „Hochschulforschung Halle-Wittenberg"

Akademische Verlagsanstalt Leipzig 2014

© Institut für Hochschulforschung an der Universität Halle-Wittenberg (HoF) Collegienstraße 62, 06886 Lutherstadt Wittenberg, institut@hof.uni-halle.de, http://www.hof.uni-halle.de

Satz: Argwohn, Leipzig (www.argwohn-lektorat.de)
Druck: Osiris-Druck Leipzig
Umschlag: Volker Hopfner

ISBN 978-3-931-982-85-0

Inhaltsübersicht

Inhaltsverzeichnis

TEIL B.
DIE LEHRPROFESSUR – SPRUNGBRETT ODER PARKPLATZ?

TEIL C.
UNIVERSITÄRE RAHMENBEDINGUNGEN AUS GESCHLECHTERPERSPEKTIVE

Zentrale Ergebnisse

Die Beschreibung von Lehr- und Forschungsstrukturen an deutschen Universitäten erfordert in aller Regel eine Bezugnahme auf die Formel von der Einheit von Forschung und Lehre. Wenngleich von Humboldt so nie formuliert, beschreibt diese eine Norm, an der sich deutsche Universitäten über lange Zeit in der Ausgestaltung ihrer Stellen orientierten. Sowohl Professoren und Professorinnen als auch die meisten anderen Gruppen des wissenschaftlichen Personals waren der Verbindung von Forschungs- und Lehrtätigkeiten verpflichtet. Zwar gab es beispielsweise mit den Lehrkräften für besondere Aufgaben auch Ausnahmen, doch ihre Markierung als Abweichung von der Einheitsformel unterstrich die einheitsstiftende Bedeutung des Humboldt'schen Ideals eher, als dass sie sie in Frage stellte.

Während die Humboldt'sche Norm bei der Ausgestaltung von wissenschaftlichen Stellen die Felder Forschung und Lehre zusammenklammerte, wurde diese Differenzierungsbremse im Rahmen der Föderalismusreform von 2006 deutlich gelockert, wenn nicht sogar vollständig gelöst. Mit der Übertragung von Kompetenzen zur Ausgestaltung universitärer Stellenstrukturen vom Bund auf die Länder erhielten diese die Möglichkeit, in ihren Landeshochschulgesetzen eine Schwerpunktsetzung in Lehre bzw. Forschung in der Ausgestaltung ihrer Stellen vorzusehen. Die Länder eröffneten ihren Universitäten so eine Möglichkeit, unter finanziell äußerst restriktiven Bedingungen die gestiegenen Studierendenzahlen mit möglichst geringem Ressourceneinsatz zu bewältigen.

Eine Verschiebung der Lehr- und Forschungsanteile in den Stellen für wissenschaftliches Personal ist gleichbedeutend mit einer Ausdifferenzierung universitärer Stellenstrukturen in Abkehr vom Ideal der Einheit von Forschung und Lehre. Ein besonderes Phänomen stellt in diesem Zusammenhang die „Professur mit Schwerpunkt Lehre" (nachfolgend als Lehrprofessur bezeichnet) dar, bei der nun auch das prestigereichste Element der universitären Stellenstruktur – die Professur – erstmals einer solchen Schwerpunktsetzung unterzogen wurde. Im Rahmen einer lehrorientierten hochschulpolitischen Offensive wurde die Lehrprofessur im Jahr 2007 vom Wissenschaftsrat als Instrument zur Verbesserung der Lehrqualität (vor allem im Sinne von verbesserten Betreuungsrelationen) vorgestellt. An diesem Vorschlag entzündeten sich teils heftige hochschul- und auch gleichstellungspolitische Diskussionen, die sich vor allem auf die Punkte des Prestiges der Lehrprofessur, ihrer möglichen Auswirkungen auf die Lehrqualität und auf gleichstellungspolitische Aspekte fokussierten.

Die Lehrprofessur stellt einen interessanten Forschungsgegenstand dar, der zum einen die Frage nach der arbeitspraktischen Bewältigung der Verbindung von Lehre und Forschung unter veränderten Rahmenbedingungen aufwirft und außerdem in geschlechtersoziologischer Perspektive Fragen von Auf- und Abwertungsprozessen und Geschlechtszugehörigkeiten in Prozessen beruflicher Ausdifferenzierung evoziert. Von 2010 bis 2013 wurde das Phänomen der Lehrprofessur im Rahmen des Forschungsprojektes „‚Männliche' Forschung – ‚weibliche' Lehre? – Konsequenzen der Föderalismusreform für Personalstruktur und Besoldung am Arbeitsplatz Universität" am Institut für Hochschulforschung an der Martin-Luther-Universität Halle-Wittenberg untersucht.

Die Präsentation der gewonnenen Erkenntnisse zur Lehrprofessur wird verbunden mit ergänzenden Beiträgen, die auf der Tagung „Differenz, Hierarchie und Geschlecht – Neuordnungen im Verhältnis von Lehre und Forschung am Beispiel der Lehrprofessur" (26. April 2013 in Wittenberg) vorgestellt wurden: Sie beleuchten das Feld der universitären Verteilung von Lehre und Forschung auch im Hinblick auf Auf- und Abwertungsprozesse näher.

Der erste Teil des Bandes führt ein in die Frage nach einer geschlechtsbezogenen Arbeitsteilung innerhalb der universitären Wissenschaft und den damit verbundenen Anerkennungs- und Prestigezuweisungen. Hierzu nehmen zunächst *Birgit Riegraf* und *Lena Weber* den Wandel des Arbeitsfeldes universitärer Wissenschaft im Rahmen von New Public Management-getriebenen Reorganisationsprozessen insgesamt in den Blick. Sie fragen nach Veränderungen, die daraus für bestehende Muster geschlechtlicher Gleich- und Ungleichstellungen resultieren und zeigen Zusammenhänge zwischen Auf- und Abwertungsprozessen und der Veränderung von Frauenanteilen in der universitären Wissenschaft auf. Dabei plädieren sie dafür, auch für Uneindeutigkeiten und Risse im bisherigen Muster von Aufwertung/Maskulinisierung und Abwertung/Feminisierung aufmerksam zu sein.

Romy Hilbrich und *Robert Schuster* schließen daran an und entwickeln einen theoretischen Rahmen für die Analyse dieser aktuellen Veränderungen mit Bezugnahmen auf die professionssoziologische Geschlechterforschung, die Systemtheorie und die Feld- und Kapitaltheorie. Anschließend prüfen sie in einem empirischen Beitrag die wissenschaftlichen Karrierewege und universitären Stellenstrukturen auf Belege für einen Prozess der Ausdifferenzierung in lehr- und in forschungsbezogene

Bereiche. Im Anschluss untersuchen sie Daten der amtlichen Statistik und Daten aus einer Befragung von universitären Frauen- und Gleichstellungsbeauftragten auf Hinweise, die eine entsprechende geschlechtsbezogene Arbeitsteilung zwischen den Feldern Lehre und Forschung nahelegen.

Roland Bloch, Monique Lathan und *Carsten Würmann* nähern sich auf andere Weise der These der ,weiblichen' Lehre. Auf der Grundlage einer vollständigen Erhebung der Lehraktivitäten aller Lehrenden an vier Universitäten zeigen sie, dass sich zumindest in quantitativer Hinsicht keine Geschlechterunterschiede in der Verteilung von Lehraktivitäten beobachten lassen. Abschließend wird deshalb die Frage aufgeworfen, inwieweit Geschlechterdifferenzen in Lehrengagement und Lehrbelastung ,unterhalb' der Ebene von Semesterwochenstunden bearbeitet werden müssten.

Der zweite Teil des Bandes stellt die empirischen Befunde des „Lehrwert"-Projektes fokussiert auf das Phänomen der Lehrprofessur vor. *Robert Schuster, Romy Hilbrich und Karin Hildebrandt* skizzieren zunächst das Forschungsdesign des Projekts mit Fokus auf das Phänomen Lehrprofessur. Die anschließende Methodenreflexion expliziert einige charakteristische Probleme der Beforschung von Hochschulen.

Romy Hilbrich und *Robert Schuster* analysieren anschließend zunächst die hochschulpolitische Diskussion zur Lehrprofessur vor allem im Hinblick auf die argumentativen Bezugnahmen auf die Formel der Einheit von Forschung und Lehre. Sie präsentieren dann Daten zur empirischen Verbreitung der Lehrprofessur, differenziert nach Bundesländern und Fächern, und zeigen mit Rückgriff auf eigene Erhebungen, mit welchen Argumentationen die skeptische Zurückhaltung der Universitäten gegenüber dieser neuen Stellenkategorie unterlegt ist. Abschließend werden die unterschiedlichen organisationalen Strategien von Universitäten im Umgang mit Lehrprofessuren vorgestellt. Die eher an quantitativen Maßstäben orientierte Strategie verfolgt die Zielsetzung einer kostenneutralen Verbesserung der Betreuungsrelationen und verlangt von den Stelleninhaberinnen und -inhabern mehr oder weniger klassische Forschungsleistungen. Eine andere – qualitative – Strategie ist mit weitreichenderen strukturellen Verbesserungen der Lehre verbunden. Die Forschungserwartungen an die Stelleninhaber und -inhaberinnen sind dementsprechend reduziert worden.

Robert Schuster beschreibt in seinem Beitrag zur Arbeitspraxis der Lehrprofessoren und -professorinnen, wie diese versuchen, den Balanceakt zwischen Forschung und Lehre zu meistern. Es wird gezeigt, dass die Lehre zwar einen hohen Stellenwert für die Lehrprofessoren und –professorinnen einnimmt, sie sich aber nach wie vor als Forscherpersönlichkeiten verstehen und in den Interviews entsprechend entwerfen. Das Spektrum der beobachteten Konstellationen beinhaltet dabei sowohl Fälle, in denen Lehre und Forschung sich gegenseitig gut ergänzen, als auch Situationen, in welchen die Lehraufgaben Zeit für eigene Forschung dramatisch reduzieren. Die Lehrprofessorinnen und -professoren entwickeln verschiedene Strategien, um Zeit für eigene Forschung freisetzen zu können. Diese werden systematisiert dargestellt und anschließend hinsichtlich ihrer Auswirkungen für die Lehrqualität diskutiert.

Die Frage, warum die Lehrprofessur, anders als angenommen, keine dominant weiblich besetzte Stellenkategorie ist, steht im Zentrum des Beitrags von *Romy Hilbrich*. Er erörtert die Lehrprofessur im Hinblick auf die außerwissenschaftlichen Orientierungen der Stelleninhaber und -stelleninhaberinnen, und zeigt, dass die subjektiven Motive sich überraschenderweise nicht hauptsächlich auf die Lehrtätigkeit richten, sondern sich aus den Bedürfnissen nach berufsbiographischer Sicherheit, Interesse an Forschung und der Anforderung der Vereinbarung erwerblicher mit familien- und partnerschaftsbezogenen Anforderungen und Orientierungen ableiten.

Die empirisch basierten Beiträge zur Lehrprofessur werden ergänzt durch drei Beiträge der erwähnten Tagung. *Ulrike Beisiegel* (Präsidentin der Universität Göttingen, Mitinitiatorin der Empfehlungen des Wissenschaftsrats zur Professur mit Schwerpunkt Lehre) und *Winfried Kluth* (Martin-Luther-Universität Halle-Wittenberg, DHV-Sprecher Halle) diskutieren das Für und Wider der Einführung von Lehrprofessuren. Der Beitrag von *Urs Kramer* zeigt, wie sich die Lehrprofessur in den Rechtswissenschaften an der Universität Passau – vor allem in Verbindung mit universitätseigenen Repetitorien – etabliert hat. Das Institut für Rechtsdidaktik der Universität Passau ist somit ein Beispiel für die „qualitätsorientierte Strategie" der Einrichtung von Lehrprofessuren – diese Strategie steht einer eher „quantitativen Orientierung" gegenüber, welche vor allem auf die Verbesserung von Betreuungsrelationen abzielt.

Der dritte Teil des Buches stellt weitere Dimensionen des Problems der Verteilung von Lehr- und Forschungsaufgaben und Geschlecht dar. *Petra Dimitrova* diskutiert den Wandel der Gleichstellungsarbeit an Hochschulen in den letzten Jahren. Sie arbeitet heraus, dass, obwohl die Mehrheit der Universitätsleitungen Gleichstellungspolitik inzwischen einen höheren Stellungswert zuschreibt, wenige konkrete Gleichstellungsziele und -vorhaben in den Entwicklungszielen der Universitäten definiert wurden. Es bestünde immer noch Nachholbedarf in folgenden Bereichen: Bezahlung, Arbeits- und Lebenssituationen, geschlechtsspezifische Konnotation von Disziplinen und den darin vertretenden Frauenanteilen auf den verschiedenen Hierarchieebenen. Diese allgemeine Analyse konkretisiert sich vor allem in der Untersuchung der Arbeitssituation der universitären Frauen- und Gleichstellungsbeauftragen. So gab ein großer Teil der befragten Frauen- und Gleichstellungsbeauftragten an, dass insbesondere die zeitlichen und finanziellen Ressourcen nicht in ausreichendem Maß zur Verfügung stünden.

Karin Hildebrandt und *Petra Dimitrova* untersuchen anschließend das Berufungsverfahren als eines der bedeutendsten Steuerungselemente von Universtäten. Dieses prägt nicht nur auf entscheidende Weise das Profil der Hochschule, es ist auch eines der wichtigsten Einflussinstrumente auf das universitäre Geschlechterverhältnis. Die Autorinnen diskutieren in diesem Zusammenhang die Forderung nach Formalisierung der Verfahren im Hinblick auf eine potenzielle Gestaltung des Geschlechterverhältnisses. Darüber hinaus wird die Bedeutung von Kriterien zur Bewertung von Lehr- und Forschungsleistungen in den Blick genommen. Dabei zeigt sich, dass nach wie vor die klassischen Forschungsindikatoren das Maß der wissenschaftlichen Leistung bestimmen. Auch die Lehrprofessoren und -professorinnen berichten von Berufungsverfahren, in denen Lehre keine zentrale Rolle spielte, sondern klassische Forschungsleistungen ausschlaggebend waren.

Abschließend unternimmt es *Karin Hildebrandt*, das Themenfeld Besoldung – ein (nicht nur aus der Gleichstellungsperspektive) nach wie vor wenig beforschtes Feld – zu analysieren. Ausgehend von einer zusammenfassenden Darstellung der rechtlichen Regelungen zur W-Besoldung wird versucht, die universitäre Praxis bezüglich der Anwendung von Kriterien für die Vergabe von Lehr- und Forschungsleistungen zu beschreiben. Dabei deutet sich an, dass nach wie vor ein Gender-Pay-Gap existiert. Allerdings lässt die Datenlage keine eindeutigen Schlussfolgerungen zu, und es kann nicht ausgeschlossen werden, dass zusätzlich ein Fächereffekt eine Rolle spielt. Um diese Forschungslücke zu schließen, sind weitere Untersuchungen angeraten. Vor allem die fehlende Einbeziehung der Frauen- und Gleichstellungsbeauftragten in das Besoldungsgeschehen wird von der Autorin kritisch diskutiert. Auf Grundlage einer Befragung von Frauen- und Gleichstellungsbeauftragten werden besonders intransparente Verfahren an den Universitäten, fehlende rechtliche Instrumente zur Einflussnahme durch Gleichstellungsakteure sowie die unübersichtliche Datenlage zur Besoldungssituation problematisiert.

1. Vorbemerkungen

Differenzieren sich universitäre Stellenstrukturen zunehmend in Forschungsstellen auf der einen und Lehrstellen auf der anderen Seite aus? Sind mit diesen neuen Differenzbildungen auch neue Muster in der geschlechtsbezogenen universitären Arbeitsteilung zwischen Wissenschaftlern und Wissenschaftlerinnen verbunden? Inwieweit werden diese Entwicklungen durch die flexibilisierte Besoldung, durch die Reformierung von Berufungsverfahren und durch die universitäre Gleichstellungspolitik beeinflusst? Diese und weitergehende Fragen wurden im Rahmen des Forschungsprojekts „‚Männliche' Forschung - ‚weibliche' Lehre? Konsequenzen der Föderalismusreform für Personalstruktur und Besoldung am Arbeitsplatz Universität" bearbeitet, welches vom Bundesministerium für Bildung und Forschung (BMBF) und dem Europäischen Sozialfonds (ESF) im Rahmen der BMBF-Förderlinie „Frauen an die Spitze" im Förderbereich „Strategien zur Durchsetzung von Chancengleichheit für Frauen in Bildung und Forschung" gefördert wurde. Das Projekt wurde zwischen 2010 und 2013 unter Leitung von Anke Burkhardt und Karin Hildebrandt am Institut für Hochschulforschung der Martin-Luther-Universität Halle-Wittenberg (HoF) durchgeführt. Der vorliegende Band greift neben den Projektergebnissen auch Beiträge der Tagung „Differenz, Hierarchie und Geschlecht – Neuordnungen im Verhältnis von Lehre und Forschung am Beispiel der Lehrprofessur" auf, die am 26.04.2013 in Lutherstadt Wittenberg im Rahmen des Projekts stattfand.

Unverzichtbar für das Gelingen des Projekts war die Beteiligung einer Vielzahl von Beschäftigten des untersuchten Feldes, die an den teilweise sehr umfangreichen schriftlichen, mündlichen und elektronischen Befragungen des Projekts teilnahmen. Wir möchten uns an dieser Stelle bei den Lehrprofessorinnen und -professoren bedanken, die uns im Rahmen narrativer Interviews persönliche Einblicke in ihre beruflichen Biographien ermöglichten, bei den Frauen- und Gleichstellungsbeauftragten, die sich trotz knapper Zeitressourcen sehr engagiert an unserer Online-Befragung beteiligt haben, bei den Universitätsleitungen, die für mündliche und schriftliche Interviews zur Verfügung standen und bei allen Experten und Expertinnen, die im Rahmen von explorativen Vorgesprächen, Pre-Tests und bei der Entwicklung von Leitfäden wertvolle Expertise in das Projekt eingespeist haben.

Wir möchten uns zudem ganz herzlich bei Kolleginnen und Kollegen des Instituts für Hochschulforschung für ihre inhaltliche und administrative Unterstützung bedanken. Nicht zuletzt gilt unser Dank für die engagierte Beteiligung auch den Autorinnen und Autoren, den Tagungsteilnehmenden und Referenten und Referentinnen.

Wittenberg, Dezember 2013

Anke Burkhardt, Romy Hilbrich,
Karin Hildebrandt und Robert Schuster

Teil A.

Geschlechtsbezogene Arbeitsteilung in der Universität

2. Die Universität als Gendered Organization: Abwertung und Feminisierung in der Entrepreneurial University?

Birgit Riegraf | Lena Weber

2.1. Einleitung

Wie sich die Ausgestaltung von Arbeitstätigkeiten und Beschäftigungsverhältnissen mit der Zuweisung nach Geschlecht verbindet, wird in sozialkonstruktivistischen Arbeiten, die sich an der Schnittstelle von Professionssoziologie und Geschlechterforschung bewegen, recht eindeutig beantwortet (Wetterer 2002; Wetterer 1992; Aulenbacher et al. 2012): Der Prozess der Abwertung von Arbeitstätigkeiten oder der Verschlechterung von Beschäftigungsverhältnissen geht in aller Regel in den historisch untersuchten Beispielen mit einer Feminisierung einher. Demgegenüber vollziehen sich eine Professionalisierung von Arbeitsfeldern und die Verbesserung von Beschäftigungsverhältnissen häufig mit einer Maskulinisierung.

Diese Homologie zwischen Feminisierung und Abwertung beziehungsweise Maskulinisierung und Aufwertung darf aber nicht als zwangsläufiger Prozess verstanden werden, sie zeigt regelmäßig Brüche, es gibt immer auch Hinweise und Ansatzpunkte für gegenläufige Entwicklungen (Wetterer 2007). Wie weitreichend, nachhaltig und tief diese Brüche jeweils sind, ist nicht zuletzt von dem jeweiligen gesellschaftlichen Feld abhängig sowie den dort stattfindenden gesellschaftlichen Auseinandersetzungen und Aushandlungsprozessen[1]. Diese bestimmen auch, ob Hinweise auf mögliche gegenläufige Entwicklungen aufgrund historisch herausgebildeter ,sozialer Zwänge' und Verfestigung sich nicht einfach als Schleifen herausstellen, in denen sich kurze Phasen gebrochener Zuweisungen mit solchen Phasen abwechseln, in denen Privilegien re-etabliert werden, oder ob wiederum Prozesse der Re-Etablie-

---

[1] Die vorliegenden Überlegungen sind wesentlich im Rahmen eines größeren sehr anregenden und fruchtbaren Forschungs- und Diskussionskontextes entstanden. Wir möchten uns bei Brigitte Aulenbacher und Kristina Binner dafür ganz herzlich bedanken.

rung und der Auflösung möglicherweise unverbunden nebeneinander stehen.

Mit der Umgestaltung der Universitäten hin zur „Entrepreneurial University" (Clark 1998; siehe auch: Aulenbacher/Riegraf 2010a; 2010b; 2012; Aulenbacher et al. 2012; Riegraf/Weber 2013a) in den letzten Jahrzehnten werden bislang geltende und durchaus weitreichende Privilegien der wissenschaftlichen Profession ab- oder zumindest umgebaut. Abgesenkte Grundgehälter, Deregulierung von Beschäftigungsverhältnissen und zunehmende Arbeitsbelastung durch wissenschaftsfremde Aufgaben, wie Managementanforderungen – um nur einige Entwicklungen zu nennen – sprechen für eine abnehmende Attraktivität des Berufs- und Arbeitsfelds. Gleichzeitig steigen die Frauenanteile im Wissenschaftssystem an, zumeist auf den unteren Etagen, aber auch auf der Ebene der Professuren, wenn auch angesichts der seit den 1990er Jahren verstärkt und umfassend institutionalisierten Gleichstellungspolitik im Wissenschaftsbereich in einem sehr gemächlichem Tempo. Steigen Frauen in der universitären Wissenschaft also ein und in ihr zu einem historischen Zeitpunkt auf, in dem das gesellschaftliche Ansehen der Wissenschaft und ihrer Profession insgesamt abnimmt oder stellt sich die Entwicklung nicht so eindeutig dar? Zeigen sich Risse in dem bisherigen Konnex aus Arbeit, Profession und Geschlecht in diesem Arbeitsfeld, die nachhaltig aufbrechen, zu einem qualitativ anderen Verhältnis des Zusammenhangs führen und auch als Erfolg von Gleichstellungsforderungen zu werten sind?

Im ersten Teil des Beitrags werden die Geschlechterkonstellationen im Wissenschaftsbereich mit Blick auf die historische Entwicklung schlaglichtartig beleuchtet (Kapitel 2.2). Im zweiten Teil werden der Wandel des Arbeitsfeldes im gegenwärtigen Format der Wissenschaft und seine Verbindungslinien zur geschlechtlichen Gleich- und Ungleichstellung nachgezeichnet (Kapitel 2.3). Vor diesem Hintergrund werden im Fazit die beiden eingangs formulierten Fragen erneut aufgegriffen (Kapitel 2.4).

2.2.   Karriere, Arbeits- und Lebensformen in der Wissenschaft

Die quantitative Verteilung der Geschlechter auf die Hierarchieebenen sowie auf die Arbeits- und Beschäftigungsverhältnisse verdeutlicht die Entwicklung und das Ausmaß der Geschlechterungleichheit im deutschen Wissenschaftssystem.

Die Daten zeigen, dass auf der Ebene der Absolventen und Absolventinnen inzwischen Geschlechterparität erreicht wurde (siehe Übersicht 1).
Der Anteil der Studienabschlüsse von Frauen lag im Jahr 2010 bei ca.
52 Prozent (GWK 2012: 9). Mit jeder weiteren Qualifikationsstufe
schrumpft der Frauenanteil jedoch nach wie vor. Unter den Promovierten
waren 2010 noch 44 Prozent Frauen (ebd.: 10), unter den Habilitierten
finden sich noch 25 Prozent Frauen (ebd.: S. 12). Bekannt ist, dass der
Übergang zwischen Promotion und Habilitation diejenige Phase ist, in
der die meisten Frauen den Arbeitsplatz Universität verlassen. Der sin-
kende Anteil an Frauen setzt sich auf der obersten Hierarchieebene fort,
auf den Professuren sind im Durchschnitt nur noch 19 Prozent Frauen anzutreffen (ebd.), wobei in den höchsten Besoldungsgruppen (C4/W3) lediglich 14 Prozent Frauen vertreten sind (ebd.).

*Übersicht 1: Verteilung der Geschlechter an Hochschulen auf die
Qualifikationsstufen im Jahr 2010*

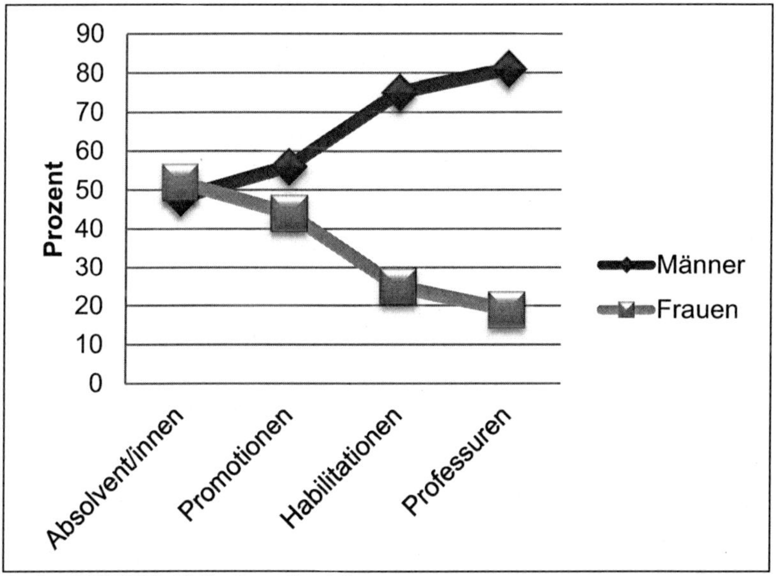

Quelle: GWK (2012: 10 ff), eigene Darstellung

Die Entwicklung auf der neu geschaffenen Position Juniorprofessur stellt
sich wie folgt dar: Der Anteil der Stelleninhaberinnen einer Juniorprofessur lag 2010 mit 38 Prozent vergleichsweise hoch (GWK 2012: 13). Ob
eine Juniorprofessur allerdings in ein unbefristetes Beschäftigungsver-
hältnis einer W2- oder W3-Professur mündet (siehe Übersicht 2), hängt

vor allem in den Geistes- und Sozialwissenschaften und je nach Disziplin nochmals unterschiedlich stark ausgeprägt, weiterhin davon ab, ob eine Habilitation vorzuweisen ist bzw. gefordert wird. Einige dieser Stelleninhabenden müssen – wenn sie ihre Chancen auf eine Professur in der Konkurrenz mit den Kolleginnen und Kollegen optimieren wollen – die Enge des Nadelöhrs der Post-Doc-Phase mit allen Anforderungen an ‚Exzellenz‘ (Publikationen, Drittmittelprojekte, Betreuung von Dissertationen) meistern und zusätzlich noch ein Habilitationsverfahren durchlaufen (Lind/Löther 2006: 68 f; Federkeil/Buch 2007).

Übersicht 2: Verteilung der Geschlechter auf C-Besoldungsgruppen für 2004 und auf W-Besoldungsgruppen für 2010

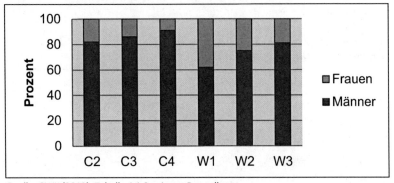

Quelle: GWK (2012), Tabelle 4.1.2., eigene Darstellung

Zwar zeigt sich im Vergleich der Segregation der Geschlechter von der C-Besoldungsgruppen zu den W-besoldeten eine tendenzielle Öffnung gegenüber Frauen (s. Übersicht 2), allerdings sind in diesem Fall auch Frauen eher auf den befristeten (W1) und mit weniger Reputation (W2) ausgestatteten Professuren zu finden.

Erhebliche Unterschiede zeigen sich zwischen den Disziplinen: Obwohl der Frauenanteil in den bislang eher männlich konnotierten Disziplinen, wie der Veterinärmedizin und – etwas weniger – in Medizin und Biologie, in den letzten Jahrzehnten anstieg und Frauen in einigen dieser Wissenschaftsbereiche inzwischen die Mehrheit unter den Studierenden und Absolventen und Absolventinnen stellen, bildet sich dies nicht auf den höheren Hierarchieebenen ab (Lind/Löther 2007; GWK 2012). Den höchsten Frauenanteil unter den Professuren weisen im Jahr 2010 die eher weiblich konnotierten Sprach- und Kulturwissenschaften mit 33 Prozent auf (GWK 2012: 14). Während in den Natur- und Technikwissenschaften ihr Anteil nahezu konstant niedrig bleibt: In der Mathematik und den Naturwissenschaften liegt der Frauenanteil in den Professuren bei 13 Prozent, in den Ingenieurwissenschaften liegt er mit sechs Prozent sogar unter der Zehn-Prozent-Marke (ebd.: 62f).

Während die quantitative Perspektive deutlich macht, wie sich der Ausschluss von Frauen aus dem Wissenschaftsbereich auf den einzelnen Hierarchieebenen darstellt, kann die sich historisch herausgebildete Homologie von Wissenschaft und Männlichkeit auch an dem Idealbild des erfolgreichen Wissenschaftlers verdeutlicht werden (Aulenbacher/Riegraf 2010a; Aulenbacher et al. 2010; 2012). Das klassische Leitbild eines Wissenschaftlers ist das eines in ‚Einsamkeit und Freiheit', unabhängig von jeder außerwissenschaftlichen Verantwortung und sich vollständig der wissenschaftlichen Erkenntnis widmenden Forschenden. Der zur Wissenschaft Berufene (Weber 1919) ist zeitlich, emotional und intellektuell ausschließlich der wissenschaftlichen Erkenntnis verpflichtet. Wissenschaft wird zur „Lebensform" (Mittelstraß 1982), deren erfolgreiche Verwirklichung davon abhängig ist, dass die alltäglichen Erfordernisse der Selbst- und Fürsorge des außerwissenschaftlichen Bereiches von anderen Personen, im Rahmen einer heterosexuellen Partnerschaft in der Regel der Ehefrau, bearbeitet werden (Metz-Göckel 2009).

Die Organisation von Wissenschaft entlang der Idealvorstellung des erfolgreichen Wissenschaftlers wirkt bis heute in die Lebensformen von Professorinnen und Professoren hinein: Professoren sind in Deutschland deutlich häufiger verheiratet (91%) als Professorinnen (66%) und haben im Durchschnitt mehr Kinder (1,77) als Professorinnen (0,8). Hochschullehrerinnen sind eher ledig (20%) als ihre Kollegen (3%) und die Hälfte unter ihnen ist kinderlos (Zimmer et al. 2007: 148 ff). Eine aktuellere Studie für das Bundesland Nordrhein-Westfalen bestätigt, dass Professorinnen häufiger kinderlos sind (ca. 58%) als Professoren (ca. 23%, Metz-Göckel et al. 2009: 162 f). Leben sie in einer Partnerschaft, so haben sie diese häufiger unter den Bedingungen eines *Dual-Career-Couples* zu meistern (Cornelißen et al. 2011; Rusconi/Solga 2011; Metz-Göckel et al. 2009; Behnke/Meuser 2005). Deutsche Hochschullehrer leben nach wie vor am häufigsten in traditionellen Paararrangements und sind von der Sorge um Kindererziehung und -betreuung durch ihre Partnerinnen eher entlastet. Zwei Drittel geben in einer Befragung an, dass sich ihre Lebenspartnerin um die Kinder gekümmert hat, während diese im Vorschulalter waren, während dies nur 8 Prozent der Professorinnen angeben (Zimmer et al. 2007: 154).

Die gegenwärtige Situation und die Entwicklungstendenzen zeigen zunächst, dass sich grundlegende wissenschafts- und organisationsinterne Integrationsbarrieren in den letzten Jahren keineswegs aufgelöst haben

(European Commission 2013; Riegraf et al. 2010). Die Chancen für Frauen, Zugang zu einer gut entlohnten und gesicherten Position in der Wissenschaft zu erhalten, sind nach wie vor ungleich schlechter als für Männer (Lind 2004). Oder anders formuliert: Ihre Chance, auf eine Professur berufen zu werden, ist je nach Disziplin doppelt bis achtfach geringer als jene von Männern (Lind 2004; Allmendinger/Schreyer 2005), aber es lässt sich durchaus eine positive Entwicklung verzeichnen.

2.3. Die Entrepreneurial University und Geschlechterarrangements

2.3.1. Abwertung und Öffnung der Wissenschaft?

In historischer Perspektive lässt sich die Entwicklung im Feld der Wissenschaft von einer „world without women" (Noble 1992) zur gegenwärtigen Situation, in der Frauen auf der Ebene der Professuren durchaus präsent sind – wenn auch noch bei weitem zu wenig – auch als Erfolgsgeschichte skizzieren, an der die Forderungen der Frauenbewegung ihren wesentlichen Anteil haben. Im Rückgriff auf die eingangs erwähnte geschlechter- und professionssoziologische Betrachtungsweise (vgl. Wetterer 2002) kann die Umgestaltung der Wissenschaftslandschaft entlang der Idee der *Entrepreneurial University* (Clark 1998) aber auch als Prozess skizziert werden, der sich mit einer gesellschaftlichen Abwertung des Berufsfeldes verschränkt, was sich an der materiellen Gratifikation und dem gesellschaftlichen Ansehen ablesen lässt, an denen sich die Homologie zwischen Abwertung eines Arbeitsfeldes und seiner Feminisierung erneut zeigt.

Durch die Brille der sozialkonstruktivistisch orientierten, professionsbezogenen Untersuchung betrachtet, lässt sich die Geschichte der universitären Organisation von Forschung und Lehre als ein seit einem Jahrhundert in Gang befindlicher „Geschlechtswechsel" (Wetterer 1992; 2002) interpretieren, in dem die männlich dominierte Profession Wissenschaft eine Abwertung und Feminisierung erfährt. Die bisherige, wenn auch nur bedingte Öffnung der Hochschulen für Frauen stellt sich aus dieser Perspektive als Auftakt eines ‚Geschlechtswechsels' des Berufsfeldes Wissenschaft dar, wobei die Kehrseite dieser Aufweichung des männlich elitären Charakters von Wissenschaft in der Beschneidung ihrer gesellschaftlichen Wertschätzung und Wirkmächtigkeit zu sehen ist. Die gegenwärtigen Umstrukturierungen der Wissenschaftslandschaft, aber auch die davon formal unabhängigen Gleichstellungspolitiken, markieren aus dieser Sicht die jüngste Etappe der ‚Umschrift' der Männerdomäne Wissenschaft, in der Frauen in aussichtsreiche wissenschaftliche Positionen eindringen, in der jedoch die Profession wiederum sukzessive an Gratifikation und Ansehen einbüßt.

Mit der Umstrukturierung der Wissenschaftslandschaft lassen sich durchaus deutliche Tendenzen erkennen, die als Indiz für eine Abwertung des Arbeits- und Berufsfeldes gewertet werden können. Vier Tendenzen sollen auf- und ausgeführt werden:

(1) Es gibt starke Indizien dafür, dass mit der Herausbildung der *Entrepreneurial University* eine weitere oder neuartige Prekarisierung der Arbeits- und Lebensverhältnisse auf dem Weg zur Professur, etwa in Gestalt der Zunahme von befristeten Verträgen und Teilzeitbeschäftigung, dies nicht nur im wissenschaftlichen Mittelbau (zum Beispiel: befristete Professuren), entsteht. Gegenwärtig wird von der Ausweitung atypischer Beschäftigungsverhältnisse ausgegangen (BuWiN 2013: 299; Metz-Göckel et al. 2010; Grühn et al. 2009; Klecha/ Krumbein 2008). Insgesamt zielen die Veränderungsprozesse auf eine Erweiterung der Spielräume bei der Ausdifferenzierung von Personalkategorien auf Hochschulebene ab, was die Situation unübersichtlicher und uneinheitlicher macht und wiederum Laufbahn- (und Lebens-)planungen erheblich erschweren kann. Auch werden die Laufzeiten der Verträge immer stärker von den finanziellen Situationen einzelner Organisationen abhängig. In einigen Bereichen ist mit dieser Ausdifferenzierung das grundlegende Selbstverständnis der Profession betroffen, wie bei den in der Regel befristet eingestellten ‚Lehrkräften für besondere Aufgaben', die weitgehend von der Forschung abgekoppelt werden, dadurch wird die ursprüngliche Idee der ‚Einheit von Forschung und Lehre' aufgebrochen. Die herausgehobene Bedeutung der ‚Exzellenzkriterien', wie der Drittmittelakquise, geht im Zusammenhang mit einer insgesamt wachsenden Befristungsquote des (drittmittelfinanzierten) wissenschaftlichen Personals einher (z.B. Kreckel 2008).

(2) Professuren werden, was die materiellen und ideellen Gratifikationen angeht, sukzessive abgewertet und damit als Karriereziel vermutlich unattraktiver (siehe auch Weber et al. 2012). Eingeleitet hat diesen Prozess die Reform des Besoldungsgesetzes (ProfBesReformG 2002), die seit 2005 in Kraft getreten ist. Rein materiell lässt sich diese Abwertung der Positionen an der Absenkung der Grundgehälter im Zuge der Hochschulreformen und der Erhöhung von leistungsbezogenen Bestandteilen ablesen. Diesbezüglich wird in politischen Ent-

scheidungen zwar auch wieder zurückgerudert, etwa erkannte das Bundesverfassungsgericht die Festlegung des Grundgehaltes einer W2-Besoldung in Hessen für verfassungswidrig, weil es gegen das Alimentationsprinzip verstößt (s. das Urteil des Bundesverfassungsgerichtes vom 14. Februar 2012), allerdings ändert diese Entwicklung nichts an der grundlegenden Absenkung der Grundgehälter. Die tatsächliche Höhe ist nunmehr abhängig von der Position in Aushandlungsprozessen mit der Hochschulleitung, den Ergebnissen in den Leistungsevaluationen und der Bewährung in Wettbewerbssituationen (Zimmer et al. 2007).

(3) Der veränderte Charakter der Profession zeigt sich auch darin, dass sich die bisherigen Standards und Reputationskriterien der *scientific community* durch die Einführung von markt- und wettbewerbsorientierten Standards wandeln. Das Urteil der wissenschaftlichen Gemeinschaft zählt nicht mehr alleine, sondern soll in eigens neu eingeführten Evaluationssystemen nach außen z.B. für die Wissenschaftspolitik abgebildet und vergleichbar gemacht werden. Im Zuge der Umstrukturierungen gewinnen quantitative Indikatoren wie *impact factors* und *citation indices* an Bedeutung und verbreiten das Publizieren in internationalen Fachzeitschriften. Dabei wird zunächst die Quantität im Publikationsverhalten gezählt und belohnt, die Aufschluss über Inhalt, Relevanz und Qualität liefern soll, dabei aber auch fehleranfällig ist, da sie Netzwerke und Patronage in der wissenschaftlichen *community* verdecken (Wennerås/Wold 1997; sowie die Wiederholungsstudie Sandström et al. 2010).

(4) Mit den neuen Steuerungsinstrumenten und der Reorganisation universitätsinterner Entscheidungsstrukturen haben Professuren auch in ihrem Handlungs- und Wirkungsspielraum eingebüßt (Schimank 2005). Das Versprechen einer mit hoher Autonomie ausgestatteten Professur nach einem langen Karriereweg, der durch Abhängigkeiten und Unabwägbarkeiten gekennzeichnet ist, erfüllt sich für die gegenwärtig heranwachsende Generation zukünftiger Professorinnen und Professoren in dieser Form nicht mehr. Der Druck der dadurch entsteht, dass die Reputation und die finanzielle Ausstattung der einzelnen Hochschulen, der Professuren und der Gehälter von der Einwerbung von Drittmitteln und ihrer Höhe abhängt, kann als deutlicher Eingriff in die Handlungsspielräume, ja auch in die Freiheit von Forschung und Lehre begriffen werden. Zugleich entsteht dadurch eine Asymmetrie zwischen den Disziplinen: Das Einwerben von Drittmitteln kann nicht als eine für alle Disziplinen gleichwertige Anforderung gewertet werden (Münch 2007; 2009; vgl. auch Binner et al. 2010: 75). Für einige Natur- und Ingenieurwissenschaften lassen sich

deutlich höhere Drittmittel von Seiten der Industrie und Wirtschaft aber auch der DFG einwerben, als es den meisten Geistes- und Sozialwissenschaften möglich ist (Hinz et al. 2008). Der Anstieg des Frauenanteils im Wissenschaftspersonal bildet sich aber besonders in den Sozial- und Geisteswissenschaften ab.

Alle die skizzierten Veränderungen im Wissenschaftssystem schlagen sich in den Vorstellungen von erfolgreicher Arbeit im Wissenschaftsbereich und den nach Geschlecht differenzierten Beschäftigungsverhältnissen und Arbeitsbedingungen nieder. Sowohl die Arbeitsplätze an den Hochschulen als auch die Arbeitsweise, die Anerkennungsmodi wie die Personalstrukturen werden im Zuge der Umstrukturierungsprozesse nach Geschlecht neu gestaltet und sortiert. Gegenwärtig deutet es daraufhin, dass Abwertung der wissenschaftlichen Profession mit neuen geschlechterbezogenen Ungleichheiten einhergeht, sich also fortsetzen oder gar zuspitzen:

Wissenschaftlerinnen sind bislang über alle Hierarchien und Disziplinen hinweg häufiger zeitlich befristet und in unsicheren Beschäftigungsverhältnissen als ihre männlichen Kollegen angestellt, dies ist ein inzwischen – wie auch in den bisherigen Ausführungen deutlich wurde – gut belegter Befund (z.B. Metz-Göckel et al. 2010). Dass sich der „Drehtür-Effekt" (Allmendinger et al. 1999), wonach Wissenschaftlerinnen zwar auf bestimmte Beschäftigungsverhältnisse im Wissenschaftssystem durchaus hineinkommen, aber auf der nächsten Stufe wieder hinaus gedreht werden, unter zunehmend prekären Beschäftigungsbedingungen weiter durchsetzt – wenn nicht gar verschärft – ist eine ernstzunehmende Befürchtung.

Falluntersuchungen über die Entwicklung in England, wo schon seit den frühen 1980er Jahren mit der Einführung von markt- und betriebswirtschaftlichen Instrumenten begonnen wurde (Schimank 2002), zeigen, dass die Aufspaltung in gratifizierte, hoch reputierliche und von Lehrverpflichtung entlastete Forschungsprofessuren (einschließlich Qualifikationsstellen mit guten Forschungs- und Arbeitsbedingungen; Taylor 2007, Barrett/Barrett 2011, Parker 2008) und im Wissenschaftssystem weniger anerkannte Lehrprofessuren (mit hoher und steigender Lehrverpflichtung sowie engen Zeiträumen für weiterführende Qualifikationsarbeiten) mit geschlechtsspezifischen Zuweisungen (z.B. aufgrund der unterschiedlichen Ausgangssituationen) einher gehen. Diese geschlechtsspezifischen Arbeitsteilungen finden sich sowohl auf der Ebene der Professuren als auch auf der vorangehenden Mittelbauebene (Thomas/Davis 2002; Vázquez-Cupeiro 2002). Fletcher et al. (2007) demonstrieren in ihrer Fallstudie, wie soziale Ausschlussmechanismen an einer forschungsorientierten englischen Universität mit Geschlechterdifferenzierungen einhergehen. Dort wurden Wissenschaftlerinnen in Forschungskooperationen marginalisiert, indem sie aus homosozialen Netzwerken und aus dem Forschungsprozess ausgeschlossen wurden.

Charakteristisch für die letztgenannten weniger reputationsträchtigen Stellenprofile ist mit Blick auf die alltäglichen Arbeitsvollzüge und biografischen Karrierepläne von Wissenschaftlerinnen, dass die Stelleninhabenden den neuen Evaluations- und Reputationskriterien der *scientific community*, das heißt vor allem möglichst viele Veröffentlichungen in den hoch angesehenen Zeitschriften, nicht mehr ‚*on the job*‘ nachkommen können, sondern nunmehr ‚*contra the job*‘ und/oder außerhalb der Erwerbsarbeitszeit. Wollen sie ihre wissenschaftliche Karriere weiter vorantreiben, so gerät dieser Anspruch vermutlich verschärft in Widerspruch zu anderen Ansprüchen des alltäglichen Lebens.

In neuesten Untersuchungen gibt es zudem erste Hinweise darauf, dass sich geschlechterbezogene Ungleichheiten bei der Einführung der W-Besoldung gar innerhalb einer Besoldungsgruppe in neuer Form weiter fortsetzen (Simons/Hellemacher 2009; Hellemacher 2011). Die Möglichkeiten der Aushandlung von leistungsorientierten Besoldungsteilen in den W-Gruppen bieten demnach Einlass für geschlechterattribuierte Zuschreibungen und es besteht die Gefahr eines sich fortschreibenden *Gender Pay Gap*.

Wie sind die skizzierten Entwicklungen nun vor dem Hintergrund der These von der Verbindung von Abwertung und Feminisierung der Wissenschaft einzuschätzen? Im Folgenden soll die Frage nach dem Zusammenhang zwischen der universitären Reorganisation der Wissenschaft und der Ausgestaltung der Geschlechterarrangements genauer in den Blick genommen werden. Deutlich wird, dass sich die These von der Homologie von Abwertung und Feminisierung der Wissenschaft, nicht zuletzt angesichts von Gleichstellungsbestrebungen und institutionalisierter Gleichstellungskonzepte, nicht ungebrochen als lineare Entwicklung vertreten lässt (Aulenbacher/Riegraf 2010a, Aulenbacher et al. 2012). Der Prozess, der im Zuge der Herausbildung der *Entrepreneurial University* einsetzte, stellt sich als wesentlich uneindeutiger und gegenläufiger dar. Was individuell oder aus Sicht der Profession als ‚wissenschaftsfremde‘ Eingriffe von ‚außen‘ wahrgenommen werden, sind unserer Ansicht nach berechtigte Korrektive demokratischer Kräfte, in diesem Fall der Gleichstellungspolitik. Nichtsdestotrotz zeigen sich aktuelle Untersuchungen eher skeptisch gegenüber einer stabilen gleichberechtigten Integration der Geschlechter durch das Aufbrechen bislang verfestigter Arbeits- und

Aufstiegsstrukturen in der Wissenschaft und in den Universitäten (Riegraf/Weber 2013a; Aulenbacher et al. 2013).

2.3.2. Ungebrochene Homologien von Abwertung und Feminisierung?

Im Bereich der Gleichstellungspolitik kann staatliche Intervention im Wissenschaftssystem in Deutschland inzwischen auf eine lange Tradition zurückblicken, deren Ausgangsbedingungen sich durch den Wandel in den letzten Jahren grundlegend änderten. Seit rund zwanzig Jahren wird professionelle Geschlechtergleichstellung an den Hochschulen institutionalisiert (vgl. Blome et al. 2005). Nicht zuletzt aufgrund der rechtlichen Vorgaben des Bundes und der Länder wurde die Institution der Frauenbzw. Gleichstellungsbeauftragten eingerichtet; staatliche Gleichstellungsprogramme wurden auf Bundes- und Länderebene entwickelt und in Form eines ‚Top Down'-Verfahrens an die Wissenschaftseinrichtungen weitergeleitet, was allerdings sehr häufig dazu führte, dass die formalen Vorgaben auf der konkreten Umsetzungsebene recht einfallsreich umgangen wurden.

Über die Gesetzgebungen erhielten Gleichstellungsmaßnahmen in der Vergangenheit in den öffentlichen Organisationen wie den Hochschulen zwar eine verbindliche Basis, sie blieben allerdings der alltäglichen Praxis und dem wissenschaftlichen Kerngeschäft der Wissenschaftseinrichtungen häufig relativ fern, wie Edith Kirsch-Auwärter, jahrelang Gleichstellungsbeauftragte einer großen Universität, in einem Interview festhält (Hardenberg/Kirsch-Auwärter 2010). Vor allem auf der Ebene der Hochschulleitungen und der ‚mittleren' Ebene in den Fakultäten und Instituten erhielten diese Maßnahmen kaum bis keine Unterstützung, sie wurden teilweise blockiert oder ihre Umsetzung über vielfältige Wege ausgehebelt (Metz-Göckel/Kamphans 2002).

Dies mag eine Erklärung für die Erkenntnis von Jutta Allmendinger und Franziska Schreyer (2005) sein, dass zwar bedingt durch die Gleichstellungsarbeit an den Hochschulen der Anteil weiblicher Wissenschaftlerinnen in den letzten Jahren leicht angestiegen ist und immer noch ansteigt, aber nach wie vor nicht in dem Umfang, in dem es die Programme erwarten lassen. Die geschlechtsspezifisch wirksamen Ausschlussmechanismen sind also mit den bisherigen Instrumenten noch nicht grundlegend durchbrochen worden.

Im Zuge der Umstrukturierung des Wissenschaftssystems ändern sich nun die Ausgangsbedingungen für Gleichstellungsarbeit: Die staatlichbürokratischen Regelungen werden durch markt- und betriebswirtschaftliche Instrumente ersetzt beziehungsweise ergänzt, die Autonomie der Hochschulen und die Entscheidungsspielräume der Hochschulleitungen wurden erhöht. Es erhielten also diejenigen Ebenen mehr Gestaltungsspielräume, die sich bislang eher gegen die Einführung von Gleichstellungsmaßnahmen sperrten. Der Bund und zunehmend auch die Länder nahmen die Rahmenvorgaben zurück und beschränkten sich auf die Formulierung allgemeiner und übergreifender Entwicklungsziele und Koordinationsaufgaben. Die operative Verantwortung und die entsprechenden – an Leistungsziele gekoppelten – Ressourcen wurden verstärkt den Hochschulen übertragen. Der Wettbewerb zwischen den Hochschulen um Drittmittel wurde aufgebaut und durch entsprechende Programme, wie die Exzellenzinitiative, begleitet. Gleichzeitig wurden die Hochschulen aufgefordert, sich in diesem Wettbewerb gegenüber den Konkurrenten zu profilieren.

Mit der Novelle des Hochschulrahmengesetzes von 1998, welche die outputorientierte Steuerung der Wissenschaft einleitete, wurden auch Gleichstellungsparameter insbesondere in die wettbewerbliche Steuerung (leistungsorientierte Mittelvergabe) und die zielbezogene Außensteuerung (Zielvereinbarungen und Evaluationen) integriert. Ziel der gleichstellungspolitischen Konzepte und Instrumente war es, Gleichstellungsinstrumente in die neue Gestaltung des Wissenschaftssystems von Anbeginn zu integrieren und nicht additiv hinzuzufügen. Deshalb trieben die gleichstellungspolitischen Akteure und Akteurinnen verstärkt das Projekt voran, unter den gegenwärtigen Reformprozessen wissenschaftspolitische Indikatoren mit Gleichstellungszielen zu verbinden (Riegraf/Weber 2013b; Roloff 2008, 2002, 1998; Roloff/Selent 2003).

Die neuartige Kulisse universitären Wettbewerbs und die Aufforderung an die Hochschulen, sich ein spezifisches Profil zu geben, wurde in einigen Bereichen direkt mit Gleichstellungsanforderungen verbunden, wie zum Beispiel bei dem finanziell attraktiven Professorinnenprogramm oder der noch attraktiveren Exzellenzinitiative. Beide Programme setzen voraus, dass Universitäten für eine erfolgreiche Bewerbung ein Gleichstellungskonzept entwickeln, indem Maßnahmen mit Organisationszielen, Zeitangaben und messbaren Kennzahlen verbunden werden.

Dadurch, dass Gleichstellungsarbeit zur Voraussetzung für exzellente Forschungsförderung wird, können tradierte Vorstellungen der Verbindung von Geschlecht und ‚Exzellenz‘, also erfolgreicher Wissenschaft, durchaus brüchig werden. Sie stellen unserer Ansicht nach demokratische Korrektive einer sich lange Zeit durch Privilegien und Exklusivität abgeschotteten Wissenschaft dar. Gleichstellungspolitik greift in vermeintlich wissenschaftsinterne Entscheidungsabläufe ein. Was also individuell oder von den Professionsvertretern und -vertreterinnen als Eingriffe von außen kritisiert wird, ist aus Gesellschaftsperspektive als Teil einer Demokratisierung zu bewerten. Aber auch dieser Prozess ist nicht einseitig gerichtet, die Verbindung von markt- und betriebswirtschaftlichen Instrumenten der neuen Steuerung mit Gleichstellungszielen wird von einigen Autorinnen und Autoren durchaus kritisch betrachtet (vgl. Meuser 2004; Bereswill 2004; Andresen et al. 2009)

Etwa zeitgleich zur Einführung von markt- und betriebswirtschaftlichen Instrumenten im Wissenschaftssystem steigt das Interesse der Hochschulleitungen an Gleichstellungspolitiken und -strategien wie dem Gender Mainstreaming und vor allem dem Diversity Management. Diese Gleichstellungspolitiken erreichen auch Hochschulen, die sich bislang gegenüber Gleichstellungsmaßnahmen gesperrt hatten (Metz-Göckel/Kamphans 2002). Die Strategien und Maßnahmen bleiben dem Alltagsgeschäft der Wissenschaftseinrichtungen nicht mehr so fern, wie es Kirsch-Auwärter (1996) für die bisherigen Maßnahmen feststellt. Sie lassen sich aus unterschiedlichen Gründen mit den markt- und betriebswirtschaftlichen Instrumenten sehr gut verbinden. Die Gleichstellungsmaßnahmen werden damit also verstärkt zum integralen Bestandteil von Hochschulsteuerung, allerdings wird auch dies nicht nur positiv gesehen: Ihre Reichweite und Wirksamkeit wird gerade aufgrund ihrer Kompatibilität mit markt- und betriebswirtschaftlichen Instrumenten von einer Reihe von Autorinnen und Autoren eher skeptisch betrachtet (vgl. Meuser 2004; Andresen et al. 2009).

Gleichstellungsbestrebungen in Gestalt von Gender Mainstreaming und Managing Diversity weisen anders als die früheren, der Frauenbewegung entstammenden Frauenförder- und Gleichstellungskonzepte, eine höhere rechtliche Unverbindlichkeit und inhaltliche Unbestimmtheit auf. Sie können somit im jeweiligen Kontext abhängig von den (mikro)politischen Machtkonstellationen und den jeweiligen lokalen Erfordernissen flexibel uminterpretiert werden, ihre Erfolge sind schwer zu evaluieren. Das Managing Diversity stellt einen Human Ressource-Ansatz dar und – an dieser Stelle treffen sich die Idee der *Entrepreneurial University* und die der geschlechtergerechten Hochschule – ist in hohem Ausmaß mit den markt- und betriebswirtschaftlichen Instrumenten (vgl. Kahlert 2005) beziehungsweise mit darauf abgestellten organisationalen Logiken vereinbar (vgl. Meuser 2004).

Im Managing Diversity geht es darum, Produktivitätsressourcen zu erschließen, die in der Differenz kultureller und sozialer Herkunft, unterschiedlicher sexueller und religiöser Orientierungen oder unterschiedlicher Erfahrungen aufgrund des Alters, der Lebenssituation der Organisationsmitglieder vermutet werden (vgl. Andresen et al. 2009; Riegraf 2009). Die Strategie des Gender Mainstreaming zeichnet sich durch die unbestimmte Vorgabe aus, dass Gleichstellung als Querschnittsaufgabe in alle organisationale Abläufe und Entscheidungsprozesse zu integrieren sei. Bislang konzentriert sich diese Einbindung vor allem auf den Bereich des Controllings, die eigentlichen Kerngeschäfte der Universitäten, Forschung und Lehre, bleiben überwiegend unberührt bzw. beziehen dies eher marginal und gesondert ein.

Auf diese Weise vollziehen Gleichstellungspolitiken, wie das der Privatwirtschaft entstammende Managing Diversity und das durch die Politik der Europäischen Union verbreitete Gender Mainstreaming, den Übergang zu verwaltungseffizienten und marktgesteuerten Organisationspolitiken mit, was aber den Gleichstellungsbestrebungen deutlich Grenzen setzt. Vor allem auf der Ebene der Professuren werden monetär einigermaßen attraktive Programme und Anreize gesetzt, während die nicht minder große Bruchstelle, der Übergang von der Promotion zur Habilitation und Professur, bislang noch eher strukturell übergreifend wenig beachtet wird (Riegraf/Weber 2013b). So werden mit den Anreizsystemen und -programmen vor allem diejenigen Frauen erreicht, die sich schon innerhalb der Wissenschaft bewährt haben.

Eine im Sinne des Gender Mainstreaming oder des Diversity Management effizienzorientierte Gleichstellungspolitik und der vermehrte Einzug von Frauen in die Wissenschaft kann, wenn die Verletzung gleichstellungspolitischer Standards negativ sanktioniert wird, vom bisherigen ‚Reputationsrisiko' für das Fach zum Wettbewerbsvorteil für die Universität werden, wie Edit Kirsch-Auwärter jüngst formulierte (vgl. Hardenberg/Kirsch-Auwärter 2010). In diesem Fall wäre die *Entrepreneurial University* auf ihrem Weg zur geschlechtergerechten Hochschule als Prozess zu verstehen, in dem die Homologie von Abwertung und Feminisierung der Wissenschaft zumindest punktuell durchbrochen wäre. Das heißt jedoch nicht, dass auf allen Ebenen der Organisation eine durchgängige oder gar durchgängig emanzipationsgerichtete Umgestaltung geschieht.

2.4. Fazit: Geschlechtswechsel der Universität und neue Spielräume für Veränderungen?

Jahrhundertelang waren Frauen von Wissenschaft und Universitäten ausgeschlossen (Noble 1992). Seit sich die Universitäten und außeruniversitären Forschungsinstitute für Frauen geöffnet haben, steigt der Frauenanteil langsam an, wenn auch in auffällig langsamem Tempo und nicht auf allen Hierarchieebenen und in allen Disziplinen und Forschungsfeldern gleichartig (Überblick: European Commission 2013; GWK 2012). Dieser bedingte Öffnungsprozess von Wissenschaft kann in historischer Perspektive mit zunehmender materieller Abwertung und sinkender gesellschaftlicher Anerkennung des wissenschaftlichen Berufsfeldes in Verbindung gebracht werden.

Im Anschluss an professionssoziologische Studien aus der Geschlechterforschung kann die Öffnung der Wissenschaft für Frauen wie folgt gedanklich weitergeführt werden (Aulenbacher/Riegraf 2010a; 2012; Weber et al. 2012; Binner et al. 2010): Frauen erreichen aussichtsreiche wissenschaftliche Positionen historisch zu einem Zeitpunkt, zu dem Wissenschaft als bislang gesellschaftlich besonders hoch angesehene Profession sukzessive an Ansehen einbüßt. Rein materiell lässt sich dies an der Absenkung der Grundgehälter im Zuge der Hochschulreformen ablesen. Sie verändert zudem ihren Charakter insofern, als sich die bisherigen Standards und Reputationskriterien der *scientific community* wandeln. Es greifen zunehmend auch wissenschaftsfremde, in erster Linie politisch und wirtschaftlich beeinflusste Kriterien Raum.

Dies verändert auch das Leitbild des erfolgreichen Wissenschaftlers beziehungsweise der erfolgreichen Wissenschaftlerin: Der Lust am reinen Erkenntnisgewinn als Antriebskraft für herausragende Wissenschaft und wesentlichem Faktor für den Genuss am wissenschaftlichen Arbeiten wird nun mit mehr Misstrauen und Versuchen begegnet, Wissenschaft durch Kennzahlen ‚anzureizen‘ und messbar zu machen. Diese als ‚Ökonomisierung der Wissenschaft‘ bekannten Veränderungen werden nicht kritiklos hingenommen und demokratische Instanzen, wie sie gleichstellungspolitische Akteure darstellen, schalten sich aktiv und gestalterisch darin ein: Zum einen lassen sich Anzeichen erkennen, dass Wissenschaftler und Wissenschaftlerinnen eine Lebensform nicht mehr ohne weiteres anerkennen, die keinen Raum für andere Interessen oder andere Anforderungen des alltäglichen Lebens lässt. Zum anderen greift Gleichstellungspolitik, die als Ausdruck einer parallel zur Ökonomisierung verlaufenden, gesellschaftlichen Demokratisierung angesehen werden kann, in diese Prozesse ein.

Als zentraler Faktor für das Scheitern von Wissenschaftlerinnen und Gleichstellungsanstrengungen im bisherigen Wissenschaftssystem gelten die Anerkennungs- und Reputationskriterien. Wissenschaftlerinnen gelten demnach als Reputationsrisiko für die Wissenschaftseinrichtungen (vgl. hierzu: Aulenbacher/Riegraf 2010a). Diese Zusammenhänge können dann aufgebrochen werden, wenn Gleichstellungsanliegen im gegenwärtigen Prozess zum Beispiel in die Qualitätssicherung integriert werden: in die Evaluation von Forschung und Nachwuchsförderung, von Lehre und Weiterbildung, in Vorgaben für die Administration und des Wissenstransfers.

Dadurch erhielten Gleichstellungsdefizite den Stellenwert eines an den Wissenschaftseinrichtungen zu bearbeitendes Manko (vgl. hierzu: Kirsch-Auwärter 1996). Dazu müssten Gleichstellungskriterien allerdings zu verbindlichen Leistungsindikatoren gezählt werden, was gegenwärtig noch nicht durchgängig der Fall ist, sondern Steuerungsbeträge, wie z.B. bei der leistungsorientierten Mittelvergabe (LOM) eher auf einer symbolischen Ebene verbleiben (Weber/Riegraf 2013b).

Zwar können der Einfluss des Professorinnenprogramms des Bundes und der Länder, die Exzellenzinitiative und die forschungsorientierten Gleichstellungsstandards der Deutschen Forschungsgemeinschaft (DFG) inzwischen zumindest auf der rhetorischen Ebene dazu beitragen, diesen Wandel mit herzustellen. Aber wie sich dies tatsächlich in die jeweiligen Wissenschaftseinrichtungen und Hochschulen übersetzt, ist nicht nur von den außerwissenschaftlichen Anreizsystemen abhängig sondern auch von den jeweiligen universitären Kontexten, den gewählten Leitbildern und disziplinären Ausrichtungen, den spezifischen Organisationsstrukturen und mikropolitischen Aushandlungsstrukturen.

Literatur

Allmendinger, Jutta, Stefan Fuchs und Janina von Stebu (1999): Drehtüre oder Paternoster? Zur Frage der Verzinsung der Integration in wissenschaftliche Organisationen im Verlauf beruflicher Werdegänge von Wissenschaftlerinnen und Wissenschaftlern. In: Hradil, Stefan (Hrsg.): Grenzenlose Gesellschaft? Berichtsband zum Freiburger Kongress der Deutschen, Österreichischen, Schweizerischen Gesellschaft für Soziologie. Frankfurt am Main: Campus Verlag, S. 96-107.

Allmendinger, Jutta und Franziska Schreyer (2005): Arbeitsmarkt – Hochqualifizierte im Dauerhoch. In: IAB Forum 2005 (2), S. 22-27.

Andresen, Sünne, Mechthild Koreuber und Dorothea Lüdtke (2009): Gender und Diversity: Albtraum oder Traumpaar? Interdisziplinärer Dialog zur "Modernisierung" von Geschlechter- und Gleichstellungspolitik. Wiesbaden: VS Verlag für Sozialwissenschaften.

Aulenbacher, Brigitte, Kristina Binner und Bettina Kubicek (2013): Sicherheit durch Leistung ... und die Frage der Geschlechtergleichheit. AssistenzprofessorInnen im Wandel der österreichischen Universitäten und als GrenzmanagerInnen zwischen Wissenschaft und Familie. In: Binner, Kristina, Bettina Kubicek, Anja Rozwandowicz und Lena Weber (Hrsg.): Die unternehmerische Hochschule aus der Perspektive der Geschlechterforschung: Zwischen Aufbruch und Beharrung. Münster: Westfälisches Dampfboot, S. 171-191. (Im Erscheinen).

Aulenbacher, Brigitte, Kristina Binner, Birgit Riegraf und Lena Weber (2010): „Brot und Rosen". Oder: Der unerhörte Anspruch auf ein gutes Leben innerhalb und außerhalb der Wissenschaft. In: Bauschke-Urban, Carola, Marion Kamphans und Felizitas Sagebiel (Hrsg.): Subversion und Intervention. Wissenschaft und Geschlechter(un)ordnung. Opladen: Barbara Budrich, S.139-154.

Aulenbacher, Brigitte, Kristina Binner, Birgit Riegraf und Lena Weber (2012): Wissenschaft in der Entrepreneurial University- feminisiert und abgewertet? In: WSI Mitteilungen 2012 (6), S. 405 -411.

Aulenbacher, Brigitte und Birgit Riegraf (2010a): The New Entrepreneurship in Science and Changing Gender Arrangements. Approaches and Perspectives. In: Riegraf, Birgit, Brigitte Aulenbacher, Edit Kirsch-Auwärter und Ursula Müller (Hrsg.): GenderChange in Academia. Re-mapping the Fields of Work, Knowledge, and Politics from a Gender Perspective. Wiesbaden: VS Verlag für Sozialwissenschaften, S. 61-73.

Aulenbacher, Brigitte und Birgit Riegraf (2010b): WissenschaftlerInnen in der Entrepreneurial University. Über den Wettbewerb der Hochschulen und die Bewegungen in den Geschlechterarrangements. In: Ernst, Waltraud (Hrsg.): Geschlecht und Innovation. Gender-Mainstreaming im Techno-Wissenschaftsbetrieb. Berlin: Lit-Verlag, S. 167 - 184.

Aulenbacher, Brigitte und Birgit Riegraf (2012): Economical Shift und demokratische Öffnungen. Uneindeutige Verhältnisse in der unternehmerischen und geschlechtergerechten Universität. In: die hochschule 2012 (2), S. 291-303.

Barrett, Lucinda und Peter Barrett (2011): Women and Academic Workloads: Career slow lane or Cul-de-Sac? In: Higher Education Management 61 (2), S. 141-155.

Behnke, Cornelia und Michael Meuser (2005): Vereinbarkeitsmanagement. Zuständigkeiten und Karrierechancen bei Doppelkarrierepaaren. In: Heike Solga und Christine Wimbauer (Hrsg.): „Wenn zwei das Gleiche tun..." Ideal und Realität sozialer (Un-)gleichheit in Dual Career Couples. Opladen, S. 123-139.

Bereswill, Mechthild (2004): „Gender" als neue Humanressource? Gender Mainstreaming und Geschlechterdemokratie zwischen Ökonomisierung und Gesellschaftskritik. In: Michael, Meuser und Claudia Neusüß (Hrsg.): Gender Mainstreaming. Konzepte, Handlungsfelder, Instrumente. Bonn: Bundeszentrale für politische Bildung, S. 52-70.

Binner, Kristina, Bettina Kubicek und Lena Weber (2010): Geschlechterarrangements in den Entrepreneurial Universities. Ein Blick auf Disziplinen, Arbeits- und weiteren Lebensverhältnissen. In: Feministische Studien 28 (1), S. 71-84.

Blome, Eva, Alexandra Erfmeier, Nina Gülcher, Kerstin Smasal und Saskia Smykalla (2005): Handbuch zur universitären Gleichstellungspolitik. Von der Frauenförderung zum Gendermanagement? Wiesbaden: VS Verlag für Sozialwissenschaften.

Clark, Burton R. (1998): Creating Entrepreneurial Universities. Organizational Pathways of Transformation. Oxford: Pergamon.

Cornelißen, Waltraud, Alessandra Rusconi und Ruth Becker (Hrsg.) (2011): Berufliche Karrieren von Frauen. Hürdenläufe in Partnerschaft und Arbeitswelt. Wiesbaden: VS Verlag für Sozialwissenschaften.

European Commission (2013): She figures 2012. Gender in Research and Innovation. Statistics and Indicators. Luxembourg: Publications Office of the European Communities.

Federkeil, Gero und Florian Buch (2007): Fünf Jahre Juniorprofessur. Zweite CHE-Befragung zum Stand der Einführung. Gütersloh: CHE Centrum für Hochschulentwicklung; URL: http://www.che.de/downloads/CHE_Juniorprofessur_Befragung_AP_90. pdf.

Fletcher, Catherine, Rebecca Boden, Julie Kent und Julie Tinson (2007): Performing Women: The Gendered Dimensions of the UK New Research Economy. In: Gender, Work and Organization 14 (5), S.433-453.

Gemeinsame Wissenschaftskonferenz (GWK) (2012): Chancengleichheit in Wissenschaft und Forschung. 16. Fortschreibung des Datenmaterials (2010/2011) zu Frauen in Hochschulen und außerschulischen Forschungseinrichtungen. Bonn (Materialien der GWK Heft 29).

Grühn, Dieter, Heidemarie Hecht, Jürgen Rubelt und Boris Schmidt (2009): Der wissenschaftliche „Mittelbau" an deutschen Hochschulen. Zwischen Karriereaussichten und Abbruchtendenzen. Berlin: Verdi (Bildung Wissenschaft Forschung); URL: www.tu-berlin.de/fileadmin/f12/downloads/koop/publikationen/endbericht_Verdi_Studie_09.pdf

Hardenberg, Aletta Gräfin von und Edit Kirsch-Auwärter (2010): Gleichstellungspolitik oder Diversity Management – Alternativen oder Weiterentwicklung auf dem Weg zur Chancengleichheit? In: Feministische Studien 28 (1), S. 121-129.

Hellemacher, Leo (2011): Gender-Pay-Gaps an Hochschulen. In: Die Neue Hochschule 2011 (3), S. 122-126.

Hinz, Thomas, Ina Findeisen und Katrin Auspurg (2008): Wissenschaftlerinnen in der DFG. Förderprogramme, Förderchancen und Funktionen (1991–2004). Weinheim: Wiley; DFG-Publikationen; URL: http://www.gbv.de/dms/ilmenau/toc/547364857.PDF.

Kahlert, Heike (2005): Beratung zur Emanzipation? Gender Mainstreaming unter dem Vorzeichen von New Public Management. In: Behning, Ute und Birgit Sauer (Hrsg.): Was bewirkt Gender Mainstreaming? Evaluierung durch Policy-Analysen. Frankfurt/Main: Campus-Verlag, S. 45-62.

Kirsch-Auwärter, Edit (1996): Emanzipatorische Strategien an den Hochschulen im Spannungsfeld von Organisationsstrukturen und Zielvorstellungen, in: VBWW-Rundbrief 12, S. 51-55.

Klecha, Stephan und Wolfgang Krumbein (Hrsg.) (2008): Die Beschäftigungssituation von wissenschaftlichem Nachwuchs. Wiesbaden: VS Verlag für Sozialwissenschaften.

Konsortium Bundesbericht wissenschaftlicher Nachwuchs (2013): Bundesbericht wissenschaftlicher Nachwuchs (BuWiN) 2013. Statistische Daten und Forschungsbefunde zu Promovierenden und Promovierten in Deutschland. Bielefeld: WBV.

Kreckel, Reinhard (2008): Aus deutscher Sicht dringliche Problembereiche. In: Kreckel, Reinhard (Hrsg.): Zwischen Promotion und Professur. Das wissenschaftliche Personal in Deutschland im Vergleich mit Frankreich, Großbritannien, USA, Schweden, den Niederlanden, Österreich und der Schweiz. Leipzig: Akademische Verlagsgesellschaft, S. 27-34.

Lind, Inken (2004): Aufstieg oder Abstieg? Karrierewege von Wissenschaftlerinnen. Bielefeld: Kleine.

Lind, Inken und Löther, Andrea (2006): Juniorprofessuren in Nordrhein-Westfalen. Ein Vergleich der Qualifikationswege Juniorprofessur und C1-Assistentenstelle. Bonn: CEWS.

Lind, Inken und Andrea Löther (2007): Chancen für Frauen in der Wissenschaft - eine Frage der Fachkultur? Retrospektive Verlaufsanalysen und aktuelle Forschungsergebnisse. In: Schweizerische Zeitschrift für Bildungswissenschaften 29 (2), S. 249-272.

Metz-Göckel, Sigrid (2009): Diskrete Diskriminierungen und persönliches Glück im Leben von Wissenschaftler/innen. In: Aulenbacher, Brigitte und Birgit Riegraf (Hrsg.): Erkenntnis und Methode. Geschlechterforschung in Zeiten des Umbruchs. Wiesbaden: VS Verlag für Sozialwissenschaften, S. 27-49.

Metz-Göckel, Sigrid und Marion Kamphans (2002): Gespräche mit der Hochschulleitung zum Gender Mainstreaming. In: Zeitschrift für Frauenforschung/Geschlechterstudien 20(3), S. 67-88.

Metz-Göckel, Sigrid, Christina Möller und Nicole Auferkorte-Michaelis (2009): Wissenschaft als Lebensform – Eltern unerwünscht? Kinderlosigkeit und Beschäftigungsverhältnisse des wissenschaftlichen Personals aller nordrhein-westfälischen Universitäten. Opladen: Budrich.

Metz-Göckel, Sigrid, Petra Selent und Ramona Schürmann (2010): Integration und Selektion. Dem Dropout von Wissenschaftlerinnen auf der Spur. In: Beiträge zur Hochschulforschung 32(1), S. 8-35.

Meuser, Michael (2004): Von Frauengleichstellungspolitik zu Gender Mainstreaming. Organisationsveränderung durch Geschlechterpolitik? In: Pasero, Ursula und Birger P Priddat (Hrsg.): Organisationen und Netzwerke. Der Fall Gender. Wiesbaden: VS Verlag für Sozialwissenschaften, S. 93-112.

Mittelstraß, Jürgen (1982): Wissenschaft als Lebensform. Reden über philosophische Orientierungen in Wissenschaft und Universität. Frankfurt am Main: Suhrkamp.

Münch, Richard (2007): Die akademische Elite. Zur sozialen Konstruktion wissenschaftlicher Exzellenz. Frankfurt am Main: Suhrkamp.

Münch, Richard (2009): Die Inszenierung wissenschaftlicher Exzellenz. Wie der politisch gesteuerte Wettbewerb um Forschungsressourcen die Wissenschaft den Darstellungszwängen der öffentlichen Kommunikation unterwirft. In: Willems, Herbert (Hrsg.): Theatralisierung der Gesellschaft. Wiesbaden: VS Verlag für Sozialwissenschaften, S. 485-497.

Noble, David F. (1992): A World Without Women. The Christian Clerical Culture of Western Science. New York: Alfred A. Knopf.

Parker, Jonathan (2008): Comparing Research and Teaching in University Promotion Criteria. In: Higher Education Quarterly 62 (3), S.237-251.

Professorenbesoldungsreformgesetz (ProfBesReformG) (2002): Gesetz zur Reform der Professorenbesoldung vom 16.Februar 2002.

Riegraf, Birgit (2009): Die Organisation von Wandel. Gender-Wissen und Gender-Kompetenz in Wissenschaft und Politik. In: Riegraf, Birgit und Lydia Plöger (Hrsg.): Gefühlte Nähe - faktische Distanz. Geschlecht zwischen Wissenschaft und Politik. Perspektiven der Frauen- und Geschlechterforschung auf die "Wissensgesellschaft". Opladen: Barbara Budrich, S. 67-80.

Riegraf, Birgit, Brigitte Aulenbacher, Edit Kirsch-Auwärter und Ursula Müller (Hrsg.) (2010): GenderChange in Academia. Re-mapping the Fields of Work, Knowledge, and Politics from a Gender Perspective. Wiesbaden: VS Verlag für Sozialwissenschaften.

Riegraf, Birgit und Lena Weber (2013a): Exzellenz und Geschlecht in der unternehmerischen Hochschule. In: Binner, Kristina, Bettina Kubicek, Anja Rozwandowicz und Lena Weber (Hrsg.): Die unternehmerische Hochschule aus der Perspektive der Geschlechterforschung: Zwischen Aufbruch und Beharrung. Münster: Westfälisches Dampfboot, S. 67-85.

Riegraf, Birgit und Lena Weber (2013b): Governance in der Wissenschaft unter einer Gender-Perspektive. In: Grande, Edgar, Dorothea Jansen, Otfried Jarren, Arie Rip, Uwe Schimank und Peter Weingart (Hrsg.): Neue Governance der Wissenschaft. Reorganisation – externe Anforderungen – Medialisierung. Bielefeld: Transcript, S. 235-253.

Roloff, Christine (Hrsg.) (1998): Reformpotential an Hochschulen. Frauen als Akteurinnen in Hochschulreformprozessen. Berlin: edition sigma.

Roloff, Christine (Hrsg.) (2002): Personalentwicklung, Geschlechtergerechtigkeit und Qualitätsmanagement an der Hochschule. Bielefeld: Kleine.

Roloff, Christine (2008): Geschlechtergerechtigkeit als Reformstrategie oder: Gleichstellung als Teil der Hochschulreform. In: Zimmermann, Karin, Marion Kamphans und Sigrid Metz-Göckel (Hrsg.): Perspektiven der Hochschulforschung. Wiesbaden: VS Verlag für Sozialwissenschaften, S. 309-330.

Roloff, Christine und Petra Selent (Hrsg.) (2003): Hochschulreform und Gender Mainstreaming. Geschlechtergerechtigkeit als Querschnittaufgabe. Bielefeld: Kleine.

Rusconi, Alessandra und Heike Solga (Hrsg.) (2011): Gemeinsam Karriere machen. Die Verflechtung von Berufskarrieren und Familie in Akademikerpartnerschaften. Opladen: Barbara Budrich.

Sandström, Ulf, Agnes Wold, Brigitta Jordansson, Björn Ohlsson, und Åsa Smedberg (2010): Hans Excellens. Om miljardsatsningarna på starka forskningsmiljöer. Stockholm: Delegationen för jämställdhet i högskolan (DJ).

Schimank, Uwe (2002): Neue Steuerungssysteme an den Hochschulen. Expertise für die Förderinitiative Science Policy Studies des BMBF.

Schimank, Uwe (2005): Die akademische Profession und die Universitäten. 'New Public Management' und eine drohende Entprofessionalisierung. In: Klatetzki, Thomas und Veronika Tacke (Hrsg.): Organisation und Profession. Wiesbaden: VS Verlag für Sozialwissenschaften, S. 143-166.

Simons, Katrin und Leo Hellemacher (2009): W-Zulagen und Entgeldgleichheit an Hochschulen. In: Die Neue Hochschule 2009 (4-5), S. 14-15.

Taylor, John (2007): The Teaching: Research nexus. A model for institutional management. In: Higher Education 54 (6), 867-884.

Thomas, Robyn und Annette Davies (2002): Gender and New Public Management: Reconstituting Academic Subjectivities. In: Gender, Work and Organization 9 (4), S. 372-397.

Vázquez-Cupeiro, Susana (2002): Are Women the Creeping „Proletariats" of British Academia? Paper Nr. 02/01. Hg. v. Women in European Universities.

Weber, Max (1919): Wissenschaft als Beruf. Studienausgabe der Max Weber Gesamtausgabe. Tübingen: Mohr.

Weber, Lena, Kristina Binner und Bettina Kubicek (2012): Hard Times in Academe: The Devaluation of the Academic Profession and Gender Arrangements. In: Chandler, John, Jim Barry und Elisabeth Berg (Hrsg.): Dilemmas for Human Services. Papers from the 15th International Research Conference 2011. London: University of East London Press, S. 139-144.

Wennerås, Christine und Agnes Wold (1997). Nepotism and Sexism in Peer-Review. In: Nature 387, 341-343.

Wetterer, Angelika (Hrsg.) (1992): Profession und Geschlecht. Über die Marginalität von Frauen in hochqualifizierten Berufen. Frankfurt am Main: Campus-Verlag.

Wetterer, Angelika (2002): Arbeitsteilung und Geschlechterkonstruktion. „Gender at work" in theoretischer und historischer Perspektive. Konstanz: UVK-Verlag.

Wetterer, Angelika (2007): Erosion oder Reproduktion geschlechtlicher Differenzierungen? Zentrale Ergebnisse des Forschungsschwerpunkts 'Professionalisierung, Organisation, Geschlecht' im Überblick. In: Gildemeister, Regine und Angelika Wetterer (Hrsg.): Erosion oder Reproduktion geschlechtlicher Differenzierungen? Widersprüchliche Entwicklungen in professionalisierten Berufsfeldern und Organisationen. Münster: Westfälisches Dampfboot, S. 189-214.

Zimmer, Annette, Holger Krimmer und Freia Stallmann (2007): Frauen an Hochschulen: winners among losers. Zur Feminisierung der deutschen Universität. Opladen: Barbara Budrich.

3. Theoretische Bezugspunkte für die Analyse universitärer Arbeitsteilung

Romy Hilbrich | Robert Schuster

3.1. Einleitung

Das Anliegen dieses Beitrags[1] ist die Entwicklung eines theoretischen Bezugsrahmens für die Bearbeitung von Fragen nach Auf- bzw. Abwertungsbewegungen innerhalb der Universität im Zusammenhang mit Tendenzen der Maskulinisierung bzw. Feminisierung einzelner Arbeitsbereiche. Dabei wird – anders als im Beitrag von Birgit Riegraf und Lena Weber in diesem Band – nicht das Wissenschaftssystem als Ganzes in den Blick genommen sondern Entwicklungen und Arbeitsteilungsmuster in der Organisation Universität.

Ausgehend von der These der zunehmenden Feminisierung und Abwertung von Wissenschaft insgesamt (vgl. Zimmer/Krimmer et al. 2006: 53; Aulenbacher/Binner et al. 2012; Weber/Binner et al. 2012), wird hier das Dickicht uneindeutiger und teilweise entgegengesetzter Entwicklungen auf der Meso-Ebene der Organisation durchleuchtet. Hierbei nehmen die Autorin und der Autor die Forderung nach differenzierter Analyse und Offenheit für unerwartete und nicht-stereotype Entwicklungen und Beobachtungen auf (Wetterer 2007). Wenngleich also die Beobachtung des Zusammenhangs von Prestige und geschlechtsbezogener Besetzung von Berufen und Tätigkeiten eine gewisse Regelhaftigkeit von bspw. Aufwertung und Maskulinisierung nahelegt, werden diese keineswegs als zwangsläufig angesehen. Die Gleichgerichtetheit von Aufwertung/Maskulinisierung und Abwertung/Feminisierung ist vielmehr Ergebnis sozialer Prozesse, und muss in diesen immer wieder neu hervorgebracht werden (bspw. Aulenbacher/Binner et al. 2012: 405).

Im Folgenden wird ein theoretischer Bezugsrahmen entwickelt, der vor allem dazu dienen soll, universitäre Phänomene der *Differenzbildung* und *Hierarchisierung* einzelner Arbeitsfelder sowie die Zuordnung von Geschlechtszugehörigkeiten zu einzelnen Tätigkeitsbereichen soziolo-

---

[1] Die Entwicklung der Grundideen dieses Beitrags erfolgte in: Hilbrich/Schuster (2014) und Hilbrich/Schuster (2013).

gisch einzuordnen und sie einer empirischen Bearbeitung zugänglich zu machen. Als Ausgangspunkt wurde die sozialkonstruktivistische Professions- und Geschlechterforschung gewählt (3.2), der zur Erklärung von *Differenzbildungen* systemtheoretische Elemente (3.3) und zur Bearbeitung von *Hierarchiephänomenen* feld- und kapitaltheoretische Bezüge (3.4) an die Seite gestellt werden. Die Kombination dieser theoretischen Perspektiven erscheint geeignet, um inneruniversitäre Arbeitsteilungsmuster aus geschlechtersoziologischer Perspektive zu untersuchen.

Übersicht 3: Kombination der theoretischen Bezüge

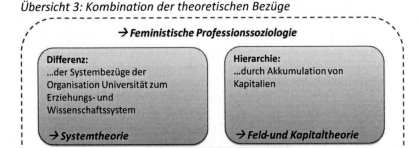

3.2. Die sozialkonstruktivistische Professions- und Geschlechterforschung

Begrifflich geht es hierbei um eine sozialkonstruktivistische Perspektive der Geschlechterforschung auf die Untersuchungsgegenstände Arbeit und Profession. Eine handhabbarere Bezeichnung für diese Perspektive fehlt bisher. Es ist die Rede von „feministischer Professionsforschung" (bspw. Kuhlmann 1999) oder von „genderorientierter Professionsforschung" (bspw. Traue 2005: 41). Aus der in der Tradition des sozialkonstruktivistischen Paradigmas stehenden geschlechtersoziologischen Berufs- und Professionsforschung ist zunächst die These der wechselseitigen Konstruktion von Beruf und Geschlecht (Wetterer 1992b; Wetterer 2002; Wetterer 2010) ein wichtiger Bezugspunkt. Diese These stellt die Flexibilität des „geschlechterkulturelle[n] Differenzmythos" (Nickel 2007: 259) heraus, denn „[s]o gut wie jede Arbeit kann entweder zur Frauenarbeit oder zur Männerarbeit werden" (vgl. auch Leidner 1991; Hall 1993; Gottschall 2009; Wetterer 2009: 46f.). In dieser Perspektive werden „[a]rbeitsinhaltliche Anforderungen und Berufsprofile … mit weithin akzeptierten und im Alltagswissen fest verankerten Männlichkeits- und Weiblichkeitsvorstellungen über das geschlechtsspezifische Arbeitsvermögen in Einklang gebracht" (Riegraf 2010: 71).

Die feministische Professionsforschung hat sich ausführlich mit geschlechtshierarchischen Strukturen in Professionen und hochqualifizierten Berufen auseinandergesetzt. Die in dieser Forschungstradition stehenden Arbeiten sind oftmals historische Rekonstruktionen, die Professionalisierungsprozesse und Prozesse intraberuflicher Ausdifferenzierung hauptsächlich in medizinischen und juristischen Berufen beleuchtet haben (Robak 1992; Rabe-Kleberg 1999; Wetterer 2002). Sie zeichnen sich vor allem durch eine macht- und konflikttheoretische Perspektive aus. Aus diesem Blickwinkel werden Professionalisierungsprozesse im Hinblick auf Interessen, Zugänge und Ausschlüsse analysiert und – das ist das besondere Verdienst – auf die Bedeutung und die Rolle der Kategorie Geschlecht hinterfragt.

Auf Geschlecht wird – so zeigen es die in dieser Forschungstradition stehenden Arbeiten (bspw. Costas 1992; Robak 1992; Wetterer 1992a; Kuhlmann 1999; Gildemeister/Günther 2000; Glaser/Andresen 2009) – in professionellen Kämpfen zurückgegriffen, um arbeitsteilige Zuständigkeiten zu plausibilisieren und zu legitimieren. Angelika Wetterer zufolge fungiert Geschlecht in Professionalisierungsprozessen „als Ressource der Strukturierung und alltagsweltlichen Plausibilisierung arbeitsteiliger Geschlechterarrangements" (Wetterer 2002: 227). Die Problematisierung von Differenzbildungen bezieht sich vor allem auf darin eingelagerte Hierarchisierungen, die u.a. in der Feminisierung statusarmer und Maskulinisierung prestigereicher Arbeitsfelder zum Ausdruck kommen und über die „Handlungsspielräume, Machtressourcen und Verhaltensmöglichkeiten von Männern und Frauen ungleich verteilt" (Riegraf 2005: 142) werden. So genannte „professional projects", in denen Profession und Geschlecht wechselseitig konstruiert werden, weisen Wetterer (2002: 83f) zufolge zentrale Charakteristika auf:

- *Differenzbildung*, sowohl auf der Basis von Geschlecht als auch auf der Grundlage von unterschiedlichen Tätigkeitsfeldern und Aufgabenbereichen mit entsprechenden professionellen Zuständigkeiten

- *Hierarchisierung*, also die Etablierung einer Asymmetrie, die auf der unterschiedlichen Wertigkeit der aus der Differenzierung hervorgehenden Bereiche beruht,

- Herstellung einer sogenannten „*Geschlechtszugehörigkeit*" dieser Bereiche im Sinne einer Feminisierung bzw. Maskulinisierung (Wetterer 2002: 87f).

Da diese Prozesse zeitgleich und miteinander verschränkt, keineswegs nacheinander, verlaufen, sind „geschlechtliche Differenzierungen und Hierarchisierungen von Anfang an eingelagert ... in die Prozesse der Berufskonstruktion" (Wetterer 2002: 217). Aber auch umgekehrt erfolgt die Konstruktion von Geschlecht – also den jeweils geltenden Vorstellungen davon, was und wie Frauen und Männer sind – in engem Zusammenhang mit der Berufszugehörigkeit der Geschlechter, also der Besetzung bestimmter Berufe und Tätigkeitsbereiche durch Männer bzw. Frauen.

Denn insbesondere hierarchische Segregations- und Differenzierungsprozesse sind in meritokratisch orientierten bürgerlichen Gesellschaften legitimationsbedürftig, und Geschlecht bzw. vermeintliche geschlechtsspezifische Kompetenzen und Präferenzen scheinen noch immer akzeptierte Begründungen für bestimmte Formen geschlechtsbezogener Arbeitsteilungen zu liefern (so bspw. in den Diskursen zu spezifischen Kompetenzen männlicher KiTa-Erzieher oder weiblicher Führungskräfte). Mit Verweis auf die „geschlechter*konstituierende* Dimension der Arbeitsteilung" (Wetterer 2009:42, Herv. i.O.) wird Geschlecht auch als ein Produkt von Arbeitsteilung verstanden. Geschlechtsbezogene Arbeitsteilung knüpft somit „nicht einfach an eine von der Natur bereitgestellte Differenz der Geschlechter an; sie bringt vielmehr die Unterschiede zwischen Frauen und Männern erst hervor" (Wetterer 2009:43). Arbeitsteilung wird somit zur Ressource der Konstruktion von Geschlecht bzw. der ‚Geschlechtscharaktere' (Hausen 1976; vgl. auch Geissler 2005; Riegraf 2010).

Die Geschichte vieler Berufe zeigt einen Zusammenhang zwischen geschlechtlicher Konnotation und gesellschaftlichem Ansehen und Status (Costas 1992; Wetterer 2002; Riegraf 2005; Teubner 2010). Frauenberufe gelten als solche, die „Männer den Frauen übriggelassen haben" (Rabe-Kleberg 1999: 95) und „die in Prozessen der beruflichen Ausdifferenzierung als hierarchisch niedriger entstanden sind" (ebd.). Es zeigt sich, „dass es durchgängig der Status einer Arbeit ist, der sie zur Frauen- oder zur Männerarbeit macht" (Wetterer 2009: 46).

Während in den historischen Rekonstruktionen von Professionalisierungsprozessen insbesondere rechtliche Ausschlüsse von Frauen noch eine große Rolle spielten, haben sich die Reproduktionsmechanismen der Geschlechterdifferenz mittlerweile verschoben (Heintz/Nadai 1998). Sie haben sich weit in die jeweiligen akademischen Berufe hinein verlagert und vollziehen sich dort „in höchst informeller und subkutaner Weise" (Wetterer 2002: 220), so dass sich von einer „‚Modernisierung' der Verfahrensweise" (ebd.) sprechen lässt. Dabei wirken Logiken und Kulturen der jeweiligen Berufe und Professionen in unterschiedlicher Weise, d.h. „professionsspezifische Differenzierung[en] geschlechtersoziologischer Fragen und Konzeptualisierungen" (ebd.: 224) sind unverzichtbar.

Für die universitäre Wissenschaft und die Frage, „wie die Geschlechter im deutschen Hochschulraum sich auf Lehr- und Forschungsstellen segregieren und inwiefern sich somit ungleiche Chancen für eine wissenschaftliche Weiterqualifizierung zeigen, ist bislang wenig bekannt." (Aulenbacher/Binner et al. 2012: 408). Dabei ist das Feld der universitären Wissenschaft in diesem Zusammenhang besonders interessant:

(1) Mit Forschung und Lehre stehen sich in der Universität zwei Tätigkeiten gegenüber, die in deutlich ungleichem Maße Anerkennung und Reputation vermitteln, bisher allerdings in Orientierung am Humboldt'schen Ideal der Einheit von Forschung und Lehre auf Stellenebene zusammengezwungen werden.

(2) Die Selbstbeschreibungen des Wissenschaftssystems und der Universitäten als wissenschaftlichen Organisationen verweisen auf meritokratische Prinzipien als vornehmliche Entscheidungskriterien, so dass davon abweichende Funktionsprinzipien, deren Existenz bspw. die geschlechterasymmetrische Besetzung von Stellen nahelegt, in besonderem Maße legitimationsbedürftig sind.

Der Umbau universitärer Stellenstrukturen mit Schwerpunktsetzungen jeweils in der prestigereicheren Forschung und der reputationsärmeren Lehre bietet sich für die Herstellung derartiger geschlechtsbezogener Arbeitsteilungsmuster in besonderem Maße an. Empirische Forschungen aus dem anglo-amerikanischen Raum stützen die These einer geschlechtsbezogenen universitären Arbeitsteilung, in der Wissenschaftlerinnen verstärkt auf Lehr-, Betreuungs- und Verwaltungstätigkeiten und Wissenschaftler vorwiegend auf Forschungsaktivitäten verwiesen werden (Acker/Feuerverger 1996; Sprague/Massoni 2005; Hart/Cress 2008; Link/Swann et al. 2008; Winslow 2010). Diese Arbeitsteilungsmuster lassen sich nur zum Teil über die Geschlechterasymmetrien universitärer Stellenstrukturen erklären, sie werden auch durch geschlechtsspezifische organisationale Erwartungen an Personen auf gleichen Stellen erzeugt. Link et al. zeigen in ihrer Studie, dass unabhängig von der jeweiligen Stelle "women work slightly more hours than men, and they spend more time on teaching, grant writing, and service but less time on research." (Link/Swann et al. 2008: 366).

Auch die Studie von Hart/Cress (2008) belegt, dass Frauen mehr und intensiver lehren und betreuen als ihre männlichen Kollegen und vor allem in einer "nurturing role" (ebd., 187) wahrgenommen werden (so auch Acker/Feuerverger 1996). Dies ist allerdings nicht als Resultat geschlechtsbezogener Präferenzmuster zu sehen, wie Sarah Winslow in ihrer Zeitbudgetstudie zeigt, denn: "women are more likely than men to be teaching more than they prefer and researching less …" (Winslow 2010: 788). Wissenschaftlerinnen machen so andere Belastungserfahrungen und erleiden mehr Stress (Hart/Cress 2008: 181), was sich nicht zuletzt auch auf die Chancen auswirkt, die wissenschaftliche Laufbahn erfolgreich, bis hin zur Professur, fortzusetzen. Denn karriererelevant sind im Wissenschaftssystem noch immer vornehmlich Forschungsaktivitäten während Lehrtätigkeiten eher als zusätzliche Belastungen denn als karriereförderlich angesehen werden.

Veränderte Rahmenbedingungen an Universitäten

Die Universitätsreformen, die in den letzten Jahren unter dem Leitbild des New Public Management (NPM) umgesetzt wurden, sind wichtige Rahmenbedingungen der Differenzierung von Forschungs- und Lehrstellen, aber auch der Entwicklung universitärer Geschlechterverhältnisse. Der Forschungsstand zum Zusammenhang von NPM und Geschlecht ist bisher allerdings noch uneindeutig. Generell wird von einer „Neuorganisation von Forschung und Lehre, unterfüttert von geschlechtsbasierten Zuweisungen von Beschäftigungsverhältnissen und -bedingungen" (Aulenbacher/Binner et al. 2012: 407) ausgegangen, die konkreten Mechanismen und Konsequenzen dieser „Neuorganisation" sind allerdings noch kaum erforscht. Die wenigen Studien hierzu verweisen hauptsächlich auf die Uneindeutigkeit und Komplexität der Veränderungen (Binner/Kubicek et al. 2010; Aulenbacher/Binner et al. 2012; Aulenbacher/Riegraf 2012; Weber/Binner et al. 2012). Zwei auf den ersten Blick widersprüchliche Thesen, dominieren aktuell die Diskussion: Zum einen wird die Feminisierung von Wissenschaft bei gleichzeitigem Verlust gesellschaftlicher Anerkennung konstatiert, zum anderen die Vermutung formuliert, im Kontext NPM sei vor allem eine Maskulinisierung der Universität zu beobachten.

Im Anschluss an die These von der Wissensgesellschaft (Stehr) wird von einigen Autorinnen und Autoren ein Zusammenhang zwischen der „expansion of higher education and the ‚scientification' of society" (Enders 1999: 73) und einem „decline in the socio-economic status of higher education" (ebd.) konstatiert (vgl. auch Moldaschl 2007).

Von Seiten der Geschlechterforschung wird an dieser Stelle auf die zeitgleich erfolgende Feminisierung von Wissenschaft aufmerksam gemacht (Aulenbacher/Binner et al. 2012; Weber/Binner et al. 2012). „Während Frauen zunehmend als legitime Mitglieder in der wissenschaftlichen und universtären Gemeinschaft akzeptiert werden, verliert die eigentliche Tätigkeit als Hochschullehrer, und folglich die Professur, an Wertschätzung und Ansehen." (Zimmer/Krimmer et al. 2006: 53). Als Entwertungsindikator (vgl. hierzu auch der Beitrag von Riegraf/Weber in diesem Band) wird vor allem die Ausgestaltung der Beschäftigungsverhältnisse angeführt (Aulenbacher/Binner et al. 2012: 407): Die Absenkung professoraler Einkommen im Rahmen der Besoldungsreform, die Einschränkung von professionellen Handlungsspielräumen (Thomas/Davies 2002: 383) beispielsweise durch leistungsorientierte Mittelvergabe, neue Kriterien und Verfahren der Leistungsbewertung und durch stärkere Legitimationsverpflichtungen für Professorinnen und Professoren (Weber/Binner et al. 2012: 2) sowie allgemeinere Befürchtungen der „Entprofessionalisierung" (Schimank 2005) sind in diesem Zusammenhang zu nennen.

Neben veränderten Arbeitsbedingungen werden auch Öffnungs- und Demokratisierungsprozesse in Zusammenhang mit dem Status- und Prestigeverlust universitärer Wissenschaft gebracht. Der Frauenanteil im Wissenschaftssystem steigt zeitgleich mit dem Verlust der Wissenschaft an „Exklusivität, … Ansehen und … Bedeutung, die mit der Humboldt'schen Ordinarienuniversität noch verbunden waren" (Aulenbacher/Binner et al. 2012: 405). Dieser „loss of exclusiveness" (Enders 1999: 73) zeigt sich auch in der zunehmenden Bedeutung externer Stakeholder bei der Bewertung wissenschaftlicher Leistungen (Weber/Binner et al. 2012: 2).

Maskulinisierung durch NPM und Verwettbewerblichung lautet eine andere vorläufige Antwort auf die Frage, in welcher Weise die universitären Strukturveränderungen das universitäre Geschlechterverhältnis beeinflussen. Prominenter Bezugspunkt dieser Argumentation ist die Studie von Robyn Thomas und Anette Davies (2002), weitere Studien wurden vor allem von Jim Barry et al. (2006; 2010) vorgelegt. Der maskuline Charakter der Managementreformen[2] mit der „Betonung von Wettbewerbsfähigkeit, Instrumentalität und Individualität" (Barry/Berg et al. 2010: 65) wird hier zunächst als neue „performance culture" (Thomas/Davies 2002: 390) wirksam, die von den Wissenschaftlern und Wissen-

---

[2] Auf neu entstehende Chancen bzw. Spielräume im Rahmen von NPM, die gleichstellungspolitisch nutzbar sind, verweist Birgit Riegraf (2007a; 2007b).

schaftlerinnen selbst vor allem als Arbeitsintensivierung wahrgenommen wird (ebd.: 382).

Hierbei wird das Forschungsprimat gegenüber anderen Tätigkeiten (Lehre, Verwaltung) gestärkt (ebd.). Der idealtypische Forscher, ohne sonstige lebensweltliche Verpflichtungen oder Bedürfnisse erlebt in diesem Zusammenhang eine intensivierte Neuauflage, die sich mit alltagsweltlichen Vorstellungen von Männlichkeit verknüpft: „The profile of the committed, single-focused academic is seen to comply with masculine discourses of competitiveness, instrumentality and individuality" (Thomas/Davies 2002: 389f). Problematisch ist diese Performance Culture zum einen für alle diejenigen Personen, die ihr nur eingeschränkt entsprechen, sei es aufgrund von tatsächlichen familiären oder sonstigen häuslichen Verpflichtungen, sei es aufgrund unterstellter eingeschränkter Leistungsfähigkeit oder -bereitschaft.

Im Kontext der Maskulinisierung von Wissenschaft wird das Tätigkeitsfeld der Lehre zu einem mehr als ohnehin schon reputationsarmen Feld, das Frauen zugewiesen wird. Eine wichtige Rolle hierbei spielen auch Studierende mit einem neuen Selbstverständnis als Kunden und Kundinnen (Lohr/Peetz/Hilbrich 2013: 154ff), die geschlechtsspezifische Erwartungen und Zuschreibungen an die Betreuungsleistungen von Lehrenden entwickeln und in der Folge von weiblichen Lehrenden mehr Zeit, Energie und emotionale Arbeit einfordern (Sprague/Massoni 2005: 791). Maskulinisierung von Wissenschaft und Feminisierung von Lehre erscheinen so als zwei Seiten derselben Medaille und als Hinweis auf die Notwendigkeit differenzierter Beobachtung. Auf diese Weise können auch kontraintuitive Beobachtungen, die auf „Risse in der Homologie von Männlichkeit/ Aufwertung und Weiblichkeit/Abwertung" (Aulenbacher/Binner et al. 2012: 405) hindeuten, aufgenommen werden.

Im Folgenden werden die Besonderheiten der organisatorischen Konfiguration Universität im Hinblick auf die *Differenz* von Lehre und Forschung herausgearbeitet und das *Reputationsgefälle* beider Bereiche soziologisch eingeordnet.

3.3. Zur Differenz von Forschung und Lehre

Obgleich die Selbstbeschreibungsformel der „Einheit von Forschung und Lehre" eine quasi natürliche Ordnung beider Bereiche in der Organisation Universität suggeriert, so ist die Verbindung beider Dienstaufgaben auf der Ebene der Stelle bzw. der Rolle doch eine anspruchsvolle Integrationsleistung, die von den Wissenschaftlern und Wissenschaftlerinnen stets neu erbracht werden muss.[3] In diesem Sinne formulierte Luhmann (1992: 678) etwas polemisch: „Daß Universitäten zugleich zur Forschung und zur Erziehung beitragen sollen, ist eher eine Anomalie". Die spezifischen Spannungsverhältnisse und Zielkonflikte werden mit einem systemtheoretischen Blick auf die Organisation erkennbar.

Die Verbindung beider Dienstaufgaben ist – in dieser Perspektive – deshalb problematisch, weil die Universität „gleichgewichtig an zwei Funktionssystemen der modernen Gesellschaft partizipiert: am Erziehungssystem und am Wissenschaftssystem" (Stichweh 2005: 123)[4]. Anders ausgedrückt: „Wissenschaftssystem und Erziehungssystem werden durch die Organisationsform der Universitäten gekoppelt"[5] (Luhmann 1997: 784), obwohl sich beide grundlegend hinsichtlich ihrer organisationalen Gestaltung unterscheiden. Eine „unmittelbare Kopplung von Lehre und Forschung würde, wenn ernst genommen, erhebliche Leistungsminderungen in beiden Bereichen verursachen" (Luhmann 1992: 678f.). Uwe Schimank und Markus Winnes (2001: 296) sprechen in diesem Zusammenhang von einer „situativen Differenzierung" beider Bereiche und meinen damit eine „realistische Lesart" der Einheit von Forschung und Lehre. Der „Träger der Forschung bleibt die Publikation, Träger der Lehre die Interaktion in Hörsälen und Seminarräumen" (Luhmann 1997: 784).

Charakteristisch für die Kommunikation im Erziehungssystem ist die Interaktion zwischen Lehrenden und Lernenden (Baraldi/Corsi/Esposito

---

[3] Das Verhältnis von Lehre und Forschung wird im Folgenden vor allem auf der Ebene der Stelle innerhalb der Organisation fokussiert, um eine Einordnung der Lehrprofessur zu ermöglichen. Andere mögliche Differenzierungsebenen von Forschung und Lehre, wie Organisation oder Interaktion werden hingegen zurückgestellt.

[4] Man mag einwenden, dass auch moderne Industrieunternehmen eine Forschungsabteilung besäßen und insofern Bezug sowohl zum Wirtschaftssystem als auch zum Wissenschaftssystem besitzen. Nach Stichweh ist dort allerdings „der Primat der wirtschaftlichen Funktion (Gewinnerzielung) unstrittig" (Stichweh 2005: 124).

[5] Jürgen Klüver interpretiert die organisationale Verfasstheit der Universität mit systemtheoretischen Kategorien jedoch anders als Luhmann oder Stichweh. Für ihn ist die Universität eindeutig dem Wissenschaftssystem zuzuordnen. Er begründet dies mit der Determination des Curriculums durch die jeweilige Wissenschaftsdisziplin. „Die Ausbildungsfunktion der Hochschule tritt im klassischen Selbstverständnis der Universität ... deutlich zurück und ist, ... in ihrer spezifischen Ausprägung nur zu verstehen, wenn sie als weitgehend determiniert durch die jeweiligen Wissenschaftsdisziplinen begriffen wird" (Klüver 1995: 79). Diese eindeutige Zuordnung der Universität zum Wissenschaftssystem versperrt die Sichtweise auf Spannungen, die sich gerade aus der „bifokalen" (Stichweh 2009: 6) Verfasstheit der Organisation ergeben und wird deshalb nicht weiter verwendet.

1997: 60). Der Bezug zum Erziehungssystem wird von der Universität stärker organisiert als derjenige zum Wissenschaftssystem, denn die Interaktion zwischen Lehrenden und Lernenden kann nur erfolgreich sein, wenn die Möglichkeit besteht, dass sie regelmäßig stattfinden kann. Die Organisation erstellt dafür entsprechende Vorgaben zu Ort, Zeit, Personen und Inhalten von Lehrveranstaltungen (Studienordnung, Curricula, Raumpläne, Lehrverpflichtungen etc.). Darüber hinaus sind Studierende lokal an einer Universität zu verorten – auch wenn sich dies im Laufe der Studienkarriere ändern kann – und auch Lehrende sind bezogen auf die Ausbildungsfunktion (Lehrverpflichtung) als Mitglieder einer bestimmten Organisation gebunden (Stichweh 2005).

Im Wissenschaftssystem findet Kommunikation primär vermittelt über Publikationen, dem *„operative[n] Medium"* (Luhmann 1992: 432) der Wissenschaft, statt. Der Systembezug der Universität zum Wissenschaftssystem ist demgegenüber viel indirekter, denn die „Universität forscht und publiziert nicht als Universität; vielmehr partizipiert sie am Wissenschaftssystem nur vermittelt über ihre einzelnen Mitglieder, die im Wissenschaftssystem als einigermaßen autonome Agenten auftreten, für deren Tätigkeit und Erfolg ihre organisatorische Mitgliedschaft in der Universität oft nur eine geringe Bedeutung hat." (Stichweh 2005: 125). Was ausschlaggebend für die Strukturbildung im Wissenschaftssystem ist, kann – so Stichweh – mit dem Begriff der Organisation nicht angemessen beschrieben werden. Natürlich kann auch Forschung – zum Beispiel in interdisziplinären Forschungsverbänden – organisiert sein.

Dennoch sind Wissenschaftlerinnen und Wissenschaftler primär in *scientific communities*[6] vernetzt. Der Einfluss der Universität als Organisation auf die Art und Weise dieser Netzwerkbildung ist vergleichsweise gering. Sie dient hier wissenschaftlichen Zwecken wie Adressbildung oder Kumulation von Reputation (Stichweh 2009: 11). Dies führt dazu, dass die Universität Professorinnen und Professoren auch nur begrenzt sanktionieren kann (Hüther/Krücken 2012), denn die beschriebene Konstellation „bindet die Organisation in gewissem Umfange an die »tribal norms« des Wissenschaftssystems zurück und verhindert im Normalfalle eine allzu idiosynkratische Beschäftigung mit selbstgeschaffenen Problemen" (Luhmann 1992: 680).

---

[6] Eine *scientific community* ist ein spezifischer Typus „epistemischer Community" (Haas 1992: zitiert nach Stichweh 2005), verstanden als relativ starke kognitive und normative Bindung von Personen um ein bestimmtes Sachthema (Stichweh 2005, 126).

Aufgrund der spezifischen Logiken beider Systeme braucht es für die Lehre „eine ‚Hochschuldidaktik' oder zumeist: improvisierte funktionale Äquivalente, um unter Gesichtspunkten der Lehre zu entscheiden, welche wissenschaftlichen Texte sich eignen; und umgekehrt bildet eine noch so qualifizierte Lehre keine Reputation als Forscher" (Luhmann 1997: 784). Obwohl für die Universität als Organisation der Bezug zum Erziehungssystem stärker organisierbar ist, wird – so die Behauptung systemtheoretischer Beobachter der Universität – kein Systembezug von Seiten der Organisation dauerhaft und systematisch priorisiert. Die Anforderung, beide Bereiche gleichgewichtig zu behandeln, wird folglich auf die Personenseite verlagert. Kühl spricht in diesem Zusammenhang von einer *„widersprüchliche[n] Zweckprogrammierung"* (Kühl 2007: 4) von Wissenschaftlern und Wissenschaftlerinnen.

3.4. Zum hierarchischen Verhältnis von Forschung und Lehre

Wissenschaftlerinnen und Wissenschaftler entwerfen sich allerdings primär als Forscherpersönlichkeiten und es gehört zum akademischen common sense, dass man sich über Forschungs- und nicht Lehrleistungen qualifiziert und ausweist. Die *Differenz* zwischen Erziehungs- und Wissenschaftssystem ist also von einer *Hierarchie* ungleichwertiger Gratifikationen überformt. Dieses Problem schlägt sich auf der Personenebene als Zeitbudgetproblem zwischen „Lehrbelastung" und „Forschungsleistung" nieder (Strohschneider/Kempen 2007: 152). Engagement in der Lehre wirkt sich nicht förderlich – manchmal sogar negativ – auf die wissenschaftliche Karriere aus. Dies ist beispielsweise der Fall, wenn ausgezeichneten Lehrerenden durch eine erhöhte studentische Nachfrage von Sprechzeiten weniger Zeit für die Forschung zur Verfügung steht (Schaeper 1997).

Für eine theoretische Annäherung an die Reputationshierarchie zwischen den Bereichen Forschung und Lehre erscheint die Feld- und Kapitaltheorie Piere Bourdieus besonders geeignet. Sein theoretischer Zugriff basiert auf der Grundannahme, dass Akteure mit bestimmten Dispositionen in einem sozialen Feld ein bestimmtes Spiel mit spezifischen Regeln spielen und dabei über unterschiedlich verteilte Ressourcen verfügen. Soziale Felder sind für ihn in diesem Sinne „relativ autonome Mikrokosmen" (Bourdieu 1997: 18). Das literarische, künstlerische oder wissenschaftliche Feld ist dementsprechend „ein Universum, das all jene Akteure und Institutionen umfaßt, die Literatur, Kunst oder Wissenschaft erzeugen und verbreiten. Dieses Universum ist eine soziale Welt wie andere auch, gehorcht aber mehr oder weniger spezifischen sozialen Gesetzen" (ebd). Dabei geht es stets – in Anlehnung an den sportlichen Wettkampf – auch um eine kompetitive Komponente: „Jedes Feld, auch das wissenschaftliche, ist ein Kräftefeld und ein Feld der Kämpfe um die Bewahrung oder Veränderung dieses Kräftefeldes" (ebd.: 20).

Die Praktiken der sozialen Akteure sind innerhalb eines spezifischen Feldes durch bestimmte Spielregeln bis zu einem gewissen Grade festgelegt. Darüber hinaus geht es in sozialen Feldern auch um die Verfügung über knapp verteilte Ressourcen, die Bourdieu als Kapital bezeichnet. Feld und Kapital sind dabei in gewisser Weise komplementär gedacht, so dass bestimmte Kapitalsorten (im allgemeinen unterscheidet er zwischen ökonomischem, sozialem, kulturellem und symbolischem Kapital) in bestimmten Feldern gleich den „Trümpfen in einem Kartenspiel" (Bourdieu 1985: 10) in gewisser Weise auf dem Spiel stehen. Die entscheidende Kapitalsorte im wissenschaftlichen Kräftefeld ist das symbolische Kapital oder auch Prestige. Wissenschaftlerinnen und Wissenschaftler sind demnach bestrebt ihr soziales, ökonomisches oder kulturelles Kapital (Vernetzung in scientific communities, Drittmittel, Wissen) in Prestige zu transformieren, da es sich wieder in Drittmittel, Netzwerke oder Wissen transformieren lässt (Bourdieu 1975; Bourdieu 1997).

Dafür wären entsprechend der verschiedenen Feld- bzw. Systemzugehörigkeiten von Wissenschaftlerinnen und Wissenschaftlern auch andere Quellen vorstellbar: Prestige könnte aus Lehre, Forschung, Selbstverwaltung bzw. Beratungsleistung gewonnen werden. Allerdings scheint nur das symbolische Kapital, welches die Forschungsgemeinde vergibt, einigermaßen kalkulierbar, durch anerkannte Kriterien geregelt sowie international konvertierbar zu sein (Huber/Frank 1991: 153). Daraus ist auch die herrschende kulturelle Norm des Forschungsprimats und des Veröffentlichungsgebots (*publish or perish*) zu erklären (Vgl. dazu im Anschluss an Bourdieu: Schaeper 1997). Ein Prestigegewinn aus der Tätigkeit als akademischer Lehrer bzw. akademische Lehrerin ist demgegenüber von widersprüchlichen Kriterien und situativen Zufälligkeiten abhängig. Aus diesem Grund ist das „Lehrkapital" von einer gewissen Unberechenbarkeit geprägt und zudem kaum überregional oder gar international umwandelbar (ebd.).

An dieser Stelle könnte man zwar einwenden, dass Lehre in der Hochschule sehr wohl in Form von Lehrpreisen belohnt werden kann, dies hat allerdings auf die Anerkennung im Wissenschaftssystem im günstigsten Fall keinen Effekt. Diesen Sachverhalt illustriert eine polemische Bemerkung Trutz von Trothas. Er prognostiziert für zukünftige Lehrprofessorinnen und Lehrprofessoren, dass sie „vielleicht auch einmal

Neid hervorrufen werden, wenn sie in naher Zukunft den jährlichen Preis für die beste Lehre erhalten werden; aber es wird nur der Neid der Kollegen und -innen der eigenen Universität sein, nicht der der Teilnehmer des Historikertages" (Trotha/Nassehi/Reichertz 2007: 282ff.).

3.5. Resümee

Die dargelegten theoretischen Perspektiven verdeutlichen, dass die Lehrprofessur eine prädestinierte Stellenkategorie für eine geschlechtersoziologische Analyse des Musters von Abwertung/Feminisierung und Aufwertung/Maskulinisierung innerhalb der Organisation Universität darstellt. Zunächst ist mit den Tätigkeitsbereichen Forschung und Lehre eine grundlegende *Differenz* von professoralen Dienstaufgaben gegeben. Die systemtheoretische Perspektive führt dies auf den doppelten Systembezug der Universität – zum Erziehungs- und zum Wissenschaftssystem – zurück. Zudem weisen beide Tätigkeitsfelder einen unterschiedlichen Grad an Organisiertheit auf. Lehraufgaben sind leichter zu kontrollieren und für die Organisation personal zu adressieren (z.B. Lehrverpflichtungsverordnungen).

Demgegenüber ist der Zugriff der Organisation auf die scientific community durchaus eingeschränkt. Sie partizipiert vielmehr an der Reputation, welche Wissenschaftler und Wissenschaftlerinnen durch die Tatsache, dass sie auch Hochschullehrende an einer bestimmten Universität sind, in die Organisation einbringen. (Vgl. Stichweh 2005)

Damit ist ein zweiter wichtiger Punkt angedeutet: Forschung und Lehre stehen in einem – was die Akkumulation von Reputation betrifft – *hierarchischen* Verhältnis zueinander. Dies wurde durch den feld- und kapitaltheoretischen Zugriff Pierre Bourdieus verdeutlicht. Einzig das aus Forschung gewonnene Kapital ist karriererelevant. Ein Lehrkapital kann zwar in Form von Lehrpreisen und diversen anderen Auszeichnungen erworben werden, wird zum Teil von der Universität als Organisation auch anerkannt, spielt allerdings für die Verortung in der scientific community bestenfalls keine Rolle.

Für dieses Problem wird von der Organisation keine Priorisierung der Tätigkeitsbereiche angeboten. Wissenschaftler und Wissenschaftlerinnen vollbringen alltäglich den Balanceakt zwischen der Erbringung ausgezeichneter aber wenig reputierlicher Lehre und karriererelevanter Forschung. Forschung und Lehre können in ihrer Verbindung im professoralen Arbeitsalltag zum einen im Verhältnis gegenseitiger Steigerung (Facilitation) oder Behinderung (Interference) stehen (Riediger/Freund 2004). Der erfolgreiche Forscher und die erfolgreiche Forscherin bedienen sich sogenannter Coping-Strategien (Schimank 1995) um Interference-Effekte zu vermeiden und weiterhin erfolgreich forschen zu können.[7]

Die Lehrprofessur stellt in diesem Sinne eine entscheidende Zäsur dar, denn es handelt sich um eine Stellenkategorie, welche den „Verdrängungsdruck der Lehre auf die Forschung" (Schimank) bereits in der Stellenbeschreibung institutionalisiert (30% Forschung, 60% Lehre, 10% Selbstverwaltung). Sie wird aller Wahrscheinlichkeit nach – vor dem Hintergrund der eben geschilderten theoretischen Grundannahmen – vor allem als reputationsärmere Stellenkategorie wahrgenommen werden. Unter der Berücksichtigung von Erkenntnissen aus der Geschlechterforschung erscheint es deshalb naheliegend, allerdings nicht zwangsläufig, dass diese reputationsärmeren Professuren überdurchschnittlich häufig weiblich besetzt werden. Inwieweit die Lehrprofessur tatsächlich eine ‚weibliche' Stelle ist und welche anderen Einflüsse für die Besetzung dieser Professuren entscheidend sind, ist Gegenstand des Beitrags „Motivlagen von Lehrprofessorinnen und -professoren" in diesem Band.

Literatur

Acker, Sandra/Feuerverger, Grace (1996): Doing Good and Feeling Bad: the work of women university teachers, in: Cambridge Journal of Education. 26(3), 401-422.

Aulenbacher, Brigitte/Binner, Kristina/Riegraf, Birgit/Weber, Lena (2012): Wissenschaft in der Entrepreneurial University - feminisiert und abgewertet?, in: WSI Mitteilungen. 65(6), 405-411.

Aulenbacher, Brigitte/Riegraf, Birgit (2012): Economical Shift und demokratische Öffnungen. Uneindeutige Verhältnisse in der unternehmerischen und geschlechtergerechten Universität, in: die hochschule. (2), 291-303.

Baraldi, Claudio/Corsi, Giancarlo/Esposito, Elena (1997): GLU: Glossar zu Niklas Luhmanns Theorie sozialer Systeme. Frankfurt a.M.: Suhrkamp.

Barry, Jim/Berg, Elisabeth/Chandler, John (2006): Academic Shape Shifting: Gender, Management and Identities in Sweden and England, in: Organization. 13(2), 275-298.

Barry, Jim/Berg, Elisabeth/Chandler, John (2010): Ungleichstellung der Geschlechter als Routine? Die Auswirkungen der Hochschulreformen in Schweden und England, in: Feministische Studien. (1), 56-70.

Binner, Kristina/Kubicek, Bettina/Weber, Lena (2010): Geschlechterarrangements in den Entrepreneurial Universities. Ein Blick auf Disziplinen, Arbeits- und weitere Lebensverhältnisse, in: Feministische Studien. (1), 71-84.

---

[7] Der Beitrag „Die Verbindung von Forschung und Lehre in der Arbeitspraxis der Lehrprofessoren und -professorinnen" in diesem Band geht der Frage nach, ob und wie dies im Rahmen einer Stellenkategorie mit Lehrschwerpunkt noch möglich ist

Bourdieu, Pierre (1975): The specificity of the scientific field and the social conditions of the progress of reason, in: Social Science Information. 14(6), 19-47.

Bourdieu, Pierre (1985): Sozialer Raum und Klassen. Leçon sur la leçon. Zwei Vorlesungen. Frankfurt a.m.: Suhrkamp.

Bourdieu, Pierre (1997): Vom Gebrauch der Wissenschaft. Für eine klinische Soziologie des wissenschaftlichen Feldes. Konstanz: Universitäts-Verlag-Konstanz.

Costas, Ilse (1992): Das Verhältnis von Profession, Professionalisierung und Geschlecht in historisch vergleichender Perspektive. in: Wetterer, Angelika (Hg.): Profession und Geschlecht. Frankfurt/New York: campus, S. 51-82.

Enders, Jürgen (1999): Crisis? What Crisis? The Academic Professions in the 'Knowledge' Society, in: Higher Education. 38(1), 71-81.

Geissler, Birgit (2005): „Arbeit": Themen und Theorien der Arbeitssoziologie. unveröffentlicht.

Gildemeister, Regine/Günther, Robert (2000): Teilung der Arbeit und Teilung der Geschlechter. in: Müller, Siegfried/Sünker, Heinz/Olk, Thomas/Böllert, Karin (Hg.): Soziale Arbeit: Gesellschaftliche Bedingungen und professionelle Perspektiven. Neuwied: Luchterhand.

Glaser, Edith/Andresen, Sabine (Hg.) (2009): Disziplingeschichte der Erziehungwissenschaften als Geschlechtergeschichte. Jahrbuch der Frauen- und Geschlechterforschung in der Erziehungswissenschaft. Opladen / Farmington Hills: Barbara Budrich.

Gottschall, Karin (2009): Arbeitsmärkte und Geschlechterungleichheit - Forschungstraditionen und internationaler Vergleich. in: Aulenbacher, Brigitte/Wetterer, Angelika (Hg.): Arbeit. Perspektiven und Diagnosen der Geschlechterforschung. Münster: Westfälisches Dampfboot.

Haas, Peter M. (1992): Introduction: Epistemic Communities and International Policy Coordination, in: International Organization (Knowledge, Power, and International Policy Coordination). 46(1), 1-35.

Hall, Elaine J. (1993): Waitering/Waitressing: Engendering the Work of Table Servers, in: Gender & Society. 7(3), 329-346.

Hart, Jennifer L./Cress, Christine M. (2008): Are Women Faculty Just "Worrywarts"? Accounting for Gender Differences in Self-Reportec Stress, in: Journal of Human Behavior in the Social Environment. 1(1/2), 175-193.

Hausen, Karin (1976): Die Polarisierung der 'Geschlechtscharaktere' - Eine Spiegelung der Dissoziation von Erwerbs- und Familienleben. in: Conze, Werner (Hg.): Sozialgeschichte der Familie in der Neuzeit Europas. Stuttgart: Klett, S. 363-393.

Heintz, Bettina/Nadai, Eva (1998): Geschlecht und Kontext. De-Institutionalisierungsprozesse und geschlechtliche Differenzierung, in: Zeitschrift für Soziologie. 27(2), 75-93.

Hilbrich, Romy/Schuster, Robert (2013): Frauen lehren - Männer forschen? Neue Professuren und alte Geschlechtermuster in der Universität. in: Ebbers, Ilona/Halbfas, Brigitte/ Rastetter, Daniela (Hg.): Gender und ökonomischer Wandel. Marburg: Metropolis, S. 215-239.

Hilbrich, Romy/Schuster, Robert (2014): Qualität durch Differenzierung? Lehrprofessuren, Lehrqualität und das Verhältnis von Lehre und Forschung, in: Beiträge zur Hochschulforschung. 36(1), 70-89.

Huber, Ludwig/Frank, Andrea (1991): Bemerkungen zum Wandel des Rollenverständnisses von Hochschullehrerinnen. in: Webler, Wolf-Dietrich/Otto, Hans- Uwe (Hg.): Der Ort der Lehre in der Hochschule. Lehrleistungen, Prestige und Hochschulwettbewerb. Weinheim, S. 143-160.

Hüther, Otto/Krücken, Georg (2012): Hierarchie ohne Macht? Karriere und Beschäftigungsbedingungen als ‚vergessene' Grenzen der organisatorischen Umgestaltung der deutschen Universitäten. in: Wilkesmann, Uwe/Schmid, Christian J. (Hg.): Hochschule als Organisation. Wiesbaden: VS Verlag, S. 27-41.

Klüver, Jürgen (1995): Hochschule und Wissenschaftssystem. in: Lentzen, Dieter (Hg.): Enzyklopdie Erziehungswissenschaft, Bd. 10: Ausbildung und Sozialisation in der Hochschule. Stuttgart, S. 78-91.

Kühl, Stefan (2007): Von der Hochschulreform zum Veränderungsmanagement von Universitäten. in: Altvater, Peter/Bauer, Yvonne/Gilch, Harald (Hg.): Organisationsentwicklung in Hochschulen. Hannover: HIS Hochschul-Informations-System GmbH, S. 1-11.

Kuhlmann, Ellen (1999): Profession und Geschlechterdifferenz. Opladen: Leske+Budrich.

Leidner, Robin (1991): Serving Hamburgers and Selling Insurance: Gender Work, and Identity in Interactive Service Jobs, in: Gender & Society. 5(2), 154-177.

Link, Albert N./Swann, Christopher A./Bozeman, Barry (2008): A time allocation study of university faculty, in: Economics of Education Review. 27(4), 363-375.

Lohr, Karin/Peetz, Thorsten/Hilbrich, Romy (2013): Bildungsarbeit im Umbruch. Zur Ökonomisierung von Arbeit und Organisation in Schulen, Universitäten und in der Weiterbildung. Berlin: edition sigma.

Luhmann, Niklas (1992): Die Wissenschaft der Gesellschaft. Frankfurt a.M.: Suhrkamp.

Luhmann, Niklas (1997): Die Gesellschaft der Gesellschaft. Frankfurt a.M.: Suhrkamp.

Moldaschl, Manfred (2007): Probleme der Wissensgesellschaft und ihrer Wissens-Wissenschaften – Thesen zur Neukonturierung der Erwerbsarbeit, TU Chemnitz: 1-12.

Nickel, Hildegard Maria (2007): Tertiarisierung, (Markt)Individualisierung, soziale Polarisierung – neue Konfliktlagen im Geschlechterverhältnis? in: Aulenbacher, Brigitte/Funder, Maria/Jacobsen, Heike/Völker, Susanne (Hg.): Arbeit und Geschlecht im Umbruch der modernen Gesellschaft. Wiesbaden: VS Verlag.

Rabe-Kleberg, Ursula (1999): Wie aus Berufen für Frauen Frauenberufe werden. Ein Beitrag zur Transformation des Geschlechterverhältnisses. in: Nickel, Hildegard Maria/ Völker, Susanne/Hüning, Hasko (Hg.): Transformation – Unternehmensreorganisation – Geschlechterforschung. Opladen: Leske+Budrich, S. 93-107.

Riediger, Michaela/Freund, Alexandra M. (2004): Interference and Facilitation among Personal Goals: Differential Associations with Subjective Well-Being and Persistent Goal Pursuit, in: Personality and Social Psychology Bulletin. 30, 1511-1523.

Riegraf, Birgit (2005): "Frauenbereiche" und "Männerbereiche": Die Konstruktion von Geschlechterdifferenzen in der Arbeits- und Berufswelt. in: Ahrens, Jens-Rainer/Apelt, Maja/Bender, Christine (Hg.): Frauen im Militär. Wiesbaden: VS Verlag, S. 134-155.

Riegraf, Birgit (2007a): Der Staat auf dem Weg zum kundenorientierten Dienstleistungsunternehmen? New Public Management geschlechtsspezifisch analysiert. in: Aulenbacher, Brigitte (Hg.): Arbeit und Geschlecht im Umbruch der modernen Gesellschaft: Forschung im Dialog. Wiesbaden: VS Verlag, S. 78-94.

Riegraf, Birgit (2007b): New Public Management und Geschlechtergerechtigkeit, in: Sozialer Fortschritt. 56(9/10), 259-263.

Riegraf, Birgit (2010): Konstruktion von Geschlecht. in: Aulenbacher, Brigitte/Meuser, Michael/Riegraf, Birgit (Hg.): Soziologische Geschlechterforschung. Wiesbaden: VS Verlag, S. 59-77.

Robak, Brigitte (1992): Schriftsetzerinnen und Maschineneinführungsstrategien im 19. Jahrhundert. in: Wetterer, Angelika (Hg.): Profession und Geschlecht. Frankfurt/New York: campus, S. 83-100.

Schaeper, Hildegard (1997): Lehrkulturen, Lehrhabitus und die Struktur der Universität. Eine empirische Untersuchung fach- und geschlechtsspezifischer Lehrkulturen. Weinheim: Deutscher Studien Verlag.

Schimank, L   nd die Universitäten. „New Public
Manage   iierung. in: Klatetzki, Thomas/Ta-
cke, Ver   ....uon und Profession. Wiesbaden: VS Verlag.

Schimank, Uwe/Winnes, Markus (2001): Jenseits von Humboldt? Muster und Entwicklungspfade des Verhältnisses von Forschung und Lehre in verschiedenen europäischen
Hochschulsystemen. in: Stölting, Erhard/Schimank, Uwe (Hg.): Die Krise der Universitäten. Wiesbaden: Westdeutscher Verlag, S. 295-325.

Sprague, Joey/Massoni, Kelley (2005): Student Evaluations and Gendered Expectations:
What We Can't Count Can Hurt Us, in: Sex Roles. 53(11/12), 779-793.

Stichweh, Rudolf (2005): Neue Steuerungsformen der Universität und die akademische
Selbstverwaltung. in: Sieg, Ulrich/Korsch, Dietrich (Hg.): Die Idee der Universität
heute. München: K.G.Saur Verlag GmbH, S. 123-132.

Stichweh, Rudolf (2009): Universität in der Weltgesellschaft; URL: http://www.unilu.ch/fi
les/Universitaet-in-der-Weltgesellschaft.pdf (Zugriff am 15.03.2011).

Strohschneider, Peter/Kempen, Bernhard (2007): Professur, Schwerpunkt Lehre? Pro und
Contra, in: Forschung & Lehre. 3, 152-153.

Teubner, Ulrike (2010): Beruf: Vom Frauenberuf zur Geschlechterkonstruktion im Berufs-
system. in: Becker, Ruth/Kortendiek, Beate (Hg.): Handbuch Frauen- und Geschlechterforschung. Wiesbaden: VS Verlag, S. 491-498.

Thomas, Robyn/Davies, Anette (2002): Gender and New Public Management: Reconstituting Academic Subjectivities, in: Gender, Work and Organization. 9(4), 372-397.

Traue, Boris (2005): Das Subjekt in der Arbeitsforschung: subjekttheoretische Arbeitsforschung und Perspektiven ihrer wissenssoziologischen/diskursanalytischen Erweiterung.
Marburg, GendA.

Trotha, Trutz von/Nassehi, Armin/Reichertz, Jo (2007): Email-Debatte: „Lehrprofessuren"
und „Lehrkräfte für besondere Aufgaben", in: Soziologie. 36(3), 280-293.

Weber, Lena/Binner, Kristina/Kubicek, Bettina (2012): Hard Times in Academe: The Devaluation of the Academic Profession and Gender Arrangements. in: Chandler, John/
Berry, Jim/Berg, Elisabeth (Hg.): Dilemmas for Human Services. Papers from the 15th
International Research Conference 2011. London: Royal Docks Business School, S.
139-144.

Wetterer, Angelika (Hg.) (1992a): Profession und Geschlecht. Frankfurt / New York: campus.

Wetterer, Angelika (1992b): Theoretische Konzepte zur Analyse der Marginalität von Frau-
en in hochqualifizierten Berufen. in: Wetterer, Angelika (Hg.): Profession und Geschlecht. Frankfurt/New York: campus, S. 13-40.

Wetterer, Angelika (2002): Arbeitsteilung und Geschlechterkonstruktion.»Gender at work«
in theoretischer und historischer Perspektive. Konstanz: UVK.

Wetterer, Angelika (2007): Erosion oder Reproduktion geschlechtlicher Differenzierungen?
Zentrale Ergebnisse des Forschungsschwerpunkts „Professionalisierung, Organisation,
Geschlecht" im Überblick. in: Gildemeister, Regine/Wetterer, Angelika (Hg.): Erosion
oder Reproduktion geschlechtlicher Differenzierungen? Münster: Westfälisches
Dampfboot, S. 189-214.

Wetterer, Angelika (2009): Arbeitsteilung & Geschlechterkonstruktion - Eine theoriege-
schichtliche Rekonstruktion. in: Aulenbacher, Brigitte/Wetterer, Angelika (Hg.): Arbeit. Perspektiven und Diagnosen der Geschlechterforschung. Münster: Westfälisches
Dampfboot, S. 42-63.

Wetterer, Angelika (2010): Konstruktion von Geschlecht: Reproduktionsweisen der Zweigeschlechtlichkeit. in: Becker, Ruth/Kortendiek, Beate (Hg.): Handbuch Frauen- und
Geschlechterforschung. Wiesbaden: VS Verlag, S. 126-136.

Winslow, Sarah (2010): Gender Inequality And Time Allocations Among Academic Faculty, in: Gender & Society. 24(6), 769-793.

Zimmer, Anette/Krimmer, Holger/Stallmann, Freia (2006): Winners among Losers: Zur Feminisierung der deutschen Universitäten, in: Beiträge zur Hochschulforschung. 28(4), 30-56.

4. Lehre, Forschung und Geschlecht
Zur Ausdifferenzierung von Stellen und Karrierewegen an Universitäten

Romy Hilbrich | Robert Schuster

4.1. Einleitung

Das Verhältnis von Forschung und Lehre war bisher an deutschen Universitäten vor allem durch einen vergleichsweise hohen Integrationsgrad gekennzeichnet. Während für andere Staaten eine stärkere Ausdifferenzierung dieser beiden Bereiche auf der Ebene von Institutionen, von Rollen bzw. Stellen[1] und von Ressourcenströmen konstatiert wird[2], sind Lehre und Forschung im „Humboldt'schen Modell" (vgl. Schimank/ Winnes 2001) lediglich situativ differenziert. Entsprechend der Humboldt'schen Norm der Einheit von Forschung und Lehre sind wissenschaftliche Stellen an Universitären als Lehr- *und* Forschungsstellen konzipiert. Hierbei werden allerdings zwei Tätigkeitsfelder miteinander verknüpft, die für Wissenschaftlerinnen und Wissenschaftler nicht in gleicher Weise reputationsstiftend sind. Während Forschungsaktivitäten vermittelt über Publikationen in hohem Maße reputationsrelevant sind, lässt sich über Lehrtätigkeiten nur selten Anerkennung innerhalb der Wissenschaftsgemeinde erringen.[3]

Dieses spezifische Modell der Integration von Lehre und Forschung auf Stellenebene scheint sich allerdings im Zusammenhang mit den grundlegenden Veränderungen universitärer Organisationsstrukturen seit den 1990er Jahren zu Gunsten einer stärkeren Differenzierung von Stel-

---

[1] Hier kann je nach Perspektive der Begriff der Stelle, der Rolle oder der Personen verwendet werden. Da in diesem Beitrag die universitären Stellenstrukturen im Fokus stehen, wird im Folgenden von der Ebene der Stelle als der Integrations- bzw. Desintegrationsebene von Lehre und Forschung gesprochen.

[2] Schimank/Winnes (2001) nennen z.B. Frankreich, Spanien, Ungarn und Island als Länder, in denen eine teilsystemische Ausdifferenzierung beider Bereiche anzutreffen ist. Forschung und Lehre sind hier sowohl auf Rollen- als auch auf Organisationsebene sowie hinsichtlich der Ressourcenströme differenziert.

[3] vgl. hierzu auch der Beitrag „Theoretische Bezugspunkte für die Analyse universitärer Arbeitsteilung" in diesem Band

len zu verändern. Vor allem im Kontext universitärer Governance-Reformen ist eine Flexibilisierung universitärer Stellenstrukturen zu beobachten, die neben der Zunahme von befristeter und von Teilzeitbeschäftigung auch die Etablierung von Stellen mit Lehr- bzw. Forschungsschwerpunkten umfasst. Verschiedene Gründen machen diese „interne Funktionsdifferenzierung" (Kreckel 2010: 239 ff.) für Universitäten erforderlich.

Zum einen haben sich in den vergangenen Jahren die Anforderungen an universitäre Lehrleistungen massiv erhöht. Gestiegene Studierendenzahlen und die Auswirkungen der Studienreform (v.a. die gestiegene Zahl der Prüfungen, die Steigerung der Lehr- und Betreuungsintensität, permanente Anpassungen der Studienordnungen, Akkreditierungen und Re-Akkreditierungen) haben viele Universitäten vor das Problem gestellt, ihre Lehrleistung zu erhöhen, ohne dass ihre Ressourcenausstattung in adäquater Weise verbessert worden wäre. Die Etablierung von Stellen mit Lehrschwerpunkt stellt insbesondere für Universitäten mit schwieriger Haushaltslage eine Möglichkeit dar, diese neuen lehrbezogenen Anforderungen zu bewältigen.

Daneben können forschungsbezogene Schwerpunktsetzungen auf der Ebene von Professuren für Universitäten ein Instrument sein, sich im nationalen und auch internationalen Wettbewerb um renommierte, drittmittelstarke Forscherinnen und Forschen mit entsprechend attraktiven Forschungsbedingungen zu präsentieren. Dies ist vor allem im Zusammenhang mit Bestrebungen der Profilbildung, der Internationalisierung und des allgemeinen Wettbewerbs um Ranking-Positionen, Exzellenz und letztlich Ressourcen für Universitäten bedeutsam. Schwerpunktsetzungen in der Forschung werden auch im Mittelbau im Zusammenhang mit der Zunahme drittmittelfinanzierter Forschung erzeugt, denn wissenschaftliche Stellen in drittmittelfinanzierten Forschungsprojekten sehen formal keine Lehrverpflichtung vor. Entsprechende Stellen wurden in erheblichem Umfang auch im Rahmen der Exzellenzinitiativen geschaffen (vgl. Bloch et al. 2011: 158 f.).

Die Ausdifferenzierung universitärer Stellenstrukturen entlang der Felder Lehre und Forschung steht im Zentrum des vorliegenden Beitrags. Es wird gefragt, inwieweit sich die Integration beider Felder auf der Ebene der Stellen auflöst und sich zunehmend einerseits Lehrstellen und andererseits Forschungsstellen bzw. Stellen mit entsprechenden Schwerpunktsetzungen etablieren, die dann in neue wissenschaftliche Karrierewege, also lehr- bzw. forschungsbasierte wissenschaftliche Laufbahnen, eingebettet werden.

Im Anschluss an die Erkenntnisse der berufs- und professionssoziolo-
gischen Geschlechterforschung (Wetterer 2002) ist außerdem von Interesse, in welcher Weise Geschlecht im Prozess derartiger Ausdifferenzie-
rungsbewegungen relevant (gemacht) wird. Vor allem die geschlechtliche Konnotation der Tätigkeitsbereiche Lehre und Forschung ist hier
zentral wie auch letztlich die Frage danach, inwieweit die Ausdifferenzierung von Lehr- bzw. Forschungsstellen bestehende Geschlechterasymmetrien an Universitäten verändert bzw. auch neue Asymmetrien erzeugt.
Der entsprechende Umbau universitärer Stellenstrukturen mit Schwerpunktsetzungen in der (bisher) prestigereicheren Forschung und der (bislang) reputationsärmeren Lehre könnte die Grundlage für eine neue Form
der inneruniversitären geschlechtsbezogenen Arbeitsteilung bilden.

Als empirische Grundlage des Beitrags dienen neben der Hochschulpersonalstatistik Daten, die im Rahmen des Forschungsprojekts „Lehr-
Wert"[4] erhoben wurden: Zum einen eine Online-Befragung der zentralen
Frauen- und Gleichstellungsbeauftragten (FGB) an deutschen Universitäten und zum zweiten leitfadengestützte problemzentrierte Interviews mit
sechs Expertinnen und Experten aus Hochschul- und Gleichstellungspolitik. Beide Erhebungen fokussierten (neben anderen thematischen
Schwerpunkten) die Frage nach geschlechtsbezogenen Arbeitsteilungs-
mustern in Universitäten im wissenschaftlichen Personal im Hinblick auf
Forschungs- und Lehrtätigkeiten.

Im Beitrag wird zunächst gefragt, welche Erkenntnisse zum Stand der
Ausdifferenzierung von Lehr- und Forschungsstellen sowie zur Etablierung entsprechender Lehr- bzw. Forschungskarrieren in Deutschland aktuell vorliegen (4.2). Hierfür werden die hochschulpolitische Debatte, der
Forschungsstand sowie die Hochschulpersonalstatistik auf entsprechende
Informationen hin geprüft. Im Anschluss daran wird die Frage der geschlechtlichen Konnotation von Lehre aufgeworfen und mit Rückgriff
auf die Hochschulpersonalstatistik sowie auf eigene Befunde aus der
standardisierten Befragung von FGB und aus problemzentrierten Interviews mit Expertinnen und Experten bearbeitet (4.3). Der Beitrag
schließt mit einer Einordnung der neuen Stellenkategorie der Lehrprofessur in die vorgestellten Befunde (4.4).

---

[4] Das Projekt wurde im Zeitraum von 2010-2013 an der Martin-Luther-Universität
Halle-Wittenberg durchgeführt. Detaillierte Angaben zum methodischen Anlage des
Projekts und zu den einzelnen Erhebungen enthält der Beitrag „Der Lehrprofessur auf
der Spur" von Schuster et al. in diesem Band.

4.2. Universitäre Stellenstrukturen und Karrierewege: Lehre *oder* Forschung?

Zur lehr- bzw. forschungsbezogenen Ausdifferenzierung von Stellen und Karrierewegen an deutschen Universitäten gibt es bisher einige Hinweise aus der Forschung und der hochschulbezogenen Berichterstattung (Bloch et al. 2011: bes. 205 ff.; Konsortium BuWiN2013: 176 ff.; Lohr/Peetz/ Hilbrich 2013: 42 f.), detaillierte Daten und Befunde liegen zu dieser Frage allerdings noch nicht vor.

In der politischen Diskussion werden seit Mitte der 2000er Jahre vor allem neue lehrbezogene Schwerpunktsetzungen in den universitären Stellenstrukturen thematisiert. Besonders der Wissenschaftsrat tritt in diesem Zusammenhang als hochschulpolitischer Akteur auf, der eine „Flexibilisierung von Personalstrukturen und Lehrdeputaten" fordert, „um die Binnendifferenzierung voranzutreiben" (Wissenschaftsrat 2010: 78 f.). Unter der primären Zielsetzung der Verbesserung der Lehrqualität fordert er den „kapazitätsneutralen Ausbau lehrorientierter Personalkategorien an den Universitäten" (ebd., vgl. auch Wissenschaftsrat 2007; Wissenschaftsrat 2008). Auch die Vorschläge der Hochschulrektorenkonferenz (HRK) zur Verbesserung der Lehrqualität zielen auf die „Schaffung einer neuen Personalkategorie für die Universitäten mit erhöhtem Lehrdeputat" (HRK 2006: o.P.). Der Deutsche Hochschulverband (DHV) forderte mit der Etablierung von Lecturern ebenfalls eine Stellenkategorie mit Lehrschwerpunkt (DHV 2006)[5].

Im Gegensatz dazu sind Schwerpunktsetzungen in der Forschung deutlich seltener Gegenstand hochschulpolitischer Diskussionen. Anders als die lehrbezogenen Schwerpunktsetzungen scheinen sie als quasi-natürliche Resultate neuer hochschulpolitischer Rahmenbedingungen (interuniversitärer Wettbewerb um Mittel und Personal, Exzellenzinitiative, universitäre Internationalisierungs- und Profilierungsanstrengungen, gestiegene Relevanz von Drittmitteln insgesamt) zu entstehen. So werden Forschungsstellen auch seltener problematisiert und zum Gegenstand hochschulpolitischer Auseinandersetzungen gemacht. Entsprechend argumentiert der DHV in seinem Papier „Ja zur Forschungsprofessur, Nein zur Lehrprofessur": „Weniger Lehre für die besten Forscher ist richtig, viel Lehre für einige Hochschullehrer ist falsch" (DHV 2007).

---

[5] Eine ausführliche Darstellung der hochschulpolitischen Diskussion zu Lehrprofessuren enthält der Beitrag von Hilbrich/Schuster: „ Die Lehrprofessur in der hochschulpolitischen Diskussion und der universitären Praxis" in diesem Band.

Im Rahmen der Föderalismusreform eröffneten sich für die Bundesländer neue rechtliche Spielräume in der Ausgestaltung der universitären Stellenstrukturen, die in Form novellierter Landeshochschulgesetze (LHG) an die Universitäten weitergegeben wurden. Mittlerweile sind in den LHG von zehn Bundesländern[6] „Personalkategorien verankert, die ausschließlich, schwerpunktmäßig oder zumindest überwiegend der Wahrnehmung von Aufgaben in der Lehre oder der Forschung dienen" (Konsortium BuWiN 2013: 76).

Stellen mit Forschungsschwerpunkt sind in den LHG von zehn Bundesländern[7] vorgesehen (Konsortium BuWiN 2013: 77). Hierzu zählen die Professur und die Juniorprofessur mit Schwerpunkt Forschung. Auch die Zunahme drittmittelfinanzierte Projektstellen, die in aller Regel keine formalisierte Lehrverpflichtung beinhalten, kann als Hinweis auf die Expansion forschungsbezogener Stellen und damit die Ausdifferenzierung von Forschung und Lehre gelten (vgl. Bloch/Burkhardt 2010: 17).

Stellen mit Lehrschwerpunkt für hauptberufliches wissenschaftliches Personal sehen mittlerweile die LHG von neun Bundesländern vor (Konsortium BuWiN 2013: 76 f.). Lehrschwerpunkte sind für die Professur, die Juniorprofessur, für Dozenturen und Juniordozenturen möglich (ebd.). Daneben zählen auch Lehrkräfte für besondere Aufgaben (LfbA) und Lehrbeauftragte zu den lehrbezogenen Stellenkategorien. In Berlin und Schleswig-Holstein sind darüber hinaus Lehrschwerpunktsetzungen für wissenschaftliche Mitarbeiterinnen und Mitarbeiter möglich (Konsortium BuWiN 2013: 66).

Die rechtlichen Vorgaben sehen Schwerpunktsetzungen in Lehre bzw. Forschung sowohl als dauerhafte wie auch als befristete Varianten der Anpassung universitärer Stellenstrukturen vor (vgl. hierzu Konsortium BuWiN 2013: 76 ff.).

Die Frage, wie weit die Ausdifferenzierung entlang der Tätigkeitsfelder Forschung und Lehre bereits vorangeschritten ist, stellt zum gegenwärtigen Zeitpunkt ein Forschungsdesiderat dar, da entsprechende Untersuchungen nicht vorliegen. Die Etablierung von forschungs- bzw. lehrbezogenen Stellenprofilen wird in der Hochschulforschung gestreift (bspw. Bloch et al. 2011; Jacob/Teichler 2011; Konsortium BuWiN 2013), ohne dass jedoch das Ausmaß der hier interessierenden Veränderungen universitärer Stellenstrukturen bisher genauer bestimmt wurde.[8] Die Angaben

---

[6] BW, BY, BB, BE, HE, NI, RP, SN, ST, SH (KBNW 2013: 76)

[7] BW, BY, BB, BE, HE, NI, RP, SN, ST, SH (KBNW 2013: 77)

[8] So wurde dieser Aspekt beispielsweise auf der Jahrestagung der Gesellschaft für Hochschulforschung 2013 unter dem Titel „Differenzierung des Hochschulsystems in

der Hochschulpersonalstatistik sind hierfür bisher nur sehr eingeschränkt verwendbar. Dies liegt vor allem darin begründet, dass die Stellenkategorien zwar differenziert nach Beschäftigungsdauer (befristet/unbefristet) oder auch Beschäftigungsumfang (Vollzeit/Teilzeit) erhoben werden, jedoch das Lehrdeputat nicht entsprechend ausgewiesen wird. Dies erschwert eine Identifizierung von Stellenkategorien mit Lehr- bzw. Forschungsschwerpunkten. Für lehrbezogene Stellen lassen sich zunächst die Stellenkategorien der LfbA[9] sowie der Lehrbeauftragten[10] heranziehen. Lehrprofessuren, Juniorprofessuren mit Lehrschwerpunkt oder andere Lehrstellen werden statistisch bisher nicht erfasst. Auch Stellen mit Forschungsschwerpunkt (wie bspw. Forschungsprofessuren) werden generell bisher nicht ausgewiesen. Hier ließe sich zwar das drittmittelfinanzierte Personal darstellen, die Möglichkeit der Differenzierung der Finanzierung nach forschungs- bzw. lehrbezogenen Drittmitteln ist bisher jedoch nicht gegeben.

Ein Blick auf die quantitative Entwicklung der in Frage kommenden Stellenkategorien, LfbA und Lehrbeauftragte, verdeutlicht, dass es sich um eine quantitativ vergleichsweise kleine Gruppe handelt (Übersicht 4). Der prozentuale Anteil der LfbA bleibt im Zeitverlauf konstant (zwei

---

Deutschland und im internationalen Vergleich – Herausforderungen, Entwicklungsansätze und Folgen" nur wenig angesprochen.

[9] Die „Lehrkräfte für besondere Aufgaben" werden dem hauptberuflichen Personal zugerechnet. Zu ihren Aufgaben gehören nach Definition der amtlichen Statistik „überwiegend eine Vermittlung praktischer Fertigkeiten und Kenntnisse … die nicht die Einstellungsvoraussetzungen für Professoren erfordert" (Statistisches Bundesamt 2010). Diese Gruppe wird aufgeschlüsselt in: Lehrer und Fachlehrer im Hochschuldienst, Lektoren, sonstige Lehrkräfte für besondere Aufgaben (ebd.). Stellenausschreibungen für Lehrkräfte für besondere Aufgaben weisen ein sehr hohes Lehrdeputat auf. Hochschulrechtlich sind Spannbreiten von 12-24 SWS möglich (Franz et al. 2011: 33).

[10] „Lehrbeauftragte" gehören in der amtlichen Statistik zum „nebenberuflichen Personal". Sie stehen in keinem Arbeitsverhältnis mit der Hochschule, sondern nach der Rechtsprechung in einem „besonderen öffentlich-rechtlichen Dienstverhältnis" (Fricke 2009: 218). Ursprünglich sollten Lehraufträge dazu beitragen Dozentinnen und Dozenten aus der beruflichen Praxis zu gewinnen um das Lehrangebot der hauptamtlich Lehrenden zu ergänzen. Es gibt jedoch zunehmend Anzeichen dafür, dass Lehrbeauftragte in immer größer werdenden Umfang zur Aufrechterhaltung des Studienangebots im (Fach-) Hochschulbereich beitragen (GEW Berlin 2006: 2; Fricke 2009) und der Nutzung dieser Stellenkategorie in diesem Zusammenhang eine strategische Bedeutung beikommt (Fricke 2009: 229 f.). Eine differenzierte Betrachtung des Umfangs von Lehrbeauftragten in diesem ursprünglichen Sinne und Wissenschaftlerinnen bzw. Wissenschaftlern, die mit Lehraufträgen ihren Lebensunterhalt verdienen müssen, ist mittels der amtlichen Statistik nicht möglich.

Prozent). Absolut betrachtet ist ein deutliches Wachstum festzustellen (2003: 3.653; 2011: 5.669). Auch bei den Lehrbeauftragten ist – in absoluten Zahlen – ein Anstieg zu verzeichnen (2003: 26.158; 2011: 35.099). Prozentual gesehen stieg der Anteil dieser Personalkategorie am wissenschaftlichen Personal bis 2007 von 14,7 auf 17,3 Prozent und sinkt seitdem auf aktuell 14,3 Prozent (2011).[11]

Übersicht 4: Wissenschaftliches und künstlerisches Personal an Universitäten nach Dienstbezeichnungen 2003-2011 (in %)

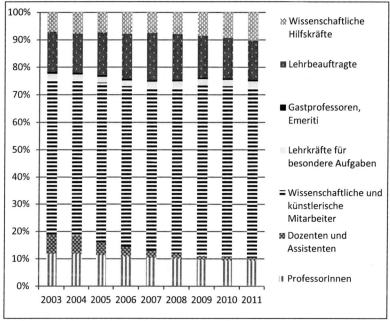

Quelle: Statistisches Bundesamt. Personal an Hochschulen

---

[11] Ein Blick auf die Entwicklung der universitären Personalstruktur insgesamt zeigt zudem, dass der Anteil der Professorinnen und Professoren zurückgeht. Auch der Anteil der Dozenten und Assistenten ist rapide gesunken. Aufgefangen wird dies offenbar durch einen wachsenden Anteil wissenschaftlicher Mitarbeiter. Ob deren Lehrdeputat ebenfalls erhöht wurde um den rückläufigen Anteil der Professoren und Professorinnen zu kompensieren kann mittels der amtlichen Statistik nicht festgestellt werden. Klar ist jedoch, dass diese Lücke nicht durch den verstärkten Einsatz der Stellenmodelle LfbA oder Lehrbeauftragte geschlossen wird – wie es hochschulpolitisch oft befürchtet wurde.

Während sich für die beiden genannten Gruppen kein anteiliges Wachstum am wissenschaftlichen Personal belegen lässt, kann vermutet werden, dass in diesem Zusammenhang die wissenschaftlichen Mitarbeiterinnen und Mitarbeiter als Beschäftigtengruppe von Bedeutung sind, in der sich die Ausdifferenzierung von Lehr- und Forschungsstellen vollzieht. Eine bundesweit vergleichende Auswertung der Lehrverpflichtungsverordnungen zeigte eine erhebliche Varianz der Lehrverpflichtung einzelner Personalkategorien (Franz et al. 2011). In der Hochschulpersonalstatistik wird in dieser Gruppe jedoch nicht weiter nach Lehr- bzw. Forschungsschwerpunkten differenziert.[12]

Nicht nur die universitären Stellen für wissenschaftliches Personal sind Strukturen, an denen sich die hier interessierende Desintegration der Tätigkeitsbereiche Lehre und Forschung auf Stellenebene ablesen ließe. Auch akademische Berufslaufbahnen sind (darauf aufbauend) Strukturen, die geeignet sind, eine verstärkte Differenzbildung zwischen Forschung und Lehre abzubilden.

Traditionell war die Humboldt'sche Formel der Einheit von Forschung und Lehre für die idealtypische wissenschaftliche Karriere in Deutschland kennzeichnend. Die Integration von Lehr- und Forschungskarrieren, also die Erwartung an Wissenschaftler und Wissenschaftlerinnen, sich kontinuierlich sowohl in der Lehre wie auch in der Forschung weiterzuentwickeln, war wesentliches Merkmal der deutschen akademischen Laufbahn. Der Singular an dieser Stelle verweist auf ein weiteres Charakteristikum - anstelle einer Vielfalt möglicher Laufbahnen im Wissenschaftssystem existierte ein Königsweg, der von der Promotion über die Habilitation[13] auf den jeweils hierfür geeigneten universitären Stellen zur Professur als Höhepunkt der akademischen Karriere führte. Nach dem Grundsatz des „up or out" ist ein dauerhafter Verbleib im Universitätsbetrieb im Regelfall nur für Personen vorgesehen, die Professuren innehaben.[14] Trotz Humboldt'scher Orientierung ist das Primat der Forschung gegenüber der Lehre ein weiteres Kennzeichen der universitären

---

[12] Der Beitrag von Roland Bloch, Monique Lathan und Carsten Würmann in diesem Band schildert die Ergebnisse einer Untersuchung, welche die „tatsächliche Lehre" an ausgewählten deutschen Hochschulen erfasst hat. Dies ermöglicht einen Einblick in die Verteilung von Semesterwochenstunden nach Stellenkategorien.

[13] Die Juniorprofessur kann als ein Versuch gelten, eine alternative Laufbahn zu entwickeln, die ohne die Habilitationsschrift auskommt. Inwieweit in der Praxis allerdings die Habilitation für Juniorprofessorinnen und –professoren an Bedeutung verloren hat, ist eine offene Frage.

[14] Dieses Prinzip wird durch entsprechende Regelwerke, wie die Zwölf-Jahresregel im WissZeitVertrG sowie durch die entsprechende Befristung von Stellen durchgesetzt.

Laufbahnen von Wissenschaftlern und Wissenschaftlerinnen, so dass bspw. in Berufungsverfahren „stets den im Bereich der Forschungsarbeit erzielten Leistungen die größte Bedeutung beigemessen" wird (Wissenschaftsrat 2005: 29).

Universitäre lehrorientierte Karrieren waren bisher nicht vorgesehen und wurden erst in der jüngeren Vergangenheit im Zusammenhang mit Diskussionen zur Verbesserung der Lehrqualität konzipiert (DHV 2006; Wissenschaftsrat 2007). Laufbahnen mit Forschungsschwerpunkt sind aufgrund des Forschungsprimats hingegen durchaus vorstellbar, wurden bisher jedoch – unter Wahrung des Humboldt'schen Einheitsgebots – nicht explizit in Abgrenzung zum traditionellen Karriereweg institutionalisiert. Eine Pluralisierung wissenschaftlicher Karrieren wurde vom Wissenschaftsrat (erstmalig) im Jahr 2007 empfohlen. Zum damaligen Zeitpunkt stellte aus seiner Sicht die Etablierung eines lehrorientierten Karrierepfads (Lehrstellen, Juniorprofessur mit Schwerpunkt Lehre, Lehrprofessur) ein „Angebot an den wissenschaftlichen Nachwuchs dar: Im Ausgleich für die Übernahme des erhöhten Lehrpensums werden sehr gute Qualifizierungsangebote sowie kalkulierbare Karriereperspektiven mit dem Ziel der Dauerbeschäftigung auf einer Professur geboten." (Wissenschaftsrat 2007: 39). Auch im Jahr 2010 hält der Wissenschaftsrat an der Einrichtung eines „lehrorientierte[n] Karrierepfad[s]" (Wissenschaftsrat 2010: 78f) fest, der zu einer „Stärkung der Lehrqualität und -orientierung innerhalb der Universitäten führen" (Wissenschaftsrat 2010: 78f) soll.

Aktuell lässt sich allerdings noch keine Pluralisierung der institutionalisierten akademischen Karrierewege beobachten, so dass auch eine Ausdifferenzierung in lehrorientierte Laufbahnen bisher nicht erfolgt ist. Auf allen Qualifikationsstufen der akademischen Laufbahn sind Stellen mit Lehrschwerpunkt, die anschlussfähig sind für die akademische Weiterqualifizierung, nicht etabliert: nichtprofessorale Lehrstellen gelten eher als ‚Sackgassen' denn als Elemente einer Lehrkarriere, Juniorprofessuren mit Schwerpunkt Lehre sind bisher kaum etabliert und Lehrprofessuren als mögliche Endpunkte von Lehrkarrieren ebenfalls in kaum nennenswertem Umfang eingerichtet[15]. Von einer institutionalisierten „Lehrkarriere" kann somit bisher nicht gesprochen werden, hierfür fehlen sowohl die entsprechenden Lehrstellen in den einzelnen Karrierestufen als auch die institutionelle Verknüpfung dieser Stellen auf unterschiedlichen Qualifikationsstufen im Sinne einer Laufbahn.

---

[15] Eine Darstellung zur Verbreitung der Lehrprofessur befindet sich im Beitrag von Hilbrich und Schuster: „Die Lehrprofessur in der hochschulpolitischen Diskussion und der universitären Praxis" in diesem Band.

Forschungskarrieren hingegen sind, wie bereits oben ausgeführt, insofern denkbar, als dass aufgrund des Primats der Forschung gegenüber der Lehre eine Konzentration auf Forschungstätigkeiten einer wissenschaftlichen Laufbahn insgesamt zuträglich ist, solange das Humboldt'sche Einheitsgebot nicht vollständig aufgegeben wird, also ein Mindestmaß an Lehrtätigkeit nachgewiesen werden kann.

Wenngleich eine flächendeckende Lehr-Forschungs-Differenzierung auf der Ebene der Karrierewege bisher nicht erkennbar ist, so existieren doch einzelne universitätsinterne Versuche, eine solche Differenzierung voranzutreiben. Interessant ist in diesem Zusammenhang der Versuch der Technischen Universität München, einen inneruniversitären Karriereweg (Tenure Track) vom Assistant Professor über den Associate Professur zum Full Professor zu etablieren, denn dieses Tenure Track System sieht auch einen „TUM Teaching Scholar Track" vor. Die Stellenkategorie des Tenure Track Assistant Professorship mit Schwerpunkt Lehre wird hier als ein „eigenständiger, neuer Qualifizierungsweg" (Technische Universität München 2012: 39) entworfen. Auf diese Weise soll „ein neuer Weg der akademischen Arbeitsteilung beschritten" (Technische Universität München 2012: 39) werden.

Eine Ausdifferenzierung von Lehre und Forschung auf der Ebene von Stellen lässt sich somit in Ansätzen vor allem im hochschulpolitischen Diskurs und in den hochschulrechtlichen Regelungen erkennen. Entsprechende statistische Daten zu den tatsächlichen Entwicklungen an den Universitäten liegen aktuell allerdings nicht vor, so dass diese neue Form universitärer Arbeitsteilung noch nicht quantifiziert werden kann. Neue Stellen sind bisher nicht in institutionalisierte lehr- oder forschungsbezogene Karrierewege eingebettet.

4.3.   Ist die Lehre ‚weiblich'?

Wenngleich die Ausdifferenzierung auf der Ebene der universitären Stellenstrukturen bisher noch nicht beziffert werden kann, legen sowohl die hochschulpolitischen Debatten hierzu als auch die entsprechenden Anpassungen der hochschulrechtlichen Regelungen die Frage nach der „Geschlechtszugehörigkeit" der Lehr- bzw. Forschungsstellen nahe[16]. Dem Fokus dieses Bandes auf die Lehrprofessur folgend, konzentriert sich der

---

[16] vgl. auch der Beitrag „Theoretische Bezugspunkte für die Analyse universitärer Arbeitsteilung" von Hilbrich und Schuster in diesem Band

70

Beitrag vor allem auf den Bereich der Lehre und die Frage nach der Konstruktion der ‚Weiblichkeit von Lehre'.

Der internationale (v.a. angloamerikanische) Forschungsstand basiert auf empirischen Studien zur geschlechtsbezogenen Arbeitsteilung an Hochschulen, in der Wissenschaftlerinnen verstärkt Lehr-, Betreuungs- und Verwaltungsaufgaben und Wissenschaftler vorwiegend Forschungsaufgaben übernehmen (vgl. z.B. Acker/Feuerverger 1996; Sprague/Massoni 2005; Hart/Cress 2008; Link/Swann/Bozeman 2008; Winslow 2010). Die dokumentierten Geschlechterasymmetrien lassen sich zum Teil auf geschlechterasymmetrische Stellenstrukturen zurückführen, also eine Überrepräsentanz von Wissenschaftlern auf Forschungsstellen bzw. eine Überrepräsentanz von Wissenschaftlerinnen auf Lehrstellen. Außerdem werden an Personen, die gleiche Stellen besetzen, geschlechtsbezogene organisationale Erwartungen gerichtet, die eine Lehr- bzw. Forschungsnähe oder -kompetenz unterstellen. So zeigen etwa Link et al. (2008) in ihrer Studie, dass selbst auf gleichen Stellen "women work slightly more hours than men, and they spend more time on teaching, grant writing, and service but less time on research." (ebd.: 366). Wissenschaftlerinnen werden mit einer geschlechterstereotypen Erwartung in eine "nurturing role" (Hart/Cress 2008: 187) gedrängt, die nicht prinzipiell ihren Präferenzen entspricht.

Für deutsche Universitäten und die Frage „wie die Geschlechter im deutschen Hochschulraum sich auf Lehr- und Forschungsstellen segregieren [...], ist bislang wenig bekannt." (Aulenbacher et al. 2012: 408). Allerdings gibt es auch für Deutschland Hinweise, die einen Zusammenhang zwischen Geschlecht und universitärer Lehre nahelegen. Für Wissenschaftlerinnen wird festgestellt, dass sie „häufiger in der Lehre tätig und in der Forschung weniger produktiv" (Enders 2005: 37) sind, sowie dass sie „durchschnittlich mehr Zeit in die Lehre [investieren] als ihre männlichen Kollegen" (Wild/Frey 1996: 88). Einige Befunde unterstützen die These einer stärkeren Lehrorientierung von Wissenschaftlerinnen (Teichler 1996: 95), weitere Befunde zeigen, dass der Frauenanteil unter den „'involuntarily teaching-active' persons" (Teichler 2010: 177) überproportional hoch ist.

Empirische Daten zu Verteilung von Wissenschaftlerinnen und Wissenschaftlern auf Stellen mit Lehrschwerpunkt liegen unseres Wissens bisher nicht vor. Ausnahmen bilden die schon erwähnte Studie von Ulrich Teichler zur Hochschullehrersituation im internationalen Vergleich (Teichler 2010; Jacob/Teichler 2011). Die einzigen Lehrstellen, die die amtliche Statistik ausweist sind LfbA-Stellen und Lehrbeauftragte (vgl. Übersicht 5).

Übersicht 5: Frauenanteile an universitären Stellen mit Lehrschwerpunkt 2003-2011 in %

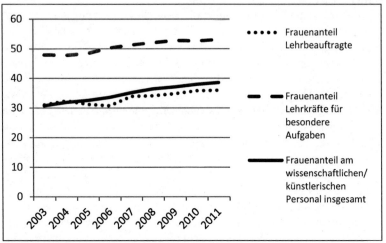

Quelle: Statistisches Bundesamt. Personal an Hochschulen

Der Frauenanteil bei den LfbA-Stellen liegt mit 53,1 Prozent im Jahr 2011 deutlich oberhalb des Frauenanteils des universitären wissenschaftlichen Personals von 38,6 Prozent. Der Frauenanteil der Lehrbeauftragten wiederum lag im Jahr 2011 bei 35,9 Prozent und damit unterhalb des Frauenanteils am gesamten wissenschaftlichen Personal. Während für die LfbA ein überproportionaler Frauenanteil, der zum Teil auch über Fächer erklärt werden kann, auffällt, sind Lehraufträge ein eher männlich dominierter Bereich. Im Zeitverlauf steigen die Frauenanteile der LfbA in annähernd gleichem Tempo zu den Frauenanteilen des wissenschaftlichen Personals insgesamt. Der Frauenanteil der Lehrbeauftragten hingegen steigt etwas langsamer.

Für die Frage nach der Ausdifferenzierung von Stellen und die Besetzung von Lehr- und Forschungsstellen nach Geschlecht kann an dieser Stelle zunächst eine vergleichsweise große Forschungs- und Datenlücke konstatiert werden. Während die entsprechende Flexibilisierung der Hochschulgesetzgebung in diesem Punkt eindeutig belegt werden kann (v.a. Konsortium BuWiN 2013), ist die tatsächliche Entwicklung der universitären Stellenstrukturen hierzu bisher unklar. Anhand der Hochschulpersonalstatistik lässt sich lediglich für die Gruppe der LfbA ein überproportional hoher Frauenanteil feststellen.

Die Gespräche mit Expertinnen und Experten sowie eine standardisierte Befragung der universitären FGB enthalten allerdings vielfältige

Hinweise auf geschlechtsspezifisch eingefärbte universitäre Stellenstrukturen, in denen Frauen tendenziell lehrintensivere und Männer forschungsnähere Stellen besetzen. Vor allem die Erzählung von der ‚weiblichen Lehre' ist in diesem Zusammenhang sehr präsent.

So wird von einigen universitären Experten und Expertinnen eine weibliche Lehraffinität beobachtet, die darin besteht, dass „Frauen in der Regel sehr gerne Lehre machen" und „meist mehr Energie in die Lehre investieren", sich aber damit auch „um Kopf und Kragen arbeiten". Als Erklärungsansatz für die unterschiedliche Verteilung von Lehr- und Forschungstätigkeiten zwischen Männern und Frauen wird auf unterschiedliche Ressourcenausstattungen und Strategien verwiesen, die eine Distanzierung von Lehranforderungen ermöglichen oder eben auch nicht. Eine Expertin erklärt:

> „… wenn ich ein gewisses Drittmittelaufkommen habe, habe ich natürlich die Möglichkeit, mir Lehre vom Hals zu schaffen, … also indem ich zum Beispiel Mittel habe, auch einen Gastprofessor, eine Gastprofessorin zu beschäftigen, die dann für mich die Lehre übernimmt, oder ich habe ausreichend wissenschaftliche Mitarbeiterinnen und Mitarbeiter, die für mich die Lehre übernehmen …"

Das Delegieren von Lehraufgaben gilt als Entlastungsstrategie, die auf der Grundlage von entsprechenden Ressourcen (Drittmittel, Personal) eingesetzt werden kann. Über diese Ressourcen verfügen Männer und Frauen aufgrund fächer- und stellenstruktureller Asymmetrien allerdings in unterschiedlichem Maße.

Die Befragten beschreiben weiterhin, dass Frauen in ihrer Qualifizierungsphase oftmals lehrintensivere Stellen besetzen als Männer. Frauen würden somit bereits frühzeitig in ihrer wissenschaftlichen Laufbahn überdurchschnittlich viele Lehrerfahrungen sammeln und entsprechende Kompetenzen erwerben. Während in den Beobachtungen und Berichten der Expertinnen und Experten Weiblichkeit und Lehre verknüpft und problematisiert werden, wird Forschung nicht als männliche Domäne sondern weitgehend geschlechtsneutral vorgestellt.

Auch die im Rahmen des „LehrWert"-Projekts durchgeführte Online-Befragung von zentralen FGB deutscher Universitäten enthält Aussagen, die auf eine geschlechtsbezogene universitäre Arbeitsteilung entlang der Felder Lehre und Forschung hinweisen. Die Befragten schildern, dass:

> „Frauen oft mit den weniger renommierten Aufgaben der Konzipierung von Lehrveranstaltung betraut werden [und] ihre männlichen Kollegen auf Kongresse geschickt werden, um sich dort im Kreis der späteren Kol-

legen bekannt zu machen. Lehre macht oftmals viel Arbeit und bringt wenig ‚Ehre'" (offene Eingabe FGB-Online-Befragung)

Dabei wird immer wieder auf Ausdifferenzierungen nach dem Muster „weibliche" Lehre und „männliche" Forschung verwiesen, die bereits im Mittelbau zu beobachten seien und für den Bereich der Professur befürchtet werden.

Eine mögliche Kopplung von Geschlecht und Tätigkeitsbereich (Lehre/Forschung) in der Perspektive der FGB wurde durch folgende Frage erhoben: „Inwieweit stimmen Sie folgender Aussage zu? Eine höhere Gewichtung der Lehre gegenüber der Forschung in Berufungsverfahren würde Frauen den Zugang zur Professur erleichtern." (Übersicht 6).

Übersicht 6: Erleichterung des Zugangs zur Professur für Wissenschaftlerinnen durch eine Aufwertung von Lehre

	Häufigkeit	Gültige Prozente
(1) Stimme überhaupt nicht zu	8	18,2
(2)	16	36,4
(3)	10	22,7
(4) Stimme voll zu	5	11,4
weiß nicht	5	11,4
Gesamt	44	100,0

Quelle: FGB-Online-Befragung, N=47, Missing=3

Die Einschätzungen der FGB hierzu sind äußerst unterschiedlich. Ein Drittel der Befragten kann sich dies vorstellen und beobachtet eine enge Verbindung von Geschlecht und Tätigkeit im Sinne „weiblicher" Lehre. Als Begründungen hierfür werden eine größere Lehrerfahrung und höhere Lehrkompetenzen von Frauen gegenüber Männern angeführt: „Frauen bringen oft mehr Lehrerfahrung mit als männliche Bewerber", „Frauen haben oft viel Lehrerfahrung und lehren gerne.", „Nach meinen Erfahrungen und Beobachtungen trifft es in vielen Fällen zu, dass Frauen im Vergleich zu Männern ein größeres Potential und eine höhere Kompetenz in der Lehre haben." oder „Die Erfahrung zeigt, dass das Gros der Frauen in diesem Bereich mehr Kompetenz (Didaktikausbildung) und Erfahrung mitbringt". Mehr als die Hälfte der Befragten stimmen der o.g. Aussage allerdings nicht oder eher nicht zu. In den Begründungen wird deutlich, dass sie damit eine Stabilisierung des Stereotyps der „weiblichen" Lehre vermeiden wollen: „Ich stimme der Zuschreibung – Frauen machen bessere Lehre – nicht zu.", „Diese Aussage ist mir zu stereotyp.", „Dieser

Satz zementierte, wenn er gültig wäre, ein Vorurteil: Frauen sind nicht per se bessere Lehrende." Nach einer Prognose zur zukünftigen Entwicklung universitärer Stellenstrukturen gefragt, hält mehr als ein Drittel der Befragten eine Ausdifferenzierung nach dem Muster „männliche" Forschung und „weibliche" Lehre im professoralen Bereich für eher bzw. äußerst wahrscheinlich. Knapp zwei Drittel der Befragten halten eine solche Entwicklung für eher unwahrscheinlich (Übersicht 7).

Übersicht 7: Einschätzungen zur zukünftigen Ausdifferenzierung professoraler Stellen in weibliche Lehrstellen und männliche Forschungsstellen*

	Häufigkeit	Gültige Prozent
völlig unwahrscheinlich	0	
eher unwahrscheinlich	27	64,3
eher wahrscheinlich	13	31,0
äußerst wahrscheinlich	2	4,8
Gesamt	**42**	**100,0**

*Frage: Wenn Sie Ihren Blick einmal in die Zukunft richten, für wie wahrscheinlich halten Sie eine Ausdifferenzierung universitärer Stellenstrukturen nach dem Muster „Männliche Forschung" und „Weibliche Lehre" auf der Ebene der Professuren?
Quelle: FGB-Online-Befragung, N=47, Missing=5

Ganz ähnlich schätzen die Befragten die Entwicklungen für den universitären Mittelbau ein (Übersicht 8). Mehr als die Hälfte der Befragten halten eine derartige Entwicklung für eher unwahrscheinlich, während zwei Fünftel der Befragten sich einer solchen Prognose (eher) anschließen.

Übersicht 8: Einschätzungen zur zukünftigen Ausdifferenzierung von Mittelbau-Stellen in weibliche Lehrstellen und männliche Forschungsstellen*

	Häufigkeit	Gültige Prozent
Völlig unwahrscheinlich	0	
eher unwahrscheinlich	25	59,5
eher wahrscheinlich	12	28,6
äußerst wahrscheinlich	5	11,9
Gesamt	**42**	**100,0**

*Frage: Wenn Sie Ihren Blick einmal in die Zukunft richten, für wie wahrscheinlich halten Sie eine Ausdifferenzierung universitärer Stellenstrukturen nach dem Muster „Männliche Forschung" und „Weibliche Lehre" auf der Ebene des wissenschaftlichen Mittelbaus?
Quelle: FGB-Online-Befragung, N=47, Missing=5

Eine zukünftige Ausdifferenzierung von Stellen in weiblich dominierte Lehrstellen und männlich dominierte Forschungsstellen wird von den Befragten zum Teil aus aktuellen Beobachtungen abgeleitet:

„Ist es nicht schon ein wenig so?!?"

„Weil es sich nach meiner Einschätzung bereits heute abzeichnet, dass es diese Stellenstrukturen gibt."

„Bereits beim Mittelbau ist aus meiner Sicht festzustellen, dass Frauen oft mit den weniger renommierten Aufgaben der Konzipierung von Lehrveranstaltung betraut werden."

„Im Mittelbau zeigt sich eine derartige Differenzierung bereits jetzt. Frauen sind für die Lehre zuständig während die Männer auf die Kongresse fahren und auch dort vortragen. Damit ist die Einbindung in die scientific community für Männer erleichtert, was zu einer Verbesserung der Karrierechancen führt. Das wird sich vermutlich denn bei den Professuren fortsetzen und eine entsprechende Rückwirkung auf den Mittelbau haben."

Sie wird außerdem mit geschlechtsbezogenen Dispositionen, Präferenzen und Lebenslagen begründet:

„Frauen sehen sich oftmals den Studierenden gegenüber in der Verantwortung und sind von daher eher bereit Zeit und Arbeit zu investieren, auch wenn sie wenig Renommee bringt."

„Da viele Frauen Spaß an der Lehre haben und sich mit der Vereinbarkeit von Beruf und Familie konfrontiert sehen, werden Sie sich auf das Lehren beschränken."

Als Faktoren, die einer solchen Entwicklung entgegenstehen, werden von den Befragten bestehende Fach- und Organisationskulturen und ein zukünftiger Prestigegewinn der Lehre angeführt:

„Die Lehre wird mit der zunehmenden Zahl der Studierenden an Bedeutung gewinnen. Professionalisierung und Drittmittelzuwächse für die Lehre gewinnen an Einfluss."

Außerdem werden die Veränderungsresistenz und Trägheit von Universitäten als Organisationen sowie professorale Widerstände als Einflüsse benannt, die eine derartige Ausdifferenzierung verhindern:

„Im Bereich der Professuren gibt es m.E. viel zu viel Widerstand gegen die Trennung von Forschung und Lehre, so dass auch das o.g. Szenario schon deshalb eher nicht zustande kommen wird."

4.4. Ausblick auf die Lehrprofessur

Während sowohl die hochschulpolitischen Diskussionen als auch die hochschulrechtlichen Regelungen eine Ausdifferenzierung universitärer Stellenstrukturen in Lehrstellen einerseits und Forschungsstellen andererseits nahelegen, lassen sich diese Veränderungen mit den Mitteln der Hochschulpersonalstatistik in ihrer aktuellen Struktur nicht nachweisen. Entsprechende empirische Studien zu diesen Differenzierungsbewegungen liegen nicht vor, so dass an dieser Stelle eine Daten- und Forschungslücke konstatiert werden kann.

Die Frage nach der „Geschlechtszugehörigkeit" von Lehre lässt sich bisher in Ermangelung entsprechender Datengrundlagen ebenfalls nicht beantworten. Hier liegen allerdings Studien aus anderen Ländern sowie Aussagen universitärer Expertinnen und Experten vor, die eine entsprechende (freiwillige oder unfreiwillige) „Lehrnähe" von Wissenschaftlerinnen beobachten. Diese Beobachtung wird vor allem vor dem Hintergrund der unterschiedlichen Wertigkeit von Lehre und Forschung problematisiert.

Die Lehrprofessur ist als professorale Stelle mit Schwerpunkt in der gegenüber der Forschung weniger reputierlichen Lehre eine interessante neue Stellenkategorie. Sowohl die Frage ihrer Anerkennung und Wertigkeit gegenüber traditionellen Professuren als auch die Frage danach, inwieweit sich in dieser Stelle neue universitäre Geschlechterasymmetrien etablieren, können in diesem Zusammenhang aufgeworfen werden.

Übersicht 9: Gleichstellungspolitische Einschätzungen zur Ausdifferenzierung von Lehr- und Forschungsprofessuren

	Häufigkeit	Gültige Prozent
Risiko	20	47,6
Chance	3	7,1
Ambivalent	13	31,0
Keine Bedeutung	6	14,3
Gesamt	**42**	**100,0**

*Frage: Wie bewerten Sie die Ausdifferenzierung von Professuren in Lehr- und Forschungsprofessuren im Hinblick auf die Gleichstellung von Frauen und Männern im Hochschulsystem?
Quelle: FGB-Online-Befragung, N=47, Missing=5

Aus der Perspektive der befragten FGB wird die Ausdifferenzierung von Lehr- und Forschungsprofessuren von fast der Hälfte der Befragten als

gleichstellungspolitisches Risiko und nur in Ausnahmefällen als gleichstellungspolitische Chance (3 Nennungen) diskutiert (Übersicht 9). Mehr
als ein Viertel der Befragten ist in dieser Frage unentschieden.

Als gleichstellungspolitisches Risiko wird eine derartige Ausdifferenzierung vor allem auf Grundlage des beobachteten Reputationsgefälles
zwischen Lehre und Forschung gesehen. Die Befragten gehen davon aus,
dass sich das geringere Prestige der Lehrtätigkeit auf die Lehrprofessur
übertragen wird und dass Frauen aufgrund einer unterstellten Lehraffinität mit höherer Wahrscheinlichkeit Lehrprofessuren besetzen werden.
Dies wird als „Geschlechtsrollenstabilisierung" problematisiert:

> „Da Frauen häufiger in der Lehre engagiert und dort sehr gut ausgewie-
> sen sind, muss befürchtet werden, dass Frauen bei einer Unterteilung in
> Lehr- und Forschungsprofessuren eher die in der Regel schlechter ausge-
> statten und unattraktiveren Lehrprofessuren erhalten."

> „Dann gehen/kommen die Frauen auf die schlechter bezahlten Lehrpro-
> fessuren."

> „Die Entwicklung würde zu einer Abwertung von Lehrprofessuren füh-
> ren, auf denen dann überwiegend Frauen zu finden wären."

> „Frauen werden die Lehrprofessuren bekommen."

> „Lehre wird weiblich und Forschung männlich sein und die Forschung
> wird immer der Lehre mittelbar oder unmittelbar diktieren, wie und was
> sie zu lehren hat. Lehrende Frauen werden so die Erfüllungsgehilfinnen
> der forschenden Männer."

> „Solange Lehre als wenig Prestige einbringende Mühsal gilt, werden
> Lehrprofessuren mit geringerem Ansehen verbunden sein. Sie werden
> tendenziell an Frauen gehen, da diese aus verschiedenen Gründen oftmals
> als weniger forschungsstark als Männer erscheinen können. Die Tren-
> nung von Lehrprofessuren und Forschungsprofessuren oder im noch
> schlimmeren Fall von Lehruniversitäten und Forschungsuniversitäten
> würde einen empfindlichen Rückschlag für die Gleichstellung der Ge-
> schlechter an Universitäten bedeuten. Gesamtgesellschaftlich gesehen
> würde ein altes, zäh sich haltendes Rollenstereotyp von Frauen als Lehrer-
> innen bedient und verstärkt."

Unsicherheiten in den Einschätzungen werden zum einen hinsichtlich der
„Zweitklassigkeit" von Lehrprofessuren gegenüber Forschungsprofessuren geäußert:

> „Die Ausdifferenzierung von Professuren in Lehr- und Forschungspro-
> fessuren kann eine Chance sein, aber nur unter der Voraussetzung, dass
> sich daraus keine Klassifizierung in Forschungsprofessuren (1. Klasse)
> und Lehrprofessuren (2. Klasse) ergibt, weil sich das mit großer Wahr-

scheinlichkeit negativ auf die Frauen auswirken würde, die ihre Schwerpunkte im Bereich der Lehre setzen."

Unter der Voraussetzung der Gleichwertigkeit wird die Lehrprofessur von einigen Befragten auch als gleichstellungspolitische Chance begriffen:

„Lehrprofessuren müssten gleich gut dotiert sein, eine vorübergehende Option, die Quereinstiege aus anderen Bereichen ermöglicht und fördert, dann kann sich die Diversifikation auch gleichstellungsfördernd auswirken."

Daneben bestehen auch Zweifel hinsichtlich des Zusammenhangs zwischen Geschlecht und Arbeitsbereich (Lehre/Forschung):

„Es ist ein Vorurteil, dass Frauen in der Lehre besser abschneiden."

„Man sollte Frauen und Männern gleichermaßen Kompetenzen in Forschung und Lehre zutrauen!"

Problematisch erscheint die Lehrprofessur somit vor allem im Hinblick auf das Reputationsgefälle zwischen Lehre und Forschung und die noch immer vorrangige Bedeutung von Forschungsaktivitäten im Verlauf der wissenschaftlichen Karriere. Die befragten FGB vertreten hier ähnliche Positionen, die ein aktuelles Reputationsgefälle zwischen Lehre und Forschung bestätigen und einer zukünftigen Nivellierung dieses Gefälles zumindest skeptisch gegenüber stehen. Die Einschätzungen der FGB zur „Geschlechtszugehörigkeit" von Lehre sind hingegen alles andere als eindeutig. Ein Teil der Befragten konstatiert eine enge Kopplung zwischen Tätigkeitsbereich und Geschlecht, vor allem von Lehre als weiblichem Feld, auf Grundlage von beobachteten Zuweisungen und unterstellten Präferenzen. Ein anderer Teil der FGB positioniert sich hier eher normativ dekonstruktivistisch ein und betont, dass die jeweiligen Tätigkeitsbereiche unabhängig vom jeweiligen Geschlecht der Stelleninhabenden bearbeitet werden können. Vor allem die Einschätzungen zur Prestigearmut der Lehrprofessur wie auch zur ‚Weiblichkeit' von Lehre zeigen, dass diese neue Stellenkategorie nicht in einem geschlechtsneutralen Raum etabliert wird, sondern im Gegenteil das Potential aufweist, bestehende universitäre Geschlechterasymmetrien zu verstärken.

Literatur

Acker, Sandra/Feuerverger, Grace (1996): Doing Good and Feeling Bad: the work of women university teachers, in: Cambridge Journal of Education. 26(3), S. 401-422.

Aulenbacher, Brigitte/Binner, Kristina/Riegraf, Birgit/Weber, Lena (2012): Wissenschaft in der Entrepreneurial University – feminisiert und abgewertet?, in: WSI Mitteilungen. 65(6), S. 405-411.

Bloch, Roland/Burkhardt, Anke (2010): Arbeitsplatz Hochschule und Forschung für wissenschaftliches Personal und Nachwuchskräfte. Hans-Böckler-Stiftung. Düsseldorf.

Bloch, Roland/Burkhardt, Anke/Franz, Anja/Kieslich, Claudia et al. (2011): Personalreform zwischen föderaler Möglichkeit und institutioneller Wirklichkeit. in: Pasternack, Peer (Hg.): Hochschulen nach der Föderalismusreform. Leipzig: Akademische Verlagsanstalt, S. 155-214.

DHV (2006): Zur Einführung der Personalkategorie "Lecturer". Resolution des Präsidiums vom 4. September 2006; URL: http://www.hochschulverband.de/cms1/fileadmin/reda ktion/download/pdf/resolutionen/Lecturer.pdf (Zugriff am 23.10.2013).

DHV (2007): Kempen: „Ja zur Forschungsprofessur, Nein zur Lehrprofessur". Deutscher Hochschulverband zur heutigen Empfehlung des Wissenschaftsrats. Pressemitteilung Nr. 1/2007 Bonn, 29. Januar 2007; URL: http://www.hochschulverband.de/cms/filead min/pdf/pm/pm1-2007.pdf (Zugriff am 07.10.2011).

Enders, Jürgen (2005): Brauchen die Universitäten in Deutschland ein neues Paradigma der Nachwuchsausbildung?, in: Die hochschule. 27(1), S. 34-47.

Franz, Anja/Kieslich, Claudia/Schuster, Robert/Trümpler, Doreen (2011): Entwicklung der universitären Personalstruktur im Kontext der Föderalismusreform (HoF Arbeitsbericht 3'11). Unter Mitarbeit von Anke Burkhardt und Roland Bloch. Halle/Wittenberg.

Fricke, Uwe (2009): Ausbeutung an Hochschulen. Zur Zukunft der Lehrbeauftragten. in: Kellermann, Paul/Boni, Manfred/Meyer-Renschhausen, Elisabeth (Hg.): Zur Kritik europäischer Hochschulpolitik. Wiesbaden: VS Verlag, S. 217-233.

GEW Berlin (2006): Arbeits- und Lebenssituation von Lehrbeauftragten - Ergebnisse einer Umfrage: URL: http://www.gew-berlin.de/documents_public/061130_Lehrbeauftragte Dokumentation_Umfrage.pdf (Zugriff am 21.7.08).

Hart, Jennifer L./Cress, Christine M. (2008): Are Women Faculty Just "Worrywarts"? Accounting for Gender Differences in Self-Reportec Stress, in: Journal of Human Behavior in the Social Environment. 1(1/2), S. 175-193.

Hochschulrektorenkonferenz (2006): Eckpunkte zum Hochschulpakt 2020: o.P.

Jacob, Anna Katharina/Teichler, Ulrich (2011): Der Wandel des Hochschullehrerberufs im internationalen. Vergleich Ergebnisse einer Befragung in den Jahren 2007/08. . Forschung, Bundesministerium für Bildung und. Bonn, Berlin.

Konsortium Bundesbericht Wissenschaftlicher Nachwuchs (2013): Bundesbericht Wissenschaftlicher Nachwuchs 2013. Bielefeld: 1-364.

Kreckel, Reinhard (2010): Zwischen Spitzenforschung und Breitenausbildung. Strukturelle Differenzierungen an deutschen Hochschulen im internationalen Vergleich. in: Krüger, Heinz-Hermann/Rabe-Kleberg, Ursula/Kramer, Rolf-Torsten/Budde, Jürgen (Hg.): Bildungsungleichheit revisited VS Verlag, S. 235-256.

Link, Albert N./Swann, Christopher A./Bozeman, Barry (2008): A time allocation study of university faculty, in: Economics of Education Review. 27(4), S. 363-375.

Lohr, Karin/Peetz, Thorsten/Hilbrich, Romy (2013): Bildungsarbeit im Umbruch. Zur Ökonomisierung von Arbeit und Organisation in Schulen, Universitäten und in der Wieterbildung. Berlin: edition sigma.

Schimank, Uwe/Winnes, Markus (2001): Jenseits von Humboldt? Muster und Entwicklungspfade des Verhältnisses von Forschung und Lehre in verschiedenen europäischen

Hochschulsystemen. in: Stölting, Erhard/Schimank, Uwe (Hg.): Die Krise der Universitäten. Wiesbaden: Westdeutscher Verlag, S. 295-325.

Sprague, Joey/Massoni, Kelley (2005): Student Evaluations and Gendered Expectations: What We Can't Count Can Hurt Us, in: Sex Roles. 53(11/12), S. 779-793.

Statistisches Bundesamt (2010): Personal an Hochschulen. Fachserie 11, Reihe 4.4. Wiesbaden.

Technische Universität München (2012): TUM Berufungs- und Karrieresystem. Statut zum Qualitätsmanagement. Augsburg, Herrmann, Wolfgang A.: 1-57.

Teichler, Ulrich (1996): Frauen in Hochschule und Beruf - eine Sekundäranalye der Hochschulforschung. in:Vorausdenken Querdenken Nachdenken. Texte für Aylâ Neusel. Frankfurt a.M.: Campus, S. 89-101.

Teichler, Ulrich (2010): The Diversifying Academic Profession?, in: European Review. 18(Supplement S1), S. S157 - S179.

Wetterer, Angelika (2002): Arbeitsteilung und Geschlechterkonstruktion. »Gender at work« in theoretischer und historischer Perspektive. Konstanz: UVK.

Wild, Elke/Frey, Malwine (1996): Entwicklungsverläufe im Zeitmanagement und im tätigkeitsbezogenen Interesse von männlichen und weiblichen Nachwuchswissenschaftlern. in: Kracke, Bärbel/Wild, Elke (Hg.). Heidelberg: Mattes Verlag GmbH, S. 73-97.

Winslow, Sarah (2010): Gender Inequality And Time Allocations Among Academic Faculty, in: Gender & Society. 24(6), S. 769-793.

Wissenschaftsrat (2005): Empfehlungen zur Ausgestaltung von Berufungsverfahren. Drs. 6709-05. Jena: 1-128.

Wissenschaftsrat (2007): Empfehlungen zu einer lehrorientierten Reform der Personalstruktur an Universitäten. Drs. 7721-07. Berlin.

Wissenschaftsrat (2008): Empfehlungen zur Qualitätsverbesserung von Lehre und Studium.

Wissenschaftsrat (2010): Empfehlungen zur Differenzierung der Hochschulen. Drs. 10387-10. Lübeck: 1-152.

5. Personalstrukturen und Geschlecht in der Lehre an deutschen Hochschulen

Roland Bloch | Monique Lathan | Carsten Würmann

5.1. Die unbekannte Lehre

Welches Geschlecht hat der Lehrkörper an deutschen Hochschulen? Welches die Lehre? Das lässt sich nicht so einfach beantworten, wie es auf den ersten Blick erscheinen mag, und dies hat zunächst pragmatische Gründe: Die Daten hierfür liegen nicht vor. Die Lehrenden bzw. ihre Lehre an deutschen Hochschulen müssen als weitgehend unbekannt gelten. Zwar kennt man die Lehrenden an ihrem Fachbereich, in ihren Fakultäten und an ihren Instituten. Dort, wo über ein konkretes Studienangebot entschieden wird, wo die Lehre bereitgestellt wird, weiß man in der Regel, wer da lehrt und ob es sich um einen Mann oder eine Frau handelt. Auch existieren lokale Erhebungen der Lehrtätigkeit, die aber vor allem die Lehrauslastung dokumentieren und die Einhaltung kapazitätsrechtlicher Vorgaben belegen sollen. Damit beziehen sich diese Daten nur auf einen Teil der Lehrenden und sind häufig auch nicht ohne weiteres zugänglich, sondern werden lediglich als Nachweis erbrachter Deputate gegenüber der Hochschulleitung oder dem Rechnungshof von den Fachbereichen bereitgehalten.

Die offizielle Personalstatistik erfasst das haupt- und nebenberuflich tätige Personal differenziert nach Personalkategorien und weist dabei den Anteil der Geschlechter aus. Nicht erhoben werden die Anteile einzelner Personalgruppen an der akademischen Lehre. Variierende Lehrverpflichtungen des Mittelbaus werden ebenso wenig berücksichtigt wie Forschungssemester und Lehrdeputatsreduktionen von Professorinnen und Professoren. Hinzu kommt, dass Lehre von Lehrbeauftragen nicht immer bezahlt und in Lehraufträgen formalisiert wird, gerade wenn es sich um Drittmittel- bzw. Forschungsprojektbeschäftigte handelt, so dass auch hier der tatsächliche Umfang im Dunkeln bleibt.

Der Gesamtumfang der Lehre kann mit diesen Statistiken letztlich nur als eine Sollgröße bestimmt werden. Das mit präzisen Dienstbezeichnungen erfasste Personal ist nach der Lehrverpflichtungsverordnung zu einem bestimmten Lehrdeputat verpflichtet. Ob diese Lehre erteilt wird und wie sie sich verteilt, darüber sagen diese Zahlen nichts aus.

Was folgt daraus? Die Fragen, ob die Lehre weiblich oder männlich ist, ob Frauen überdurchschnittlich in der Lehre beschäftigt, mit der Lehre befasst sind, mit Lehre belastet sind, lassen sich auf dieser Grundlage nicht beantworten.

5.2. Die tatsächlich erbrachte Lehre

Voraussetzung für konkrete Antworten auf Fragen zur Lehre ist die Erfassung der tatsächlich erbrachten Lehre. So gelangt man von einer Beschreibung, welche Lehre laut Stellenplan eigentlich hätte stattfinden können, hin zu einer Erhebung, welche Lehre mit welchem Personal stattgefunden hat. Im Rahmen eines Forschungsprojekts[1] wurden an vier Universitäten und vier Fachhochschulen alle Lehrenden, also der Lehrkörper eines Semesters über die tatsächlich durchgeführten Lehrveranstaltungen in diesem Semester erfasst. Grundlage hierfür waren die Vorlesungsverzeichnisse der acht Hochschulen; zudem stellten die Verwaltungen ergänzende Informationen zur Verfügung.

Auf dieser Basis wurden insgesamt 6.493 Lehrende und 17.248 Lehrveranstaltungen erfasst, davon 5.178 Lehrende an Universitäten und 1.315 Lehrende an Fachhochschulen. Von diesen 1.315 Lehrenden an Fachhochschulen sind 419 weiblich, das sind 31,9 Prozent. Von den 5.178 Lehrpersonen an Universitäten sind 1.764 Frauen, das ist ein Anteil von 30,9 Prozent. Im Folgenden liegt der Fokus auf den Universitäten.

5.3. Die Lehre nach Köpfen

Nimmt man das gesamte lehrende Personal der vier untersuchten Universitäten in den Blick, so stellt sich – gezählt nach Köpfen – folgende Verteilung entlang der Personalgruppen und des Geschlechtes dar.

---

[1] Das Forschungsprojekt „Wer lehrt was unter welchen Bedingungen? Untersuchung der Struktur akademischer Lehre an deutschen Hochschulen" wurde von 2008-2011 vom Bundesministerium für Bildung und Forschung (BMBF) im Rahmen des Förderschwerpunktes „Hochschulforschung als Beitrag zur Professionalisierung der Hochschullehre" gefördert.

Übersicht 10: Das Geschlecht des Lehrkörpers – Frauen- und Männeranteile (n=4.979 Lehrende)

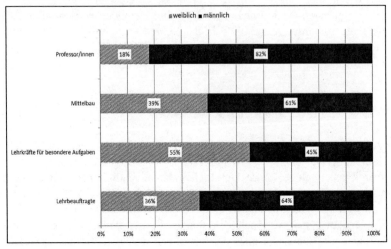

Die Personalstruktur des Samples ist – wie die an den deutschen Hochschulen insgesamt – von Geschlechterungleichheiten gekennzeichnet: Je höher der akademische Status, desto geringer der Frauenanteil. Die strukturelle Geschlechterungleichheit wird innerhalb des Mittelbaus durch ungleiche Beschäftigungsbedingungen verstärkt: Obwohl sich Frauen und Männer nur geringfügig nach der erreichten akademischen Qualifikation unterscheiden,[2] werden Frauen häufiger befristet und in Teilzeit beschäftigt, Männer häufiger unbefristet und in Vollzeit.

5.4. Die Verteilung der Lehre in Semesterwochenstunden

Ziel der Erhebung war es, den Umfang der geleisteten Lehre in Semesterwochenstunden (SWS) zu erfassen. Die Anteile von Frauen und Männern an der von den jeweiligen Personalgruppen erbrachten Lehre in SWS unterscheiden sich kaum von der Verteilung nach Lehrköpfen. Die Geschlechterstruktur des Lehrkörpers entspricht weitgehend der der Lehre. (Übersicht 11)

---

[2] Von N=779 weiblichen Angehörigen des Mittelbaus sind N=400 (51,3%) nicht promoviert, N=345 (44,3%) promoviert und N=34 (4,4%) habilitiert. Von N=1.218 männliche Angehörigen des Mittelbaus sind N=514 (42,2%) nicht promoviert, N=590 (48,4%) promoviert und N=114 (9,4%) habilitiert.

Übersicht 11: Das Geschlecht der Lehre – Lehranteile von Frauen- und Männern (n=26.810 SWS)

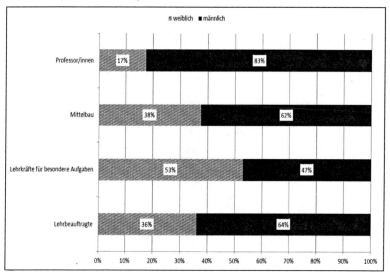

5.5.   Wer lehrt wie viel?

Betrachtet man im Einzelnen den Umfang der Lehre, den die Angehörigen der Gruppen im Durchschnitt erbringen, so unterscheidet sich der Umfang der Lehrtätigkeit in keiner Personalgruppe signifikant nach Geschlecht. (Übersicht 12)

Bei den Professoren und Professorinnen gibt es höhere Männeranteile bei denen, die unterdurchschnittlich wenig lehren, genauso aber auch bei jenen, die überdurchschnittlich viel lehren. (Übersicht 13)

Im Mittelbau zeigen sich höhere Anteile von Frauen in den Gruppen, die unter zwei und unter vier SWS lehren.

Die Lehrkraft für besondere Aufgaben (LfbA) ist *die* Personalkategorie der Lehre. Sie wird an den Universitäten allerdings nicht durchgängig in allen Fächern genutzt. Die Lehrverteilung innerhalb der Gruppe der LfbA zeigt, dass auch dort, wo sie zum Einsatz gelangt, ihre vergleichsweise hohe Lehrverpflichtung unterschiedlich ausgereizt wird. Nach den Lehrverpflichtungsverordnungen der Länder, in denen die untersuchten Universitäten ihren Sitz haben, liegt das Lehrdeputat von LfbA zwischen zwölf und 24 SWS. Davon weichen der erfasste Lehrumfang und seine Verteilung erheblich ab. Insgesamt lehren 62 Prozent der LfbA weniger

Übersicht 12: Wer lehrt wie viel? Verteilung erbrachter Lehre unter Professor/innen (N=1.092) nach Geschlecht

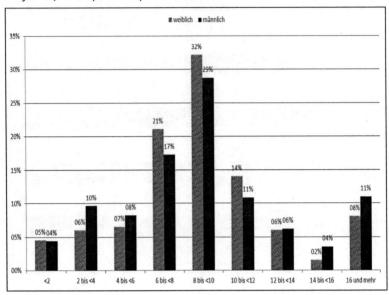

Übersicht 13: Wer lehrt wie viel? Verteilung erbrachter Lehre im Mittelbau (N=2.122) nach Geschlecht

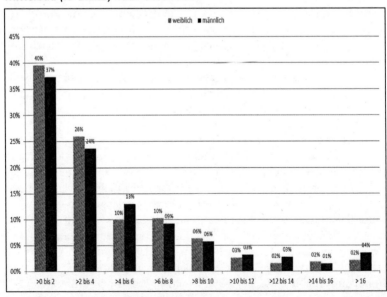

als zwölf SWS und 25 Prozent weniger als sechs SWS, was – bei niedrigst möglicher Ansetzung der Lehrverpflichtung – einer halben Stelle entspräche. Nach Geschlecht ergeben sich hinsichtlich dieser beiden Grenzen kaum Unterschiede: Frauen lehren tendenziell eher weniger als sechs SWS, allerdings gleichermaßen zwölf und mehr SWS. Die Lehrverpflichtung für Männer scheint dabei eher als für Frauen nach oben offen zu sein: 24 Prozent lehren 16 und mehr SWS, bei den Frauen sind es 18 Prozent. (Übersicht 14)

Übersicht 14: Wer lehrt wie viel? Verteilung erbrachter Lehre unter LfbA (N=250) nach Geschlecht

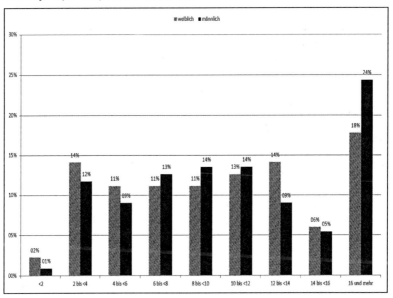

Bei den Lehrbeauftragten lehrt die große Mehrzahl von Frauen und Männern bis zu zwei Semesterwochenstunden, in dem Bereich von zwei bis vier wie von vier bis sechs SWS sind die Anteile von Frauen etwas höher. (Übersicht 15)

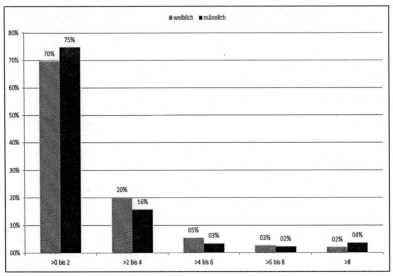

5.6. Beschäftigungsbedingungen im Mittelbau

Zieht man auch die Beschäftigungsbedingungen des Mittelbaus in Betracht, so lehren sowohl in Vollzeit und als auch in Teilzeit befristet beschäftigte Frauen eher weniger und unbefristet, in Vollzeit beschäftigte Frauen eher mehr als Männer. Bei in Teilzeit befristet beschäftigten Frauen (N=222) liegt die erbrachte Lehre im Durchschnitt bei 3,0 SWS, bei den Männern (N=226) sind es 3,5 SWS. In Vollzeit befristet beschäftigte Frauen (N=126) lehren im Durchschnitt 4,4 SWS, bei den Männern (N=203) sind es 4,6 SWS. In Vollzeit unbefristet beschäftigte Frauen (N=114) erbringen im Durchschnitt 8,1 SWS Lehre, die Männern (N=245) 7,6 SWS. (Übersicht 16)

Bei gleicher akademischer Qualifikation unterscheidet sich der Umfang der Lehrtätigkeit im Mittelbau nicht nach Geschlecht. Nicht-promovierte Frauen (N=400) ebenso wie Männer (N=514) lehren im Durchschnitt 3,5 SWS, promovierte Frauen (N=345) im Durchschnitt 6,1 SWS, Männer (N=590) 6,2 SWS. Lediglich bei den Habilitierten gibt es einen – nicht signifikanten – größeren Unterschied: Habilitierte Frauen (N=34) lehren im Durchschnitt 6,2 SWS, Männer (N=114) 7,5 SWS. (Übersicht 17 und 18)

Übersicht 16: Wer lehrt wie viel? Verteilung erbrachter Lehre beim unbefristet und in Vollzeit beschäftigten Mittelbau

Lehre in SWS	weiblich				männlich					
	befristet		unbefristet		befristet				unbefristet	
	Vollzeit		Teilzeit		Vollzeit		Vollzeit		Teilzeit		Vollzeit	

Lehre in SWS	befristet Vollzeit		befristet Teilzeit		unbefristet Vollzeit		befristet Vollzeit		befristet Teilzeit		unbefristet Vollzeit	
>0 bis 2	37	29,4%	129	58,1%	9	7,9%	61	30,0%	119	52,7%	33	13,5%
>2 bis 4	53	42,1%	61	27,5%	14	12,3%	73	36,0%	58	25,7%	34	13,9%
>4 bis 6	16	12,7%	17	7,7%	14	12,3%	32	15,8%	23	10,2%	48	19,6%
>6 bis 8	9	7,1%	7	3,2%	33	28,9%	14	6,9%	17	7,5%	46	18,8%
>8 bis 10	4	3,2%	6	2,7%	21	18,4%	10	4,9%	4	1,8%	31	12,7%
>10 bis 12	2	1,6%	2	0,9%	7	6,1%	4	2,0%	0	0,0%	16	6,5%
>12 bis 14	1	0,8%	0	0,0%	3	2,6%	3	1,5%	1	0,4%	13	5,3%
>14 bis 16	2	1,6%	0	0,0%	6	5,3%	1	0,5%	1	0,4%	6	2,4%
> 16	2	1,6%	0	0,0%	7	6,1%	5	2,5%	3	1,3%	18	7,3%
Gesamt	**126**	**100,0%**	**222**	**100,0%**	**114**	**100,0%**	**203**	**100,0%**	**226**	**100,0%**	**245**	**100,0%**

Übersicht 17: Wer lehrt wie viel? Verteilung der erbrachten Lehre im nicht-promovierten Mittelbau (N=914) nach Geschlecht

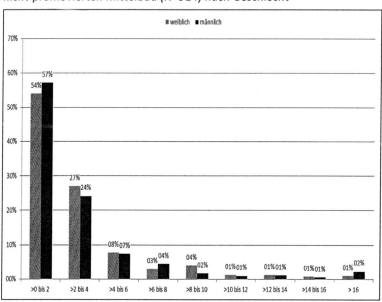

89

Übersicht 18: Wer lehrt wie viel? Verteilung erbrachter Lehre im promovierten Mittelbau (N=935) nach Geschlecht

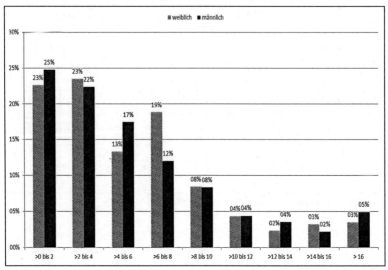

Möglicherweise lehrspezifische Geschlechterungleichheiten sind somit allenfalls in Ansätzen erkennbar.

5.7. Typologie des Lehrkörpers

Die strukturellen Ungleichheiten im Lehrkörper haben wir in Relationen zwischen Status, Beschäftigungsbedingungen und Umfang der Lehrtätigkeit analysiert. Diese Relationen haben wir mittels einer hierarchischen Clusteranalyse[3] zu einer Typologie des Lehrkörpers an Universitäten verdichtet. Hierfür wurden die Merkmale Personalgruppe, Beschäftigung, Geschlecht, akademische Qualifikation, Umfang der Lehrtätigkeit und Fächergruppe miteinander in Beziehung gesetzt. Demnach besteht der Lehrkörper an den untersuchten Universitäten aus sechs Typen von Lehrenden:

(1) *Akademisches Kernpersonal (N=808)*, das sich zu zwei Dritteln aus Professorinnen und Professoren und zu einem Drittel aus Angehörigen des Mittelbaus zusammensetzt, ist:

---

[3] Zur Bestimmung der Cluster wurde eine hierarchische Clusteranalyse (Ward-Verfahren) genutzt.

- in der Regel unbefristet (84%),
- wird in Vollzeit (93%) beschäftigt,
- lehrt mehrheitlich zwischen sechs und zehn SWS (69%),
- ist männlich (73%)
- und habilitiert (67%).

Jeweils mehr oder weniger als ein Drittel der erfassten Lehrenden in den unterschiedlichen Fächergruppen gehören diesem Cluster an.

(2) *Akademisches Kernpersonal mit Schwerpunkt in der Lehre* (N=131), das sich aus Professoren und Professorinnen (57%) und Angehörigen des Mittelbaus (39%) zusammensetzt, ist

- in der Regel unbefristet (91%),
- wird in Vollzeit (99%) beschäftigt,
- lehrt mehr als 12 SWS (100%),
- ist männlich (77%)
- und habilitiert (62%)
- oder promoviert (36%).

Lehrende dieses Typs gibt es fast ausschließlich in Mathematik und Naturwissenschaften. Hierein fallen die Lehrprofessuren wie der unbefristete Mittelbau.

(3) *Unbefristetes Lehrpersonal* (N=73), hauptsächlich Lehrkräfte für besondere Aufgaben (75%), ist

- in der Regel unbefristet (64%),
- wird in Vollzeit (77%) beschäftigt,
- lehrt mehr als 8 SWS (99%),
- ist weiblich (48%) oder männlich (52%)
- und nicht-promoviert (41%) oder promoviert (47%).

Lehrende dieses Typs gibt es hauptsächlich in den Sprach- und Kulturwissenschaften.

(4) *Befristetes Lehrpersonal* (N=94), hauptsächlich Lehrkräfte für besondere Aufgaben (44%) und andere (56%) wie beispielsweise Junior- und Vertretungsprofessoren und professorinnen, ist

- in der Regel befristet (77%) in Vollzeit (60%) oder Teilzeit (40%) beschäftigt,
- lehrt nicht mehr als 8 SWS (93%),
- ist weiblich (43%) oder männlich (57%),
- ist nicht-promoviert (27%),

- promoviert (30%)
- oder habilitiert (43%).

Lehrende dieses Typs gibt es hauptsächlich in den Sprach- und Kulturwissenschaften.

(5) *Qualifikanten und Qualifikantinnen* (N=814), hauptsächlich Mittelbau (88%), sind

- in der Regel befristet (74%) in Vollzeit (53%) oder Teilzeit (47%) beschäftigt,
- lehren nicht mehr als 4 SWS (94%),
- sind eher männlich (62%) als weiblich (38%)
- und nicht-promoviert (53%) oder promoviert (32%).[4]

Lehrende dieses Typs gibt es in allen untersuchten Fächergruppen.

(6) *Hire-and-fire* Lehrende (N=606), in der Regel Lehrbeauftragte (90%), sind

- entweder bezahlt (48,5%) oder unbezahlt (51,5%),
- lehren hauptsächlich bis zu zwei SWS (78%),
- sind eher männlich (67%) als weiblich (33%)
- und nicht-promoviert (43%), promoviert (32%) oder habilitiert (25%)

Lehrende dieses Typs finden sich häufiger in den Sprach- und Kulturwissenschaften sowie den Rechts-, Wirtschafts- und Sozialwissenschaften als in Mathematik und Naturwissenschaften.

Übersicht 19 veranschaulicht die Typologie des Lehrkörpers. Die Verteilung dieser Typologie entlang des Geschlechts stellt Übersicht 20 dar.

Demnach gehört der größte Teil der männlichen Lehrenden zum Typus des akademischen Kernpersonals (34,8%), der größte Teil der weiblichen Lehrenden aber sind Qualifikantinnen (37,1%). Die Typologie des Lehrkörpers reproduziert somit die personalstrukturelle Geschlechterungleichheit.

Zwar gehört ein größerer Teil der Frauen zum befristeten wie unbefristeten Lehrpersonal; reproduziert wird auf diese Weise aber lediglich der hohe Frauenanteil an LfbA-Stellen.[5] Das könnte so interpretiert wer-

---

[4] Bezeichnenderweise gehören diesem Cluster auch befristet beschäftigte Professor/innen an.

[5] 49,7 % der Lehrkräfte für besondere Aufgaben waren 2008 an allen Hochschularten Frauen (Statistisches Bundesamt 2009: 42, 44).

Übersicht 19: Typologie des Lehrkörpers (N=2.526)

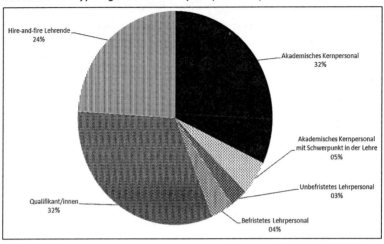

Hire-and-fire Lehrende 24%

Akademisches Kernpersonal 32%

Akademisches Kernpersonal mit Schwerpunkt in der Lehre 05%

Unbefristetes Lehrpersonal 03%

Qualifikant/innen 32%

Befristetes Lehrpersonal 04%

Übersicht 20: Typologie des Lehrkörpers nach Geschlecht

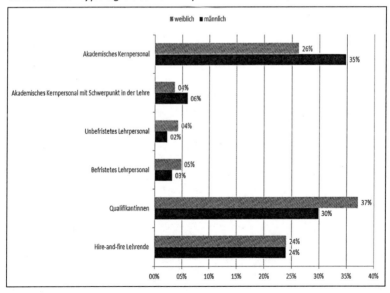

weiblich männlich

Akademisches Kernpersonal — 26% / 35%

Akademisches Kernpersonal mit Schwerpunkt in der Lehre — 04% / 06%

Unbefristetes Lehrpersonal — 04% / 02%

Befristetes Lehrpersonal — 05% / 03%

Qualifikantinnen — 37% / 30%

Hire-and-fire Lehrende — 24% / 24%

00% 05% 10% 15% 20% 25% 30% 35% 40%

den, dass Frauen eher als Männer lehrbezogene Stellen erreichen. Angesichts des fächerspezifischen Einsatzes von LfbA und ihres geringen Anteils am wissenschaftlichen Personal insgesamt ist dieser Befund aber nur beschränkt aussagekräftig. Auch werden Frauen nicht stärker als Kapazitätsreserve in Anspruch genommen als Männer: Sowohl ein knappes Viertel der Frauen als auch der Männer gehören zum Typus des Hire-and-fire-Lehrenden.

5.8. Resümee

In den Strukturdaten der Lehre, selbst wenn man sie so erhebt, dass die tatsächlich erbrachte Lehre berücksichtigt wird, lassen sich keine Hinweise auf belastbare Zusammenhänge von Lehre und biologischem Geschlecht finden.

Andere Aspekte erscheinen ausschlaggebender: Hildegard Schaeper (2008) verweist darauf, dass „disziplinspezifische Lehrkulturen" für den Stellenwert der Lehre bedeutsam seien: Lehrkulturen der Natur- und Wirtschaftswissenschaften seien „wenig studierendenorientiert", während Lehrende der Geistes- und insbesondere der Erziehungswissenschaften „kooperative Lehr-Lernformen und erfahrungsorientiertes Lehren und Lernen" bevorzugten.

Ansprüche an die eigene Lehre seien des Weiteren vom Geschlecht beeinflusst: Frauen würden eher „kooperative, aktivierende Lehr- und Lernformen" anwenden als Männer. Tendenziell spielt das Geschlecht auch eine Rolle bei der akademischen Arbeitsteilung. Eine qualitative Untersuchung von akademischen Tätigkeitsprofilen an australischen Universitäten kommt zu dem Schluss: „There was much overlap in the work profiles of male and female academics. However, some apparent gender-stereotyped differences were noted, with females spending more time on student-related tasks and males more involved in scholarly activities" (Forgasz/Leder 2006: 19).

Möglicherweise ist der Blick auf die Strukturen der Lehre, auf den Lehrkörper, die Lehrpersonen, ihre Verteilung nach Status und Geschlecht auch einer, der die entscheidenden Tendenzen bei der Zuweisung von Geschlechtszugehörigkeiten der Lehre nicht adäquat zu erfassen vermag.

Je nachdem, wie die einzelnen Lehrenden diese Aufgaben wahrnehmen, welchen Aufwand an Energie und Zeit sie hierauf verwenden, entstehen unterschiedliche Belastungen, die gerade für Qualifikantinnen und Qualifikanten immer auch Auswirkungen auf das Eigentliche haben, nämlich die Forschungsarbeit und damit auch den weiteren Karriereweg bestimmen.

Literatur

Forgasz, Helen J./Leder, Gilah C. (2006): Academic Life. Monitoring Work Patterns and Daily Activities. In: The Australian Educational Researcher 33 (1), S. 1-22.

Schaeper, Hildegard (2008): Lehr-/Lernkulturen und Kompetenzentwicklung: Was Studierende lernen, wie Lehrende lehren und wie beides miteinander zusammenhängt. In: Karin Zimmermann, Marion Kamphans und Sigrid Metz-Göckel (Hg.): Perspektiven der Hochschulforschung. 1. Aufl. Wiesbaden: VS Verlag für Sozialwissenschaften, S. 197-213.

Statistisches Bundesamt (2012): Bildung und Kultur. Personal an Hochschulen 2011. Fachserie 11, R 4.4, Wiesbaden.

TEIL B.

DIE LEHRPROFESSUR –
SPRUNGBRETT ODER PARKPLATZ?

6. Der Lehrprofessur auf der Spur: Forschungsdesign und Bestandsaufnahme

Robert Schuster | Romy Hilbrich | Karin Hildebrandt

6.1. Analyseebenen

Innerhalb des „LehrWert"-Projektes sollte das hochschulpolitisch neue Phänomen Professur mit Schwerpunkt Lehre auf mehreren Ebenen analysiert werden. Dies ging einher mit der Auswahl möglicher theoretischer Perspektiven auf dieses Phänomen. Zum einen wurde versucht, in einer systemtheoretischen Perspektive, Charakteristika der Universität als Organisation sowie deren Organisationsumwelt zu rekonstruieren. Auf diese Weise sollte der Reputationsasymmetrie sowie der Geschlechterungleichheit an Universitäten nachgegangen werden. Untersucht wurden dafür unter anderem juristische Kodifizierungen, von der amtlichen Statistik zur Verfügung gestellte aggregierte Daten sowie hochschulpolitische Diskussionen zu Personalkategorien mit Lehrschwerpunkt. Zudem flossen eigene quantitative Erhebungen (Online-Befragung der Frauen- und Gleichstellungsbeauftragten sowie schriftliche Befragung bei Universitätsleitungen, Personalexpertinnen und -experten sowie Besoldungsexperten und -expertinnen) in die Analyse der Organisationsebene ein.

Zum anderen ging es darum, die soziale Konstruktion der Reputationsasymmetrie zwischen Forschung und Lehre näher zu beleuchten. Dem liegt die theoretische Grundannahme der Feld- und Kapitaltheorie zugrunde, dass es sich bei allen sozialen Feldern – also auch dem wissenschaftlichen Feld – um Kampffelder handelt, in denen verschiedene Interessengruppen, die mit jeweils unterschiedlichen Ressourcen ausgestattet sind, um die Verfügungsmacht über Kapitalien aber auch die Definition der jeweiligen Spielregeln ringen[1]. Dieses Kräftefeld (Ebenen: Organisation und Person) sollte vor allem durch die qualitativen Interviews mit Lehrprofessorinnen und Lehrprofessoren, Universitätsleitungen sowie Gleichstellungsexpertinnen eingefangen werden. Das Phänomen Lehr-

---

[1] Nähere Ausführungen hierzu im Beitrag „Theoretische Bezugspunkte für die Analyse universitärer Arbeitsteilung" in diesem Band.

Übersicht 21: Forschungsdesign „LehrWert"

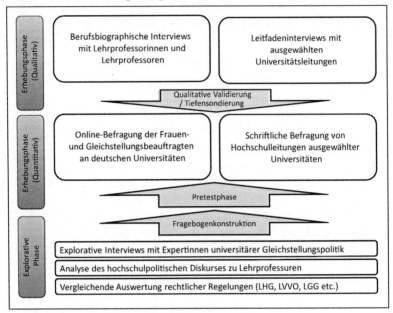

Übersicht 22: Abfolge der Erhebungsschritte

professur wurde also auf Ebene der Organisationsumwelt, der Organisationsebene selbst und schließlich auf Ebene der Stelleninhaber und Stelleninhaberinnen genauer analysiert (Übersicht 21).

Um die aus dem theoretischen Rahmen abgeleiteten Ebenen angemessen analysieren zu können, wurden unterschiedliche methodische Zugänge miteinander kombiniert (vgl. dazu: Flick 1995; Flick 2011). Aufgrund methodischer und forschungspragmatischer Erwägungen erfolgte eine Aufteilung der Analyseebenen in sukzessiv aufeinander aufbauende Erhebungsphasen. Den konkreten Ablauf zeigt Übersicht 22. Die Beschreibung wichtiger Methodenentscheidungen erfolgt entlang der in Übersicht 21 dargestellten Analyseebenen.

6.2. Einzelerhebungen

6.2.1. Organisationsumwelt

Diese Analyseebene umfasste die Systematisierung der Kernargumente relevanter hochschulpolitischer Akteure zur Lehrprofessur. Zu nennen sind hier u.a.: Wissenschaftsrat, Hochschulrektorenkonferenz (HRK), Kultusministerkonferenz (KMK), Gewerkschaften, Studierendenschaften, gleichstellungspolitische Akteure z.B.: die Bundeskonferenz der Frauenbeauftragten und Gleichstellungsbeauftragten (BuKoF) sowie Fachgesellschaften. Es konnte eine Häufung dieser hochschulpolitischen Stellungnahmen für den Zeitraum 2007 bis 2010 festgestellt werden. Danach verebbte die Diskussion um die Lehrprofessur. Die gesammelten Dokumente wurden anschließend inhaltsanalytisch ausgewertet (Mayring/Gläser-Zikuda 2008; Mayring 2010). Erkenntnisleitender Fokus war die Verwendung der Formel von der Einheit von Forschung und Lehre in Verbindung mit Argumenten für bzw. gegen die Lehrprofessur bzw. Stellen mit Lehrschwerpunkt unterhalb der Professur, die Reputationsasymmetrie zwischen Forschung und Lehre sowie die Herstellung einer Geschlechterungleichheit an Universitäten. Die so gewonnene Systematik von Kernargumenten zur Lehrprofessur sowie wichtiger Kontextbedingungen floss in die weiteren Operationalisierungsschritte ein.

Darüber hinaus wurden auch juristische Regulative zur Lehrprofessur in Landeshochschulgesetzen und Lehrverpflichtungsverordnungen systematisiert (Februar 2013). Wichtige Kontextbedingungen konnten zudem aus Landesgleichstellungsgesetzen sowie Besoldungsverordnungen und Berufungsleitfäden extrahiert werden.

6.2.2. Organisationsebene

Explorative Interviews

Zur Vorsondierung des Feldes sowie der Erfassung von Einzelaspekten – wie zum Beispiel der *unterstellten* Lehrpräferenz von Frauen – wurden sechs *explorative Interviews* mit Expertinnen universitärer Gleichstellungspolitik durchgeführt. Zudem erschien es wichtig herauszufinden, über welche Informationen Frauen- und Gleichstellungsbeauftragte konkret verfügen bzw. an *welchen* Prozessen sie in der Praxis *wie* beteiligt werden. Dem liegt die Erkenntnis zu Grunde, dass die juristische Kodifizierung von Rechten und Pflichten der Frauen- und Gleichstellungsbeauftragten oft wenig mit der konkreten (Informations-)Praxis vor Ort gemein hat (Zimmermann 2003).

Die Interviews wurden – aufgrund des explorativen Charakters – im teilstrukturierten Modus durchgeführt, das heißt, die Struktur des Gespräches ergab sich auf der einen Seite aus einem – auf Basis von theoretischen Grundannahmen – vorab konstruierten Leitfaden. Auf der anderen Seite ließ die Gesprächsführung aber ausreichend Spielraum für die Erfassung neuer Problemdimensionen. Die Gespräche wurden zur exakten und authentischen Erfassung aufgezeichnet und vollständig transkribiert. Die anschließende Auswertung erfolgte entlang der Dimensionen: Aussagen zur Geschlechterungleichheit an Universitäten, Reputationsasymmetrie zwischen Lehre und Forschung sowie Veränderungen im Anerkennungsgefälle zwischen Lehre und Forschung.

Online-Befragung der Frauen- und Gleichstellungsbeauftragten

Die Ergebnisse dieser explorativen Interviews flossen in die Fragebogenkonstruktion einer repräsentativen Online-Befragung der Frauen- und Gleichstellungsbeauftragten von Universitäten (und gleichgestellten Hochschulen) ein. Weitere Fragestellungen wurden aus der relevanten Forschungsliteratur sowie aus dem hochschulpolitischen Diskurs über Lehrprofessuren abgeleitet. Die erste Fassung des Fragebogens wurde anschließend im Rahmen eines Expertenworkshops (Mai 2011) entwickelt. Dabei kristallisierten sich die Analysedimensionen heraus, welche die Grundlage für die weitere Operationalisierung bildeten.

Dem Motto von Sudmann und Bradburn (1982: 283) folgend: „If you do not have the resources to pilot-test your questionnaire, don't do the study", wurde zur empirischen Überprüfung des Verfahrens eine Pretest-Version des Fragebogens entwickelt, um bereits vor dem eigentlichen

Einsatz die Möglichkeit valider und reliabler Messergebnisse sicherstellen zu können. Dieser in vielen Forschungsdesigns nicht ausreichend berücksichtigte Untersuchungsschritt dient der: „... Überprüfung der ausreichenden Variation der Antworten, des Verständnisses der Fragen durch den Befragten, der Schwierigkeit der Fragen für den Befragten, des Interesses und der Aufmerksamkeit des Befragten gegenüber den Fragen, der Kontinuität des Interviewablaufs („Fluss"), der Effekte der Frageanordnungen, der Güte der Filterführung, von Kontexteffekten, der Dauer der Befragung, des Interesses des Befragten gegenüber der gesamten Befragung, der Belastung des Befragten durch die Befragung" (Schnell/Hill/Esser 2005: 347).

Zur Überprüfung des Online-Fragebogens kamen zwei Pretest-Techniken zur Anwendung. Zunächst wurde die klassische Pretest-Variante angewandt. Dazu wurden Probelinks zum Zugriff auf den Onlinefragebogen an Experten und Expertinnen in den Themengebieten Geschlechtergerechtigkeit an Hochschulen, Struktur der akademischen Lehre an Universitäten, wissenschaftlicher Nachwuchs, Governance von Universitäten sowie Qualität der Lehre an Universitäten verschickt. Die dabei erhaltenen Rückmeldungen – sowohl den Inhalt als auch Fragen der Usability betreffend – wurden in den Fragebogen übernommen. Zudem diente diese Pretestphase der Erfassung der benötigten Zeit zum Ausfüllen des Fragebogens. Darüber hinaus wurde die Current-Think-Aloud-Technik (Häder 2010: 393f.) eingesetzt. Bei dieser Technik werden die zum Pretest ausgewählten Befragten gebeten, laut bei der Antwortfindung nachzudenken. Hierbei lassen sich sehr gut Verständnisprobleme und im Falle von Online-Befragungen Usability-Schwachstellen identifizieren. Die Auswahl der Expertinnen universitärer Gleichstellungspolitik richtete sich hier vor allem danach, Personen zu identifizieren, die zum einen die erforderliche Expertise besitzen und zum anderen nicht im Sample der Befragung enthalten waren. Es wurden deshalb Expertinnen aus Gleichstellungsbüros und Koordinierungsstellen, wie sie in letzter Zeit zunehmend installiert wurden, ausgewählt. Dies erschien notwendig, da eine doppelte Teilnahme, also am Pretest und zum Ausfüllen des Fragebogens – aufgrund der vorherrschenden Arbeitsbelastung in diesem Feld (Schuster 2009) – nicht zu erwarten war.

Die Erhebung fand von Dezember 2011 bis März 2012 statt. Es wurden 138 Universitäten und Kunsthochschulen in staatlicher Trägerschaft und mit Promotionsrecht angeschrieben[2]. Geantwortet haben 57 Hoch-

---

[2] Informationsquelle war der Deutsche Hochschulkompass der HRK (Stand Juni 2011): http://www.hochschulkompass.de/hochschulen/hochschulen-in-deutschland-

schulen des beschriebenen Typs, was einem Rücklauf von 41,3 Prozent entspricht. Begleitend wurden Maßnahmen zur Erhöhung des Rücklaufs durchgeführt. Die erste Erinnerungswelle erfolgte per E-Mail und die zweite mithilfe von Postkarten.

In die Auswertung zur Analyse des Phänomens „Professur mit Schwerpunkt Lehre" flossen die Kunst- und Musikhochschulen nicht mit ein, da Professoren und Professorinnen dort neben Aufgaben in Lehre, Forschung und Selbstverwaltung auch noch aktive Künstler und Künstlerinnen sind. Diese Hochschultypen stellen somit einen Sonderfall universitärer Gleichstellungspolitik dar. Sie wurden aus diesem Grunde zur Generierung von Anschlussfragen zur Beforschung dieses Hochschultyps in die Befragung einbezogen. In die *engere Analyse zur Lehrprofessur* flossen 47 Universitäten (inklusive Technische Universitäten) ein.

Schriftliche Befragung von ausgewählten Universitätsleitungen sowie Experten und Expertinnen für Personal und Besoldung

Darüber hinaus wurde eine schriftliche Befragung von ausgewählten Universitätsleitungen, Besoldungsexperten und -expertinnen sowie Expertinnen und Experten für Personalangelegenheiten an Universitäten zu Recherchezwecken durchgeführt. Das Erkenntnisinteresse entsprach hier einer weiteren *Sondierung des Feldes* sowie der *Gewinnung von Experten- und Expertinnenwissen* über das Für und Wider von Lehrprofessuren. In diesem Erhebungsschritt ging es also explizit *nicht* um das Erlangen einer statistischen Repräsentativität, sondern um die Erfassung von exklusiven Einblicken zu Spezialproblemen die Lehrprofessur flankierend (Besoldungsreform, Kriterien für Berufungsverfahren etc.). Dies hatte vor allem forschungspragmatische Gründe. Denn bei Universitätsleitungen handelt es sich um eine der am stärksten beforschten Gruppen in der empirischen Hochschulforschung. Die im Projekt durchgeführte Befragung tangierte zudem mehrere antragsintensive Ausschreibungen (Exzellenzinitiative; Professorinnenprogramm). Die *bewusste Auswahl* der zur Informationsgewinnung angeschriebenen Universitäten richtete sich nach den Kriterien *regionale Ausgewogenheit* und *angemessene Berücksichtigung des Hochschultyps* (Technische Universität und Volluni-

---

die-hochschulsuche.html?tx_szhrksearch_pi1[search]=1&genios=&tx_szhrksearch_pi 1[name]=&tx_szhrksearch_pi1[ort]=&tx_szhrksearch_pi1[plz]=&tx_szhrksearch_pi1[hstype][1]=1&tx_szhrksearch_pi1[hstype][3]=1&tx_szhrksearch_pi1[traegerschaft]=1 &tx_szhrksearch_pi1[member]=

versität)[3]. Das Erhebungsinstrument wurde ebenfalls mit der – oben ausführlich beschriebenen - „Current-Think-Aloud Technik" getestet. Dafür wurden Hochschulleitungen ausgewählt, welche nicht für die eigentliche Befragung vorgesehen waren.

Ende Februar 2012 wurden die Fragebögen an die ausgewählten Universitätsleitungen sowie Expertinnen und Experten für Personalangelegenheiten und Besoldungsfragen versandt. Zur Rücklauferhöhung wurden zwei telefonische Erinnerungswellen durchgeführt. Es haben schließlich 22 Hochschulleitungen, 17 Expertinnen und Experten für Personal sowie 17 Besoldungsexperten und -expertinnen geantwortet.

Interviews mit ausgewählten Universitätsleitungen

Zur weiteren Erschließung universitärer Strategien in Bezug auf das Phänomen Lehrprofessur sowie zur qualitativen Validierung der schriftlichen Befragung von Universitätsleitungen wurden zehn *problemzentrierte Interviews* (Witzel 1989) mit Universitätsleitungen durchgeführt.

Dieses Verfahren zeichnet sich vor allem dadurch aus, dass es einen Kompromiss zwischen den scheinbar unvereinbaren Positionen rein hypothesenprüfender und völlig offener-induktiver Verfahren darstellt, indem sowohl Erhebungs- also auch Auswertungsverfahren als ein „induktiv-deduktives Wechselverhältnis" organisierbar sind. So führt Witzel aus: „Das unvermeidbare, und damit offenzulegende Vorwissen dient in der Erhebungsphase als heuristisch-analytischer Rahmen für Frageideen im Dialog zwischen Interviewten und Befragten. Gleichzeitig wird das Offenheitsprinzip realisiert, indem die spezifischen Relevanzsetzungen der untersuchten Subjekte insbesondere durch Narrationen angeregt werden." (Witzel 2000: 2)

Die Auswahl berücksichtigte sowohl Universitäten, die Lehrprofessuren eingeführt haben als auch Universitäten, welche diese Stellenkategorie zum Zeitpunkt der Befragung nicht etabliert hatten. Die Entwicklung des Leitfadens für diese Befragungen erfolgte auf einem Expertenworkshop. In die Leitfadenkonstruktion flossen auch Ergebnisse der darüber hinaus durchgeführten Erhebungen die Organisationsebene betreffend ein. Dabei waren besonders die Argumentationslinien von den Universitätsleitungen aufschlussreich, welche sich mehr oder weniger bewusst gegen die Etablierung der Lehrprofessur entschieden haben. Der Erhebungszeitraum erstrecke sich von Juli 2012 bis Januar 2013. Die Inter-

---

[3] Nicht in die Befragung einbezogen wurden Fachhochschulen, Musikhochschulen sowie pädagogische Hochschulen.

views wurden aufgezeichnet, anschließend vollständig transkribiert und mithilfe von MAXQDA[4] codiert und ausgewertet.

Ermittlung der besetzten Lehrprofessuren

Um zu eindeutigen Ergebnissen zu gelangen, stand eine enger gefasste Definition am Anfang der Recherche. Unter dem Begriff Lehrprofessuren sollten solche Universitätsprofessuren verstanden werden, bei denen das Lehrdeputat von der üblichen Lehrverpflichtung von Universitätsprofessuren (acht bzw. neun Semesterwochenstunden (SWS)) abweicht. Charakteristikum ist dabei ein über *einen längeren Zeitraum erhöhtes Lehrdeputat*. Kurzfristige Erhöhungen der Deputate im Rahmen einer Kontingentlösung auf Lehrbereichsebene fallen dementsprechend nicht in diese Definition.

Nach der Veröffentlichung der entsprechenden Empfehlungen des Wissenschaftsrates wurden nach und nach in fast allen Bundesländern die Landeshochschulgesetze und die jeweiligen Lehrverpflichtungsverordnungen angepasst, um die Einrichtung von Lehrprofessuren juristisch zu ermöglichen. Zum Zeitpunkt der Erhebung bestand diese Möglichkeit in allen Bundesländern mit Ausnahme von Bremen und Rheinland-Pfalz. Mittlerweile (Stand Juni 2013) sind in allen Bundesländern die rechtlichen Grundlagen zur Einrichtung von Lehrprofessuren geschaffen worden.

Dem Sachverhalt geschuldet, dass Lehrprofessuren nicht als solche vom Statistischen Bundesamt, den statistischen Landesämtern oder den Ministerien ausgewiesen werden, mussten die Daten auf anderem Wege ermittelt werden. Über relevante Informationen verfügten nur die Universitäten selbst. Die Recherche nach besetzten Lehrprofessuren erfolgte durch entsprechende Items in den Umfragen unter Frauen- und Gleichstellungsbeauftragten sowie Universitätsleitungen. Darüber hinaus wurde eine begleitende Online-Recherche auf den Webseiten von Universitäten durchgeführt um weitere Lehrprofessorinnen und -professoren zu identifizieren[5]. Diese Recherche wurde allerdings durch zwei zentrale Proble-

---

[4] nähere Informationen unter: http://www.maxqda.de/ (22.10.2013)

[5] Zwei weitere Recherchen wurden durchgeführt und erwiesen sich als eher unfruchtbar. Zum einen wurde in einer Ausschreibungsdatenbank des Deutschen Hochschulverbandes nach dem Begriff „Lehrprofessur" bzw. „Professur mit Schwerpunkt Lehre" gesucht. Dieser Suchvorgang ergab nur 14 Treffer. Des Weiteren wurde versucht, die Lehrprofessuren über die Dekanate zu ermitteln. Dieses Vorgehen stieß jedoch auf datenschutzrechtliche Vorbehalte und musste daher eingestellt werden.

me erschwert. Erstens erfolgte die Besetzung einiger Lehrprofessuren zeitlich befristet. Die ehemaligen Stelleninhaber bzw. Stelleninhaberinnen bei Nachrecherchen nicht mehr auffindbar. Darüber hinaus wird auf den Internetpräsenzen der Universitäten der Lehrschwerpunkt von Professuren nicht immer ausgewiesen, was die Onlinesuche zusätzlich erschwerte. Die Recherchen ergaben, dass trotz der geschilderten rechtlichen Spielräume bisher nur äußerst wenige Lehrprofessuren an deutschen Universitäten besetzt wurden. Es konnten 46 Professuren mit einem entsprechenden Schwerpunkt an 18 Universitäten in sieben Bundesländern identifiziert werden. Eine ausführliche Darstellung der Fächerverteilung befindet sich im Beitrag: „Die Lehrprofessur in der hochschulpolitischen Diskussion und der universitären Praxis" in diesem Band.

6.2.3. Personelle Ebene: Berufsbiografische Interviews mit ausgewählten Lehrprofessorinnen und -professoren

Insgesamt wurden acht berufsbiografische Interviews mit Lehrprofessoren und -professorinnen durchgeführt. Grundlage für die Auswahl der Befragten waren die im Projekt durch Internetrecherche, Informationen aus der Online-Befragung der Frauen- und Gleichstellungsbeauftragten sowie Informationen aus der schriftlichen Befragung von Universitätsleitungen identifizierten Lehrprofessorinnen und -professoren. Die Auswahl sollte ein möglichst ausgewogenes Fächerspektrum gewährleisten. Dieses umfasst Sprachwissenschaften, Medizin, mathematisch-naturwissenschaftliche Fächer sowie Sozialwissenschaften.[6] Der Zeitraum der Erhebung erstreckte sich von Oktober 2012 bis Februar 2013.

Charakteristikum eines berufsbiographischen (narrativen) Interviews ist, dass es nicht dem üblichen Frage-Antwort Schema folgt (Schütze 1976). Der bzw. die Interviewte wird gebeten, die „Geschichte eines bestimmten Gegenstandsbereiches" in einer „Stehgreiferzählung" darzustellen. Dabei handelt es sich um: „spontane Erzählungen, die nicht durch Vorbereitungen oder standardisierte Versionen einer wiederholt erzählten Geschichte vorgeprägt oder vorgeplant sind, sondern aufgrund eines besonderen Anlasses aus dem Stand heraus erzählt werden" (Hermanns 1995: 182). Ausgelöst wird diese Stehgreiferzählung durch einen sogenannten erzählgenerativen Stimulus (ebd.). Durchaus üblich ist es dabei, die biografische Stegreiferzählung nicht mit den frühsten Erinne-

---

[6] Um die zugesicherte Anonymisierung zu gewährleisten, können die Angaben zu den Fächern nicht präzisiert werden.

rungen beginnen zu lassen, sondern ab einer – für die jeweilige Fragestellung – wichtigen Statuspassage (Hermanns 1992: 120). Die erzählgenerative Eingangsfrage im „LehrWert"-Projekt lautete entsprechend: „Ich möchte Sie bitten mir den Weg Ihrer wissenschaftlichen Laufbahn ab dem Zeitpunkt Ihrer Studienplatzwahl bis heute zu Ihrer Entscheidung, sich auf eine Professur mit Schwerpunkt Lehre zu bewerben, zu erzählen. Nehmen Sie sich dafür so viel Zeit wie Sie wollen. Sie bestimmen selbst was Sie erzählen und was nicht. Ich werde nicht unterbrechen, sondern am Ende nachfragen".

Im Anschluss an die *narrative Stehgreiferzählung* enthielten die Interviews einen *immanenten Nachfrageteil* zur Plausibilisierung bestimmter Passagen sowie einen *exmanenten Nachfrageteil* (Brüsemeister 2000: 127) zur Erschließung von Spezialproblemen wie zum Beispiel der individuellen Gestaltung des Verhältnisses von Forschung und Lehre im Berufsalltag der Befragten. Die Interviews wurden aufgezeichnet und anschließend transkribiert. Es erfolgte eine *strukturierte Inhaltsanalyse* nach Mayring (2010: 92f.) unter Zuhilfenahme von MAXQDA. Während die Kategorien für die erste Materialsichtung aus dem theoretischen Rahmen abgeleitet wurden (Reputationsgefälle, biografische Entscheidungssituationen, Zeitbudgetprobleme, lehrbezogenen Selbsterwartungen, lehrbezogene organisationale Fremderwartungen) ergaben sich im weiteren Analyseprozess neue Kategorien bzw. erste Kategorien mussten differenziert werden (z.B.: Variation vs. Aufrechterhaltung von Forschungsambitionen, Zeitbudgetprobleme durch Integration von Lehre und Forschung, Familienbezogene Orientierungen).

6.3. Methodenreflexion

Ein die Antwortbereitschaft der Frauen- und Gleichstellungsbeauftragten stark reduzierender Faktor war die zeitliche Überlastung dieser Befragtengruppe (Schuster 2009). Denn auch Gleichstellungsarbeit findet zunehmend in einem projektorientierten Modus (Besio 2009) statt, d.h. finanzielle Ressourcen für Gleichstellung werden nach einem wettbewerblich orientierten Beantragungsverfahren vergeben (z.B. Professorinnenprogramm). Für die Antragsentwicklung ist häufig eine enorme zeitliche Vorinvestition zu leisten. So ist es nachvollziehbar, wenn die Frauen- und Gleichstellungsbeauftragten sich von Fall zu Fall auch gegen eine Teilnahme an einer wissenschaftlichen Befragung entscheiden (müssen).

Auch die Beteiligungsbereitschaft von Universitätsleitungen an der schriftlichen Befragung war durch „Überforschung" dieser Personengruppe sowie die geringen zeitlichen Ressourcen – aufgrund der Antragsentwicklung z.b. für die Exzellenzinitiative – eingeschränkt. Dieses Problem schlug sich ebenfalls auf die Leitfadeninterviews mit Universitätsleitungen nieder.

Die Gewinnung von Lehrprofessorinnen und Lehrprofessoren für berufsbiografische Interviews gestaltete sich ebenfalls schwierig. Zum einen sahen potentielle Befragte ihr Bedürfnis nach Anonymität – aufgrund der geringen Anzahl von Lehrprofessuren und in einer biografischen Erzählung enthaltener Details – in Gefahr. Zum anderen waren einige der Lehrprofessorinnen und -professoren aufgrund einer „gefühlten Stigmatisierung" gegenüber regulären Professuren nicht zu einem berufsbiografischen Interview bereit.

Schließlich muss erwähnt werden, dass eine beträchtliche Anzahl von Projekten in der Förderlinie „Frauen an die Spitze" zeitgleich mit dem „LehrWert"-Projekt startete. Viele dieser Projekte wählten erwartungsgemäß ebenfalls Frauen- und Gleichstellungsbeauftragte als Informationsquelle. Das Feld war also durch eine gewisse „Überforschung" gekennzeichnet. Darüber hinaus schreibt zum Beispiel das Center of Excellence Women and Science (CEWS) häufig die Frauen- und Gleichstellungsbeauftragten zur Informationsgewinnung an.

Literatur

Besio, Cristina (2009): Forschungsprojekte. Zum Organisationswandel in der Wissenschaft. Bielefeld: Transcript.

Brüsemeister, Thomas (2000): Qualitative Forschung. Ein Überblick (Studientexte zur Soziologie). Wiesbaden: Westdeutscher Verlag.

Flick, Uwe (1995): Triangulation. in: Flick, Uwe/Kardorff, Ernst von/Keupp, Heiner/Rosenstiel, Lutz von/Wolff, Stephan (Hg.): Handbuch qualitative Sozialforschung. Grundlagen, Konzepte, Methoden und Anwendungen. Weinheim: Beltz, Psychologie Verlags Union, S. 432-435.

Flick, Uwe (2011): Triangulation. Eine Einführung. 3., aktualisierte Auflage. Wiesbaden: VS Verlag.

Häder, Michael (2010): Empirische Sozialforschung. Eine Einführung. 2.,überarbeitete Auflage.

Hermanns, Harry (1992): Die Auswertung narrativer Interviews: Ein Beispiel für qualitative Verfahren. in: Hoffmeyer-Zlotnik, Jürgen H.P. (Hg.): Analyse verbaler Daten: Über den Umgang mit qualitativen Daten. Opladen: Westdeutscher Verlag, S. 110-141.

Hermanns, Harry (1995): Das narrative Interview. in: Flick, Uwe/Kardorff, Ernst von/ Keupp, Heiner/Rosenstiel, Lutz von/Wolff, Stephan (Hg.): Handbuch Qualitative Sozialforschung. Grundlagen; Konzepte, Methoden und Anwendungen, Zweite Auflage. München: Beltz, S. 182-186.

Mayring, Philipp (2010): Qualitative Inhaltsanalyse: Grundlagen und Techniken. 11., vollständig überarbeitete Auflage. Weinheim/Basel: Beltz Verlag.

Mayring, Philipp/Gläser-Zikuda, Michaela (Hg.) (2008): Die Praxis der Qualitativen Inhaltsanalyse, 2., neu ausgestattete Aufl. Weinheim/ Basel: Beltz Verlag.

Schnell, Rainer/Hill, Paul B./Esser, Elke (2005): Methoden der empirischen Sozialforschung. 7., völlig überarbeitete Auflage. München, Wien: R. Oldenbourg Verlag.

Schuster, Robert (2009): Gleichstellungsarbeit an den Hochschulen Sachsens, Sachsen-Anhalts und Thüringens (HoF-Arbeitsbericht 5'09). Hrsg. vom Institut für Hochschulforschung (HoF) an der Martin-Luther-Universität Halle-Wittenberg. Wittenberg. http://www.hof.uni-halle.de/dateien/ab_5_2009.pdf (Zugriff am 22.April 2011).

Schütze, Fritz (1976): Zur Hervorlockung und Analyse von Erzählungen thematisch relevanter Geschichten im Rahmen soziologischer Feldforschung - dargestellt an einem Projekt zur Erforschung kommunaler Machtstrukturen. in: Arbeitsgruppe Bielefelder Soziologen (Hg.): Kommunikative Sozialforschung. München: Fink, S. 159-260.

Sudman, Seymour/Bradburn, Norman M. (1982): Asking Questions. San Francisco: Jossey-Bass.

Witzel, Andreas (1989): Das problemzentrierte Interview. in: Jüttemann, Gerd (Hg.): Qualitative Forschung in der Psychologie. Heidelber: Asanger, S. 227-256.

Witzel, Andreas (2000): Das problemzentrierte Interview. Forum Qualitative Sozialforschung / Forum: Qualitative Social Research, 1(1), Art. 22. http://www.qualitative-research.net/index.php/fqs/article/view/1132/2519 (Zugriff am 18.April 2014)

Zimmermann, Karin (2003): Praxis der Gleichstellung – widersprüchliche Modernisierung. Das Beispiel der Hochschulen. in: Matthies, Hildegard/Kuhlmann, Ellen/Oppen, Maria/Simon, Dagmar (Hg.): Gleichstellung in der Forschung - Organisationspraktiken und politische Strategien. Berlin: Edition Sigma, S. 155-171.

7. Die Lehrprofessur in der hochschulpolitischen Diskussion und der universitären Praxis

Romy Hilbrich | Robert Schuster

7.1. Einleitung

Während die Lehrprofessur im Rahmen hochschulpolitischer Diskussionen, die vor allem im unmittelbaren Anschluss an die Wissenschaftsrats-Empfehlungen (Wissenschaftsrat 2007) heftig geführt wurden, eine gewisse Bedeutung erlangte, lagen empirisch basierte Erkenntnisse zur Implementierung dieser Stellenkategorie an deutschen Universitäten bisher nicht vor. Im Rahmen eines Forschungsprojekts[1], aus dem der hier vorliegende Sammelband hervorgeht, wurden erstmalig empirische Daten zur universitären Praxis von Lehrprofessuren erhoben. Auf der Grundlage sowohl qualitativer wie auch quantitativer Befragungen verschiedener universitärer Akteursgruppen (Universitätsleitungen, Frauen- und Gleichstellungsbeauftragte, Lehrprofessorinnen und -professoren) können im Folgenden erste Erkenntnisse zur Situation der Lehrprofessuren in Deutschland vorgestellt werden.[2]

Die bisher geringe Verbreitung der Lehrprofessur ist einer der augenfälligsten Befunde in diesem Zusammenhang. Um die Zurückhaltung der Universitäten bei der Implementierung der Lehrprofessur zu beleuchten, setzt sich der vorliegende Beitrag zunächst mit der hochschulpolitischen Debatte zur Lehrprofessur auseinander und arbeitet die wesentlichen Argumentationslinien der Befürworter und Kritiker der neuen Stellenkategorie heraus (7.2). Im Anschluss werden die Befunde zur universitären Implementierung der Lehrprofessur vorgestellt (7.3). Hierbei werden Daten zur bundesweiten Verbreitung und zur Fächerstruktur der identifizierten Lehrprofessuren präsentiert (7.3.1). Es werden weiterhin Befunde zu

---

[1] Das Projekt wurde im Zeitraum von 2010-2013 am Institut für Hochschulforschung an der Martin-Luther-Universität Halle-Wittenberg unter dem Titel „,Männliche' Forschung – ‚weibliche' Lehre? Konsequenzen der Föderalismusreform für Personalstruktur und Besoldung am Arbeitsplatz Universität" durchgeführt.

[2] Nähere Ausführungen zu den verwendeten Forschungsmethoden enthält der Beitrag: „Der Lehrprofessur auf der Spur: Forschungsdesign und Bestandsaufnahme" in diesem Band.

den inneruniversitären Auseinandersetzungen und Diskussionen um die Lehrprofessur vorgestellt, um zu verdeutlichen, welche Positionen Universitäten und Universitätsleitungen gegenüber der Lehrprofessur einnehmen (7.3.2). Schließlich werden unterschiedliche organisationale Motive und Strategien herausgearbeitet, die für die Einführung von Lehrprofessuren an verschiedenen Universitäten berichtet wurden (7.3.3). Ein abschließendes Fazit fasst die Ergebnisse zusammen (7.4).

Der vorliegende Text basiert vor allem auf Dokumentenanalysen von Stellungnahmen hochschulpolitischer Akteure (hochschulpolitische Debatte), einer mündlichen leitfadenbasierten Befragung von zehn Universitätsleitungen, einer standardisierten schriftlichen Befragung von 22 Universitätsleitungen sowie acht berufsbiographischen Interviews mit Lehrprofessorinnen und -professoren, die im Zeitraum zwischen 2011 und 2013 durchgeführt wurden.[3]

7.2. Die Lehrprofessur in der hochschulpolitischen Debatte

Die Empfehlungen des Wissenschaftsrats und die entsprechenden Anpassungen der landesrechtlichen Voraussetzungen haben Universitäten eine Möglichkeit eröffnet, gestiegenen Lehranforderungen[4] zu begegnen, ohne hierfür zusätzliche Mittel aufwenden zu müssen. Dabei wurden Lehrprofessuren als eine kostenneutrale Lösung für das Problem unzulänglicher Lehrqualität vorgestellt, die vor allem in „unzureichenden Betreuungsrelationen" (Wissenschaftsrat 2007: 24), fehlenden lehrbezogenen Qualifizierungsangeboten (ebd.) und „Defiziten in der Curriculums- und Studiengangsgestaltung" (ebd., S. 25) zum Ausdruck kommt.

Der überwiegende Teil der bundesdeutschen Universitäten verzichtet allerdings bisher auf die Nutzung dieser Stellenkategorie. Warum wurde und wird die Lehrprofessur trotz des überlastbedingten Problemdrucks bisher nur in Einzelfällen genutzt? Ein Blick in die hochschulpolitische Debatte zeigt, dass der Vorschlag des Wissenschaftsrats zur Ausdifferenzierung von Professuren mit Lehrschwerpunkt von Kritikern (Deutscher Hochschulverband - DHV, Gewerkschaft Erziehung und Wissenschaft -

---

[3] vgl. Fn. 2

[4] Vor allem aus hohen Studierendenzahlen (doppelte Abiturientenjahrgänge, Aussetzen der Wehrpflicht, politisch induzierte Steigerung der tertiären Bildungsbeteiligung) und den durch die Studienstrukturreform veränderten Prüfungsanforderungen erwachsen in hohem Maße neue und intensivierte lehrbezogene Anforderungen an Universitäten.

GEW) vor allem als Angriff auf die gemeinschaftsstiftende Formel der Einheit von Forschung und Lehre interpretiert wurde.[5]

Allerdings beziehen sich auch die Befürworter der Lehrprofessur wie der Wissenschaftsrat, die Deutsche Forschungsgemeinschaft (DFG), die Hochschulrektorenkonferenz (HRK) und das Bundesministerium für Bildung und Forschung (BMBF) positiv auf die Humboldt'sche Einheitsformel (vgl. Lübbert 2007). Beide Positionen argumentieren mit Bezug auf die Lehrqualität, die sich durch eine Neugestaltung des Verhältnisses von Lehre und Forschung in der Konstruktion der Lehrprofessur je nach Position entweder verbessern oder verschlechtern würde. Der konkrete Zusammenhang zwischen Lehrqualität und der Einheit von Lehre und Forschung wird dabei allerdings nur selten expliziert. Verschiedene implizite Annahmen zu diesem Zusammenhang lassen sich aus den jeweiligen Argumentationen und Stellungsnahmen herauslesen und werden im Folgenden ausgeführt.

Positive Auswirkungen der personellen Integration von Lehre und Forschung auf die Qualität universitärer Lehre werden zum einen im Hinblick auf die Aktualität des zu vermittelnden Wissens unterstellt. Die Forschungstätigkeit von Professoren und Professorinnen sei für die Qualität der Lehre unverzichtbar, denn die „[u]niversitäre Lehre ist ohne die ständige Aktualisierung durch universitäre Forschung undenkbar" (Strohschneider/Kempen 2007: 153). Bernhard Kempen, Präsident des DHV, konstatiert in diesem Zusammenhang: „[N]ur eine Lehre, die sich ständig aus der Forschung erneuert, ist eine universitäre Lehre" (DHV 2007b).

Auch der Wissenschaftsrat betont: „Vertiefte Kenntnisse des aktuellen Erkenntnisstandes der Disziplin und Vertrautheit mit den in der jeweiligen Disziplin angewandten Forschungsmethoden sind unverzichtbar. Diese Kenntnisse müssen durch Einbindung in den Forschungsprozess ständig aktualisiert werden." (Wissenschaftsrat 2007: 36). Außerdem soll die Integration der Lehrenden in Forschungsprozesse auch das Erreichen eines bestimmten (Aus)Bildungsziels sicherstellen.

Eine solche „wissenschaftsbasierte Ausbildung" (GEW 2008: 2) wird verstanden als ein „Prozess, in dem die Studierenden eine aktive Rolle spielen: als selbständige Produzenten ihres Wissens und als Gruppe, deren Beteiligung für den Wissenschaftsprozess und seinen Erkenntnisfortschritt konstitutiv ist" (ebd.). Lehre wird in diesem Zusammenhang als ein Beitrag zur wissenschaftlichen und fachlichen Sozialisation der Stu-

---

[5] Zur gemeinschaftsstiftenden Funktion von Mythen vgl. Ash (1999: 9).

dierenden verstanden. Hierzu zählt, eine wissenschaftliche Perspektive einzunehmen und Problemlösungen unter Rückgriff auf das jeweilige theoretische und methodische Instrumentarium des Faches zu entwickeln. Dieses Einüben einer wissenschaftlichen Haltung kann, so die Argumentation, nur erfolgreich stattfinden, wenn die Lehrenden authentisch sind, d.h. selbst in Forschungsprozesse eingebunden sind. Die Ausdifferenzierung von akademischen Stellen mit Lehrschwerpunkt bis hin zu reinen Lehrstellen ohne unmittelbaren Forschungsbezug wird vor diesem Hintergrund als Problem der Lehrqualität kritisiert.

In der Argumentation wird auf das Authentizitätsproblem verwiesen, dass also Lehrveranstaltungen „von Lehrenden abgehalten werden, die nie geforscht haben und nie forschen werden, sondern dazu angestellt sind, Wissen aus Einführungsbüchern schmackhaft aufzubereiten und an Studierende weiter zu reichen. Das wird vielleicht die Didaktisierung der universitären Lehre stärken, aber nicht deren Qualität heben" (von Trotha/Nassehi/Reichertz 2007: 290). Verkürzt formuliert lässt sich diese Position auf die Formel bringen: ‚Forschen lässt sich am besten von Forscherinnen und Forschern lernen'.

Negative Folgen der Forschungsintegration von Lehrenden für die Lehrqualität werden vor allem mit Blick auf Zeitbudgetprobleme und die Reputationsasymmetrie zwischen Lehre und Forschung konstatiert. In dieser Perspektive nehmen Wissenschaftler und Wissenschaftlerinnen eine Priorisierung zwischen beiden Bereichen zu Lasten der Lehre vor, die so zur „Nebensache" (KMK 2008: 1) gerät. Dazu verschärfen hohe Lehrverpflichtungen das Zeitbudgetproblem für die Lehrenden. „Das gegenwärtig geltende Lehrdeputat für Universitätsprofessoren, für Juniorprofessoren und für wissenschaftliche Mitarbeiter sei im internationalen Vergleich zu hoch und gefährde die Qualität der Lehre" kritisiert der DHV (2007a).

Vor allem die von Lehrenden entwickelten Coping-Praktiken (Schimank 1995) zur Bearbeitung des Zeitbudgetproblems werden so problematisch für die Lehrqualität. Hierzu zählen Handlungsstrategien von Professorinnen und Professoren, die trotz des „Verdrängungsdrucks der Lehre auf die Forschung" (ebd., 22), weiter erfolgreich forschen, wie beispielsweise das Delegieren von Lehraufgaben an Mitarbeiter und Mitarbeiterinnen, die Standardisierung von Lehre, die Verringerung der Betreuungsintensität in Lehrveranstaltungen und bei Abschlussarbeiten oder auch die thematische Ausrichtung von Lehrveranstaltungen entlang der eigenen Forschungsinteressen (Schimank 1995: 97f).

Dissens in der hochschulpolitischen Debatte besteht nun hinsichtlich der konkreten, vor allem quantitativen, Ausgestaltung des Verhältnisses von Lehre und Forschung im Arbeitsalltag der Lehrenden. Die Befürworter der Lehrprofessur verweisen vor allem auf das Zeitbudgetproblem, das durch die Reduktion von Forschungsverpflichtungen zu Gunsten der Lehre und damit auch der Lehrqualität entschärft werden soll.

Hierbei wird gleichwohl die Bedeutung des Reputationsgefälles für die einzelnen (reputationsorientierten) Wissenschaftler und Wissenschaftlerinnen anerkannt und eine begleitende Aufwertung der Lehre gegenüber der Forschung gefordert (Wissenschaftsrat 2007: 31). Der Wissenschaftsrat selbst sieht in der „absehbar stark steigende[n] Bedeutung des Lehrbereichs ... die Chance auf die Herausbildung einer spezifischen Professionalität, eines erkennbaren Kompetenzprofils für Hochschullehrer mit Tätigkeitsschwerpunkt in der Lehre" (Wissenschaftsrat 2007: 36) und darin die Voraussetzung dafür, dass „Kompetenzen und Engagement in der Lehre vergleichbare Reputation einbringen wie Forschungstätigkeiten" (Wissenschaftsrat 2007: 36).

Kritiker der Lehrprofessur wenden allerdings ein, dass über die Einrichtung von Lehrprofessuren keine Aufwertung der Lehre stattfände, sondern ganz im Gegenteil eine solche Ausdifferenzierung „die Mehrzahl der Professoren aus ihrer Lehrverantwortung entlasse" (Finetti 2007) und – so der GEW-Vorsitzende Ulrich Thöne – „die Lehre wieder in eine Nische abgeschoben" würde (ebd.). Auf diese Weise würde nur das Reputationsgefälle zwischen Lehre und Forschung stabilisiert, da Stellen mit Lehrschwerpunkt „ökologische[n] Nischen für Forschungsnullen" darstellten (Baer 2007; vgl. auch GEW 2008).

Für die jeweiligen Stelleninhabenden würde die Lehrprofessur so zu einem Reputations- und schließlich einem Karriererisiko (Baer 2007; Lübbert 2007; von Trotha et al. 2007; Die Junge Akademie 2008: 14). In dieser Perspektive sind Lehrprofessoren „[b]estens ausgebildete Hilfsprofessoren, die für die mit reichlich Lametta behängte Forschungsexzellenzen die lästige Lehrarbeit aus dem Weg räumen und dafür mit null Karriereaussicht belohnt werden" (Padtberg/Leffers 2007). Außerdem verweisen kritische Stimmen auf die Probleme einer partiellen Entkopplung von Lehre und Forschung für die Aktualität des zu vermittelnden Wissens und die Authentizität der Lehrenden.

Auch aus gleichstellungspolitischer Perspektive wurde die Lehrprofessur kritisiert. Die Landeskonferenz der Gleichstellungsbeauftragten der wissenschaftlichen Hochschulen Baden-Württembergs (LaKoG BW) beispielsweise bewertet Lehrprofessuren als „strukturell diskriminierende Elemente in den Hochschulen" (LaKoG BW o.J.: 2). Sie fordert außerdem eine Geschlechterquotierung (50%) bei der Besetzung von Lehrprofessuren und stellt damit das gleichstellungspolitische Risiko der Lehrprofessur ins Zentrum ihrer Kritik an der neuen Stellenkonstruktion (ebd., 1). Im Vordergrund stehen aber auch hier vor allem die Trennung von Lehre und Forschung mit den schon genannten Risiken für die universitäre Lehrqualität und die weitere Stabilisierung des Reputationsgefälles zwischen beiden Bereichen (bspw. BuKoF2007; LaKoF MV 2010).

7.3. Die Lehrprofessur in der universitären Praxis

7.3.1. Verbreitung

Die Erhebungen im Rahmen des Forschungsprojekts belegen eine große Zurückhaltung der Universitäten bei der Etablierung der neuen Stellenkategorie. Trotz der entsprechenden rechtlichen Spielräume wurden zwischen 2012 und 2013 nur 46 Lehrprofessuren identifiziert, die sich auf 18 Universitäten in sieben Bundesländern[6] verteilten. Wenngleich die Identifizierung von Lehrprofessuren eine methodische Herausforderung darstellt[7], wird deutlich, dass die vom Wissenschaftsrat angestrebte Zielmarke, auf „mittlere Sicht" (Wissenschaftsrat 2007: 6) 20 Prozent aller Universitätsprofessuren mit einem erhöhten Lehrdeputat auszustatten, bisher deutlich unterschritten wurde.

Die bisher identifizierten Lehrprofessuren verteilen sich auf die Fächergruppen der Rechts-, Wirtschafts- und Sozialwissenschaften (22), der Sprach- und Kulturwissenschaften (13), der Mathematik und Naturwissenschaften (6), der Human- und Gesundheitswissenschaften (4) sowie der Kunst- und Kulturwissenschaften (1) (vgl. Übersicht 23).

Lehrprofessuren sind im Regelfall nach W2, in wenigen Ausnahmen auch nach W3 besoldet. Sie wurden sowohl als unbefristete wie auch als befristete Stellen eingerichtet.

---

[6] Lehrprofessuren wurden in BW, BY, BE, NI, NW, SH und HH gefunden.

[7] vgl. die Ausführungen hierzu im Beitrag „Der Lehrprofessur auf der Spur" in diesem Band

Übersicht 23: Zahl der Lehrprofessuren nach Fächergruppen und Fächern

Fächergruppe	Fach	Gesamt	Davon weiblich
Rechts-, Wirtschafts- u. Sozialwissenschaften	Geschichte	2	1
	BWL	2	
	Politikwissenschaften	3	
	Rechtswissenschaften	9	1
	Sozialwissenschaften	1	1
	Sozialpädagogik	1	
	Gesamt	**18**	**3**
Sprach- und Kulturwissenschaften	Romanistik	1	1
	Germanistik	4	3
	Philosophie	1	1
	Erziehungswissenschaften	3	1
	Psychologie	1	1
	Gesamt	**10**	**7**
Mathematik /Naturwissenschaften	Wirtschaftsmathematik	2	1
	Informatik	3	1
	Mathematik	3	
	Gesamt	**8**	**2**
Humanwissenschaften/ Gesundheitswissenschaften	Medizin	4	
	Gesamt	**4**	
Kunst, Kunstwissenschaften	Digitale Medien, Medienpädagogik	3	
	Didaktik der Künste	1	1
	Gesamt	**4**	**1**
Sonstige		2	
Gesamt		**46**	**13**

7.3.2. Universitäre Diskussionen

Der geringe Verbreitungsgrad der Lehrprofessur verweist auf eine starke Skepsis innerhalb der Universitäten gegenüber dieser Stellenkategorie. In den inneruniversitären Diskussionen zur Lehrprofessur dominieren, so zeigt es die Untersuchung, vor allem die Argumente gegen die Lehrprofessur. Die im Rahmen des Projekts schriftlich und mündlich befragten Universitätsleitungen lehnen die Lehrprofessur mehrheitlich ab und beziehen sich dabei vor allem auf die bereits skizzierten Argumentationen. Die Kritik richtet sich hier vor allem gegen die (partielle) Entkopplung von Lehre und Forschung, die als Qualitätsrisiko für die universitäre Lehre interpretiert wird.

Die schon in der allgemeinen hochschulpolitischen Debatte identifizierten Annahmen zur Bedeutung der Einheit von Forschung und Lehre für die Aktualität des zu vermittelten Wissens und die Authentizität der Lehrenden als Wissenschaftler bzw. Wissenschaftlerinnen, bilden auch innerhalb der Universitäten die argumentative Grundlage für die Ablehnung der Lehrprofessur. Neben dem Humboldt'schen Argument wird gegen die Lehrprofessur auch eingewendet, dass sie aufgrund des Reputationsgefälles zwischen Lehre und Forschung eine zweit- wenn nicht sogar drittklassige Professur darstellen würde, die den Stelleninhabenden nicht zuzumuten sei.

Nach Einschätzung der Universitätsleitungen ist die Einführung von Lehrprofessuren an den Universitäten problematisch. In der schriftlichen Befragung gaben 20 von 22 Leitungen an, dass dieses Thema an ihrer Universität „äußerst umstritten" (13), „umstritten" (5) bzw. „teilweise umstritten" (2) sei.[8] Qualitätsverschlechterungen der universitären Lehre durch die Entkopplung der Lehre von der Forschung werden von den Leitungen als vorrangiges Gegenargument in der universitätsöffentlichen Diskussion zu Lehrprofessuren benannt. 16 von 22 Leitungen geben an, dass dieses Argument in den Diskussionen an ihrer Universität eine Rolle spielt. In den mündlichen Gesprächen mit Vertretern und Vertreterinnen von Universitätsleitungen führen diese aus, dass sie vor allem die Authentizität der Lehrenden bedroht sehen und betonen:

„... dass universitäre Ausbildung, akademische Kultur eben genau von Forschung lebt und nicht von Lehre wie Schule. Und das hat einfach damit was zu tun, dass es hier nicht einfach nur um Vermittlung von Wissen geht, sondern es geht um Vermittlung von wissenschaftlichen Kompetenzen, wissenschaftlichem Denken, und das geht nur über Forschung" (Mitglied einer Universitätsleitung).

Das Argument der Verbesserung der universitären Lehre durch die Einführung von Lehrprofessuren wird für die universitären Diskussionen nur von acht der 22 Befragten bestätigt, das Argument der verbesserten Betreuungsrelationen nur von sieben der schriftlich befragten Leitungen. Auch die Aufwertung der Lehre durch die Einführung von Lehr*professuren* wird als Argument in den universitären Diskussionen kaum eingesetzt. Nur zwei der schriftlich befragten Leitungen bestätigten dieses Argument für die Diskussionen an ihrer Universität, 17 Leitungen gaben an, dass diese Position innerhalb der universitären Debatten keine Rolle spielen würde.

Ein weiteres wichtiges Argument, mit dem Lehrprofessuren innerhalb der Universitäten abgelehnt werden, bezieht sich auf die Annahme des geringeren Prestiges einer Lehrprofessur gegenüber einer traditionellen Professur. In der schriftlichen Befragung gaben 19 von 22 Leitungen an,

---

[8] Eine Universitätsleitung machte hierzu keine Angaben.

dass in der universitätsöffentlichen Diskussion der drohende Prestigeverlust ein Argument gegen die Lehrprofessur sei.[9] In der mündlichen Befragung wird dieses Argument ausgeführt: „Wer an einer Universität eine Lehrprofessur hat, gilt als forschungsschwach und ist, sage ich mal, am Markt gar nicht attraktiv." (Mitglied einer Universitätsleitung).

Personen auf Lehrprofessuren werden als „underdog" (Mitglied einer Universitätsleitung) gegenüber ihren Kolleginnen und Kollegen gesehen, die den universitären Zielen, die vor allem forschungsbezogen seien (Drittmittel, Publikationen, Nachwuchsförderung) aufgrund ihrer Lehrverpflichtung nicht entsprechen könnten. Diese primäre Forschungsorientierung von Universitäten, die den Lehraktivitäten letztendlich eine nachrangige Bedeutung zuweist, wird in der Rede von der drohenden „Verfachhochschulung" (Mitglied einer Universitätsleitung) im Zusammenhang mit der Lehrprofessur deutlich.

Eine geschlechterpolitische Problematisierung der Lehrprofessur in den universitären Diskussionen wird von den befragten Universitätsleitungen nicht wahrgenommen. Nur vier von 22 Leitungen geben an, dass das Argument des weiblichen Karriererisikos in den Diskussionen zur Lehrprofessur an ihrer Universität eine Rolle spielt. Das Argument, dass die Lehrprofessur eine besondere Karriereoption für Wissenschaftlerinnen darstellen würde, kann keine der befragten Leitungen für die jeweiligen universitären Diskussionen bestätigen.

In der ausgeprägten Zurückhaltung der Universitäten bei der Nutzung der neuen Stellenkategorie Lehrprofessur spiegelt sich unter Umständen auch der Stellenwert der Lehre und der Lehrqualität in der jeweiligen universitären Zwecksetzung wieder. Befragt nach den fünf wichtigsten universitären Entwicklungszielen für die kommenden fünf Jahre wurde von den Leitungen in der schriftlichen Befragung in sechs von 22 Fällen die Verbesserung der Lehrqualität angeführt. Im Vergleich hierzu wurden forschungsbezogene Ziele wie „exzellente Forschung" oder „Stärkung interdisziplinärer Forschung" in 13 Fällen genannt.

Gleichstellungspolitische Zielsetzungen wie „Gleichstellung verwirklichen" oder „Frauenförderung" wurden in sieben Fällen genannt und drittmittelbezogene Zielsetzungen in fünf Fällen formuliert. In diesen von den Leitungen vorgenommenen Priorisierungen drückt sich die noch immer bestehende Nachrangigkeit der Lehrqualität im Vergleich zu anderen, vor allem forschungsbezogenen Universitätszielen aus. Ein bestehendes Anerkennungsgefälle zwischen Lehre und Forschung zu Lasten

---

[9] Drei Universitätsleitungen machten hierzu keine Angaben.

der Lehre bestätigten demzufolge auch 18 von 22 befragten Leitungen. Allerdings wird von elf der Befragten bestätigt, dass sich die Wertschätzung der Lehre in den letzten Jahren durchaus erhöht habe, vor allem durch die zunehmende Anerkennung von Lehraktivitäten und -leistungen in Berufungsverfahren, die Einführung von Lehrpreisen und Förderprogramme wie dem Hochschulpakt.

Die universitären Diskussionen zeigen vor allem, dass die Lehrprofessur innerhalb der Universitäten nicht als geeignetes Instrument der kostenneutralen Bearbeitung gestiegener Lehranforderungen begrüßt wird, sondern vor allem als Risiko für die Lehrqualität und das Prestige der traditionellen Professur verstanden und abgelehnt wird.

7.3.3. Motive und Strategien bei der Etablierung von Lehrprofessuren

Wenngleich die Universitäten der Lehrprofessur grundsätzlich eher ablehnend gegenüber stehen, kann die Ressourcenlage in Einzelfällen dazu führen, dass dennoch Lehrprofessuren eingerichtet werden. Sechs der schriftlich befragten Universitäten geben an, Lehrprofessuren eingeführt zu haben. Dominantes Motiv bei diesen ist die Bewältigung steigender quantitativer Lehranforderungen. Ein Mitglied einer Universitätsleitung führt aus:

> „… eben angesichts dieser Not, die vorhanden war mit nachher 180 Prozent Auslastung, haben wir gesagt, da muss irgendetwas passieren und haben die [die Lehrprofessur, R.H.] dann trotzdem ausgeschrieben" (Universitätsleitung).

Lehrprofessuren werden zumeist nicht flächendeckend in der gesamten Universität sondern vielmehr als singuläre Einzelfalllösungen für einzelne Institute und Studiengänge eingerichtet. Die Befürwortung einer systematischen Einführung von Lehrprofessuren in großer Zahl wurde nur von einer der befragten Universitätsleitungen vertreten, diese konnte sie in der Universität allerdings bisher nicht durchsetzen. Als weitere Motive spielen auch qualitative Verbesserungen der Lehre im Sinne forschungsorientierter Lehre eine Rolle (zwei Zustimmungen). Die Aufwertung von Lehre ist hingegen bei keiner der sechs Universitäten mit der Einrichtung von Lehrprofessuren beabsichtigt worden.

Diejenigen Universitäten bzw. Fakultäten, Fachbereiche und Institute, in denen Schwerpunktprofessuren für die Lehre eingerichtet wurden, unterscheiden sich hinsichtlich ihres strategischen Umgangs mit dieser Stellenkategorie. Die Interviews mit Universitätsleitungen und mit Stelleninhabenden zeigen, dass Lehrprofessuren mit unterschiedlichen organisationalen Erwartungen konfrontiert werden und sich entsprechend die Art und Weise ihrer Institutionalisierung unterscheidet. Es konnten zwei organisationale Strategien – eine qualitätsorientierte und eine quantitätsorientierte – identifiziert werden, die im Folgenden vorgestellt werden.

Der *qualitätsorientierte* Umgang mit Lehrprofessuren setzt diese Stellenkategorie als ein Element einer umfassenden organisationalen Strategie zur Verbesserung und auch Aufwertung der Lehre in dem jeweiligen Fach ein (vgl. auch der Beitrag von Urs Kramer in diesem Band). Spezifische Erwartungen an die Lehrprofessorinnen und -professoren beinhalten vor allem ein besonderes Engagement in der Lehre, wie die Entwicklung von Lehrkonzepten, Studiengängen und Curricula, die Entwicklung didaktischer Weiterbildungsmaßnahmen für andere Dozenten und Dozentinnen und ein lehrbezogenes Engagement in der universitären Selbstverwaltung. Diese besonderen lehrbezogenen Erwartungen werden bereits in den Berufungsverfahren kommuniziert, und auch in individuellen Ziel- und Leistungsvereinbarungen formuliert. Lehrbezogenes Engagement wird in diesen Fällen in besonderer Weise, bspw. in Form von Lehrpreisen durch die Universität anerkannt, wie ein befragter Lehrprofessor erläutert:

„… dass ich sehr viel Anerkennung für meine Lehre hier kriege, eben auch einen Preis für die Lehre bekomme hier, da wurde ich auch hier erstmal von der Fakultät vorgeschlagen und dann eben im Präsidium dann. Jede Fakultät hat Vorschläge gemacht und ich wurde dann ausgewählt. … Ich wurde immer in meiner Lehre hier vom Institut und der Fakultät sehr stark unterstützt." (LP4)

Die Anerkennung von Lehraktivitäten steht in diesen Fällen in engem Zusammenhang mit weiteren Strategien zur Aufwertung von Lehre, wie der Vergabe von lehrbezogenen Drittmitteln in nennenswertem Umfang, wie ein anderer befragter Lehrprofessur ausführt:

„… ganz klar, dass Lehre nicht irgendwas ist, was man so nebenbei macht, sondern dass man mit Lehre richtig Geld verdient, was sicherlich dazu beiträgt, dass der Stellenwert von Lehre [hier] höher ist als in vielen anderen Bereichen" (LP1)

Mit diesen Anforderungen an die lehrbezogenen Tätigkeiten der Professorinnen und Professoren korrespondieren entsprechend reduzierte Erwartungen der Universität an deren Forschungstätigkeiten: „Man hat keine Forschung erwartet", antwortet eine der befragten Personen auf die Fraue nach den Forschungserwartungen, die seitens der Universität artikuliert wurden. Die Vorstellung von einer verbesserten Qualität der Lehre, die dieser Strategie zu Grunde liegt, umfasst neben der rein quantitativen Steigerung der Lehrleistung auch die Veränderung wichtiger Rahmenbedingungen der Lehre, wie der Lehrqualifikation der Dozenten und Dozentinnen oder der Qualität der Curricula.

Eine grundlegend andere organisationale Strategie im Umgang mit Lehrprofessuren richtet sich hingegen stärker auf die Steigerung der *quantitativen* Lehrleistung, die durch die Einrichtung von Lehrprofessuren kostenneutral erfolgen kann. In den Worten einer Lehrprofessorin geht es vornehmlich darum, „dass man einfach entlastet, die lästige Lehrlast nimmt". Lehrbezogene organisationale Erwartungen gegenüber den Stelleninhabenden bestehen vor allem in quantitativer Hinsicht, d.h. in Gestalt des erhöhten Lehrdeputats. Dementsprechend spielt die Lehre in diesen Fällen keine bzw. eine deutlich untergeordnete Rolle in den jeweiligen Berufungsverfahren sowie den individuellen Ziel- und Leistungsvereinbarungen:

> „Ich denke, bei der Berufung hat die Lehre keine andere Rolle gespielt wie bei jedem anderen Berufungsverfahren. Es war jetzt nicht so, … dass man eine Lehrveranstaltung durchführt, wo auch dann Studierende da sind, dass sich die Kommission ein Bild davon macht, wie man in der Lehre agiert, wie man so eine Lehrveranstaltung aufbaut." (LP3)

Neben dem erhöhten Lehrdeputat werden allerdings die forschungsbezogenen Erwartungen an die Lehrprofessorinnen und -professoren im Vergleich zu traditionellen Professuren nicht modifiziert: „Sie wollen einen eben nicht so als Senior Lecturer haben, sondern eben tatsächlich auch als jemand, der eben auch mal wissenschaftlich was bringen kann.", erklärt einer der befragten Lehrprofessoren. Diese Strategie zielt somit vor allem darauf ab, Professuren mit einer erhöhten quantitativen Lehrverpflichtung auszustatten, ohne dass dem weiter gehende Überlegungen zur Funktion der Lehrprofessur bei der Verbesserung der universitären Lehrqualität zu Grunde liegen.

7.4. Zusammenfassung

Die vom Wissenschaftsrat formulierte Empfehlung zur Einrichtung von Lehrprofessuren sollte den Universitäten ein Instrument an die Seite stellen, um gestiegene Lehranforderungen ohne die Aufwendung zusätzlicher Mittel bewältigen zu können. Seitens der Universitäten wird die Stellenkategorie der Lehrprofessur allerdings größtenteils skeptisch beäugt. Nur wenige Universitäten haben bisher auf diese Stellenkategorie zurückgegriffen, die bisher eingerichteten Lehrprofessuren werden von den befragten Universitätsleitungen als Einzelfälle und Ausnahmen markiert. Die Positionen der befragten Leitungen zur Lehrprofessur entsprechen im Wesentlichen den kritischen Argumenten, die im Rahmen der hochschulpolitischen Diskussion gegen die Lehrprofessur vorgebracht wurden. Die weitgehende Entkopplung von Lehre und Forschung wird als Qualitätsrisiko für die Lehre problematisiert, da Authentizität der Lehrenden (als Forschende) und die Aktualität des zu vermittelnden Wissens gefährdet würden.

Entsprechend zurückhaltend sind die Universitäten bei der Einrichtung von Lehrprofessuren. Wenn Lehrprofessuren eingeführt werden, dann eher als Einzelfallregelungen und weniger als systematische Lösung zur Verbesserung der Lehrqualität. Die Universitäten, die auf Lehrprofessuren zurückgreifen, lassen sich anhand ihres strategischen Umgangs mit dieser Stellenkategorie unterscheiden. Die qualitätsorientierte Strategie zielt auf eine systematische Verbesserung der Lehrqualität ab und bindet Lehrprofessuren in ein System vielfältiger Maßnahmen zur Aufwertung und Verbesserung der universitären Lehre ein. Die Forschungserwartungen mit denen die Lehrprofessoren und -professorinnen in diesen Fällen konfrontiert sind, werden entsprechend reduziert. Die quantitätsorientierte Strategie hingegen zielt vor allem auf die Erhöhung der quantitativen professoralen Lehrleistung der jeweiligen universitären Organisationseinheit ab und steht nicht in Verbindung mit weiteren Maßnahmen zur Verbesserung der Lehre. Die Forschungserwartungen an die jeweiligen Lehrprofessorinnen und -professoren entsprechen in diesen Fällen denen an eine traditionelle Professur.

Literatur

Ash, Mitchel G. (Hg.) (1999): Mythos Humboldt: Vergangenheit und Zukunft der deutschen Universitäten. Wien: Böhlau.

Baer, Siegfried (2007) "Lehrprofessuren - eine gute Idee?".

BuKoF (2007): Stellungnahme zu den Empfehlungen des Wissenschaftsrates zu einer lehrorientierten Reform der Personalstruktur an Universitäten.

DHV (2007a): Exzellenz in der universitären Lehre ohne "Lehrprofessur". Pressemitteilung Nr. 3/2007. Bonn/Bremen.

DHV (2007b): Kempen: „Ja zur Forschungsprofessur, Nein zur Lehrprofessur". Deutscher Hochschulverband zur heutigen Empfehlung des Wissenschaftsrats. Pressemitteilung Nr. 1/2007 Bonn, 29. Januar 2007. http://www.hochschulverband.de/cms/fileadmin/pdf pdf/pm/pm1-2007.pdf (Zugriff am 07.10.2011).

Die Junge Akademie (2008): „Zur Zukunft der Lehre an Universitäten in Deutschland."

Finetti, Marco (2007): Aufwertung fürs Stiefkind?, in: Erziehung und Wissenschaft. (5), S. 38.

GEW (2008): Die Lehre in den Mittelpunkt. Bildungsgewerkschaft GEW fordert Qualitätsoffensive für gute Hochschullehre. Beschluss des Hauptvorstands der GEW vom 21. Juni 2008: 1-9.

KMK (2008): Wettbewerb exzellente Lehre. Eine gemeinsame Initiative der Kultusministerkonferenz und des Stifterverbands für die deutsche Wissenschaft. Beschluss der Kultusministerkonferenz vom 06.03.2008.

LaKoF M-V (2010): Stellungnahme der Landeskonferenz der Gleichstellungsbeauftragten der Hochschulen und Forschungseinrichtungen des Landes Mecklenburg-Vorpommern zum Ressortentwurf LHG M-V Mecklenburg-Vorpommern, LAKOF: 1-2.

LaKoG Baden-Württemberg (o.J.): Stellungnahme der LaKoG zur Umsetzung der Föderalismusreform im Hochschulbereich (EHFRUG). Mannheim.

Lübbert, Daniel (2007): Lecturer und Lehrprofessur: Neue Personalmodelle für die Hochschulen. Deutscher Bundestag. Wissenschaftliche Dienste 29/07. http://www.bundestag .de/wissen/analysen/2007/Lecturer_und_Lehrprofessur.pdf (Zugriff am 15.12.2008).

Padtberg, Carola/Leffers, Jochen (2007): Neues Professoren-Profil: Mehr Lehre, weniger Forschung.

Schimank, Uwe (1995): Hochschulforschung im Schatten der Lehre. Frankfurt/Main.

Strohschneider, Peter/Kempen, Bernhard (2007): Professur, Schwerpunkt Lehre? Pro und Kontra, in: Forschung & Lehre. 3, S. 152-153.

von Trotha, Trutz/Nassehi, Armin/Reichertz, Jo (2007): Email-Debatte: „Lehrprofessuren" und „Lehrkräfte für besondere Aufgaben", in: Soziologie. 36(3), S. 280-293.

Wissenschaftsrat (2007): Empfehlungen zu einer lehrorientierten Reform der Personalstruktur an Universitäten. Drs. 7721-07. Berlin.

8. Die Verbindung von Forschung und Lehre in der Arbeitspraxis der Lehrprofessoren und -professorinnen

Robert Schuster

8.1. Die Professur mit Schwerpunkt Lehre: Trennung von Forschung und Lehre?

Professuren mit Schwerpunkt Lehre sollten – gemäß den Empfehlungen des Wissenschaftsrates zu einer „lehrorientierten Reform der Personalstruktur" (Wissenschaftsrat 2007) – durch ein dauerhaft erhöhtes Lehrdeputat gekennzeichnet sein. Obwohl Forschung und Lehre damit nicht gänzlich voneinander getrennt werden, wurde die zumindest normativ bestehende paritätische Gewichtung[1] beider Aufgabenbereiche damit endgültig zugunsten einer Schwerpunktsetzung in Richtung Lehre aufgegeben. So sollten 60 Prozent des Zeitbudgets der Lehrprofessorinnen und Lehrprofessoren auf lehrbezogene Aufgaben verwandt werden, während 30 Prozent für Aufgaben in der Forschung und zehn Prozent für administrative Tätigkeiten vorgesehen waren (ebd: 35). Für Professuren mit einem solchen Lehrschwerpunkt waren vom Wissenschaftsrat also vorrangig Bewerber und Bewerberinnen vorgesehen, die „ein besonderes Interesse an einer Tätigkeit in der Lehre und die Befähigung hierzu erkennen lassen" (Wissenschaftsrat 2007: 37).

Der Wissenschaftsrat bekräftigte gleichzeitig, dass eine enge Verbindung von Lehre und Forschung auch in dieser Stellenkonstruktion (ebd.: 31) möglich sei (siehe dazu auch Peter Strohschneider in: Strohschneider/Kempen 2007). Den Kritikern erschien dies angesichts der hohen Lehrverpflichtung als unrealistisch und folglich war die Furcht vor einer „Entkopplung von Lehre und Forschung" auch der Hauptangriffspunkt

---

[1] Einige Autoren, v.a. Uwe Schimank, machten schon vor geraumer Zeit darauf aufmerksam, dass eine gleichwertige Verteilung von Lehr- und Forschungsaufgaben in der beruflichen Praxis auch von regulären Professuren nicht mehr gegeben sei. Forschung stehe gleichsam im „Schatten der Lehre" (Schimank 1995).

an den Vorschlägen des Wissenschaftsrates[2] (DHV 2007b; DHV 2007a; BRANDSTUVE 2008; GEW 2008; LaKoF MV 2010; LKS MV 2010). Der Präsident des Deutschen Hochschulverbandes (DHV) Bernhard Kempen formulierte seine Kritik entsprechend drastisch:

> „Universitätsprofessoren, die ganz überwiegend oder ausschließlich mit Lehraufgaben betraut sind, verdienen diesen Namen nicht, weil sie dem hohen Anspruch eines Amtes, das sich gleichermaßen über Forschung und Lehre definiert, nicht gerecht werden." (DHV 2007a)

Inzwischen wurden gemäß den Empfehlungen des Wissenschaftsrates an einigen Universitäten Professuren mit einem Schwerpunkt im Lehrbereich eingerichtet[3]. In dem diesem Band zugrunde liegenden Forschungsprojekt wurden acht ausgewählte Stelleninhaber und Stelleninhaberinnen dieser Schwerpunktprofessuren im Rahmen narrativer berufsbiographischer Interviews befragt. Die Interviews enthalten vielfältige Informationen zu der Frage, in welcher Weise die neue Gewichtung von Lehre und Forschung von den Lehrprofessoren und -professorinnen arbeitspraktisch bewältigt wird. Diesen Aspekt der Arbeitspraxis stellt der vorliegende Beitrag in den Mittelpunkt. Somit kann unter anderem empirisch exploriert werden, in welcher Weise das den Diskurs dominierende Risiko der Entkopplung von Forschung und Lehre für die Lehrprofessorinnen und -professoren relevant wird.

Dabei stehen folgende Fragen im Fokus:

- Welche Konsequenzen hat die Schwerpunktsetzung in der Lehre für die arbeitspraktische Integration von Lehre und Forschung in den Augen der Lehrprofessoren und -professorinnen

- Welche Probleme berichten sie in dieser Hinsicht?

- Welche Bewältigungsstrategien entwickeln die befragten Lehrprofessorinnen und -professoren im Umgang mit den durch die Schwerpunktsetzung in der Lehre erzeugten Problemen?

---

[2] Siehe dazu auch der Beitrag von Hilbrich/Schuster: „Die Lehrprofessur in der hochschulpolitischen Diskussion und der universitären Praxis" in diesem Band.

[3] ebd.

8.2. Lehr- und Forschungsmotivation der Lehrprofessorinnen und -professoren

Die befragten Lehrprofessorinnen und -professoren beschrieben die Lehrtätigkeit zunächst als Quelle von Erfolgserlebnissen und empfinden insbesondere die Interaktion mit den Studierenden als motivierend: „Lehre hat mir von Anfang an viel Spaß gemacht, ich hab da viel Zeit reingesteckt" (LP1). Bezug genommen wird in diesem Zusammenhang vor allem auf spannende „Diskussionen mit Studenten über die Forschungsprojekte" (LP8). Auch die Konzeption von Lehrveranstaltungen, besonders die Aufbereitung bestimmter Inhalte für die Vermittlung, wird als attraktiver Bestandteil der Lehrtätigkeit beschrieben:

> „Das macht mir schon sehr viel Spaß, mir zu überlegen, wie muss ich etwas, Unterricht gestalten, damit die Studenten möglichst viel da mitnehmen, wie kann ich bestimmte neue Themen dann eben in irgendeiner Form aufbereiten, dass das dann auch wirklich verstanden wird." (LP1)

Dass die eigene Lehre diesen Ansprüchen genügt, ist Resultat eines Lernprozesses, der als wichtiger Teil der akademischen Sozialisation beschrieben wird:

> „Ich hatte gute Mentoren, Kollegen, die mich sozusagen beraten haben beim Einstieg. Der Einstieg ist, denk ich, wie bei jedem, schwer, auch den Rollenwechsel vorzunehmen von einer Studentin zur Lehrenden." (LP8)

Neben der direkten Rückmeldung von Studierenden werden von einigen Befragten auch positive Lehrevaluationen sowie Auszeichnungen für besondere Leistungen in der Lehre (Lehrpreise) als motivierend berichtet. Die Lehrprofessorinnen und -professoren verfügen über einen professionellen Ethos, welcher die Maßstäbe für die Qualität der eigenen Lehre bestimmt. Sie verfolgen dementsprechende Zielsetzungen: „Ich will gute Lehre machen. Ich will, dass Leute gut ausgebildet werden, ich will, dass gute Leute, sei es in die Praxis, sei es in die Wissenschaft, gehen" (LP8). Ein Garant für gute Lehre in diesem Sinne sei es, „dass ich Menschen in ein Feld in gewisser Weise auch einsozialisiere, sie ins Nachdenken bringe, sie ins Reflektieren bringe über mein Fachgebiet und ihnen sozusagen Grundprobleme nahebringe" (LP8).

Durch die Lehrtätigkeit werden vor allem die Grundbedürfnisse nach „sozialer Eingebundenheit" (Interaktion mit Studierenden) und „Kompetenzerleben" (etwa: Begeisterung für das Fach wecken) befriedigt (Esdar/ Gorges/Wild 2013: 33). Ein aufschlussreicher Aspekt des „Kompetenzerlebens" ist das „Denken lernen" sowie die entsprechende fachliche Sozialisation der Studierenden im Sinne einer methodisch-kritischen und reflektierten wissenschaftlichen Auseinandersetzung mit bestimmten Fragestellungen (Lohr/Peetz/Hilbrich 2013: 144f.).

Die Befragten entwerfen sich allerdings primär als *Forscherpersönlichkeiten*, welche schlichtweg mehr Semesterwochenstunden (SWS) lehren müssen als reguläre Universitätsprofessorinnen und -professoren. Das Interesse am Forschen wird als dominierender Beweggrund für die Bewerbung auf eine Lehrprofessur beschrieben. Es ist also nicht der Lehrschwerpunkt, sondern die – wenn auch reduzierte – Möglichkeit eigenen Forschungsinteressen nachzugehen, welche einen wichtigen Beweggrund für die Annahme dieser Position ausmacht:

> „Da ich aber auch leidenschaftlich gerne forsche, war für mich klar, ich möchte halt gerne beides machen, und deswegen hab ich diese Lehrprofessur auch nie so wahrgenommen, dass ich hier nur lehre, sondern ich versuche auch nach wie vor, das Forschungsprofil, mein eigenes, zu schärfen, auszuweiten und arbeite auch entsprechend eben auch in Forschungsarbeit." (LP6)

Damit stellt sich die Frage, wie sich Forschung und Lehre im beruflichen Alltag der Lehrprofessoren und -professorinnen verbinden lassen. Die Vorstellung der konkreten Arbeitspraxis der Lehrprofessoren und -professorinnen – mit besonderer Berücksichtigung des Verhältnisses von Lehre und Forschung – erfolgt entlang der möglichen Konstellationen, die beide Dienstaufgaben durch ihre Verbindung annehmen können. Nach der folgenden Einführung der erkenntnisleitenden Kategorien, Facilitation und Interference, werden sowohl positive als auch problematische Beziehungen von Lehre und Forschung im Arbeitsalltag der Lehrprofessoren und -professorinnen geschildert. Anschließend erfolgt die Darstellung der individuellen Bewältigungsstrategien der Befragten.

8.3. Positive Zielbeziehungen zwischen Lehre und Forschung

Ein Blick auf Ergebnisse der Motivationsforschung zeigt, dass die Beziehung von unterschiedlichen Zielen *idealtypisch vereinfacht* zwei Formen annehmen kann: förderliche Zielbeziehung oder Zielkonflikt (Riediger/ Freund 2004). Erstere wird auch als *Facilitation* bezeichnet und ist dann gegeben „when the pursuit of one goal simultaneously increases the likelihood of success in reaching another goal" (Riediger/Freund, 2004, S. 1511). Wenn die Verfolgung eines Ziels die Wahrscheinlichkeit ein anderes Ziel zu erreichen verringert, sprechen die Autoren demgegenüber von *Interference* (ebd). Im Falle von Facilitation und Interference handelt es sich um analytische (idealtypische) Kategorien, um Zielbeziehungen zwischen zwei Zielen zu beschreiben. Der berufliche Alltag der Lehrprofessorinnen und -professoren enthält stets auch Mischformen und wird folglich im Spannungsfeld von Facilitation und Interference entworfen. Wer erfolgreich forschen will, versucht entsprechend Interference-Konstellationen zu vermeiden und möglichst viele Situationen mit Facilitation-Effekten im beruflichen Alltag herzustellen.

Lehre scheint vor allem dann attraktiv zu sein, wenn sie mit eigenen Forschungsinteressen verbunden werden kann. So schildern auch die befragten Lehrprofessoren und -professorinnen, dass es Situationen gibt, in denen sich Forschung und Lehre in einem Verhältnis gegenseitiger Steigerung (Facilitation) befinden können. „Also ich persönlich kann das nicht trennen, weil ... was ich forsche, entwickelt ja mein Denken weiter, und auf dem jeweiligen Stand lehre ich" (LP8).

Forschung und Lehre stehen vor allen Dingen in Bezug auf (a) die Erschließung von neuem Wissen, (b) die Wissensaktualität, (c) die Authentizität der Lehrenden sowie die (d) Rekrutierung des wissenschaftlichen Nachwuchses in einer Facilitation-Beziehung[4].

a) Ein erster Facilitation-Effekt ist die Erschließung neuen Wissens sowie die Systematisierung bzw. Vertiefung von vorhandenem Wissen: So wird Lehre zum einen genutzt, um sich neue Themenfelder zu erschließen[5]:

„...ich nutze Lehre auch immer, um mir Sachen auch wieder neu zu erarbeiten, also ich versuche in der Regel, irgendwie zum Beispiel ein Semi-

---

[4] Es muss darauf hingewiesen werden, dass empirische Studien zum Nutzen der Forschung für die Lehre oftmals problematisch sind. Brown und McCartney (1998: 123) haben eine Vielzahl von Studien gesichtet und kritisieren die unterkomplexe Operationalisierung von Forschung und Lehre sowie die oft kühne Behauptung von Korrelationen und deren Interpretation (Brown & McCartney 1998,S. 123; zitiert nach Huber 2004, S. 30). Huber konstatiert in diesem Zusammenhang: „Großräumige und langfristige Untersuchungen unter realen Bedingungen wären nötig, um über alle intervenierenden Variablen hinweg die Frage zu beantworten, welchen Unterschied es für das Lernen der Studierenden ausmacht, ob sie sich in einer Hochschule, die sich auf die Einheit von Forschung und Lehre beruft, befinden oder an einer Hochschule, die behauptet, sich auf nichts anderes als gute Lehre zu konzentrieren" (ebd.). Eventuell liefern die bald anlaufenden Projekte zur Begleitforschung des Qualitätspakts Lehre dazu neue Antworten.

[5] Die Strategie Seminare entlang der eigenen Forschungsthemen zu entwerfen ist auch eine Strategie um trotz erhöhten Lehrdeputats eigene Forschung zu realisieren. In Bezug auf Coping-Strategien wird deshalb nochmals auf sie eingegangen.

nar auf jeden Fall zu machen, für das ich neue Texte lesen muss, um einfach mich selber zu zwingen, auch bei viel Lehre neu zu lesen oder mich mal mit einer Fragestellung zu beschäftigen." (LP8)

Eine wichtige Voraussetzung dafür ist natürlich ein gewisser Gestaltungsspielraum in der Planung von Lehrveranstaltungen. Außerdem wird beschrieben, dass die Lehrtätigkeit auch dafür geeignet ist, um vorhandenes Wissen tiefer zu durchdringen:

„weil jede Vorlesung, die man mal gehalten hat, ist ja auch eine Chance, dass man sich nochmal vertieft in das Thema einarbeitet dann, wenn man es dann erklären muss, dann muss man sich einfach nochmal einen besseren Überblick verschaffen." (LP4)

„Man weiß ja auch, indem man lehrt und anderen etwas erklären muss, muss man es ja selber auch sehr viel besser verstehen und für sich klären, und da bereichert es sich." (LP8)

b) Ein weiterer Facilitation-Effekt, der von den Befragten thematisiert wird, ist die *Aktualität* des zu vermittelnden Wissens. Hierfür sei der eigene Forschungsbezug unerlässlich. Nur durch die Einbindung könne man die aktuellen Entwicklungen der Disziplin mitverfolgen:

„Ich kann nicht rein aus alten Büchern irgendwas vermitteln, wo ich nicht drinstecke, das funktioniert ..., über die Jahre ja immer schlechter, grade in so einem Thema. ... Aber grade in meinem Bereich kann ich es mir eigentlich nicht vorstellen, wie das gehen soll, ohne dass ich an Innovation und am Forschen dran bin." (LP3)

Zudem wird berichtet, dass besonders in den Technik- und Naturwissenschaften der „rasante Fortschritt" (LP1) geradezu die Notwendigkeit erzeuge, eine permanente Aktualisierung des eigenen Wissens vorzunehmen, da „sich insbesondere viele [naturwissenschaftliche] Labormethoden sehr stark weiterentwickeln, ganze Forschungstrends da sich verändern" (LP1). In diesem Sinne sei es auch unerlässlich die Entwicklungen der eigenen Disziplin stetig mitzuverfolgen und zu mitzuprägen: Man müsse „... am Innovationsprozess dranbleiben, ... ihn auch mitleben, und ... entwickeln" (LP 3).

Ohne Forschungsbezug wäre der Aufwand der Lehrvorbereitung – besonders im forschungsorientierten Master – noch ungleich höher, da der Facilation-Effekt entfallen würde:

„Und d.h., im Master ist das nicht wegzudenken meines Erachtens, ansonsten kriegt man im Master nur Leute, die sich mit Müh und Not in irgendein schwierigeres Thema einarbeiten für einen Riesenaufwand und haben nix von, es gibt keinen Synergieeffekt ... ich käme jetzt auch nicht auf die Idee, eine Fachveranstaltung im Master im Fachgebiet meines Kollegen anzubieten. Bis ich mich da einlese, bis ich das behalten kann, ist ja irre." (LP2)

Das *Aktualitätsargument* wird im hochschulpolitischen Diskurs sowohl von Befürwortern (Wissenschaftsrat 2007) wie auch von Gegnern (DHV 2007c) der Lehrprofessur geteilt[6].

c) Die zielführende Verbindung von Forschung und Lehre wird von den Befragten zudem als Motivationssteigerung beschrieben: „weil's auch am meisten Spaß macht … seine Forschungsthemen, davon die Leute zu überzeugen, zu begeistern" (LP4). Diese Begeisterung, wenn es gelingt, eigene Forschungsthemen in die Lehre zu integrieren und man so gleichsam „selber am Haken ist [und] die Luft brennt" (LP5), hat zudem positive Effekte für die eigene Lehrleistung: „ich bin einfach besser, wenn ich zugleich auch forsche, und ich finde auch für die Studierenden" (LP5). „Da merkt man die Vorlieben der Professoren für Grundveranstaltungen, die halt näher am eigenen Forschungsgebiet sind, … die halten die dann auch besser, weil halt die Motivation höher ist" (LP2).

Auf diese Weise gelänge es zudem, eine Art *Authentizität* herzustellen, welche sich wiederum positiv auf die wissenschaftliche Sozialisation der Studierenden auswirke. Dahinter steht stark vereinfacht gesprochen die Vorstellung, dass man „forschendes Lernen" (Huber 2005) bestmöglich von (motivierten) Forschern lernen könnte. Dies ist ein Ansatz, welcher in der hochschuldidaktischen Literatur sehr verbreitet ist. Huber konstatiert in diesem Zusammenhang, dass ohne das „Modell eines forschenden Lehrers, dem [die Studenten] (vielleicht unbewusst) nacheifern könnten, … [sie] nur noch Pädagogen treffen, die nicht mehr eigene Fragen systematisch verfolgen, sondern nur noch Fragen für sie arrangieren" (Huber 2004: 24).

Ein Lehrprofessor berichtet rückblickend seine studentische Wahrnehmung in Bezug auf forschungsambitionierte und in diesem Sinne auch authentische Professoren:

„Weil, in meinem Studium, würd ich mal sagen, war die Menge der Professoren, die gute Lehre gemacht hat, fast identisch mit der Menge der Professoren, die gute Forschung gemacht hat. Und das war schon überraschend. Also tendenziell die Jungs, die schlechte Vorlesungen gehalten haben, waren auch die, wo man genau wusste, die haben seit zehn Jahren nix mehr gemacht, und das war schon erschreckend, ja. Es gab so ein, zwei Ausnahmen, wo ich sag, die haben echt gute Lehre gemacht und

---

[6] Siehe dazu den Beitrag von Hilbrich und Schuster: „Die Lehrprofessur in der hochschulpolitischen Diskussion und der universitären Praxis" in diesem Band.

sonst nix anderes. Aber eigentlich waren's wirklich die Koryphäen, die (räuspert sich), die auf ihrem Gebiet was wussten, das waren auch die, die die guten Vorlesungen hielten; die haben jetzt nicht so viel Vorlesungen gehalten, wie man gerne gehabt hätte als Student, aber trotzdem." (LP2)

Diese Ansprüche an Authentizität werden von den Befragten besonders im Kontext von weiterführenden Studiengängen, welche eine klare Forschungsausrichtung aufweisen, berichtet.

„Es ist auch so, wir haben 'n forschungsorientierten Master...ich kann ja nicht reine Lehre machen, das funktioniert ja an der Stelle überhaupt nicht mehr. Wenn ich keine Forschung mach, kann ich auch keine Lehre machen, ... der Regelkreis funktioniert da nicht ...". (LP3)

„Eine ordentliche Master-Vorlesung speist sich aus Forschung. ... [Eine] Spezialvorlesung lässt immer Sachen, die man in der Forschung macht, mit einfließen." (LP2)

„... weil ich eben auch der Überzeugung bin ..., den wissenschaftlichen Nachwuchs auszubilden, das kannst du nicht vernünftig, wenn du nur Lehre machst. Sondern das kannst du nur, wenn du eben auch deine Forschungsthemen mit einbringst. Und eben aus deinen Studenten die Mitarbeiter später auch generierst und anlernst. Und aus dem Prozess bist du komplett draußen, wenn du nur Lehre machst." (LP4)

d) Im letzten Zitat ist ein weiterer Facilitation-Effekt beschrieben. Die forschungsorientierte Ausbildung des wissenschaftlichen Nachwuchses wird auch für die Begutachtung und Rekrutierung zukünftiger Forschungsgruppenmitglieder (studentische Hilfskräfte, Doktorandinnen und Doktoranden) genutzt. Ein Lehrprofessor erläutert in diesem Zusammenhang, dass es ihm im Rahmen seiner Seminare gelänge, Studierende für Forschungsthemen zu begeistern. Diese wirken anschließend an Publikationen mit oder können ihre Abschlussarbeit in den Projektzusammenhang integrieren. Auf diese Weise ist „aus der Abschlussarbeit vielleicht auch schon die erste Publikation entstanden ... und dann hat man eben geguckt, dass man die Besten eben gewinnt als Mitarbeiter" (LP4).

8.4.　Probleme in der Verbindung von Forschung und Lehre

Allerdings erwachsen aus der Verbindung von Lehre und Forschung innerhalb der Stellenkonstruktion einer Professur mit Lehrschwerpunkt neben den beschriebenen Facilitation-Effekten auch spezifische Probleme –

also Interference-Konstellationen[7]. So wird in allen Interviews ein akutes Zeitbudgetproblem deutlich. Ursächlich dafür ist der Anspruch, unter Bedingungen eines erhöhten Lehrdeputats, eigene Forschung auf den Weg zu bringen.

Dies hat unter anderem den Grund, dass sowohl Lehre als auch Forschung sehr zeitaufwendige, oft nicht gänzlich kalkulierbare Tätigkeiten sind und zudem eine spezifische Eigenlogik besitzen, was eine zielführende Verbindung beider Bereiche oft erschweren kann. Lehranforderungen weisen einen höheren Organisiertheitsgrad auf, sind demzufolge auch stärker vordefiniert sowie kontrolliert und ziehen einen entsprechenden Vor- und Nachbereitungsaufwand nach sich. Ein Charakteristikum der Forschung ist die Ergebnisoffenheit und Unvorhersehbarkeit sowie Unkalkulierbarkeit des Forschungsverlaufs und der Ergebnisse (Oevermann 2005: 30f.). Eine Zeitinvestition in Forschung verspricht aber wiederum die Gratifikation der scientific community. Diese durch Forschungsleistungen errungene Reputation ist entscheidend für einen Verbleib im Wissenschaftssystem. Für Lehrleistungen gibt es kein vergleichbares karriererelevantes Belohnungssystem. Die Reputation von Lehrpreisen ist auf die Heimatuniversität beschränkt[8].

Jedoch nehmen die Lehranforderungen in den letzten Jahren zum einen durch Komplexitätssteigerungen (Kühl 2012) im Zuge der Bologna-Reformen, zum anderen durch eine Erhöhung der Studierendenzahlen, verursacht durch doppelte Abiturjahrgänge sowie dem Aussetzen der Wehrpflicht, stetig zu. Da beide Aufgaben untrennbar zum Hauptgeschäft der Professur gehören, „gibt es keinerlei formellen Stoppmechanismus, der verhindern könnte, dass immer mehr Arbeitszeit und Ressourcen von der Lehre beansprucht werden und der Forschung verloren gehen" (Schimank/Winnes 2001: 300).

Dieses Problem besteht grundsätzlich auch für die regulären Professuren. Hochschulforschung geriete, so Schimank (1995), zunehmend „in den Schatten der Lehre". Für Lehrprofessoren und -professorinnen stellt sich dieses Problem jedoch – halten sie an ihrer Selbstdefinition als Forschende fest – in einem besonderem Maße dar. Die Lehrprofessur ist – so könnte man es überspitzt formulieren – die Institutionalisierung des „Verdrängungsdrucks der Lehre auf die Forschung" (ebd.). Das erhöhte Lehrdeputat wird im Falle der Lehrprofessur zu einem individuellen

---

[7] Interference bedeutet in diesem Zusammenhang, dass die Verfolgung eines Ziels die Wahrscheinlichkeit ein anderes Ziel zu erreichen verringert (Riediger/Freund 2004).

[8] Siehe dazu den Beitrag von Hilbrich und Schuster: „Theoretische Bezugspunkte für die Analyse universitärer Arbeitsteilung" in diesem Band.

Wettbewerbsnachteil im Forschungswettbewerb gegenüber der traditionellen Professur mit regulären Lehrverpflichtungen, denn „ich muss genauso Literatur lesen, ich muss genauso auf Kongresse gehen, muss genauso in den Methoden drinbleiben" (LP1).

Will man unter Bedingungen eines erhöhten Lehrdeputats noch an den Gratifikationen des wissenschaftlichen Systems partizipieren, „dann ist es eben so, dass ich z.t. abends unter der Woche noch arbeite und der Kaffeekonsum entsprechend größer ist" (LP6). Das den Lehrprofessorinnen und -professoren für Forschung zugestandene Zeitfenster von 30 Prozent des Zeitbudgets (Wissenschaftsrat 2007: 35), erweist sich unter den geschilderten Bedingungen als nicht ausreichend und als Wettbewerbsnachteil gegenüber regulären Professuren:

> „Also man kommt halt für sich selber so ein bisschen in die Situation, dass man einfach merkt, ich forsche, im Vergleich zu einer Konkurrenz, die jetzt auf einer normalen W2-Professur sitzt, hab ich weniger Zeit für die Forschung." (LP2)

Lehrprofessoren und -professorinnen berichten, dass es nahezu unmöglich sei, die eigenen Forschungsambitionen mit dem verlangten Lehrdeputat in Einklang zu bringen: „Also ich hab's ja schon gesagt …, auf die ein oder andere Weise muss es eine Entlastung geben, weil das nicht zu schaffen ist" (LP8).

8.5. Bewältigungsstrategien der Lehrprofessorinnen und -professoren

Problematische Konstellationen zwischen Lehre und Forschung werden von den befragten Lehrprofessorinnen und -professoren unterschiedlich bearbeitet. Einige versuchen das erhöhte Lehrdeputat zu bewältigen und gleichzeitig ihre Forschungsambitionen zu stabilisieren. Andere tendieren zur Auflösung des Konfliktes im Sinne einer Reduktion der eigenen Forschungsambitionen. Die Ausbalancierung der eigenen Forschungsinteressen mit den gegebenen Lehranforderungen wird somit zu einer Entweder-Oder-Entscheidung zwischen den Alternativen: (8.5.1) Stabilisierung vs. (8.5.2) Reduktion oder Modifikation der eigenen Forschungsambitionen.

Die Strategien der Lehrprofessorinnen und -professoren, die ihre forschungsbezogenen Selbsterwartungen zu stabilisieren versuchen, werden im Folgenden dargestellt. Anschließend wird auf die Beweggründe der Lehrprofessorinnen und -professoren eingegangen, die ihre eigenen Forschungsambitionen reduzieren bzw. modifizieren. Abschließend sollen die Konsequenzen beider Umgangsweisen vergleichend gegenüber gestellt werden. Übersicht 24 fasst die unterschiedlichen Strategien zusammen.

Übersicht 24: Strategien der Lehrprofessorinnen und Lehrprofessoren

8.5.1. Strategien[9] zur Aufrechterhaltung der forschungsbezogenen Selbsterwartungen

Besonders von Lehrprofessoren und -professorinnen, die ihre Forschungsambitionen gegenüber den erhöhten Lehrverpflichtungen zu stabilisieren versuchen, wird ein akutes Zeitbudgetproblem berichtet. Die Aufrechterhaltung der forschungsbezogenen Selbsterwartungen geht so

---

[9] Die Systematisierung entspricht einer Erweiterung der von Uwe Schimank beschriebenen Coping Strategien. Den Begriff des Coping entleiht er, der sozialpsychologischen Forschung. Dort bezeichnet er Bewältigungsstrategien von Menschen, welche in kritische Lebenssituationen geraten sind (Haan 1977; Lazarus/Folkman 1984). Schimank nutzt den Begriff vor allem, um Bewältigungsstrategien von Professoren zu erfassen, welche trotz des von ihm beschriebenen „Verdrängungsdrucks der Lehre auf die Forschung" (Schimank 1995: S. 22) weiter erfolgreich forschen. Er erwähnt unter anderem folgende Strategien: Delegation von Lehraufgaben an Mitarbeiter, Zeitsparende Veränderungen von Prüfungen, Standardisierung, Verkopplung von Lehre und Forschung, Betreuungsintensität bei Seminar und Abschlussarbeiten verringern u.a. (Schimank 1995, S.97f.).

vor allem auf Kosten von Familie, Freizeit und Gesundheit. So ist in vielen Interviews auch von Überlastungserscheinungen die Rede:

„... also ich merke das auch bei mir, ich bin völlig, völlig am, an der Grenze mit meinen Energien. Die ich sozusagen noch angespart habe ... [Das] lässt sich überhaupt nicht realisieren auf Dauer. ...." (LP5)

„Und ganz ehrlich, dieses, also dieses Deputat werde ich nicht durchhalten, das ist klar ... Das kommuniziere ich auch so. Ich glaub, das ist auch mittlerweile [lacht] angekommen, das ist, das schafft man nicht, nicht mit Forschung." (LP8)

Die interviewten Lehrprofessorinnen und -professoren entwickeln entsprechende Strategien zur Entschärfung des Zeitbudgetkonflikts sowie der damit verbundenen Konsequenzen.

Arbeitsintensivierung: Verlagerung der Forschung in die Freizeit

Eine der schon von Schimank (1995) beschriebenen Strategien ist die Forschung außerhalb der regulären Arbeitszeit[10]. Arbeitszeit und Freizeit sind ist im Falle der Professur, welche eher „einer freien Profession" bzw. einem „Kleinunternehmer" (Enders/Teichler 1995) entspricht, eine schwer zu bestimmende Größe. Zudem beruhen Zeitbudgetstudien auf den Selbstauskünften von Professoren und -professorinnen, die eine schwierige empirische Größe darstellen (Schuster/Finkelstein 2008: 78; zitiert nach: Bloch/Mitterle/Würmann 2013). So kommen Zeitbudgetstudien zu durchaus unterschiedlichen Ergebnissen, welche sich in der Grundtendenz jedoch ähneln. Einer Studie aus dem Wintersemester 1976/77 zufolge, arbeiteten die Professoren und Professorinnen bereits durchschnittlich mehr als 60 Stunden pro Woche (Noelle-Neumann 1980: 44; zitiert nach Schimank 1995, S.104). Immer noch dramatisch sind die Ergebnisse von Enders und Teichler, denen zufolge deutsche Universitätsprofessoren und -professorinnen in der „Vorlesungszeit wöchentlich 53 Stunden und während der vorlesungsfreien Zeit 49 Stunden

---

[10] So berichtet der Betriebswirt Max Rose im Jahr 1983, dass ihm genau 18 Minuten am Tag für die Forschung verblieben, wenn er einen Acht-Stunden-Arbeitstag zugrunde legen würde: „Die Forschung, zu der ich als Ordinarius ausdrücklich verpflichtet bin, findet also, von den verbleibenden 18 Minuten der Sollarbeitszeit abgesehen, ausschließlich in meiner Freizeit statt" (Rose 1983: 82; zitiert nach Schimank 1995, S.104). Auch der Physiker Max Schulz konstatierte im Villa-Hügel-Gespräch des Stifterverbandes für die Deutsche Wissenschaft 1988: „Wettbewerbsfähige Forschung ist an den Universitäten derzeit nur möglich auf Kosten der Freizeit und mit Arbeitszeiten, die weit über die gesetzlichen Wochenstunden hinausgehen" (Schulz 1988: 37; zitiert nach Schimank (1995, S.104)).

für ihre Berufstätigkeit aufwenden (Enders/Teichler 1995: 21). In der Folgestudie wird eine Arbeitsbelastung von 56 Stunden während und 52 Stunden außerhalb der Vorlesungszeit festgestellt (Jacob/Teichler 2011: 185).

Die Möglichkeit, ,Freizeitreserven' für eigene Forschung in Anspruch zu nehmen, scheint im Falle der Lehrprofessur – schon für die intensive Lehrvorbereitung und -nachbereitung – schlichtweg nicht mehr vorhanden zu sein, wie ein Lehrprofessor ironisch schildert:

> „Ja, wenn man jetzt so denken würde, dass ein Hochschullehrer Freizeit hat, könnte man heute sagen, der Hochschullehrer macht die Forschung in der Freizeit; dann ist es wahrscheinlich beim Lehrprofessor so, der macht die Forschung dann, wenn die Freizeit zu Ende ist (lacht) ... die Situation ist ja für die regulären W2/W3-Kollegen ja auch schon untragbar." (LP3)

Delegation an Mitarbeitende

Eine Möglichkeit – unter den Bedingungen eines erhöhten Lehrdeputats – den Lehraufwand zu reduzieren, ist die Delegation der Lehre (Lehrveranstaltung, Lehrvorbereitung und -nachbereitung) an wissenschaftliche Mitarbeiter und Mitarbeiterinnen.[11] Auch unter diesem Aspekt betrachtet, haben Lehrprofessuren gegenüber regulären Professuren einen Wettbewerbsnachteil. Sie sind oft nicht mit haushaltsfinanzierten Mitarbeiterstellen ausgestattet.

> „Also zunächst mal gab es gar keine Ausstattung. Das hat den Anfang hier wirklich anstrengend gemacht. Es gab eine Hilfskraft, die mir irgendwie zugearbeitet hat, ich weiß nicht genau, mit wie vielen Stunden pro Woche, und das war's. Das fand ich unglaublich aufreibend." (LP5)

Aus diesem Grund müssen sie auf die zeitlichen Ressourcen von Drittmittelbeschäftigten zugreifen. Diese sollen allerdings – der Stellenbeschreibung folgend – hauptsächlich Forschungsprojekte durchführen und zudem häufig in einem dem Projekt nahem Thema promovieren. Die Synergien zwischen Forschungsprojekt und eigener Qualifikationsarbeit können dabei disziplinär unterschiedlich stark ausfallen. Der „Verdrängungsdruck der Lehre auf die Forschung" (Schimank) ist bezogen auf

---

[11] Schimank (1995: 117) fand in seinen Analysen der Strategien regulärer Professoren heraus, dass „ein erheblicher Anteil der offiziell mit einem Professor gemeinsam durchgeführten Veranstaltungen ... faktisch von dessen Mitarbeitern getragen [wurde]".

den wissenschaftlichen Nachwuchs also auch eine Gefahr für die Weiter-qualifikation und damit die wissenschaftliche Karriere. Denn Nach-wuchswissenschaftler und Nachwuchswissenschaftlerinnen „stehen bei unsicheren Karriereaussichten in einem Wettbewerb um Stellen und Pro-fessuren, für die sie sich mit Forschungsleistungen empfehlen müssen" (Esdar/Gorges/Wild 2013: 30). Die befragten Lehrprofessoren und -pro-fessorinnen befinden sich diesbezüglich in einer Dilemma-Situation zwi-schen der Bewältigung ihrer Lehraufgaben und ihrer Verantwortung für den wissenschaftlichen Nachwuchs:

> „Also eigentlich mussten sie [die wissenschaftlichen Mitarbeiter bzw. Mitarbeiterinnen] mehr machen, als mir lieb gewesen wäre, und hatten nicht so viel Zeit fürs Projekt ..., faktisch war's oft so, dass in gewissen Semesterphasen keine Zeit fürs Projekt war. ... da war man dann voll nur für die Lehre da und dann hat man eben versucht, dann mittendrin oder auch in den Semesterferien wieder mehr fürs Projekt zu machen." (LP4)

Eine weitere Delegationsvariante besteht darin, Mitarbeiter und Mitarbei-terinnen zur Lehrveranstaltungsvertretung heran zu ziehen: „[I]ch plane bestimmte Sitzungen, wenn ich sehe, ah, da kann ich nicht, von vornhe-rein mit meinen Mitarbeitern ein, die müssen dann ran" (LP8). Da das Aufgabenspektrum von Professorinnen und Professoren neben den Kern-aufgaben in Lehre und Forschung auch aus Gremiensitzungen, Gutach-tertätigkeiten, Besprechungen mit Forschungsverbünden sowie natürlich Vorträgen auf Tagungen etc. besteht, ergeben sich eine ganze Reihe von Anlässen, bei denen auf die Zeitressourcen der wissenschaftlichen Mitar-beiter und Mitarbeiterinnen zurück gegriffen werden muss.

Verbindung von Lehre und Forschungsinteressen

Diese Strategie ist als Facilitation-Effekt der Verbindung von Lehre und Forschung bereits geschildert worden. Schimank (1995) machte ebenfalls darauf aufmerksam, dass die Verbindung von eigenen Forschungsinteres-sen und Lehre eine Möglichkeit darstelle, „den zeitlichen Verdrängungs-druck der Lehre auf die Forschung zumindest abzumildern" (1995: 113). Da sich für Lehrprofessoren und -professorinnen die Zeitknappheit noch intensiviert hat, bedienen sie sich ebenfalls der Strategie einer bewussten Nutzung des Facilitation-Effektes. Oft ist dies die einzige Alternative, im laufenden Semester eigenen Forschungsinteressen nachzugehen.

> „Ich würde sagen, ich habe keine Zeit mehr für Forschung, sondern wenn ich versuche zu forschen, dann ist das so, dass ich Lehrveranstaltungen ins Blaue rein entwerfe, das heißt also auf der Grundlage von For-

schungsliteratur, die mir zuverlässig erscheint und daraufhin meine Seminarprogramme entwickle, ... das ist eigentlich die Methode, wie ich mir neue Felder erarbeite." (LP5)

Die Konzeption von Seminaren entlang noch nicht erschlossener Forschungsfelder wird somit als eine Art „Selbstdisziplinierungstechnik" benutzt, welche neue Irritationen für die eigene Forschung auslösen soll.

Die Verbindung von Forschung und Lehre erweist sich unter Bedingungen der Zeitknappheit als wichtiger Effizienzfaktor. Dies trifft vor allem für Lehrveranstaltungstypen zu, in denen der Inputanteil der Lehrenden sehr groß ist. Eine Vorlesung „lohnt sich eben nur, wenn man sowieso in dem Fachgebiet unterwegs ist" (LP2).

Administrative Umgestaltung der Lehre

Eine weitere Entlastungsstrategie der interviewten Lehrprofessorinnen und -professoren ist die administrative Umgestaltung der Lehre. Hierbei wird versucht, Veranstaltungen so zu konzipieren, dass möglichst viele SWS auf möglichst wenige verschiedene bzw. wenig zeitintensive Veranstaltungstypen entfallen. So werden Lehrveranstaltungen z.B. als

„problemorientiertes Lernen konzipiert, [denn] während des Semesters ist es keine Vorbereitungszeit mehr, weil die in Arbeitsgruppen sozusagen von mir betreut werden, und das ist dann eher Betreuungsaufwand innerhalb der Sitzung, aber ist nicht mehr Text vorher vorbereiten und Input vorbereiten oder so." (LP8)

Ein Weg, die Präsenzlehre zu reduzieren, ist die Konzeption von Veranstaltungen als Blockseminare.

„das ist natürlich, wenn ich das auf die Stunden hinrechne, wenn es erst mal eins ist, was man hat, ist das viel weniger Vorbereitung und Umfeldarbeit als ein wöchentliches Seminar" (ebd.)

Zu einer wirklichen Verringerung des Vor- und Nachbereitungsaufwandes führt diese Strategie natürlich nur, wenn gleichzeitig Routinen und Materialien zum Seminar vorliegen. Ansonsten bedeutet ein Abbau an Präsenzlehre nicht zwangsläufig auch eine Reduktion des Vor- und Nachbereitungsaufwandes.

Reduktion der Lehrqualität

Die Befragten berichten auch von der Absenkung der eigenen Ansprüche an die Lehrqualität als einer Strategie zur Entschärfung von Zeitbudgetkonflikten.

„Und ich gehe auch mal unvorbereitet, hätt ich früher nie gemacht, und mir wär ganz schummerig gewesen." (LP8)

Die Zeitinvestition für die Vorbereitung von Lehraufgaben scheint gerade auf der Qualifikationsstufe der wissenschaftlichen Mitarbeiter und Mitarbeiterinnen noch sehr hoch zu sein. Hier kann auf keine vorhanden Routinen bzw. schon einmal gehaltene Veranstaltungen zurückgegriffen werden. Da die Lehrprofessur ein größeres Aufgabenspektrum umfasst als es für wissenschaftliche Mitarbeiter und Mitarbeiterinnen vorgesehen ist, muss zwangsläufig in der Vorbereitung Zeit eingespart werden. Die rein quantitative Erhöhung des Lehrdeputats scheint das auch für reguläre Professorinnen und -professoren virulente Problem noch zu verschärfen. Dies ist besonders dann der Fall, wenn die Lehrprofessur die Erstberufung darstellt und auf keine Routinen zurückgegriffen werden kann.

„Also wenn ich jetzt gucke, wie ich jetzt meine Veranstaltungen vorbereite, dann ist das kein Vergleich zu der Solidität, ... mit der ich in [Ort] meine Seminare vorbereitet habe. Da habe ich mich wirklich zwei, drei Tage in die Bibliothek gesetzt, um eine Lehrveranstaltung vorzubereiten." (LP5)

Die Befragten sehen so auch die Gefahr, dass das erhöhte Lehrdeputat nicht nur den Forschungs- sondern auch den Lehrambitionen abträglich ist.

„Also ich glaube, dass ich mehr tun könnte, es intensiver, es besser tun könnte, wenn ich mich auf die einzelnen Lehrveranstaltungen, dadurch auch auf die einzelnen Forschungsprojekte intensiver konzentrieren könnte ...". (LP3)

Vorgezogene Forschungsinvestition

Mehrere Befragte berichteten von einer Verschiebung des Stellenantritts um mehrere Monate nach hinten, um in dieser Zeit Forschungsvorhaben zu initiieren. Da besonders die Antragsentwicklung für Forschungsprojekte eine zeitintensive Tätigkeit ist, wurde der so gewonnene Zeitrahmen für die Initiierung von Forschungsaktivitäten genutzt, denn „für mich war klar, wenn ich 12 Stunden mache, komme ich zu nichts mehr.

Und schon gar nicht, wenn ich mich irgendwie neu reinfinden muss und dann auch noch keine Sekretärin habe. Und das hat sich auch völlig bestätigt." (LP5)

Reduktion des Lehrvolumens durch Ämter bzw. Verhandlung

Alle befragten Lehrprofessorinnen und -professoren hoffen längerfristig auf eine Reduktion des Lehrvolumens. „Ich sage ganz offen, ich mach's zwar gerne, aber ich wäre mit zehn Stunden Lehre auch glücklich und zufrieden, also es dürfte auch ein bisschen weniger sein, weil ich merke, es strengt schon an" (LP6).

Eine Strategie dies zu erreichen, ist die Investition in Forschungsanstrengungen, bis die eigene Verhandlungsposition durch hervorstechende Forschungsleistungen gestärkt ist.

„Der aktuelle Stand ist, dass ich entgegen den Erwartungen, die der Fachbereich und die Uni hatten, sehr viele Drittmittel akquiriere und sehr erfolgreich bin in der Forschung und dass von meiner Seite aus die klare Erwartung ist, dass sie die auch wieder umwandeln." (LP8)

Auch die Übernahme von Ämtern in der akademischen Selbstverwaltung ist eine Strategie zur Reduktion der Lehrverpflichtung: „Jetzt seit ich [Amt in der akademischen Selbstverwaltung] bin, habe ich noch eine Reduzierung vom Lehrdeputat von 12 auf 10" (LP4).

Routinisierung und Standardisierung

Die Coping-Strategie einer Standardisierung von Veranstaltungen und Prüfungen sowie der Routinisierung (Schimank 1995: 113) der Lehrvorbereitung wird von den befragten Lehrprofessorinnen und -professoren selten angewendet. Dies hat seine Ursache vor allem darin, dass die Lehrprofessur für einen Teil der Befragten die Erstberufung darstellte. Es gab also kein Repertoire an Vorlesungs- oder Seminarvorbereitungen, auf die zurückgegriffen werden konnte. Eine andere Ausgangslage haben diejenigen Lehrprofessoren und -professorinnen, die vorher eine FH-Professur innehatten. In diesem Fall wird berichtet: „Also es gibt kleine Entlastungsstrategien. Eine resultiert daraus, dass ich einfach so viel Lehrerfahrung habe, dass ich ganz wenig neu machen muss" (LP8).

8.5.2. Veränderung der forschungsbezogenen Selbsterwartungen

Eine weitere Möglichkeit zur Entschärfung des Zeitbudgetkonflikts zwischen Lehr- und Forschungsanforderungen ist die Anpassung der eigenen Forschungsambitionen an die durch das erhöhte Lehrdeputat verknappten Zeitressourcen. Diese Strategie tritt in zwei Varianten auf. Zum einen in Form einer *Reduktion* der forschungsbezogenen Selbsterwartungen und zum anderen in Form einer *Modifikation* im Sinne eines Wechsels von der Forschung in der eigenen Disziplin zur didaktischen Forschung. Die interviewten Lehrprofessorinnen bzw. -professoren haben in diesem Fall, wie einer der Befragten schildert, „beschlossen für mich, dass ich diese [FACH]-Forschung effektiv hinter mir lassen werde" (LP1).

Inwieweit eine Ausweitung der Lehranforderungen das Forschungszeitbudget soweit beschneidet, dass eine Aufrechterhaltung der Forschungsambitionen für die Stelleninhabenden keinen Sinn mehr macht, unterliegt dabei einem je subjektiven Abwägungsprozess. Eine wichtige Rolle spielt dabei vor allem die vorherige Positionierung im Wissenschaftssystem. War dies eine Mitarbeiterstelle, auf der im Prinzip „Vollzeitforschung" betrieben wurde, so beeinflusst dies den Aushandlungsprozess.

> „[Ich] halte das für relativ problematisch, … dann abends so ein bisschen Feierabendforschung, sag ich mal böswillig … Ja, mit dem Hintergrund, den ich vorher hatte, dass ich halt Vollzeitforschung gemacht habe und sonst nichts gemacht habe, hielt ich das für nicht sehr fruchtbar, für mich zumindest nicht sehr fruchtbar." (LP1)

Die Reduktion des Publikationsoutputs – eigentlich ganz im Sinne der Konstruktion einer Professur mit Lehrschwerpunkt – löst eine Legitimationsstrategie aus, da sich diese Umgangsweise mit dem Zeitbudgetkonflikt im Grunde gegen den akademischen Habitus und die wissenschaftliche Kultur verhält, was wiederum deren Wirkmächtigkeit verdeutlicht.

> „Also, von Ideen, an Ideenmangel kann ich mich nicht beklagen, es ist eher der Zeitmangel, also mit mehr Zeit könnt ich mehr publizieren … und wieso sollte ich jetzt also eine Masse an Publikationen raushauen, außer um das eigene Ego zu befriedigen." (LP2)

> „Natürlich werde ich dran gemessen, natürlich ist das sozusagen die Währung, in der gerechnet wird, und jetzt kann ich halt überlegen, will ich performen, und dann mach ich halt, setz ich mich halt 70 Stunden hin und forsche, forsche, forsche, oder mach ich halt nur ein Forschungsthe-

ma nach dem anderen in Ruhe und eins nach dem anderen und setz die Prioritäten woanders. Und das lindert den Stresspegel." (LP2)

Sowohl die Reduktion als auch die Modifikation der forschungsbezogenen Selbsterwartungen zieht den Verlust von Facilitation-Effekten nach sich, welche sich durch die Verbindung von Lehre und eigenen Forschungsinteressen ergeben können. So werden deutliche Nachteile für die Wissensaktualität sowie die Authentizität der Lehrenden berichtet.

8.6. Zusammenfassung

Das empirische Material zeigt eine deutlich zutage tretende Verschärfung des „Verdrängungsdrucks der Lehre auf die Forschung" durch die Lehrprofessur. Eine bereits in der Stellenbeschreibung enthaltene Reduktion des Forschungsvolumens (30 Prozent) im professoralen Zeitbudget entspricht gleichsam einer Institutionalisierung dieses Verdrängungsdrucks. Es kristallisieren sich zwei zentrale Umgangsweisen der Lehrprofessorinnen und -professoren mit dieser Problematik heraus: zum einen die Aufrechterhaltung der forschungsbezogenen Selbsterwartungen und zum anderen deren Reduktion bzw. Modifikation.

Zunächst versucht die Mehrheit, ihre Forschungsambitionen gegen die gestiegenen Lehranforderungen zu stabilisieren. Die Schilderungen der Lehrprofessoren und -professorinnen weisen darauf hin, dass diese Haltung erhebliche Konsequenzen für Freizeit, Familie und letztlich auch die Lehr- und Forschungsqualität verursacht. Deshalb bedienen sie sich verschiedener Strategien, um Zeit für eigene Forschung zu gewinnen (Arbeitsintensivierung, Delegation von Lehre, Verbindung von Lehre und Forschungsinteressen, Administrative Gestaltung von Lehre, vorgezogene Forschungsinvestition oder Routinisierung). Die Lehrprofessorinnen und -professoren dieser Gruppe hoffen auf eine Reduzierung des Lehrdeputats in Richtung Normalprofessur entweder durch die Aufgabe der Idee einer Schwerpunktprofessur als hochschulpolitische Entscheidung oder aufgrund von Forschungsleistungen, die in diesbezügliche Verhandlungen eingebracht werden kann.

Andere Lehrprofessorinnen und -professoren bedienen sich einer grundsätzlich anderen Strategie. Sie reduzieren ihre selbstbezogenen Forschungserwartungen auf ein im Rahmen der Stellenkonstruktion noch realisierbares Maß. Auch die Modifikation von der Fachforschung zur z.B. Lehrforschung ist eine beobachtete Variante, um den Zeitbudgetkonflikt zu lindern. Allerdings werden auch für diese Variante – welche im Grunde den Intentionen der Empfehlungen des Wissenschaftsrates entspricht – spezifische Konsequenzen berichtet. Sie bestehen vor allem in dem Verlust von Facilitation-Konstellationen von Lehre und Forschung im Sinne von Wissensaktualität und Authentizität des Lehrenden. Die Analyse der Arbeitspraxis von Lehrprofessoren und -professorinnen zeigt, dass die einmal erworbenen Forschungsambitionen von einem Teil der Befragten auch auf einer Stelle mit einem höheren Lehrdeputat größtenteils aufrechterhalten werden. Zudem gibt es kaum Berichte, die nahe legen, dass die Bewerbung auf eine Lehrprofessur hauptsächlich aufgrund des Lehrschwerpunktes erfolgte. Die Lehre wird zwar als motivierend empfunden (soziale Eingebundenheit; Kompetenzerleben), die Lehrprofessur stellt allerdings für einen Teil der Befragten vor allem eine Möglichkeit dar, weiter Forschung auf einer sicheren Stelle betreiben zu können.

Vergegenwärtigt man sich die Reputationsasymmetrie zwischen Lehre und Forschung sowie die Tatsache, dass karriererelevantes Kapital primär aus Forschung gewonnen werden kann, so ist diese Prioritätensetzung keinesfalls überraschend. Wissenschaftler und Wissenschaftlerinnen haben – aufgrund der herrschenden Regeln im wissenschaftlichen Spiel – in ihrer akademischen Sozialisation einen Forscherhabitus erworben, der sich auch unter Bedingungen eines erhöhten Lehrdeputats nicht einfach auflöst.

Dies gilt auch für diejenigen Lehrprofessoren und -professorinnen, welche ihre forschungsbezogenen Selbsterwartungen reduzieren. Die Legitimationsberichte für diese Reduktion belegen den immer noch bestehenden akademischen Forscherhabitus. Der Rückzug aus der aktiven Fachforschung erfolgt aus pragmatischen Überlegungen heraus um das Zeitbudgetproblem zu entschärfen und nicht als Ausdruck einer Präferenz, in der Lehrtätigkeiten gegenüber Forschungstätigkeiten höher gewichtet werden.

Literatur

Bloch, Roland/Mitterle, Alexander/Würmann, Carsten (2013): Time to Teach: Contextualizing teaching time in German higher education. paper presented at Annual Research Conference of the Society for Research into Higher Education (SRHE) in Newport, Wales, 11.-13.12.2013.

BRANDSTUVE (2008): Brandenburgische Studierendenvertretung. Studentische Kritikpunkte am Referentenentwurf für ein Ablösegesetz zum Gesetz über die Hochschulen des Landes Brandenburg. https://www.asta.uni-potsdam.de/wp-content/uploads/archiv/dokumente/downloads/Stellungnahme_BrandStuVe_BBgHG_2008_Juni.pdf (Zugriff am 21.01.2012).

Brown, Reva Berman/McCartney, Sean (1998): The Link Between Research And Teaching: Its Purpose And Implications, in: Education & Training International. 35(2), S. 117-129.

DHV (2007a): Exzellenz in der universitären Lehre ohne "Lehrprofessur". Deutscher Hochschulverband legt Empfehlung vor. Pressemitteilung Nr. 3/2007 Bonn/Bremen, 20.März 2007. http://www.hochschulverband.de/cms/fileadmin/pdf/pm/pm03-2007.pdf (Zugriff am 07.10.2011).

DHV (2007b): Kempen: "Ja zur Forschungsprofessur, Nein zur Lehrprofessur". Deutscher Hochschulverband zur heutigen Empfehlung des Wissenschaftsrats. Pressemitteilung Nr. 1/2007 Bonn, 29. Januar 2007. http://www.hochschulverband.de/cms/fileadmin/pdf /pm/pm1-2007.pdf (Zugriff am 07.10.2011).

DHV (2007c): Resolution des 57. Hochschulverbandstages in Bremen. Exzellenz in der Lehre. http://www.hochschulverband.de/cms1/fileadmin/redaktion/download/pdf/resol utionen/Resolution-Exzellenz%20in%20der%20Lehre.pdf (Zugriff am 07.10.2011).

Enders, Jürgen/Teichler, Ulrich (1995): Berufsbild der Lehrenden und Forschenden an Hochschulen. Bonn.

Esdar, Wiebke/Gorges, Julia/Wild, Elke (2013): Synergieeffekte und Ressourcenkonflikte von Forschung und Lehre auf dem Weg zur Professur in: Zeitschrift für Hochschulentwicklung. 8(3)

GEW (2008): Die Lehre in den Mittelpunkt. Bildungsgewerkschaft GEW fordert Qualitätsoffensive für gute Hochschullehre. Beschluss des Hauptvorstands der GEW vom 21.6.2008. http://promovieren.gew.de/Binaries/Binary39386/Dok-HuF-2008-10_Pos.-Papier_GEW_zur_Qualitaet_der_Hochschullehre.pdf (Zugriff

Haan, Norma (1977): Coping and Defending. New York: Academic Press.

Huber, Ludwig (2004): Forschendes Lernen. 10 Thesen zum Verhältnis von Forschung und Lehre aus der Perspektive des Studiums, in: Die Hochschule. Journal für Wissenschaft und Bildung. 13(2), S. 29-50.

Huber, Ludwig (2005): Forschendes Lernen in deutschen Hochschulen. Zum Stand der Diskussion. in: Obelenski, Alexandra/Meyer, Hilbert (Hg.): Forschendes Lernen. Theorie und Praxis einer Professionellen LehrerInnenausbildung. 2. aktualisierte Auflage. Oldenburg: Druckzentrum der Universität Oldenburg, S. 15-38.

Jacob, Anna Katharina/Teichler, Ulrich (2011): Der Wandel des Hochschullehrerberufs im internationalen. Vergleich Ergebnisse einer Befragung in den Jahren 2007/08. . Forschung, Bundesministerium für Bildung und. Bonn, Berlin.

Kühl, Stefan (2012): Der Sudoku-Effekt: Hochschulen im Teufelskreis der Bürokratie. Eine Streitschrift. Bielefeld: Transcript.

LaKoF MV (2010): Stellungnahme der Landeskonferenz der Gleichstellungsbeauftragten der Hochschulen und Forschungseinrichtungen des Landes Mecklenburg-Vorpommern. http://gleichstellung.fh-stralsund.de/downloads/lhg_stellungnahme_lakof. pdf (Zugriff am 20.01.2012).

Lazarus, Richard S./Folkman, Susan (1984): Stress, Appraisal, and Coping. New York: Springer.

LKS MV (2010): Landeskonferenz der Studierendenschaften Mecklenburg-Vorpommerns. Mündliches Statement im Rahmen der Anhörung des Landtagsausschuss für Bildung, Wissenschaft und Kultur am 30.9.2010. http://lks-mv.de/wp-content/uploads/20100930 -m%C3%BCndliches-Statement-LKS.pdf (Zugriff am 21.01.2012).

Lohr, Karin/Peetz, Thorsten/Hilbrich, Romy (2013): Bildungsarbeit im Umbruch. Zur Ökonomisierung von Arbeit und Organisation in Schulen, Universitäten und in der Weiterbildung. Berlin: edition sigma.

Noelle-Neumann, Elisabeth (1980): Die Arbeitssituation der Professoren. in: DHV (Hg.): 30 Jahre Hochschulverband. Bonn-Bad Godesberg: DHV, S. 41-53.

Oevermann, Ulrich (2005): Wissenschaft als Beruf. Die Professionalisierung wissenschaftlichen Handelns und die gegenwärtige Universitätsentwicklung, in: die hochschule. Journal für Wissenschaft und Bildung 14, 2005, Heft 1. S. 15-52.

Riediger, Michaela/Freund, Alexandra M. (2004): Interference and Facilitation among Personal Goals: Differential Associations with Subjective Well-Being and Persistent Goal Pursuit, in: Personality and Social Psychology Bulletin. 30, S. 1511-1523.

Rose, Gerd (1983): Forschung findet in der Freizeit statt, in: Mitteilungen des Hochschulverbandes. 31, S. 82.

Schimank, Uwe/Winnes, Markus (2001): Jenseits von Humboldt? Muster und Entwicklungspfade des Verhältnisses von Forschung und Lehre in verschiedenen europäischen Hochschulsystemen. in: Stölting, Erhard/Schimank, Uwe (Hg.): Die Krise der Universitäten. Wiesbaden: Westdeutscher Verlag, S. 295-325.

Schulz, Max (1988): Die Hochschulen nach der Überlast - aus der Sicht der Naturwissenschaftler. in: Wissenschaft, Stifterverband für die deutsche (Hg.): Die Hochschulen nach der Überlast - Neue Chancen für die Forschung? Essen: Stifterverband für die deutsche Wissenschaft.

Schuster, Jack H./Finkelstein, Martin J. (2008): The American Faculty: The Restructuring of Academic Work and Careers Baltimore: Johns Hopkins University Press.

Strohschneider, Peter/Kempen, Bernhard (2007): Professur, Schwerpunkt Lehre? Pro und Contra, in: Forschung & Lehre. 3, S. 152-153.

Wissenschaftsrat (2007): Empfehlungen zu einer lehrorientierten Reform der Personalstruktur an Universitäten Drs. 7721-07. http://www.wissenschaftsrat.de/download/archiv/77 21-07.pdf (Zugriff am 01.12.2008).

9. Motivlagen von Lehrprofessorinnen und -professoren

Romy Hilbrich

9.1. Einleitung

Eine weibliche Konnotation von Lehrarbeit legen sowohl internationale Forschungen (bspw. Acker/Feuerverger 1996; Sprague/Massoni 2005; Hart/Cress 2008; Link/Swann/Bozeman 2008; Winslow 2010) als auch einige der Beiträge in diesem Band nahe. Eine der zu Beginn des zugrundeliegenden Forschungsprojekts[1] formulierten Thesen ging davon aus, dass auch die Lehrprofessur diese weibliche Konnotation annehmen würde. Begründet wurde diese These mit Erkenntnissen vor allem aus der Geschlechter- und Professionsforschung, die darauf verweisen, dass Prozesse beruflicher Ausdifferenzierung oftmals statusungleiche Teilbereiche erzeugen. In der Zuordnung von Personen zu diesen Bereichen entstehen dann, so die Beobachtungen der professions- und berufssoziologischen Geschlechterforschung, geschlechtsbezogene Ungleichheiten. Diese kommen darin zum Ausdruck, dass im Rahmen dieser Ausdifferenzierung entstandene statushöhere Teilbereiche eher männlich und statusärmere Teilbereiche eher weiblich dominiert werden.[2]

Mit den Feldern Lehre und Forschung verfügen Universitäten bereits über zwei Tätigkeitsfelder des wissenschaftlichen Personals, die im Hinblick auf ihre Prestigeausstattung sehr unterschiedlich sind. Bisher wurden diese beiden Tätigkeitsbereiche auf der Ebene der Professur (zumindest normativ) durch die Orientierung am Humboldt'schen Ideal der Einheit von Forschung und Lehre zusammengeklammert. Eine Professorin, die ihre Bereitschaft zu Lehre offiziell verweigert hätte, wäre von der Universitätsleitung entsprechend sanktioniert worden, genauso, wie ein

---

[1] Das Projekt wurde im Zeitraum von 2010-2013 am Institut für Hochschulforschung an der Martin-Luther-Universität Halle-Wittenberg unter dem Titel „‚Männliche' Forschung – ‚weibliche' Lehre? Konsequenzen der Föderalismusreform für Personalstruktur und Besoldung am Arbeitsplatz Universität" durchgeführt.

[2] vgl. auch der Beitrag „Theoretische Bezugspunkte für die Analyse universitärer Arbeitsteilung" in diesem Band

Professor, der sich vollständig auf die Lehre zurückgezogen hätte, sich der Missachtung seiner wissenschaftlichen Kolleginnen und Kollegen ausgesetzt hätte.[3]

Die Lockerung des Humboldtschen Einheitsgebots, die mit der Einrichtung von Lehrprofessuren vorgenommen wurde, stellt einen ersten Schritt hin zur Ausdifferenzierung von Forschung und Lehre auf der Ebene der professoralen Stellen dar. Sie kann, so die ursprüngliche Annahme im Forschungsprojekt, als eine fast idealtypische Voraussetzung für die Feminisierung der Lehrprofessur verstanden werden - ganz im Sinne der Homologie von Feminisierung und Abwertung bzw. Maskulinisierung und Aufwertung von Tätigkeiten im Rahmen beruflicher Ausdifferenzierung (vgl. Aulenbacher et al. 2012; Aulenbacher/Riegraf 2012). In der hochschulpolitischen Debatte zur Lehrprofessur wurden entsprechende Annahmen formuliert und als Kritik an der Lehrprofessur in Stellung gebracht. So wurde die Lehrprofessur auch als „gleichstellungspolitisches Fiasko" (Die Junge Akademie 2008) antizipiert, das dadurch gekennzeichnet sei, dass „Männer forschen und Frauen lehren" (ebd.). Bereits in den Diskussionen um die Lehrprofessur wird deutlich, dass aus der Schwerpunktsetzung in der Lehre vor allem das Risiko des Prestigeverlusts der Professur abgeleitet wird. Der „Lehrprofessor ist kein Universitätsprofessor!" konstatiert hierzu der Deutsche Hochschulverband (Hochschulverband 2008) und die Gleichstellungsbeauftragten der wissenschaftlichen Hochschulen (LaKoG) Baden-Württembergs (o.J.: 1) verweisen auf die Gefahr, dass sich die „geringere Wertigkeit der Lehre ... auf die Wertschätzung der Lehrprofessuren" übertragen könnte, so „dass künftige Lehrprofessuren ein geringeres Prestige haben als die regulären ... Professuren" (BuKoF 2007: 1).

Die gleichstellungspolitischen Akteure verweisen außerdem auf den Zusammenhang zwischen der angenommenen Prestigearmut der Lehrprofessur und dem Risiko ihrer vornehmlich weiblichen Besetzung. Während die Bundeskonferenz der Frauenbeauftragten und Gleichstellungsbeauftragten an Hochschulen (BuKoF) eher implizit auf dieses Risiko hinweist, wenn sie finanzielle Anreize fordert, damit „gut qualifizierte Personen beiderlei Geschlechts sich auf solche Stelle bewerben" (BuKoF

---

[3] Der Rückzug aus der Lehre allerdings wird unmittelbarer sanktioniert als der aus der Forschung, da Lehraktivitäten von der Universität stärker organisiert und kontrolliert werden können: „Entsprechend fällt derjenige, der nicht lehrt, sofort auf, während das Nichtforschen sich im Verborgenen vollziehen läßt" (Luhmann 2005: 216, vgl. auch der Beitrag „Theoretische Bezugspunkte für die Analyse universitärer Arbeitsteilung").

2007: 2), sieht die LaKoG Baden-Württembergs in Lehrprofessuren neue, potentiell „strukturell diskriminierende Elemente in den Hochschulen" (LaKoG Baden-Württemberg o.J.: 2).

Vor dem Hintergrund der genannten Forschungserkenntnisse als auch im Hinblick auf die Einschätzungen durch hochschulpolitische Beobachter und Beobachterinnen erscheint die Feminisierung der Lehrprofessur als eine begründete Annahme. Wenngleich Forschung, hochschulpolitische Debatte und auch die jeweiligen Alltagserfahrungen hochschulpolitischer Experten und Expertinnen eine Feminisierung der Lehrprofessur nahelegen, soll an dieser Stelle noch einmal auf den Charakter der wechselseitigen Konstruktion von Geschlecht und Beruf (Wetterer 1992; Wetterer 2002; Wetterer 2010) als *sozialem* und damit prinzipiell veränderbarem Prozess hingewiesen werden (vgl. auch Riegraf/Weber in diesem Band). Die prinzipielle Offenheit auch für gegenläufige Entwicklungen mit gleichzeitigem Bewusstsein für eigene Vorannahmen waren entsprechend forschungsleitend in der Bearbeitung der Frage nach einer geschlechtlichen Einfärbung der Lehrprofessur. Im Rahmen des Projekts wurde deshalb auch ein mögliches alternatives Szenario berücksichtigt. Hierbei wurde hypothetisch in Betracht gezogen, dass im Rahmen der Lehrprofessur auch eine Aufwertung der Lehre durch die Professur denkbar wäre. Ein solcher Prestigegewinn der Lehre könnte sich dann insofern gleichstellungspolitisch förderlich auswirken, als dass Wissenschaftlerinnen auf Grundlage der ihnen unterstellten Lehrnähe schneller Zugang zu diesen prestigereichen Positionen im Wissenschaftssystem erlangen könnten.

Auf den ersten Blick scheinen die Befunde zur Lehrprofessur in der Tat eine eher unerwartete Entwicklung aufzudecken. Der überwiegende Teil der im Rahmen des Projekts zwischen 2011 und 2013 identifizierten Lehrprofessorinnen und -professoren ist männlich.[4] Von den 46 Professuren waren zwei nicht besetzt, 31 Professuren wurden von Männern und 13 von Frauen besetzt. Der Frauenanteil in der universitären Lehrprofessur entspricht damit annähernd dem Frauenanteil von 38 Prozent, der für das Jahr 2011 von der Hochschulpersonalstatistik für W1-besoldete Stellen an Universitäten angegeben wird (Statistisches Bundesamt 2012: 40, 42).[5] Von einer deutlichen Feminisierung der Lehrprofessur im Sinne der ursprünglichen Annahme kann in Anbetracht dieser Zahlen nicht ge-

---

[4] vgl. der Beitrag „Die Lehrprofessur in der hochschulpolitischen Diskussion und der universitären Praxis" in diesem Band

[5] In den Daten des Statistischen Bundesamtes werden Juniorprofessuren, W1-besoldete Stellen und außertariflich besoldete Professuren zusammengefasst.

sprochen werden. Im Folgenden wird dieser zunächst unerwartete Befund eingehender vorgestellt und mögliche Erklärungen hierfür erörtert.

Eine erste Vermutung lenkt den Blick auf die jeweiligen Fächer[6], in denen Lehrprofessuren eingerichtet wurden mit der Annahme, dass die Einrichtung vor allem in männlich dominierten Fächern erfolgte und aus diesem Grund mehr Männer als Frauen Lehrprofessuren besetzen. Für eine seriöse Analyse der Fächerverteilung ist die Zahl der identifizierten Lehrprofessuren allerdings zu gering. Doch auch für bisher männlich dominierte Fächer und Fächergruppen existiert die Möglichkeit einer geschlechtsbezogenen Ausdifferenzierung von Lehr- und Forschungstätigkeiten nach dem Muster ‚weibliche' Lehre und ‚männliche' Forschung, d.h. auch oder vielleicht sogar gerade in Fächern, in denen Frauen deutlich unterrepräsentiert sind, wäre eine weibliche Besetzung von Lehrprofessuren im Rahmen einer innerfachlichen Differenzierung und Hierarchisierung denkbar. Somit bleibt in dieser Perspektive die vornehmlich männliche Besetzung von Lehrprofessuren erklärungsbedürftig.

Eine eingehendere Betrachtung der Motive und Arbeitsorientierungen der Stelleninhabenden lenkt den Blick auf einen wichtigen Aspekt, der sich für die Erklärung des vorliegenden Befundes als hilfreich erweist: die Frage, wer sich aus welchen Gründen für eine Lehrprofessur interessiert. Personen verbinden mit ihrer Mitgliedschaft in Organisationen verschiedene Nutzenaspekte wie (vor allem in Arbeitsorganisationen) Einkommen, Zweckidentifikation mit den Zielen der Organisation, Attraktivität der mit der Mitgliedschaft verbundenen (Arbeits-)Handlungen oder Kollegialität (vgl. Kühl 2011: 37ff.). Für die Erklärung der Ungleichverteilung der Geschlechter auf Positionen in Organisationen spielt - neben anderen Faktoren, wie ungleichheitserzeugenden Mechanismen innerhalb der Organisation – auch die Entscheidung über Mitgliedschaft eine große Rolle. Sie wird von beiden Seiten, der Organisation und der Person, getroffen. Wenn mehr Frauen in einer Organisation oder in einem Teilbereich einer Organisation zu finden sind, dann besteht – stark vereinfacht formuliert - die Möglichkeit, dass weniger Männer einen entsprechenden Mitgliedschaftswunsch (bspw. in Form einer Bewerbung) artikuliert ha-

---

[6] Eine Darstellung der Lehrprofessuren nach Fächergruppen findet sich im Beitrag „Die Lehrprofessur in der hochschulpolitischen Diskussion und der universitären Praxis" in diesem Band.

ben oder, dass die Organisation in ihren Mitgliedschaftsentscheidungen Frauen gegenüber Männern bevorzugt hat.[7]

Im Folgenden richtet sich der analytische Blick nicht auf ungleichheitsproduzierende Strukturen und Mechanismen innerhalb von Organisationen (vgl. Kuhlmann et al. 2013), sondern auf ungleichheitsrelevante Aspekte im Vorfeld der Mitgliedschaftsentscheidung. Während zu den organisationsseitigen Entscheidungsprozessen bei der Besetzung der jeweiligen Lehrprofessuren im Rahmen des Projekts kaum Daten erhoben werden konnten[8], ließen sich aus den berufsbiographischen Interviews mit den Lehrprofessoren und -professorinnen umfangreiche Angaben zu den jeweiligen Präferenzmustern, Motiven und Orientierungen gewinnen, die den beruflichen Weg der Befragten auf eine Lehrprofessur lenkten. Für eine Erklärung des vorgefundenen (numerischen) Geschlechterverhältnisses in der Lehrprofessur stellt die Beleuchtung der individuellen Seite der Mitgliedschaftsentscheidung somit nur einen Teilaspekt in dem Gesamtkomplex „Organisation und Geschlecht" dar. Aus diesem lassen sich jedoch bereits wichtige Informationen ableiten, die für eine Erklärung des Befundes instruktiv sind, wenngleich sie nur ‚eine Seite der Geschichte' erzählen können.

Der Vorschlag des Wissenschaftsrats zur Lehrprofessur sah ursprünglich vor, dass vor allem Personen, die „ein besonderes Interesse an einer Tätigkeit in der Lehre und die Befähigung hierzu erkennen lassen" (2007: 37), diese neuen Stellen besetzen sollten. Anders als beabsichtigt, scheint jedoch die Lehrtätigkeit bei der Entscheidung der Stelleninhabenden für eine solche Professur nicht das ausschlaggebende Kriterium gewesen zu sein. Die Lehrprofessorinnen und -professoren geben vielmehr an, dass andere, besonders auch außererwerbliche bzw. lebensweltliche Überlegungen bei der Entscheidung für die Stelle ausschlaggebend waren. Besonders relevant waren hier Präferenzen und Orientierungen, die sich auf Beschäftigungssicherheit, Forschungsinteressen und Vereinbarkeitsanforderungen bezogen.

---

[7] Darüber hinaus sind auch geschlechtsbezogene Verbleibsentscheidungen in diesem Zusammenhang zu nennen sowie Veränderungen der Organisation selbst, aus denen geschlechterasymmetrische Positionierungen erwachsen können.

[8] Noch immer stellen Berufungsverfahren an Universitäten ein nur schwer zugängliches Untersuchungsfeld dar, entsprechend wenige empirische Studien liegen zur Berufungspraxis vor (v.a. Färber/Spangenberg 2008).

9.2. Befunde I: Sicherheit statt Prekarität

Für einen Teil der befragten Professorinnen und Professoren war die berufsbiographische Statuspassage vom wissenschaftlichen „Nachwuchs" in die Professur, die vor allem als Übergang von unsicherer zu gesicherter, weil unbefristeter Beschäftigung beschrieben wird, ein wichtiges Motiv bei der Bewerbung auf eine Lehrprofessur. Besonders diejenigen Befragten, die zuvor befristete Stellen einnahmen sehen in der Lehrprofessur eine der wenigen Möglichkeiten der Absicherung unsicherer Berufsbiographien innerhalb des Wissenschaftssystems. Eine der befragten Personen schildert exemplarisch die mit der Befristung verbundene Unsicherheitserfahrung, die von vielen der Befragten als gesundheitliche Beeinträchtigung und psychische Belastung erlebt wird:

> „... immer für wenige Monate, erst den Auflösungsvertrag unterschreiben, bevor ich den richtigen Vertrag unterschrieben hab, und solche Geschichten und immer hin und her, was auch an mir nicht ganz ohne Probleme vorbeigegangen ist, bis hin zu irgendwelchen Rückengeschichten, die dann irgendwie sich dann mehrfach da geäußert haben, intensiv auch geäußert haben. ... So direkt hätt ich gar nicht sagen können, dass es mich psychisch belastet, aber eben das war ganz klar die Zeit, in der ich eben massiv mit Rückenproblemen zu kämpfen hatte, die ja doch häufig dann psychisch ausgelöst sind. ... Also das, würde ich mal sagen, ist relativ eindeutig dann sehr auf die Konstitution gegangen bei mir auch. Gut, ich habe dann immer wieder, was weiß ich, Dreimonatsverlängerungen gekriegt." (LP1)

Die Attraktivität der Lehrprofessur in dieser Perspektive besteht weniger in dem Lehrschwerpunkt als vielmehr in der Sicherheit, die diese Stelle bietet. Je nach Forschungsambition der Befragten, stellt diese Stelle dann auch nicht den Endpunkt der entworfenen Wissenschaftskarriere dar sondern vielmehr ein stabiles Plateau, von dem aus die traditionelle Professur unbelasteter erklommen werden kann. Eine der befragten Personen beschreibt die Mühsal des Übergangs aus dem wissenschaftlichen Mittelbau in die Professur als eine äußerst „anstrengende Zeit" (LP5), die gleichzeitig von dem Risiko des Scheiterns überschattet ist:

> „Ein bisschen ist es wie Tanzstunde, man sitzt so und alle wissen, dass man sich bewirbt und die Frage ist, fordert einen jemand auf oder nicht. Es ist eine unglaublich peinliche Zeit finde ich. Es ist klar, die Uhr tickt und wenn diese Zeit abgelaufen ist und man nicht genommen wurde, dann ist es vorbei." (LP5)

Die Lehrprofessur erscheint in diesem Zusammenhang insofern als eine hilfreiche Position, als dass zunächst formal die Zugehörigkeit zur Gruppe der Professorinnen und Professoren hergestellt ist:

> „Also ich habe diese Professur und auch wenn man von innen weiß, es ist nur eine W2-Lehrprofessur, dann sieht man das von außen nicht, das heißt ich habe diesen Titel." (LP5)

Ähnlich wie die Lehrprofessur wird auch die FH-Professur als eine solche Möglichkeit vorgestellt, den „Druck" aus der wissenschaftlichen Karriereplanung zu nehmen:

> „Ich wollte gerne damals eine Stelle haben, mit der ich erst mal eine unbefristete Möglichkeit habe, in diesem Bereich irgendwo tätig zu sein, was auch immer dann kommt, aber ich wollte sozusagen eine Station haben, von der aus ich nicht mehr unter Druck stehe, noch was erreichen zu müssen, das war mir wichtig." (LP8)

Ein entsprechender ökonomischer Druck trägt dazu bei, dass die Bewerbung um eine Professur als riskantes Unterfangen wahrgenommen wird. Vor diesem Hintergrund erscheint die Lehrprofessur als eine durchaus attraktive Karriereoption, wenngleich sie mit einem erhöhten Lehrdeputat „belastet" ist. Auf die Frage nach ihren Gründen für die Bewerbung um eine Lehrprofessur antwortet eine Person entsprechend:

> „Weil ich keine andere Möglichkeit hatte. Also das, ja, ich habe mich überall beworben, landauf, landab. ... Ich bin bei uns in der Familie das Standbein und es war völlig klar, das Erste, was ich bekomme, nehme ich." (LP5)

Auch diejenigen, deren Lehrprofessur zunächst nur befristet eingerichtet wurde, sehen in der Stelle dennoch eine attraktive Möglichkeit, ihre Chancen auf eine sichere Stelle zu erhöhen, indem sie – teilweise mit großem Engagement - die Entfristung ihrer Lehrprofessur anstreben:

> „Also diese befristete Stelle war jetzt keine Tenure-track Stelle, also das ist nicht so mit der automatisch angedachten Fortsetzung. Das habe ich mir jetzt sozusagen außerplanmäßig erkämpft." (LP4)

Zu diesem Zweck treten die Lehrprofessorinnen und -professorin in Verhandlungen mit den Universitätsleitungen und bringen hier Lehrpreise und Evaluationsergebnisse, aber auch Drittmittel und Engagement in der universitären Selbstverwaltung als Argumente ein.

Die Orientierung an Sicherheit stellt jedoch nicht für alle der Befragten gleichermaßen das Leitmotiv bei der Bewerbung um eine Lehrprofessur dar. In einigen Fällen haben sich Personen aus einer FH-Professur oder aus einer unbefristeten Mitarbeiterstelle heraus auf die Lehrprofessur beworben. In diesen Fällen waren weitere Motive und Präferenzen für die Entscheidung für die Lehrprofessur ausschlaggebend, wie beispielsweise das Interesse an Forschung (siehe nächster Punkt) oder an der Vereinbarung von erwerblichen mit außererwerblichen Orientierungen (siehe übernächster Punkt).

9.3. Befunde II: Forschung und eben auch Lehre

Die Befragten berichten, sehr gern in der Lehre tätig zu sein und beschreiben die Interaktion mit den Studierenden als in vielerlei Hinsicht gewinnbringend (vgl. auch Hilbrich/Schuster 2014: 79f. und der Beitrag von Robert Schuster zur Arbeitspraxis in diesem Band). Ihr Selbstverständnis als Wissenschaftler und Wissenschaftlerinnen ruht allerdings zu einem großen Teil auf einem Entwurf als Forscher bzw. Forscherin. Eine herausragende Lehrneigung machen die befragten Lehrprofessorinnen und -professoren in der Darstellung ihrer beruflichen Werdegänge nicht deutlich. Einige von ihnen haben allerdings in ihrer bisherigen Berufsbiographie besondere Lehrbefähigungen angeeignet, vor allem als Lehrende an Fachhochschulen.[9]

In der Beschreibung ihrer Motive stellen die Befragten weniger den Lehrschwerpunkt der Lehrprofessur als attraktives Stellenmerkmal heraus, sondern vielmehr die wenngleich beschränkten Forschungsmöglichkeiten, die eine universitäre Lehrprofessur bietet. Vor allem für diejenigen, die zuvor an einer Fachhochschule gelehrt haben, stellt die Lehrprofessur eine grundlegende Verbesserung der Forschungsmöglichkeiten dar:

> „Insofern war für mich jetzt natürlich eine Lehrprofessur mit zwölf SWS an einer Uni ein Schritt nach oben, also sozusagen ein Aufstieg – mehr Forschung, weniger Lehre ..." (LP2)

Auch eine andere befragte Person beschreibt den Wechsel von der Fachhochschule auf die Lehrprofessur als Verbesserung:

> „Und dann war auch die Lehrprofessur dann erst mal gar nicht so unattraktiv, weil die Lehre an einer Fachhochschule ist ja auch höher ...".

---

[9] Drei der befragten acht Lehrprofessorinnen und -professoren waren vor der Lehrprofessur als FH-Professorinnen bzw. -professoren tätig.

Auch die im Vergleich mit Fachhochschulen verbesserten „Entfaltungs- und Gestaltungsmöglichkeiten" (LP8) an Universitäten werden in diesem Zusammenhang angesprochen: „Hier kann man wirklich einen Bereich gestalten, also mit Mitarbeitern, ich kann die Richtungen vorgeben, ich kann das Forschungsprofil entwickeln." (ebd.). Angesichts der knappen Ausstattung der nach W2 besoldeten Lehrprofessuren ist diese Aussage bemerkenswert, allerdings können sich drittmittelstarke Professorinnen und Professoren über die Einwerbung von Drittmitteln entsprechende personelle Kapazitäten schaffen.

Eine weitere Person beschreibt ihr – der Konzeption der Lehrprofes-sur[10] prinzipiell entgegenstehendes – Interesse an einer paritätischen Verteilung von Lehr- und Forschungstätigkeiten, das sie auf der Stelle auch zu realisieren versucht:

> „Also Lehre macht mir Spaß, aber Forschung macht mir genauso viel Spaß und für mich eine Voraussetzung war, dass das immer noch so ausgewogen ist, dass ich beides machen kann. Und wenn die jetzt gesagt hätten, wir suchen jemanden, der macht 20 Stunden Lehrdeputat, und selbst wenn sie mich genommen hätten, hätte ich es nicht genommen. Hätte ich abgesagt, das hätte ich nicht gewollt. Nur Lehre machen hier. Das wäre es mir nicht wert gewesen, dann hätte versucht, was anderes zu kriegen, wo das ausgewogener ist." (LP4)

Ein anderer Lehrprofessor beschreibt ebenfalls einen ausgeprägten Forscherdrang, der ihn davon abhält, die Lehrprofessur vor allem als Lehrstelle zu interpretieren:

> „[I]ch versuche auch nach wie vor, das Forschungsprofil, mein eigenes, zu schärfen, auszuweiten und arbeite auch entsprechend eben auch in Forschungsarbeit." (LP6)

Dieses Interesse hat der Befragte auch im Rahmen der Berufungsverhandlungen gegenüber der Universitätsleitung deutlich artikuliert:

> „Ich hab sehr früh deutlich gemacht, dass ich also mich hier nicht nur als, ich sag mal, eine Kraft sehe, die Lehraufgaben wahrnimmt. ... Der zweite Punkt war, dass ich gesagt habe, dass ich Forschungsmittel haben möchte, um mir eine halbwegs erträgliche Bibliothek aufzubauen, um eben auch wirklich forschen zu können." (LP6)

---

[10] In den Empfehlungen des Wissenschaftsrates waren für die Lehrprofessur 60% Lehre, 30% Forschung und 10% Verwaltung angedacht.

Fast alle der befragten Lehrprofessorinnen und -professoren verweisen auf ihr Forschungsinteresse, wenn sie ihre Entscheidung für die Lehrprofessur rekapitulieren:

> „[U]nd [man] überlegt sich, was ist einem wichtig und mir war in der Tat zum einen die Option wissenschaftlich arbeiten zu können ... wichtig. Und das war etwas, was mich sehr gereizt hat und was auch heute noch mein tägliches Arbeiten ausmacht." (LP7)

> „Also mein Interesse ist ja Erkenntnisgewinn und nicht immer das Gleiche reproduzieren und eine gewisse Neugier, eine neugierige Haltung auch zu entwickeln, und daraus resultiert Forschung." (LP8)

Das Forschungsinteresse bzw. die Forschungsleidenschaft stellt für die Befragten einen wichtigen Aspekt des beruflichen Selbstverständnisses dar. Von der Lehrprofessur erhofften sich die Befragten, je nach beruflicher Situation entweder eine Verbesserung der Forschungsmöglichkeiten oder zumindest den Erhalt eines Mindestmaßes an Forschungsgelegenheiten. Hierbei werden von einigen sogar bereits erlangte sichere Stellen in die Waagschale geworfen, wenn sie eine unbefristete Stelle (Mitarbeiterstelle) für eine befristete Lehrprofessur aufgeben.

Der Lehraspekt der Lehrprofessur wird zwar auch als attraktiver Tätigkeitsbereich gewürdigt, eine reine Lehrstelle ohne Forschungsanteile können und wollen sich die Befragten nicht vorstellen. Dem stehen auch ihre jeweiligen Vorstellungen von der Einheit von Lehre und Forschung entgegen, die vor allem der Lehre einen Nutzen aus der Anbindung an Forschung unterstellen:

> „Lehre ohne Forschung würde für mich heißen, ich reproduziere immer das Gleiche, ich bewege mich nicht vorwärts." (LP8)

Die Forschungsambitionen aufrecht zu erhalten und gegenüber den jeweiligen lehrbezogenen und sonstigen Anforderungen zu stabilisieren, ist allerdings mit zum Teil erheblichen Kosten verbunden und gelingt nicht allen Lehrprofessorinnen und -professoren gleichermaßen.[11] Einige von ihnen hoffen, dass ihre Lehrprofessur perspektivisch in eine reguläre Pro-

---

[11] Wie im Beitrag von Robert Schuster zur Arbeitspraxis in diesem Band beschrieben wurde, unterscheiden sich die Lehrprofessorinnen und -professoren gerade im Hinblick darauf, ob es ihnen gelingt, ihre Forschungsorientierungen zu stabilisieren. Während einige Personen unter besonderem Aufwand weiterhin Forschungsaktivitäten betreiben, passen andere ihre entsprechenden Ambitionen an die Rahmenbedingungen der Stelle an. Letztere wechseln beispielsweise fachlich in die Lehrforschung, reduzieren ihre Publikationszahlen oder beschränken sich auf die Betreuung von Doktorandinnen und Doktoranden.

fessur umgewandelt wird. Eine in diesem Zusammenhang berichtete Maßnahme ist die Aufwertung der eigenen Stelle, bei der Drittmitteleinwerbungen und Engagement in der Gremienarbeit strategisch eingesetzt werden, um auf lange Sicht eine entsprechende „Normalisierung" der Professur zu bewirken:

> „Und dann kann ich tatsächlich gut Gremienarbeit, das wird sehr geschätzt. ... Und in der Kombination sozusagen steigt der Wert meiner Stelle, also aus dem, ... was sie an mir haben, ohne dass sie das Fach [Name des Faches] gut finden müssen, aber sie merken, dass die Person ihnen was bringt. Und ich denke, damit wird dann sozusagen langfristig, so ist zumindest meine Hoffnung, irgendwann mal die Stelle wirklich umgewandelt und erweitert." (LP8)

Eine weitere Strategie, um in diesem Zusammenhang die Verhandlungsposition an der eigenen Universität zu verbessern, ist die Erlangung eines externen Rufes:

> „Unter Umständen wär das eine Möglichkeit, aus dieser Lehrprofessursituation rauszukommen, ja. Das ist auch was, was durchaus auch schon mal signalisiert wurde." (LP3)

Auch hierin drückt sich der Wunsch einiger Lehrprofessorinnen und -professoren nach der Revidierung der Schwerpunktsetzung in der Lehre aus, die für die Lehrprofessur konstitutiv ist.

9.4. Befunde III: Arbeit *und* Familie

Einen unerwartet hohen Stellenwert bei der Entscheidung der Befragten für eine Lehrprofessur hatte die Frage der Vereinbarkeit. Mit Vereinbarkeit ist hier ein breiter Zusammenhang gemeint, die Verbindung von Arbeit (im Sinne von Erwerbsarbeit) und außererwerblichem Leben betreffend. Die Befragten schildern in diesem Kontext zwei Aspekte als besonders entscheidungsrelevant - zum einen die Erwerbstätigkeit und Erwerbssituation ihrer Partner und Partnerinnen und zum zweiten die Betreuungsverantwortung gegenüber zumeist „kleinen" Kindern.[12] Die Berücksichtigung dieser Faktoren machte vor allem den Arbeitsort zu einem besonders einflussreichen Aspekt in den jeweiligen beruflichen Entscheidungssituationen der Lehrprofessorinnen und -professoren.

---

[12] Alle der Befragten haben (bis auf eine Ausnahme) mindestens ein Kind im Kita- bzw. Grundschulalter.

Erwerbssituation der Partner und Partnerinnen

Bis auf eine Person leben alle der befragten Lehrprofessorinnen und -professoren in Partnerschaften mit erwerbstätigen Partnern und Partnerinnen, die dem Konzept des „dual-career-couple" entsprechen, d.h. beide Partner bzw. Partnerinnen sind hoch-qualifiziert und verfolgen eine entsprechende berufliche Karriere. In der empirischen Forschung zu Doppelkarrierepaaren werden die im Zusammenhang mit Elternschaft vorgenommenen Arrangements im Hinblick auf die Gleichrangigkeit der jeweiligen Einzelkarrieren der Partner und Partnerinnen unterschieden. Die zeitweise oder dauerhafte Priorisierung der jeweils männlichen Karriere[13] wird hier abgegrenzt vom Modell des „dauerhaften Doppelkarriere-Arrangements" (Schreyögg 2013: 139). Für eine konkrete Einordnung der jeweiligen partnerschaftlichen Arrangements in dieses dichotome Unterscheidungsmodell liegen zu wenige Informationen zu der lebensweltlichen Situation der Lehrprofessoren und -professorinnen und ihrer Familienmitglieder vor. Im Rahmen der Untersuchung wird allerdings deutlich, dass für die männlichen Befragten die Erwerbstätigkeit ihrer Partnerinnen eine entscheidende Rolle bei der Bestimmung des gemeinsamen Lebens- und Wohnortes zukommt, der wiederum die Bewerbung um die Lehrprofessur stark beeinflusst. So beschreibt einer der Befragten die Relevanz der beruflichen Karriere seiner Partnerin als (vor allem räumliche) Beschränkung seiner eigenen beruflichen Entscheidungen:

> „Aber wie gesagt, *ich such halt aus privaten Gründen nur in gewissen Umkreisen*, also ich würde mich, es war mal eine Stelle ausgeschrieben in [Ort X], sehr interessante Stelle für mich, hab ich mich nicht beworben, weil es keinen Sinn macht, weil meine Frau arbeitet bei [Großkonzern], und die macht einen Job, das geht nur bei großen Konzernen, was sie macht ... *Und das heißt, von dem, was sie kann und wo sie wieder eine Anstellung findet und was sie machen möchte, heißt es eigentlich, ich muss irgendwo in ein Ballungsgebiet.* ... Also ich sag mal, Stuttgart, Karlsruhe, das ist überhaupt kein Problem, Großraum Frankfurt, Berlin, Hamburg, überhaupt kein Thema, ja, Ruhrgebiet, alles kein Problem, *aber eben halt nicht [Ort X], [Ort Y] oder [Ort Z], das sind jetzt eher so Adressen, wo ich mich nie bewerben werde, egal wie interessant die Stelle ist.*" (LP2, Herv. d.A.)

Dieser Lehrprofessor beschreibt einen Teil seiner berufsbezogenen Entscheidungen entsprechend als „eher privat getrieben als fachlich, leider"

---

[13] Die in diesem Zusammenhang unhinterfragte Grundannahme der heterosexuellen Paarbeziehung ist in vielerlei Hinsicht problematisch und wird von der Autorin nicht geteilt.

(LP2) und unterstreicht damit, „welche Rolle da nochmal diese spezifische Familiensituation spielt für eine Berufsbiographie" (LP5). Ganz ähnlich beschreibt ein anderer Lehrprofessor den Einfluss der beruflichen Situation seiner Partnerin auf die jeweils eigenen Stellenentscheidungen als „Restriktion" (LP4).

> „Wir haben uns dann für [Ort] entschieden, haben dort gebaut, weil meine Frau dort eine gut dotierte Stelle hat, eine sichere Stelle hat als Angestellte bei der [staatliche Behörde] und haben dann gesagt, ich bewerbe mich nur noch [Bundesland]weit." (LP4)

In einem anderen Fall arbeitet die Partnerin in einem akademischen Beruf, für den eine bundeslandsbezogene Zulassung erforderlich ist. Aus diesem Grund unterliegt auch hier die individuelle Karriereplanung einer räumlichen Beschränkung im Hinblick auf den jeweiligen Arbeitsort. Vor der Übernahme der Lehrprofessur wurde diese Situation über das mehrtägige Pendeln des Befragten an den damaligen Arbeitsort aufgelöst, was allerdings den familienbezogenen Ansprüchen zuwider lief:

> „… ging permanent an die Grenze der Belastung, und ich muss auch sagen, irgendwo fand ich es auch nicht so sonderlich schön, dass ich also montags früh um fünf losgefahren bin und donnerstags nachts zurückkam und ich also von meinen Kindern eigentlich… So das Typische: Freitag, Samstag, Sonntag, aber Sonntag schon wieder halb in Gedanken bei der Arbeit." (LP6)

Dieses Pendelarrangement wurde dann durch die erfolgreiche Bewerbung auf die wohnortnahe Lehrprofessur überflüssig:

> „… ich hab mich dann in [aktueller Arbeitsort] auf die Stelle beworben und hab gesagt, also das ist ganz klar, näher an [Wohnort] komm ich nie dran." (LP6)

In den Aussagen der Lehrprofessoren klingt außerdem an, dass die Erwerbstätigkeit der Partnerinnen nicht nur als Wert an sich im Rahmen eines mehr oder weniger egalitären partnerschaftlichen Arrangements innerhalb von „dual career couples" besteht, sondern dass sie in einigen Fällen auch ein *sicheres* Einkommen erzeugt, das die Unwägbarkeiten und Unsicherheiten der wissenschaftlichen Laufbahn abpuffert. Diese ökonomische Sicherheit ist eine wichtige Quelle für die hohe Bedeutung, die die Lehrprofessoren den Erwerbskarrieren ihrer Partnerinnen bei den eigenen beruflichen Entscheidungen einräumen:

„Sie hatte auch das feste Einkommen, was also auch ein maßgeblicher Faktor war, dass ich dieses Vagabundenleben noch zwischendurch noch ganz gut ausüben konnte." (LP6)

Partnerschaften stellen somit eine (auch in anderen Hinsichten) wichtige „Ressource" für die wissenschaftliche Laufbahn dar (vgl. Liebig 2008: 239).

Die befragten Lehrprofessorinnen beschreiben die Vereinbarkeit zweier Erwerbstätigkeiten und Berufsbiographien innerhalb ihrer Partnerschaften weniger deutlich als ihre männlichen Kollegen als eine relevante Größe bei ihrer Entscheidung für die Lehrprofessur. Für die räumliche Entscheidung spielt eher die Frage des gemeinsamen familiären Lebensmittelpunkts im Zusammenhang mit der Betreuung von Kindern eine Rolle. In einem Fall pendelt die Lehrprofessorin, die gleichzeitig das ökonomische „Standbein" der Familie darstellt, für mehrere Tage an den Arbeitsort, während ihr zeitlich flexibel arbeitender Partner die Kinderbetreuung übernimmt. In einem anderen Fall wurde die Wahl des Arbeitsorts der Lehrprofessorin bewusst begrenzt auf den räumlichen Lebensmittelpunkt der Familie.

Betreuungsverantwortung für Kinder

Auch die familienbezogenen, d.h. sowohl auf Partnerschaft wie auch auf Kinder bezogenen, Orientierungen der Befragten erweisen sich als wichtige Einflussfaktoren für die Wahl des jeweiligen Arbeitsortes, was wiederum die jeweiligen Entscheidungen für die Lehrprofessur beeinflusst hat.

Die befragten Lehrprofessorinnen und -professoren beschreiben sich selbst in den berufsbiographischen Schilderungen als familienorientierte Personen, für die das Zusammensein mit ihrer Familie insbesondere Kindern eine hohe Bedeutung hat. Die männlichen Befragten artikulieren in diesem Zusammenhang einen vergleichsweise ausgeprägten Anspruch an ein substantielles (wenngleich nicht unbedingt egalitäres) Engagement bei der Kinderbetreuung. Einer der Lehrprofessoren schildert:

„Ich wollte nie auf null zurückfahren und auch nicht auf 0,1, sondern wollte da immer schon einen ernsten Anteil haben." (LP1)

„Man sieht das ja dann bei den Kollegen, die Kinder haben, die sehen ihr Kind früh, wenn sie aufstehen, und ansonsten sehen sie das Kind nur am Wochenende, und das war für mich so kein Konzept, das für mich irgendwie funktioniert hätte." (LP2)

Ein anderer Kollege, der aufgrund der oben geschilderten Erwerbssituation seiner Frau und der gemeinsamen Entscheidung für ein „Familienzentrum" sich bei der Wahl seines Arbeitsortes auf ein Bundesland beschränkt, pendelt täglich mehrere Stunden zur Universität und zurück.

„Familie ist mir sehr wichtig, deswegen fahre ich auch jeden Tag nach Hause. Also das hätte ich jetzt zum Beispiel nie machen wollen, dass ich am Montag herfahre, dann drei, vier Tage nur hier arbeite, mich nur aufs Arbeiten konzentriere und dann wieder vielleicht, vier Tage hier arbeite, drei Tage mit der Familie bin, das hätte ich nicht gewollt. Wir haben ein kleines Kind, das will ich auch mit aufwachsen sehen und das jeden Tag. Und wenn es geht, fahre ich lieber ganz früh, bin dann schon um acht, stehe um fünf auf, bin um acht hier, fahre aber auch um vier schon wieder und bin um sechs zu Hause und habe auch noch was von meiner Frau, einen gemeinsamen Abend." (LP4)

Insgesamt wird deutlich, dass die Familie in den Augen der befragten Lehrprofessoren einen hohen Stellenwert hat, dem zum Teil auch berufsbiographische Entscheidungen untergeordnet werden: „Das Familiäre ist sehr wichtig. Also fürs Familiäre würd ich sehr viel aufgeben." (LP3)

Diese Familienorientierung[14] kann als eingeschränkte Bereitschaft zu Wissenschaft als Lebensform bei den Lehrprofessoren interpretiert werden, aus der Einschränkungen für die jeweiligen wissenschaftlichen Laufbahnen erwachsen. Zeitliche Einschränkungen werden als Konkurrenznachteil im wissenschaftlichen Wettbewerb erlebt:

„… eben grade in dieser Zeit, in der ich so viel Forschung gemacht habe, war es sicherlich so, dass ich da, ja, dass andere Männer vor allem natürlich oder andere Ledige, sagen wir mal so, sicherlich sehr viel mehr Zeit für den Beruf übrig hatten, als ich das gemacht hab, weil ich einfach von der Familie auch ein bisschen was mitkriegen wollte." (LP1)

---

[14] Die in den Interviews beschriebenen Präferenzen umfassen ganz allgemein den Wunsch, etwas „von den Kindern und der Partnerin zu haben" bzw. die „Kinder aufwachsen zu sehen" und wurden ganz allgemein als Familienorientierungen im Sinne von familienbezogenen Bedürfnissen gefasst. Anders als die Lehrprofessorinnen schilderte allerdings keiner der befragten Lehrprofessoren auch entsprechende familiäre Verpflichtungen, wie beispielsweise das regelmäßige „In-die-Kita-Bringen" der Kinder oder auch regelmäßige Betreuungsverpflichtungen gegenüber den Kindern. Insofern sind die beobachteten Familienorientierungen durchaus ernstzunehmende Präferenzen, die Konsequenzen für die beruflichen Laufbahnen der Befragten haben; sie sind allerdings in ihrem Ausmaß aller Voraussicht nach nicht vergleichbar mit den Familienorientierungen und -verpflichtungen von Personen, die eine vollständig egalitäre familiale Arbeitsteilung praktizieren.

Die Begrenzung der räumlichen Mobilität nach dem Motto: „[i]ch bewerbe mich da, wo es meiner Familie passt" (LP2) stellt wie auch die zeitlichen Begrenzungen eine starke Beschneidung des Konzepts „Wissenschaft als Lebensform" (Mittelstraß) dar. Für den Wettbewerb im wissenschaftlichen Feld kann dies als Handicap interpretiert werden, denn „in der Wissenschaftlergemeinde gibt es keine Teil-, sondern nur Vollmitgliedschaften" (Reuter/Vedder 2008: 17).

Die Familien- und vor allem Kinderorientierungen der befragten Lehrprofessorinnen sind in der Praxis stärker hinterlegt mit tatsächlichen Bereuungsverantwortlichkeiten, als bei ihren männlichen Kollegen. Allerdings werden diese in unterschiedlichen Arrangements realisiert, die sich vor allem im Hinblick auf die Entscheidungen zu Arbeits- und Lebensorten unterscheiden.

In einem Fall wird die berufliche Laufbahn über lange Zeit als unvereinbar mit dem individuellen Kinderwunsch wahrgenommen und gegenüber der Familienplanung priorisiert. Die Entscheidung für Kinder erfolgt zu einem berufsbiographisch späten Zeitpunkt während der Habilitation:

> „Aus meiner eigenen Biographie kann ich sagen, dass ich mich nicht getraut habe, Kinder zu bekommen. Ich hätte gerne schon viel früher ein Kind bekommen oder Kinder, ich hatte mich überhaupt nicht getraut, genau aus dieser Haltung heraus sozusagen, dass das nicht drin ist." (LP5)

Die berufliche Biographie, die geprägt ist von mehreren bundesweiten Arbeitsortwechseln mündet mangels anderer Alternativen (klassische Professuren) in die Lehrprofessur an einer Universität, die mehrere hundert Kilometer vom familiären Wohnort entfernt ist. Die Lehrprofessorin organisiert dieses Auseinanderfallen von Wohn- und Arbeitsort über ein Pendelarrangement, bei dem sie wöchentlich für mehrere Tage am Arbeitsort wohnt. Ihr zeitlich flexibel arbeitender Partner übernimmt in der Zeit ihrer Abwesenheit die Kinderbetreuung. Während die Lehrprofessorin das ökonomische „Standbein" der Familie darstellt, ist ihr Partner eine unabdingbare Flexibilitätsreserve im Hinblick auf die Sicherstellung der familiären Erfordernisse, insbesondere der Kinderbetreuung.

> „Und es hängt natürlich auch damit zusammen, muss man auch sagen, dass mein Mann [zeitlich flexibel] ist. Also das heißt, also alles, was an Sondersitzungen kommt und so, ist was, was er auffangen kann. Wenn ich irgendwie einen Tag früher mal fahren muss, das ist alles was, was er übernehmen kann, was ich dann nachhole oder auch nicht nachhole." (LP5)

Eine andere Lehrprofessorin beschreibt, dass sie bereits zu Beginn ihrer beruflichen Laufbahn in der Abwägung von beruflichen und familiären Bedürfnissen letzteren einen hohen Stellenwert eingeräumt hat:

„... weil eigentlich klar war, ich möchte Familie, ich möchte Kinder haben, ... und das ist eine biografische Entscheidung, was ist mir wichtiger, und die hab ich getroffen. ... Also das war irgendwann eher *die Entscheidung, richte ich meinen Beruf, richte ich sozusagen mein restliches Leben nach dem Beruf aus oder nicht. Und als ich entschieden hab, nein, ich setze eine Priorität und das andere muss dann dazu passen.*" (LP8, Herv. d.A.)

Aus diesem Grund verfolgt sie zunächst eine außerakademische Karriere, in deren Verlauf sie als Quereinsteigerin in die Wissenschaft wechselt und schließlich auf eine universitäre Lehrprofessur gelangt. Der familiäre Wohnort stellt in diesem Fall einen wichtigen Fixpunkt für die beruflichen Entscheidungen innerhalb der Partnerschaft dar. In der Organisation des Familienalltags wird systematisch auf die Unterstützungsleistungen von Familienangehörigen zurückgegriffen:

„Wir sind zwei Berufstätige, und ehrlich gesagt, die Entlastung ist meine Mutter. Also es gibt eine Oma, die sozusagen regelmäßig tatsächlich die Kinder auch einmal bis zweimal die Woche abholt und bis abends versorgt. Es gibt eine zweite Großmutter, die anreist, wenn es irgendwie dringend notwendig ist." (LP8)

Die Familienorientierungen der befragten Lehrprofessorinnen und Lehrprofessoren sind ein einflussreicher Faktor bei der Entscheidung für eine Lehrprofessur. Die Befragten streben im Verlauf ihrer Karriere eine sichere Stelle mit Forschungsmöglichkeiten an, für die sie allerdings nicht uneingeschränkt räumlich zur Verfügung stehen. Ihre Stellenwahl wird durch ihre familienbezogenen Orientierungen und Verpflichtungen gewissermaßen moderiert.

9.5. Diskussion: Wenige Frauen und besondere Männer auf der Lehrprofessur

Das Bedürfnis nach Sicherheit, das Interesse an Forschung und die Anforderungen an Vereinbarkeit von Arbeits- und außererwerblichem Leben sind (mit unterschiedlichem Gewicht) die wichtigen Entscheidungskriterien der Lehrprofessoren und -professorinnen für diese Stelle. Warum werden nun einem ersten Eindruck nach die bisher identifizierten

Lehrprofessuren vor allem von Männern besetzt? Die ursprüngliche These der Weiblichkeit der Lehrprofessur beruht vor allem auf der Annahme, dass der Lehrschwerpunkt als relative Prestigearmut auf die Lehrprofessur niederschlagen würde und sich in diesem Zusammenhang männliche Wissenschaftler für diese Stellen nicht interessieren würden. Es wurde weiterhin angenommen, dass die Lehrprofessuren dann von Frauen besetzt würden, für die sie eine Erweiterung der eingeschränkten Möglichkeiten wäre, überhaupt eine Professur zu erlangen und denen von Organisationsseite eine „quasinatürliche" Lehrnähe (und Forschungsferne) unterstellt würden.

Wie gezeigt wurde, scheint Lehre allerdings ein nachrangiges Motiv bei der individuellen berufsbiographischen Entscheidung für die Lehrprofessur zu sein. Die Stelle ist für einen bestimmten Personenkreis mit spezifischen Bedürfnissen, Orientierungen und Prioritäten attraktiv. Vor allem die Aspekte Forschung, Vereinbarkeit und Sicherheit stehen für die Befragten im Zentrum. Während diese Aspekte von Fall zu Fall mit unterschiedlicher Gewichtung relevant sind, ist es doch in fast allen Fällen die Vereinbarkeit, der in diesem Kompositum eine besondere Bedeutung zukommt.

Dieses Motiv verweist auf eine traditionell Frauen unterstellte Orientierung, die auf einem spezifischen und doch noch immer verbreiteten Muster innerfamilialer Arbeitsteilung beruht. Im male-breadwinner Modell ist (in heterosexuellen Beziehungen) der Mann hauptverantwortlich für den Erwerb des Haushaltseinkommens und die Frau hauptverantwortlich für die reproduktiven Tätigkeiten (Haushalt, Kinder etc.). Eine Erwerbstätigkeit der Frau wird in diesem Modell nicht als gleichwertige berufliche Tätigkeit entworfen sondern eher als „working for lipstick".

Auch in der Wissenschaft ist dieses Arbeitsteilungsmuster noch vergleichsweise weit verbreitet (vgl. bspw. Zimmer/Krimmer/Stallmann 2007: 153 ff.).[15] Es scheint überdies auch als normativer „Normalfall" von hoher Bedeutung zu sein, von dem aus jeweils geschlechtsbezogene Stereotypisierungen und Rollenbilder entwickelt werden, die Wissenschaftler und Wissenschaftlerinnen mit Kind(ern) in besonderem Maße begrenzen. Sei es, im Falle von Wissenschaftlern, wenn sie diesen nicht entsprechen oder im Falle von Wissenschaftlerinnen, wenn sie ihnen entsprechen.

---

[15] „Während Wissenschaftlerinnen eindeutig auf externe Betreuungsangebote angewiesen sind, wurde bei den Professoren die Betreuung der Kinder in den meisten Fällen schlicht von der Partnerin übernommen." (Zimmer et al. 2007: 158).

Die im hier diskutierten Zusammenhang untersuchten Lehrprofessoren stellen womöglich eine derartige Abweichung von der Norm dar, vor allem im Hinblick auf den Stellenwert ihrer Familienorientierungen für berufsbiographische Entscheidungen. Denn im vorliegenden Fall artikulieren sie ein Interesse, das ihrer geschlechtsbezogenen Rollenerwartung (Alleinernährer mit Partnerin als Hauptzuständiger für reproduktive Aufgaben) zuwiderläuft. „[E]ine engagierte Vaterschaft und die Teilhabe am Familienalltag scheinen bis heute noch unvereinbar mit einem Lehrstuhl", fasst Brigitte Liebig aktuelle Erfahrungsberichte von zwanzig Professoren zur Frage der Vereinbarkeit zusammen (Liebig 2008: 237).

Die Familienbiographien der meisten in diesem Band Befragten entsprechen einem traditionellen Arbeitsteilungsmuster, bei dem den Partnerinnen die Hauptverantwortung für die Kinderbetreuung zukommt. Männliche Professoren mit erwerbstätigen Partnerinnen und betreuungspflichtigen Kindern, die nicht davon ausgehen, dass ihnen die Familie an den jeweiligen Arbeitsort hinterherzieht bzw. in relevantem Ausmaß auf ihre Anwesenheit verzichtet, scheinen einen *Sonderfall* darzustellen.

Der Sonderfall besteht darin, dass sie sich in der Wahl des Arbeitsortes beschränken (privates vor beruflichem Interesse) und dies mit der Erwerbstätigkeit der Partnerin und dem Interesse an Familienleben, Kindern und Partnerschaft begründen. Professoren, die sich der „gefräßigen Lebensform" (Metz-Göckel/Möller/Auferkorte-Michaelis 2009: 196) Wissenschaft nicht mit Haut und Haar ausliefern, scheinen derzeit noch eine Ausnahme zu sein. Liebig verweist auf wenige Ausnahmen bei jüngeren Professoren: „Diese Väter, die wohl bis heute kaum als repräsentativ für die im Lehrkörper der Universitäten beschäftigten Männer gelten können, wollen sich aktiv in die Erziehung der Kinder und in die Hausarbeit einbringen, gestalten auch die frühesten Jahre ihrer Kinder engagiert mit. Mit der Verzögerung ihrer akademischen Laufbahnen, mit dem Verzicht auf internationale Aktivitäten nehmen sie bewusst die Kosten ihrer familiären Mitverantwortung in Kauf." (Liebig 2008: 241).

Die Durchsetzung der eigenen Familienorientierungen erzeugt somit „Kosten", die vor allem als Karrierenachteile zu begleichen sind. Während diese Kosten über lange Zeit weitgehend unproblematisiert von Wissenschaftlerinnen zu tragen waren, wird nunmehr auch die Generation „neuer Väter" von dieser Problematik berührt. „Ein Leben mit Kindern und eine wissenschaftliche Karriere zu verbinden, fordert zunehmend auch die neue Vätergeneration unter den Wissenschaftlern heraus und ‚beeinträchtigt' ihre Karriere." (Metz-Göckel/Möller/Auferkorte-Michaelis 2009: 144). Unterhalb der patriarchalen Geschlechterordnung, die Rationalität und Funktionsweise von Wissenschaft und Hochschule durchzieht, bildet sich mit der Aufweichung des ‚male breadwinner models' auch ein neues „Über- beziehungsweise Unterordnungsverhältnis zwischen unterschiedlichen Männlichkeiten" (Liebig 2008: 237) heraus.

An dieser Stelle soll noch einmal die Ausgangsfrage der Lehrprofessur und ihrer Besetzung durch größtenteils männliche Wissenschaftler aufgerufen werden. Die bisherigen Ausführungen zeichnen das Bild der Lehrprofessur als vergleichsweise attraktiver Stelle für solche Personen, deren wissenschaftliche Orientierungen und Ambitionen in einem vergleichsweise hohen Maße durch familienbezogene Orientierungen moderiert werden. „Üblicherweise" wären dies vor allem Wissenschaftlerinnen, die, wie gezeigt wurde, auch heute noch die Hauptverantwortung für Kinderbetreuung und Erziehungsarbeit tragen und deren berufliche Karrieren auch in „dual career"-Arrangements nicht die gleiche Bedeutung wie denen der jeweiligen Partner zukommt. Die Frage danach, warum die Lehrprofessur nicht eine weiblich dominierte Professur ist, stellt sich an dieser Stelle, auf einer anderen Grundlage, erneut.

Ein partielles Erklärungsangebot hierzu liefern die bisherigen Ausführungen. Die Lehrprofessur ist eine attraktive Stelle für eine Gruppe von Personen mit spezifischen beruflichen und familienbezogenen Interessen, die ihre Forschungsambitionen nicht aufgeben wollen, auf der Suche nach sicheren Stellen sind und die gleichzeitig gekennzeichnet sind von der eingeschränkten Bereitschaft „Wissenschaft als Lebensform" zu praktizieren, also beispielsweise in ihrer regionalen Mobilität eingeschränkt sind. Für diese Gruppe, zu der zunehmend auch „neue" Väter zählen, ist die Lehrprofessur eine begehrte Stelle, zu der es wenige Alternativen gibt.

Männliche Lehrprofessoren lassen sich in dieser Konstellation unter Umständen als „winner among losers" (Zimmer/Krimmer/Stallmann 2007) verstehen, also Personen, die in der Konkurrenz um zwar prestigeärmere, aber dennoch im Hinblick auf andere Aspekte vergleichsweise attraktive Stellen erfolgreicher sind als ihre Kolleginnen. Die Erklärung für diesen Erfolg muss auch organisationsseitige Präferenzen bei der Besetzung von Lehrprofessuren einbeziehen, die beispielsweise in der Aufwertung von Lehre und Lehrprofessuren durch die Besetzung mit männlichen Wissenschaftlern liegen können. Hierfür wäre eine Beleuchtung der organisationalen Entscheidungsprozesse bei der Besetzung dieser Stellen erforderlich, die an dieser Stelle nicht geleistet werden kann.

Diskussionen innerhalb der organisationssoziologischen Geschlechterforschung verweisen immer wieder darauf, dass die Verbindung zwischen Arbeit und außererwerblichem Leben ein wichtiger Aspekt im Verständnis von geschlechterasymmetrischen Organisationsstrukturen ist

(u.a. Kuhlmann et al. 2013: u.a. 516f.). Auch die Auswertung der berufsbiographischen Interviews mit Lehrprofessoren und -professorinnen
zeigt, dass genau dieser Aspekt (neben anderen) in diesem Zusammenhang sehr instruktiv sein kann.

Literatur

Acker, Sandra/Feuerverger, Grace (1996): Doing Good and Feeling Bad: the work of women university teachers, in: Cambridge Journal of Education. 26(3), S. 401-422.

Aulenbacher, Brigitte/Binner, Kristina/Riegraf, Birgit/Weber, Lena (2012): Wissenschaft in
der Entrepreneurial University - feminisiert und abgewertet?, in: WSI Mitteilungen.
65(6), S. 405-411.

Aulenbacher, Brigitte/Riegraf, Birgit (2012): Economical Shift und demokratische Öffnungen. Uneindeutige Verhältnisse in der unternehmerischen und geschlechtergerechten
Universität, in: die hochschule. (2), S. 291-303.

BuKoF (2007): Stellungnahme zu den Empfehlungen des Wissenschaftsrates zu einer lehrorientierten Reform der Personalstruktur an Universitäten.

Die Junge Akademie (2008) "Zur Zukunft der Lehre an Universitäten in Deutschland."

Färber, Christine/Spangenberg, Ulrike (2008): Wie werden Professuren besetzt? Chancengleichheit in Berufungsverfahren. Frankfurt/New York: Campus.

Hart, Jennifer L./Cress, Christine M. (2008): Are Women Faculty Just "Worrywarts"? Accounting for Gender Differences in Self-Reportec Stress, in: Journal of Human Behavior in the Social Environment. 1(1/2), S. 175-193.

Hilbrich, Romy/Schuster, Robert (2014): Qualität durch Differenzierung? Lehrprofessuren,
Lehrqualität und das Verhältnis von Lehre und Forschung, in: Beiträge zur Hochschulforschung. 36(1), S. 70-89.

Hochschulverband, Deutscher (2008): Lehrprofessor ist kein Universitätsprofessor! Deutscher Hochschulverband zu den Empfehlungen des Wissenschaftsrats. Bonn.

Kühl, Stefan (2011): Organisationen. Eine sehr kurze Einführung. Wiesbaden: VS Verlag.

Kuhlmann, Ellen/Kutzner, Edelgard/Riegraf, Birgit/Wilz, Sylvia M. (2013): Organisationen
und Professionen als Produktionsstätten von Geschlechter(a)symmetrie. in: Müller, Ur-
sula/Riegraf, Birgit/Wilz, Sylvia M. (Hg.): Geschlecht und Organisation. Wiesbaden:
VS Verlag, S. 495-525.

LaKoG Baden-Württemberg (o.J.): Stellungnahme der LaKoG zur Umsetzung der Föderalismusreform im Hochschulbereich (EHFRUG). Mannheim.

Liebig, Brigitte (2008): Vaterschaft und Professur. in: Reuter, Julia/Vedder, Günther/Lie-
big, Brigitte (Hg.): Professor mit Kind. Frankfurt/New York: campus, S. 237-250.

Link, Albert N./Swann, Christopher A./Bozeman, Barry (2008): A time allocation study of
university faculty, in: Economics of Education Review. 27(4), S. 363-375.

Luhmann, Niklas (2005): Zwischen Gesellschaft und Organisation. Zur Situation der Universitäten. in: Luhmann, Niklas (Hg.): Soziologische Aufklärung 4. Wiesbaden: VS
Verlag für Sozialwissenschaften, S. 214-224.

Metz-Göckel, Sigrid/Möller, Christina/Auferkorte-Michaelis, Nicole (2009): Wissenschaft
als Lebensform - Eltern unterwünscht? Opladen/Farmington Mills: Barbara Budrich.

Reuter, Julia/Vedder, Günther (2008): Professoren als Väter: Befunde und Fragestellungen.
in: Reuter, Julia/Vedder, Günther/Liebig, Brigitte (Hg.): Professor mit Kind. Erfahrungsberichte von Wissenschaftlern. Frankfurt/New York: campus, S. 9-22.

Schreyögg, Astrid (2013): Familie trotz Doppelkarriere. Vom Dual Career zum Dual Care
Couple. Wiesbaden: Springer VS.

Sprague, Joey/Massoni, Kelley (2005): Student Evaluations and Gendered Expectations: What We Can't Count Can Hurt Us, in: Sex Roles. 53(11/12), S. 779-793.

Statistisches Bundesamt (2012): Bildung und Kultur. Personal an Hochschulen. Fachserie 11. Reihe 4.4. Wiesbaden.

Wetterer, Angelika (1992): Theoretische Konzepte zur Analyse der Marginalität von Frauen in hochqualifizierten Berufen. in: Wetterer, Angelika (Hg.): Profession und Geschlecht. Frankfurt/New York: campus, S. 13-40.

Wetterer, Angelika (2002): Arbeitsteilung und Geschlechterkonstruktion.»Gender at work« in theoretischer und historischer Perspektive. Konstanz: UVK.

Wetterer, Angelika (2010): Konstruktion von Geschlecht: Reproduktionsweisen der Zweigeschlechtlichkeit. in: Becker, Ruth/Kortendiek, Beate (Hg.): Handbuch Frauen- und Geschlechterforschung. Wiesbaden: VS Verlag, S. 126-136.

Winslow, Sarah (2010): Gender Inequality And Time Allocations Among Academic Faculty, in: Gender & Society. 24(6), S. 769-793.

Wissenschaftsrat (2007): Empfehlungen zu einer lehrorientierten Reform der Personalstruktur an Universitäten. Drs. 7721-07. Berlin.

Zimmer, Anette/Krimmer, Holger/Stallmann, Freia (2007): Frauen an Hochschulen: Winners among Losers. Zur Feminisierung der deutschen Universität. Opladen: Budrich.

10. Das Für und Wider der Professur mit Schwerpunkt Lehre
Ein Streitgespräch

Ulrike Beisiegel | Winfried Kluth

Wie hat sich die hochschulpolitische Diskussion zur Professur mit Schwerpunkt Lehre fünf Jahre nach den Empfehlungen des Wissenschaftsrates und vor allem nach der Einrichtung dieser Stellenkategorie an den Universitäten entwickelt? Im Jahr 2007 kritisierte besonders der Deutsche Hochschulverband (DHV) die Empfehlungen des Wissenschaftsrates (Strohschneider/Kempen 2007). Haben sich die Argumentationslinien seit der Etablierung dieser Stellenkategorie verändert? Welche aktuellen Standpunkte zur Professur mir Schwerpunkt Lehre vertreten der DHV und der Wissenschaftsrat?

Diese Fragen diskutierten Frau Prof. Dr. Ulrike Beisiegel, Mitinitiatorin der Empfehlungen des Wissenschaftsrates und Präsidentin der Universität Göttingen, und Herr Prof. Dr. Winfried Kluth, Vertreter des DHV und Professor für Öffentliches Recht an der Martin-Luther-Universität Halle-Wittenberg, im Rahmen der Abschlusstagung des Projektes „LehrWert" am 26. April 2013 in Lutherstadt Wittenberg.

10.1. Die Idee der Professur mit Schwerpunkt Lehre[1]

In der Diskussion, wie es im Wissenschaftssystem nach 2017 weitergeht, sprechen alle – unabhängig davon, ob sie Leibniz-Institute oder Max-Planck-Einrichtungen schaffen wollen – immer wieder über einen Punkt: Die Universitäten werden als Kern, Herz oder Rückgrat – jeder hat sein eigens Wort dafür – des Wissenschaftssystems gesehen. Der Grund dafür ist, dass Universitäten für die Lehre und die Promotion verantwortlich sind. Das ist der Kern des Wissenschaftssystems. Ich habe manchmal den Eindruck, dass die Hochschulen selber nicht ausreichend erkennen, welche Macht und welche Möglichkeiten sie im System haben. Und darin liegt auch ein ganz entscheidender Punkt für die Diskussion um eine Pro-

---

[1] Vortrag: Prof. Dr. Ulrike Beisiegel

fessur mit Schwerpunkt Lehre. Ein weiterer wichtiger Aspekt ist die Differenzierung im Hochschulsystem. In den beiden Papieren aus den Jahren 2007 und 2008 hat der Wissenschaftsrat gesagt:

> „Universitäten müssen in die Lage versetzt werden, sich als Einrichtungen der Spitzenforschung im internationalen Wettbewerb zu behaupten, qualitativ hochwertige Lehre anzubieten und einen großen Teil ihrer Absolventen gezielter als bisher auf den Arbeitsmarkt vorzubereiten" (Wissenschaftsrat 2008: 21).[2]

Dies ist einer der Kernsätze des Papiers und etwas, dass wir auf keinen Fall vergessen sollten. Die Universitäten sind Kern oder Herz des Systems, weil sie die Aufgabe der Bildung und Ausbildung haben. Bevor ich nun mehrere Themen anspreche, möchte ich noch eine Sache betonen. Der Wissenschaftsrat hat, wie Sie bereits im Titel der Veranstaltung dargestellt haben, nie von einer ‚Lehrprofessur' gesprochen, sondern immer von einer ‚Professur mit Schwerpunkt Lehre'. Darin liegt ein deutlicher Unterscheid.

Der Begriff ‚Lehrprofessur' würde bedeuten, dass der- oder diejenige nur Aufgaben in der Lehre übernimmt. ‚Professur mit dem Schwerpunkt Lehre' aber bedeutet, dass neben der Lehre auch Forschung eine Rolle spielt. Es handelt sich also um eine Differenzierung des Aufgabenprofils und keine Trennung. Das ist, glaube ich, ein wichtiger Punkt. Ich werde deshalb die Bedeutung der Gleichrangigkeit von Lehre und Forschung ansprechen und damit verbunden auch auf die neuen Karrierewege eingehen. Kern des Papiers und der damit verbundenen Arbeit ist die Verbesserung der Qualität der Lehre durch eine Professionalisierung. Der Wissenschaftsrat hat damals deutlich gemacht, dass dieses Konzept nicht kostenneutral zu erreichen ist, sondern Investitionen in Höhe von einer Milliarde erfordert. Schließlich werde ich noch kurz auf die Bedingungen und Ansprüche, die mit einer Professur mit dem Schwerpunkt Lehre zusammenhängen, eingehen.

Die Professur mit Schwerpunkt Lehre

Im internationalen Vergleich und auch im Vergleich zu anderen EU-Ländern gibt es in Deutschland nur eine sehr geringe organisatorische Unterstützung der Lehrenden an Hochschulen. Eine weitere entscheidende Komponente ist der Zeitaufwand. An dieser Ausgangslage hat sich wenig verändert. Der Wissenschaftsrat hat den Zeitaufwand deutlich be-

---

[2] vgl. Wissenschaftsrat (2007) und Wissenschaftsrat (2008)

schrieben: im Zeitbudget der Hochschullehrenden und wissenschaftlichen Mitarbeiterinnen und Mitarbeiter nehmen die Lehrpraxis, Prüfungen, Vor- und Nachbereitungen sowie Betreuung von Studien- und Abschlussarbeiten etc. einen enorm großen Raum, weit über das hinaus, was mit acht Semesterwochenstunden beschrieben werden kann, ein. Ich gehe gleich noch darauf ein, welche Zusatzanforderungen es heute im Vergleich zu vor 20 oder 30 Jahren gibt, die dafür sprechen, den Anteil der Lehre zu erhöhen oder einen Schwerpunkt auf Lehre zu setzen. Im Papier selbst werden steigende Studierendenzahlen als Ausgangslage beschrieben.

Lehrqualität und Reputationsasymmetrie

Qualitätskriterien in der Lehre sind notwendig, um das Reputationsniveau der Lehre dem der Forschung anzupassen. Es kann nicht sein, dass Lehre mit Worten wie ‚*Oh, jetzt muss ich die Lehre machen*‘ abgestempelt wird. Die Reputation der Lehre muss ebenso groß sein, wie die der Forschung. Die Umstellung von der jüngsten Vergangenheit bis heute, die Optimierung der gestuften Studiengänge, ist ein ganz zentrales Thema. Sich damit zu beschäftigen kostet immer noch viel Zeit und setzt eine Expertise voraus. Darüber hinaus erfordert die neue Autonomie der Hochschulen den Aufbau einer eigenen Qualitätskontrolle. Es ist etwas grundlegend anderes, ob jemand von außen kommt, und einem sagt, wie man es machen soll, oder ob man ein System zur Qualitätskontrolle selber aufbauen muss. Außerdem müssen wir viel stärker als bisher eine Ausbildung in die Gesellschaft hinein machen. Das heißt, wir müssen neben der traditionellen und weiterhin hochbedeutenden wissenschaftsorientierten Lehre unsere gesellschaftliche Verantwortung wahrnehmen und eine Berufsfähigkeit erzeugen. All diese Punkte sind so auch im Papier des Wissenschaftsrates aufgeführt, und vor diesem Hintergrund ist der zusammenfassende Satz vielleicht nicht falsch:

„Der Wissenschaftsrat verfolgt mit den vorliegenden Empfehlungen ein komplexes multidimensionales und multifunktionales, die vielfältigen Aspekte der Hochschulbildung berücksichtigendes Qualitätsverständnis" (Wissenschaftsrat 2008: 20).

Das Papier will für Hochschulen, Wissenschaft, Staat und Politik einen gemeinsamen Referenzrahmen geben. Ich sehe dabei noch zwei weitere Punkte, die eine Herausforderung für die Lehre darstellen: 1) Inklusion, also die Vielfalt derjenigen, die studieren wollen und studieren und 2) Interdisziplinarität. Früher hat man Physik gelehrt und heute macht man

Biophysik und Physik zusammen mit Philosophie. Die Anforderungen an das interdisziplinäre Denken sind extrem hoch geworden – richtigerweise –, aber es kostet viel Zeit, den Unterricht dahingehend umzustellen. Wir sind uns auch bewusst, dass der Übergang von der Schule auf die Hochschule erleichtert werden muss. Die Studierenden sind immer jünger, wenn sie an die Universitäten kommen. Wir müssen ihnen früher zeigen, was es bedeutet, Mathematik zu studieren. Auch dazu brauchen wir Kapazität, also Menschen, die jungen Menschen den Studieneinstieg erleichtern.

Betreuungsrelationen sind ein weiteres Thema, das schon oft ausführlich diskutiert wurde. Es ist keine Frage, dass wir diese verbessern müssen. Die gerade erwähnte Interdisziplinarität macht die Studienorganisation aufwändiger und auch eine konsequent umgesetzte Diversität – also die Inklusion sowie die Mehrsprachigkeit der Curricula sowie englische Curricula – erfordern zusätzliche Zeit und zusätzliche Qualifikationen von den Lehrenden. Eine wachsende Anzahl von Promotionsstudiengängen muss betreut werden. Wir müssen den Bereich e-Learning und offene Hochschule entwickeln. Wir brauchen duale Studienangebote. Wir müssen neue Medien besser nutzen und wir müssen virtuelle Systeme anwenden, wie es die besten internationalen Universitäten bereits tun. All diese Aufgaben sollen von den gleichen Personen erfüllt werden. Soll dass ein Forscher, eine Forscherin, mal alles nebenher bewältigen? Ich halte das für schwierig. Das Aufgabenspektrum einer modernen Universität hat sich in den letzten Jahrzehnten einfach zu sehr erweitert.

Internationaler Vergleich

Der Wissenschaftsrat hat sich damals auch mit dem europäischen Vergleich befasst. Dazu nur so viel: In Großbritannien gibt es das Lecturer-System. Lecturer sollen 30 Prozent ihrer Arbeitszeit für Forschung verwenden. Der Aufstieg zur Professur ist schrittweise möglich. Das läuft ganz gut im britischen System. Das kanadische System ist ähnlich, kommt aber mit weniger Lecturer-Positionen aus. Auch die Niederlande haben etwas Ähnliches wie das Lecturer-System. Der Begriff ‚Professur mit Schwerpunkt Lehre‘ ist dem Lecturer-System angelehnt. Ich werde gleich noch darauf eingehen, warum wir uns dezidiert gegen die Verwendung des Begriff ‚Lecturer‘ entschieden haben.

Die Empfehlungen des Wissenschaftsrates

Was sind die Empfehlungen des Wissenschaftsrates? Ich nenne jetzt nur einige wichtige. Beide Papiere betonen, dass das Studienangebot anspruchsvoll, zukunftsgerichtet und vielseitig sein muss. Wir brauchen wirklich sowohl den Freiraum zum Denken für die Studierenden als auch die Praxiserfahrung und Berufsfähigkeit. Im Bachelor-Master-System muss noch viel passieren, um genug Freiraum zur Persönlichkeitsentwicklung zu ermöglichen. Gleichzeitig gibt es heute bereits ein ganzes Spektrum von Dingen und Angeboten im Bereich Praxiserfahrung und Berufsfähigkeit. An meiner Universität – der Universität Göttingen – läuft gerade die Praxisbörse. Damit war ein großer Aufwand verbunden. Aber es ist auch ein riesiger Erfolg, weil die jungen Leute, also die Studierenden, sich mit Vertretern regionaler und überregionaler Unternehmen treffen können. Auch das ist ein Aufwand im Bereich Lehre.

Eine weitere Empfehlung ist die Einhaltung der Regelstudienzeit. Das versteht sich von selbst und muss ich gar nicht weiter kommentieren. Der wichtigste Punkt aber war, dass der Stellenwert der Lehre gesteigert werden muss, und die Reputation an die der Forschung angeglichen werden muss. Um das deutlich zu machen, haben wir die Position nicht ‚Lecturer' genannt, sondern Professor oder Professorin mit Schwerpunkt Lehre.

Eine weitere Idee war, dass sich die Juniorprofessorinnen und -professoren ein Profil überlegen können. Sie können entscheiden, ob sie das Profil Lehre oder Forschung nehmen wollen, wohlgemerkt aber immer nur mit der jeweils anderen Aktivität als Ergänzung. Diejenigen, die sich für einen Schwerpunkt in der Lehre entscheiden, müssen diesen mit Forschung verbinden, und diejenigen, die sich für einen Schwerpunkt in der Forschung entscheiden, müssen diesen mit Lehre verbinden. Andernfalls bleibt das Lehrsystem immer das Zweite-Klasse-System im Hochschulbereich. Die Verbindung von Forschung und Lehre, die direkte Verbindung, also die forschungsbasierte Lehre, ist ein Kennzeichen der Universität. Ich rede hier über Universitäten und nicht über Fachhochschulen oder andere Arten von Hochschulen. Ein ganz wichtiger Punkt ist außerdem, dass wir damals gefordert haben, eine Milliarde Euro in dieses Konzept zu investieren. Damit sollten neue Stellen geschaffen werden. Eine entscheidende Forderung war also, dass das Kapazitätsgesetz verändert wird. Ohne das kommen wir nie zu besseren Betreuungsverhältnissen. Das ist wirklich ein ganz zentraler Punkt. Er bringt juristische Probleme mit sich, die geklärt werden müssen. [*zu Herrn Prof. Kluth*] Da können Sie wahrscheinlich viel besser darauf eingehen.

Wege ins Wissenschaftssystem

Es gibt mehrere Wege ins Wissenschaftssystem, die ohne Wertung gleichberechtigt nebeneinander stehen. Das sage ich ganz bewusst. Der eine Weg führt über die Position der wissenschaftlichen Mitarbeiter. Wissenschaftliche Mitarbeiter übernehmen essenzielle und die Universitäten tragende Funktionen im Wissenschaftssystem: Aufgaben in Forschung, Lehre und Management oder Verwaltung. Und auch hier muss es – und das ist das große Thema dieser ganzen Papiere, die im Moment zur Frage der Förderung des wissenschaftlichen Nachwuchses entstehen, – wieder unbefristete Stellen geben. Das soll nicht heißen, dass es nur noch unbefristete Stellen geben soll. Vielmehr geht es um einen vernünftigen Anteil unbefristeter Stellen, denen Funktionen zugeschrieben sind. Die Bewerbungs- und Auswahlsysteme für diese Stellen müssen transparent sein. Wir setzen hier auf das Prinzip eines Marktes: Wissenschafterinnen und Wissenschaftler können sich auf eine unbefristete Stelle bewerben, und der oder die Beste wird am Schluss genommen.

Damit sollte es auch möglich sein, dass Leute von ihren bisherigen Positionen abgeworben werden können. Es kann also sein, dass ich Ihre Mitarbeiterin in der Elektronenmikroskopie abwerbe, weil ich diese für exzellent halte und für meine Arbeitsgruppe haben möchte. Der zweite Weg läuft über die Juniorprofessur. Nach dem Vorschlag des Papiers können diese ihren Schwerpunkt, ob in Lehre oder Forschung, wählen. Sie müssen sich jeweils entsprechend qualifizieren, also auch für die Lehre, und können dann auf eine Professur berufen werden. Idealerweise haben diese Professuren eine Tenure-Track-Option, d.h. sie werden nach fünf oder sechs Jahre evaluiert und ggf. als W2 Professur verstetigt. Auch diese Professuren können dann mit Schwerpunkt Forschung oder Schwerpunkt Lehre angelegt sein. Die Gleichwertigkeit dieser beiden Arten von Karrieren von Professoren und Professorinnen ist absolut gefordert – nicht zuletzt auch in der Besoldung.

Mögliche Probleme bei Professuren mit Schwerpunkt Lehre

Der Wissenschaftsrat hat sich auch Gedanken über die Anzahl der Professuren mit Schwerpunkt Lehre gemacht. Damals ist gesagt worden – und das ist in anderen Ländern nicht ganz unähnlich –, dass diese Professuren mit Schwerpunkt Lehre in etwa 20 Prozent der Professuren ausmachen sollen. Dabei kann es in einem differenzierten Hochschulsystem natürlich zu Abweichungen bei dieser Zahl kommen. Eine forschungsstarke Universität in der Technik wird vielleicht weniger davon haben, und eine

Volluniversität mit hohen Lehransprüchen, denken wir mal an die Sprachen, wird einen höheren Anteil haben.

Noch ein Wort zum Professor mit Schwerpunkt Lehre: Für diesen Qualifikationsweg müssen wir natürlich Angebote machen. Am Ende soll es so sein, dass deren Profil bei ungefähr 60 Prozent Lehre, 30 Prozent Forschung und zehn Prozent Administration liegt.

Natürlich gibt es bei diesem Konzept, wie bei allen anderen neuen Ideen, potentielle Gefahren und Probleme. Ich nenne jetzt nur drei, denn wir werden wahrscheinlich nachher noch viel dazu hören. Erstens sollten die 60 Prozent Lehre, die ich gerade genannt habe, auf keinen Fall in mehr als zwölf Semesterwochenstunden Lehre übersetzt werden. Damals, das wissen die Jüngeren unter Ihnen vielleicht nicht, gab es durchaus anderslautende Ausschreibungen. 16 Semesterwochenstunden wurden in Bayern und Baden-Württemberg gefordert. Genau das wollte der Wissenschaftsrat verhindern und hat betont, dass es maximal zwölf Stunden Lehre sein dürfen, damit noch Zeit für die Forschung bleibt. Die Gefahr ist hier also, dass die Anzahl der Semesterwochenstunden nach oben gesetzt wird. Heute werden bei einer normalen Professur bereits neun Semesterwochenstunden erwartet, eine Professur mit Schwerpunkt Lehre kann dann schnell auf 13 erhöht werden. Das wollen wir nicht, und das hat der Wissenschaftsrat explizit gesagt. Das zweite Problem ist, dass wir noch keine wirklich guten Bewertungsinstrumente für die Leistung in der Lehre haben – wobei das auch für die Forschung gilt. Sie haben das ganz am Rande angesprochen. Das Anreizsystem in der Forschung ist nicht optimal. In der Lehre aber ist es noch schwieriger, ein geeignetes Bewertungssystem zu schaffen. Hier liegt noch einiges an Diskussionsarbeit vor uns.

Die Genderfrage wurde ebenfalls diskutiert – ich benenne sie als drittes Problem. Wenn wir jetzt solche Professuren mit Schwerpunkt Lehre einführen, dann könnten diese Professuren nur noch an Frauen gehen. Das ist ausführlich diskutiert worden. Und das kann nur umgangen werden, wenn die Besoldung gleich ist und die Auswahlverfahren transparent. Wir wissen von den Hochschulen, dass Frauen immer dann einen Nachteil haben, wenn die Einstellungsverfahren nicht transparent sind. Deswegen ist das eine ganz klare Forderung. Als Hochschulen müssen wir sehr darauf achten, dass solche Professuren nicht zu ‚Frauenprofessuren‘ werden, weil ‚die sind ja sowieso besser in der Lehre‘ und so weiter.

Im Übrigen wurde eben die Bemerkung gemacht, dass jetzt übermäßig viele Frauen im Exzellenzbereich eingestellt worden sind. Wenn wir die Qualifizierungsgrade wirklich objektiv ansehen, dann wird klar, dass die meisten jungen Frauen heute wesentlich besser qualifiziert sind. Das hat viele Gründe, nicht zuletzt, dass nur die Besten dort genommen worden sind. Es gibt so einen Spruch: ‚Wenn man so viele unqualifizierte Frauen in Positionen hebt, wie es davon Männer gibt, dann können wir noch eine Menge einstellen.‘‘ Das soll nicht heißen, dass Männer nicht qualifiziert sind, das möchte ich ganz klar betonen. Es ist schlichtweg so, dass durch die große Zahl eine viel größere Breite da ist.

Ich habe nun die drei potenziellen Probleme genannt. Was aber sind die Anforderungen an diese Professorinnen und Professoren? Natürlich müssen diese sich für die Lehre qualifizieren und das am besten auf der Basis einer natürlichen pädagogischen Eignung. Nicht jeder, der sehr gut forschen kann, ist auch ein guter Lehrer. Es fällt aber häufig zusammen.

[Zwischenbemerkung Prof. Kluth:]

Winfried Kluth: Die natürliche pädagogische Eignung? Das ist ein Faszinosum.

Ulrike Beisiegel: Nein, das ist kein Faszinosum. Ich bin Biochemikerin aus der Medizin, und natürlich gibt es Menschen, die sozusagen eine Begabung haben, eine didaktische Begabung...

Winfried Kluth: Ich finde es nur faszinierend, ich will es nicht absprechen.

Ulrike Beisiegel: Ja, gut. Bei uns ist es eigentlich ganz üblich, dass wir wissen, dass Menschen mit unterschiedlichen Qualifikationen, also mit natürlichen Qualifikationen, auf die Welt kommen, die sie dann verstärken können. Gut. Zu dieser Ausbildung und sozusagen den Stärken in der Persönlichkeit kommt natürlich die Lust auf Lehre. Ich kann das ja nicht machen, ohne Spaß daran zu haben. Lehre muss zu einem beruflichen Selbstverständnis führen. Das heißt, es muss ganz klar sein, dass ich gerne hinschreibe: ‚*Ich bin Professor mit Schwerpunkt Lehre*‘ - oder Professorin in meinem Fall. Ich kenne welche, die das mit hohem Selbstbewusstsein und mit höchster Exzellenz machen. In jedem Fall aber muss es so bleiben, dass die Lehre auf der Forschung basiert ist. Das hab ich schon gesagt. Deswegen sind es eben keine ‚Lehrprofessuren‘ sondern ‚Professuren mit Schwerpunkt Lehre‘. Ich glaube, dass eine Anforderung an diese Kolleginnen und Kollegen dann auch ist, dass sie die Ergebnisse aus der Lehr- und Lernforschung berücksichtigen. Sie müssen also auch mal in solche Bücher sehen – nicht nur in ihre Fachbücher – und daraus Unterrichtsmaterialien entwickeln und didaktische Konzepte übernehmen.

Eigene Erfahrungen

Hier würde ich kurz auf meine konkreten Erfahrungen eingehen. Ich hab damals ein Institut für Biochemie an der medizinischen Fakultät in Hamburg geleitet. Ich hatte insgesamt ca. 30 Mitarbeiterinnen und Mitarbeiter. Dann habe ich eine Professur ausgeschrieben mit Schwerpunkt Lehre und zwar aus einem ganz klaren Bedarf heraus. In der Medizin hat keiner Zeit, die Ärzte und Ärztinnen schon mal sowieso nicht. Wir waren Theoretikerinnen und Theoretiker und hatten ein bisschen mehr Zeit. Trotzdem haben wir gesehen, dass die Anforderungen im Bereich der Lehre und die Entwicklung der neuen Curricula in der Medizin unendlich viel Zeit in Anspruch nahmen. Alle wissenschaftlichen Mitarbeiterinnen und Mitarbeiter waren so involviert, dass die Forschung zu kurz kam. Und dann haben wir gesagt: „Wir schreiben jetzt mal so eine Position aus." Dann haben wir einen exzellenten Neurowissenschaftler bekommen. In diesem Fall ein Mann, der auch aus unserem Institut kam. Er hatte sich über den Master of Medical Education qualifiziert. Dessen Abschluss kann man inzwischen auch in anderen Fächern machen. Er hat dann die Position bekommen. (Ich war nicht in der Berufungskommission - natürlich, das machen wir nie so). Und er ist eben heute noch sehr erfolgreich. Er hat mit seiner hohen Qualifikation Curricula entwickelt, Lehre gemacht und alles Mögliche.

Damit hat er auch die anderen Wissenschaftler und Wissenschaftlerinnen entlastet und gleichzeitig natürlich trotzdem bei Projekte in unserem wissenschaftlichen Institut mitgemacht. Das ist ein Modellbeispiel, wo ich sagen kann, ‚Bingo!', Ich würde mir an meiner Universität an vielen Stellen so ein Modell wünschen. Aber die Abwehr ist riesengroß an den deutschen Universitäten. Das werde ich auch als Vizepräsidentin der HRK noch mal ansprechen. In Hamburg wurden danach noch zwei klinische Professuren mit Schwerpunkt Lehre eingerichtet, hervorragende Leute. Die haben viele Lehrpreise gewonnen. Der Mitarbeiter, der bei mir war, war drei Mal ‚Teacher of the Year'. Das sind wirklich qualifizierte Leute. Da haben die Studierenden auch was davon. Das bringt was.

In den Papieren wurden noch weitere Anforderungen genannt: 1) Auslandserfahrungen, damit man auch andere Systeme kennt; 2) die Attraktivität der Position soll vergleichbar der in der Forschung sein, 3) unterstützendes Personal (wir können diese Personen nicht alleine in die Welt stellen und sagen, du kriegst keine Mitarbeiter), und 4) interdisziplinäre Zusammenarbeit. Das ist das Wissenschaftsratspapier mit seinen Forderungen und meinen Kommentaren.

Aktuelle Situation

Die Situation heute – die Papiere liegen ja schon eine Weile zurück – ist folgendermaßen: Der Stellenwert der Lehre im Hochschulsystem ist gestiegen. Das kann man daran festmachen, dass die Reputation gestiegen ist, dass Lehre ein wichtiges Kriterium bei Tenure-Entscheidungen ist. Wenn beispielsweise im Rahmen der Exzellenz-Initiative eingestellten Juniorprofessorinnen und -professoren die Tenure-Entscheidung ansteht, ist Lehre ein wichtiges Kriterium. Und ich muss sagen, unsere 27 jungen Juniorprofessorinnen und -professoren in Göttingen (50 Prozent Frauen, 50 Prozent aus dem Ausland) machen so exzellente Lehre und haben tolle Noten von den Studierenden gekriegt. Das macht einen als Präsidentin richtig glücklich. Lehre ist ein wichtiges Kriterium bei den Berufungen und bei der W-Besoldung.

Das sind alles Aspekte, wo im System wir schon hinzugewonnen haben und was in allen Papieren festgehalten ist. Ob es überall umgesetzt wird? [*Gelächter*] Nun, früher stand es noch nicht einmal in den Papieren. Eine Universität zu leiten und Änderungen herbeizuführen, das ist nicht wie ein Segelschiff oder gar eine Yacht steuern. Das ist ein Tanker mit zum Beispiel bei uns fast 400 Individualisten, und das meine ich im positiven Sinne. Professorinnen und Professoren machen nicht immer das, was ich sage. Das sollen sie auch nicht. Wenn Sie dann in die Hochschulleitungen gehen, da sind einige Leute schon seit 20 Jahre dabei. Bis dort mal akzeptiert wird, was der Wissenschaftsrat vorschlägt dauert es einige Zeit. Ich sage diese Dinge ganz bewusst, denn ich habe einen guten Überblick über das System, durch meine Tätigkeit als Senatorin der Leibniz Gemeinschaft und Max Planck Gesellschaft. In Göttingen haben wir mehrere außeruniversitäre Forschungsinstitute vor Ort. Sie sind unsere Partner und haben ein großes Interesse an der Lehre. Für deren Postdocs ist es besonders attraktiv, Erfahrungen in der Lehre zu sammeln, denn nur damit lässt sich später an einer Universität Karriere machen. Aber auch viele Professoren wissen, dass man durch die Fragen der Studierenden selber lernt. Das ist ein lebendiger Faktor im Wissenschaftssystem.

Aktuell ist weiterhin die Tatsache, dass wir zur Umsetzung des Konzepts mehr Geld benötigen. Die damals geforderten Gelder sind nicht geflossen. Die derzeitigen zusätzlichen Gelder in den Offensivprogrammen, der Exzellenzinitiative oder den großen kompetitiven Programmen für Qualität in der Lehre, haben ein großes strukturelles Manko: Sie bekommen für ca. fünf Jahre Gelder, aber was ist dann? Nach fünf Jahren können Sie die eingestellten Personen nicht weiterbeschäftigen. In Göttingen z.B. müssen wir fünf Millionen aus der ersten Runde des Exzellenzinitiative ‚ablösen'. Die Gelder müssen also aus Dauer bewilligt werden, durch die Grundfinanzierung der Universitäten. Das ist der Kern der Sache.

Zum Schluss möchte ich noch eine ganz persönliche Bewertung abgeben: Ich hab gerade gesagt, dass nach allem, was ich beobachte, sich die Situation schon verbessert hat, ohne dass die Professur mit Schwerpunkt Lehre eingeführt wurde. Ich persönlich halte aus den eben genannten Gründen aber auch heute die Professur mit Schwerpunkt Lehre immer noch für eine sehr attraktive Möglichkeit die Lehre zu verbessern. Und ich würde weiter dafür streiten, wohl wissend, dass die Umsetzung schwierig ist. Die Lehre in der Zukunft stellt eine ganz riesige Herausforderung für die Universitäten dar. Denn das ganze Wissenschaftsfeld und die Berufsfelder werden immer komplexer und wir stehen in immer stärkeren Konkurrenzsituationen zu nationalen und internationalen Einrichtungen. Deswegen glaube ich, ist es notwendig, solche ‚Spezialisten' – so nenne ich das jetzt mal – im System zu haben. Vielen Dank!

Karin Hildebrandt: [*zu Prof. Beisiegel*] Also ich bedanke mich ganz herzlich, Sie begeistern sich ja so richtig für diese Professur; und wenn man das hört, dann müsste man ja denken, die ganze Welt richtete diese Professuren ein. Aber wir haben ja leider nicht viele gefunden. Deshalb freuen wir uns auch ganz besonders auf Prof. Dr. Kluth, der den Deutschen Hochschulverband vertritt, der sich ja von Anfang an sich gegen diese Professur ausgesprochen hat. Professor Kluth ist Inhaber des Lehrstuhls für Öffentliches Recht an der Martin-Luther-Universität in Halle-Wittenberg, er ist Vorsitzender der DHV-Gruppe Halle und seit 2000 Richter am Landesverfassungsgericht Sachsen-Anhalt. Ich gebe Ihnen das Wort.

10.2.   Argumente gegen die Lehrprofessur[3]

Zunächst bedanke ich mich für die herzliche Einladung. Gewissermaßen sind Sie (das HoF) auch ein Teil unserer Universität. Ich freue mich immer besonders, hier zu sein. Wenn ich das, was Frau Prof. Beisiegel zutreffend zu den Herausforderungen im Wissenschaftssystem und in der Lehre ausgeführt hat, betrachte, dann sind wir nicht nur ganz nah beiei-

---

[3] Vortrag: Prof. Dr. Winfried Kluth

nander, sondern ich unterstütze alles. Der Unterschied besteht darin, dass die Schlussfolgerungen aus der Sicht des Deutschen Hochschulverbandes (DHV) andere sind.

Dabei ist es auch wichtig zu berücksichtigen, dass sich der DHV nicht nur gegen die Professur mit Schwerpunkt Lehre geäußert hat. Um deutlich zu machen, dass der Verband nicht gegen Verbesserungen in der Lehre ist, sollte darauf hingewiesen werden, dass es dem DHV um die größere Beachtung der Lehre und die Exzellenz in der Lehre geht. Und da ist der Hochschulverband der Meinung, dass die Ausbildung einer eigenen Institution, nämlich der Professur mit Schwerpunkt Lehre, nicht die richtige Antwort auf die Herausforderungen ist.

Damit ist auch die Vermutung verbunden, dass das Wissenschaftssystem hier einen kostengünstigen Weg sucht, um größere Herausforderungen quantitativer und sonstiger Art zu erfüllen. Ich kann nicht auf systematische Beobachtungen verweisen, aber meine Beobachtung ist, dass sehr häufig die Lehrprofessuren in den Universitäten lediglich als W2-Professuren ausgeschrieben werden, und das ist zunächst eine klare Aussage über die damit verbundene geringere Wertschätzung. Jetzt kann man sagen, der DHV, das sind die Altvorderen, die noch in der alten Zeit leben. Deshalb der Hinweis, das auch die junge Akademie der Berlin-Brandenburger Wissenschaftsakademie und der Nationalakademie Leopoldina, namentlich die AG Lehre, sich in ihrem Papier zum gleichen Thema gegen die institutionelle Sonderung von Lehre und Forschung ausgesprochen hat. Auch die Junge Akademie hat Argumente zu der Frage vorgetragen, wie man das Ziel einer größeren Beachtung der Lehre auch bei der Wissenschaftsförderung erreichen kann.

Bevor ich zu den Einwänden komme, vielleicht auch vorweg schon die Vorschläge des Deutschen Hochschulverbandes, die auch vom Wissenschaftsrat geteilt werden. Es ist klar, wenn wir mehr Exzellenz in der Lehre wollen, wenn wir die Themen, zum Beispiel stärkere Trans- oder Interdisziplinarität brauchen, dann ist das auch mit zusätzlichem Zeitaufwand, mit zusätzlicher Aufmerksamkeit verbunden, und es ist auch mit einer Erhöhung der Zahl der Professuren verbunden.

Der Wissenschaftsrat hat kürzlich für die Rechtswissenschaft ein Papier vorgelegt, das z.B. Kleingruppenunterricht durch Professoren und eine Stärkung der Grundlagenfächer verlangt. Und wenn man das damit vergleicht, was in den letzten Jahren an juristischen Fakultäten passiert ist, erkennt man hier eine Trendwende. Es gibt kaum noch Professuren für Rechtssoziologie und der dogmatische Pflichtfachstoff ist ständig ausgeweitet worden. Dann sieht man einfach, dass das alles nicht zusammenpasst und dass ohne Erweiterung der Zahl der ‚normalen' Professuren die Vorgaben nicht zu verwirklichen sind.

Die Vorstellungen des Deutschen Hochschulverbandes, die wir ja auch in den meisten Hochschulgesetzen schon finden, gehen dahin, dass es Flexibilisierungsmöglichkeiten gibt, dass zeitweise Deputate erhöht oder abgesenkt werden, so dass wir also durchaus Schwerpunktbildungen haben, aber unterhalb einer institutionellen Differenzierung auch befürworten und da auch einen vernünftigen Ansatz und Anreiz sehen. Und deswegen konzentriere ich mich auf diesen Punkt. Das sind die Bedenken auch bei diesen jungen Wissenschaftlern, die befürchten, dass im Endergebnis trotz aller guten Wünsche eine Art von Zweiklassengesellschaft entsteht und dass deshalb auch für die Karriereentwicklung dieses Modell eher mit Nachteilen als mit Vorteilen verbunden ist.

Und da kommen wir zu einem weiteren Gesichtspunkt der institutionellen Realität: Nicht ohne Grund müssten wir am Ende sagen, diese Professuren oder die Inhaberinnen und Inhaber dürfen nicht alleine gelassen werden, das heißt, wenn man das Modell etabliert, wird man auf Dauer die Ausstattung anheben, wie es früher mit den C3-Professuren geschehen ist. Sie sind vermutlich unbewusst von diesem Zustand schon ausgegangen und haben gesagt, die Lehrprofessur muss auch Unterstützung bekommen und darf nicht ganz alleine bleiben, und das ist der Punkt, den sowohl die Nachwuchswissenschaftler und -wissenschaftlerinnen als auch der Hochschulverband nicht wieder zurückkommen sehen möchten. Die Unterschiede in der Ausstattung und in den Anforderungen sind der zentrale Punkt, auf den man sich in einem Streitgespräch konzentrieren muss. Und es muss die Frage gestellt werden, ist das der beste von mehreren möglichen Wegen, um eine höhere Aufmerksamkeit für die Lehre zu erzeugen? Wie geht die Praxis damit um?

Ich selber wirke für den Wissenschaftsrat im Akkreditierungsausschuss mit, der für die privaten Hochschulen zuständig ist, von denen 90 Prozent Fachhochschulniveau haben. Dabei ist unser Credo, darauf zu achten, dass in den Arbeitsverträgen genügend Zeit für Forschung vorgesehen ist – an Fachhochschulen! Der Wissenschaftsrat hat ja auch das Differenzierungspapier veröffentlicht, das die früheren deutlichen Unterschiede zwischen den Hochschultypen relativiert hat, vor allem in Bezug auf die fehlende Forschung bei den Fachhochschulen. Es wird heute überall zumindest ein Mindestmaß an Forschung erwartet. Die ausschließliche Etablierung der Forschung an der Universität ist überholt und die heutige Fachhochschule nicht auf die Wissensvermittlung beschränkt. Und gerade vor diesem Hintergrund sind ja auch diese 16- oder

18-Stunden-Deputate kritisch zu betrachten. Darauf weisen die Stellungnahme des DHV und der Jungen Akademie sehr deutlich hin.

Natürlich ist das Hauptproblem, mit dem wir immer zu tun haben, dass die Umsetzung der von Ihnen formulierten Anforderungen, die auch vom Hochschulverband und anderweitig formulierten Anforderungen an mehr Exzellenz in der Lehre letztendlich etwas kosten. Dies ist ein Punkt, den Sie noch nicht so hervorgehoben haben, der uns aber in der Praxis natürlich sehr beschäftigt, vor allen Dingen in den sozialwissenschaftlichen Bereichen. Dass durch den Bologna-Prozess aber auch durch Reformen in anderen Bereichen die zeitliche Belastung für das Prüfungswesen gestiegen ist, was ich für einen sehr wichtigen Teil unserer Tätigkeit halte. Wir merken das als Juristen natürlich im Hauptbereich ein bisschen, weil im universitären Prüfungsbereich, wo wir jetzt universitäre Abschlussarbeiten schreiben lassen, da gibt es viele Fakultäten, die das auch mit Klausuren usw. auch nur abarbeiten.

Das ist natürlich etwas Neues, man muss auf eine neue Qualifikation vorbereiten, man muss Zeit für die Prüfungen einschließlich der Korrekturen sich nehmen, und das ist natürlich in den Bereichen von Bachelor und Master noch ein höherer Aufwand, und das wirft natürlich auch ein Bild, also auf Aufgabenstellung, Betreuung, Vorbereitung für die Aufgaben, dass wir sehen: Auch hier bedarf es einer Personalausweitung, wenn wir die bisherigen Standards überhaupt halten wollen. Denn wir haben jetzt vorübergehend, der Hochschulpakt setzt ja auch da die falschen Anreize, denn wir immatrikulieren ja jenseits der Kapazität.

Ich möchte an der Stelle auch deutlich machen, dass der DHV in keiner Weise mit der Kritik an dieser Reform jetzt die Arbeit und auch das große Engagement von Inhaberinnen und Inhabern von solchen Stellen kritisieren möchte, das wär eine völlig falsche Botschaft. Und ich kann persönlich auch sehr gut nachvollziehen, dass wir in der Professorenschaft Personen haben, für die die Lehre mehr so das notwendige Übel ist und dass es eben auch umgekehrte Leidenschaften gibt. Und das ist nach meinem Eindruck, wenn man das mit dem DHV sieht, durch diese Steuerungsmöglichkeiten innerhalb des Systems vielleicht etwas besser abgefragt. Und ich denke, dass heute insgesamt in den Berufungsverfahren das Mitspracherecht der Studierenden u.a. mit der Durchführung von Probevorlesungen, sich bereits gewandelt hat. Bei uns an der Fakultät ist eine Lehrveranstaltung zwingender Bestandteil auch des Bewerbungsverfahrens. Die Studierenden besitzen ein starkes Vetorecht, das die Bedeutung der Lehre in den Berufungsverfahren stärkt.

Jedenfalls in vielen Fakultäten wird doch deutlich darauf gehört. Wenn wir dann in die Diskussion über die Streitpunkte eintreten, es besteht aus der Sicht des Hochschulverbandes und auch der Jungen Akademie völlige Zustimmung, was die Bedeutung und die Unterstützung für die Lehre angeht. Wir haben ja auch das neue Medium, also E-Learning, wir müssen natürlich auch lernen, mit den neuen Gewohnheiten von Studierenden, sich Wissen anzueignen, umzugehen. Und auch das kostet Geld. Also wir haben jetzt bei uns auch ein großes Serviceprojekt, was natürlich auch deshalb interessant ist, weil wir vor dem Hintergrund von neuen Medien auch neue Anfragen bekommen. Wir werden ja jetzt gefragt, wie können bestimmte Formen des Wissens auch überhaupt richtig weitergeben gegeben werden? Dann fragt man sich natürlich vorher auch noch mal ein Stückchen weit mehr, mit welchem Anspruch man dann die Vorlesung hält, das halte ich für einen guten Anreiz.

Wir müssen auch immer sehen, dass die gemeinsame Grundforderung, dass wir an der Stelle mehr Geld im System benötigen, natürlich am ehesten ignoriert wird. Die Praxis ist ja so, dass wir Überbrückungsprogramme bekommen und dass damit Lücken gestopft werden, aber dass sicherlich von Seiten derjenigen, die die Exzellenz fördern, nach wie vor noch die Exzellenz in den Forschungsergebnissen im Vordergrund der Köpfe ist, auch wenn in der Rhetorik und auch in den Programmen es schon etwas ausgeglichener ist. Aber da gibt es sicherlich, was die Wertigkeiten angeht, noch vieles zu tun. Und deswegen diese Lageeinschätzung aus meiner Sicht.

Ziele und auch die Problemanalyse, da stimmen wir überein, aber wir sehen den optimalen Weg darin, die vorhandenen Flexibilisierungsmöglichkeiten innerhalb von, ich sag mal, normalen Professuren zu nutzen. Und auch diese Umgehungsstrategie, nämlich dann de facto mit weniger finanziellem Aufwand, mit weniger Ausstattung ein größeres Angebot an Lehre zu generieren, dass sehen wir skeptisch. Und, wie gesagt, ohne in irgendeiner Weise abzustreiten, dass Inhaberinnen, Inhaber von solchen Professuren sicherlich das mit sehr viel Engagement machen, das steht überhaupt nicht zur Debatte. Vielleicht kommen wir dazu ins Gespräch, und dann können wir über Einzelheiten auch noch sprechen.

Noch eine ganz kleine Schlussbemerkung: Bei den hohen Studentenzahlen, die wir zurzeit haben, mache ich auch die Beobachtung, dass nur ein geringer Teil der Studierenden wirklich an Wissenschaft interessiert und diskursgewillt ist. Wenn ich etwa die Stellungnahme des Wissenschaftsrates zur weiteren Entwicklung des Jurastudiums lese, das vermehrt Kleingruppenunterricht durch Professoren vorsieht, dann ist das sicher auch für viele Studenten und Studentinnen eine Schreckensnachricht, da sie dem direkten Kontakt bzw. Gespräch mit den Professoren lieber aus dem Weg gehen. Damit verbunden ist dann auch die Frage:

Welche Studiengänge gehören an die Universität, welche an die Fach-hochschulen? Wir haben ja auch das Paradoxon, dass traditionell an den Fachhochschulen die Gruppengrößen viel kleiner sind, in der Größenord-nung von maximal 50 Personen, während an den Universitäten 500 Teil-nehmer an Vorlesungen kein Ausnahmefall sind. Wenn man an dieser Stelle konsequent reformiert, ist das mit teuren Folgen verbunden.

10.3. Diskussion

Karin Hildebrandt: Vielen Dank. Also die Probleme, die Sie genannt haben, die sind ja auch in unseren Interviews immer wieder aufgetaucht. Ich würde jetzt die Fragen aus dem Publikum aufrufen.

N.N.: Ja, ich hab eine Nachfrage. Ich hab es jetzt nicht ganz richtig ver-standen: Der DHV spricht sich dafür aus, dann einfach mehr Geld ins System und für normale Professuren einzusetzen, die Anzahl erhöhen, Betreuungsrelation verbessern usw. [*Winfried Kluth bejaht*] Ich hab in Erinnerung, dass in der damaligen Diskussion gerade der Lecturer, also die eine Lehrposition unterhalb der Professur, ganz stark unterstützt wur-de und wollte fragen, was aus dieser Idee eigentlich geworden ist.

Winfried Kluth: Ja, in der DHV-Resolution ist das nicht präferiert wor-den. Ich meine, die Frage ist jetzt, ob man, das hatten Sie ja auch ange-sprochen, die unbefristeten Mittelbaustellen, das, was wir früher mal als ‚Akademischen Rat‘, also heute gibt es Akademische Räte auf Zeit noch in manchen Bundesländern, das ist natürlich auf einem anderen Niveau etwas, über das man noch mal kritisch reflektieren kann. Ich bin jetzt nicht so der DHV-Hauptfunktionär und kenne nicht alle Stellungnahmen, da müsste Bernhard Kempen kommen, der kennt das bestimmt. Das ist etwas, was auch mal diskutiert worden ist für manche Fächer. Ich hatte ja meine eigene Erfahrung im Geschichtsstudium, da hat es das gegeben, was wir jetzt im Augenblick ja wieder stärker haben, diese, aber das sind befristete, Lehrkräfte für besondere Aufgaben, die dann eingesetzt wer-den.

Und ich denke, also aus meiner Perspektive eignen sich Lecturer in bestimmten Fächern für bestimmte Aufgaben. Also das, was ich zum Beispiel kenne, diese spezifischen Lektürekurse oder andere Kurse, wie es da angeboten wird, wo man also wissenschaftlich reflektiert, bestimm-te Aufgaben zur Einführung in die Wissenschaft macht, da ist das Profil sicherlich angemessen. Da muss man dann aber fachspezifisch schauen, also das ist nicht etwas, was für alle Fächer, für alle Veranstaltungstypen geeignet ist. Ich würde dem eine Tauglichkeit für bestimmte Bereiche durchaus nicht absprechen und hätte dann da auch keine Schwierigkeiten, dass man das wieder zu Dauerstellen macht. Und die Frage des Übergangs, also eine Möglichkeit der Weiterqualifizierung, das muss man dann sehen, das ist dann eine Frage, wie dann auch das Budget, also die zeitliche Belastung aussieht.

Ulrike Beisiegel: Kurz zu der Frage nach den „Lecturern": Ich glaube, dass Sie dieses Personal, das Sie jetzt zuletzt angesprochen haben, also Wissenschaftlerinnen oder Wissenschaftler, die auch einen Schwerpunkt in der Lehre haben, nicht damit vergleichen können, …

Winfried Kluth: … genau, deswegen ist das was anderes.

Ulrike Beisiegel: Das ist was anderes. Die brauchen wir und ich glaube, da sind wir auch einig, dass wir die brauchen. [*Zu Winfried Kluth*] Ich habe eine Frage: Sie haben gesagt, alternativ zur Institutionalisierung einer solchen Professur würde der DHV diese Flexibilisierung innerhalb des Systems befürworten [*Winfried Kluth bejaht*]. Aber die Kernfrage dabei ist ja, wer entscheidet denn, ob Sie jetzt Lehre machen oder ich.

Winfried Kluth: Genau.

Ulrike Beisiegel: Ja? Also wir beide wollen Karriere machen. Wir sind beide Juniorprofessoren, oder Habilitierte. Und wer entscheidet jetzt, dass Sie zwölf Stunden Lehre machen und ich nur sechs? Das würde mich mal interessieren. Das ist nämlich das Problem der Hochschulleitungen.

Winfried Kluth: Das ist richtig, dass dieses Modell auch Probleme hat, wenn es nicht zu einer fakultätsinternen Verständigung darüber kommt. Also die Rechtslage in Sachsen-Anhalt ist so, dass das dann der Dekan entscheiden kann. Da gibt es in der Tat die theoretische Möglichkeit, dass, ich meine, da muss man ein Stück zurückgehen, wenn zum Beispiel am Fachbereich dann ein Projekt eingeworben wird, was für bestimmte Kollegen das verlangt, dann kann hier nach unserem Landesrecht da eine entsprechende Steuerung erfolgen. Sie wissen, dass ein Dekan, der noch mehrere Jahre vor sich hat, so etwas nie entscheiden wird, das heißt, es wird dann letztendlich so laufen, dass man, bevor man so einen Antrag stellt, in der Fakultät auch mit anderen Kollegen sich verständigt, das wird dann vermutlich der Weg sein. Wenn Sie, also Hamburg hat ja teilweise hauptamtliche Dekane und andere Bundesländer auch, die würden sich vermutlich dann wiederum anders verhalten und dann auch durchregieren an größeren Fachbereichen. Und das ist ein Stück weit, wenn das von vornherein im Gesetz drinsteht, ist das vermutlich auch noch mit Verfassungsrecht usw. alles vereinbar.

Aber jedes System hat seine Schwächen, und in der Praxis ist es ja bislang schon so, dass wir, es gibt ja noch die anderen Modelle, die sich selbst vertreten lassen, dann kommt also Vertretungslehre, die aber nie ideal ist, vor allen Dingen für Betreuung von Abschlussarbeiten und andere, das sind so die Flexibilisierungsmomente. In der Fakultät, wo Sie, also wo man sozusagen gemeinsam Schwerpunkte setzt, wo man sich gemeinsam drauf einigt, dass man ein größeres Forschungsprojekt an Bord holt, kann ich mir gut vorstellen, dass man sich darüber verständigen kann. Aber Sie brauchen dann in der Tat auch die Möglichkeit, wenn das funktionieren soll, Entscheidungen gegen den Willen umzusetzen, und das ist immer unschön. Aber das haben wir ja auch schon heute Morgen kurz gehört, das war mal früher vermutlich so, wenn man lange genug sucht, findet man immer, dass alles schon mal da war. Es ist immer die Frage, was man als den Normalzustand sieht, welchen zeitlichen Raum … und praktisch der Nachteil dieser Lösung - den können Sie dann nur überwinden, wenn Sie so viel Personal haben, dass [*lacht*] es keine Engpässe gibt, und das ist natürlich nur der Idealfall.

Karin Hildebrandt: Ich hab jetzt drei Wortmeldungen noch…

Carsten Würmann: Das entscheidende Auswahlkriterium für die Professur scheint mir noch immer die Güte der wissenschaftlichen Leistung in der Forschung zu sein, davon gehe ich aus, das ist das, was Wissenschaft zusammenhält. Deswegen meine Frage: Wie machen Sie es, wenn Sie jetzt die Lehre aufwerten wollen? Sie brauchen Kriterien für die Auswahl von Personen für diese Lehrprofessur, und Sie müssen ran an die Güte der Forschung, das heißt, Sie müssen sagen, so und so viele Preise in der Lehre heben die Tatsache auf, dass diese Person letztlich in minder angesehenen Journals veröffentlicht. Sehen Sie da ein Problem bzw. wie wollen Sie das machen?

Ulrike Beisiegel: Ich sehe darin kein Problem, sondern eine Herausforderung. In der Tat ist es so, dass wenn bei zwei, drei oder vier Bewerbern auf eine Professur einer kein Lehrkonzept vorlegt, und eine didaktisch grottenschlechte Vorstellungsvorlesung abliefert, dann wird der nicht auf die Liste genommen. Das ist ganz klar. Dann kann er noch so gut publiziert haben. Und in dem Falle, dass wissenschaftlich zwei gleich gut publiziert haben, wird immer der genommen, der bessere Lehre macht.

Carsten Würmann: Genau, aber erst an zweiter Stelle, das heißt ...

Ulrike Beisiegel: Nein, nicht an zweiter Stelle, ...

Carsten Würmann: ...und Sie müssen doch von vornherein der Kommission sagen, guckt auf alle die nicht ganz so Guten, wir brauchen gute Lehrende, und wie wollen Sie das machen? Damit geben Sie doch rein, Qualitätsmaßstab wissenschaftliche Güte zählt nicht mehr.

Ulrike Beisiegel: Nein, zählt nicht, ist einfach falsch. Es ist eine Priorisierung. Ich würde es folgendermaßen machen: Wenn ich in einer Fakultät mit einem besonders hohen Bedarf an guter Lehre oder Entwicklungsarbeit in der Lehre bin, würde ich eine Professur mit Schwerpunkt Lehre ausschreiben. Dann halte ich von Anfang an ganz gezielt Ausschau nach Exzellenz in der Lehre, und danach sehe ich auch noch, ob der- oder diejenige in der Forschung gut ist. Es kann aber eben auch umgekehrt laufen. Das ist die Idee der Professur oder deswegen plädiere ich für die Professur mit Schwerpunkt Lehre.

Peer Pasternack: Es geht um Reputation, da geht es auch um Symbolik. man könnte zu einer Lösung des Ganzen gelangen: Wir haben im Augenblick ganz wenige Möglichkeiten, höhere und höchste Lehrbelastungen durch Ressourcen auszugleichen. In der Forschung ist das möglich, dort kann man sich z.B. teilweise von der Lehre befreien lassen infolge besonders intensiver Forschungsleistungen. Aber es ist kaum möglich, jemanden, der oder die 200 Studienabschlussarbeiten im Jahr liest, diesen Aufwand auszugleichen etwa durch eine zusätzliche Hilfskraftstelle, eine zusätzliche halbe Assistentenstelle oder dergleichen.

Ulrike Beisiegel: Erstens ist das möglich, was Sie grade gesagt haben. Ich kann natürlich jemanden, der besondere Lehrleistungen hat, mit einer halben Assistenten- oder Hilfskraftstelle entlasten. Aber natürlich geht es auch um unabhängige Lehre. Das hatte ich ja eben auch betont. Das ist sicherlich ein ganz anderes Problem der Hierarchie und Nachwuchsförderung. Sie haben gerade immer ‚an Hochschulen‘ gesagt. Dieses Papier, das hab ich versucht klarzumachen, bezieht sich auf Universitäten. Das ist ein Typus Hochschule und zwar nicht irgendwie qualitativ ein besserer, sondern ein bestimmter Typus. Es geht hier um die Qualität der Lehre an einer Universität, Punkt.

Es gibt exzellente Lehrer an Fachhochschulen, an Hochschulen oder hoffentlich auch an Schulen, didaktisch gut, etc. Aber hier geht es um forschungsbasierte Lehre, und das ist etwas anderes, eben das Besondere an der Universität. Das macht sie nicht besser, aber das macht sie anders. Und da kommt jetzt noch mal meine Einlassung zur Flexibilität: Was dann passiert – und ich sag das jetzt ein bisschen drastisch, und so haben

Sie es auf keinen Fall gemeint – aber ich glaube, Sie sehen auch die Gefahr eines Automatismus: Wer viel Geld für die Forschung eingeworben hat, muss weniger Lehre machen.

Die anderen – so die Befürchtung – haben dann sowieso weniger Forschung gemacht und können mehr Lehre machen. Und das ganze entscheidet dann der Dekan. Es läuft dann wie im alten System, wo die akademischen Oberräte – ich selber war auch mal akademische Oberrätin – den Großteil der Lehre abdecken. Die Folge ist, dass die Besten aus der Lehre herausgenommen werden. Genau davon wollte der Wissenschaftsrat mit dem Papier weg. Die Professur mit dem Schwerpunkt Lehre kriegt nur jemand, der jetzt in dem eben zitierten Fall den Master of Medical Education hat oder einen anderen Kurs gemacht hat, der zeigt, dass er sich dafür qualifiziert hat. Am Universitätsklinikum in Hamburg waren wir schon ein bisschen weiter als an manch anderem Ort. Dort werden keine Wissenschaftler eingestellt, die keine Lehrerweiterbildung gemacht haben, bzw. nicht bereit sind, eine abgespeckte Version des Master of Medical Education zu machen. Genau das würde ich auch gerne in Göttingen einführen. Damit kommen wir von diesem Flexibilisierungssystem weg, in dem die Besten sich auf die Forschung konzentrieren und die Schwächeren für die Lehre zuständig sind. Das reale Leben zeigt uns doch, dass häufig sehr gute Forscher auch sehr gute Lehrer sind.

Winfried Kluth: An unserer Universität besteht die Verpflichtung zur didaktischen Aus- und Weiterbildung auf der Mitarbeiterebene, denn wenn Sie erst auf den Bewerber oder den Professor abstellen, kommt das ein bisschen spät, und dass wir lebenslang lernen müssen und was Neues machen, das ist natürlich klar.

Ulrike Beisiegel: Das ist richtig. Aber ich hab ja gesagt, wenn einer oder eine ohne kommt...

Karin Hildebrandt: Ich bedanke mich, Sie haben das deutlich gemacht, dass sich die Universität mehr auf die Lehre konzentrieren sollte. Ich glaube, da ist noch ein Kulturwandel notwendig, weil für die Berufungen wirklich das Kriterium ‚Forschung‘ das Ausschlaggebende im Moment noch ist.

Ich bedanke mich, ich denke, wir können das nachher immer noch weiter diskutieren...

Literatur

Strohschneider, Peter/Kempen, Bernhard (2007): Professur, Schwerpunkt Lehre? Pro und Contra, in: Forschung & Lehre. 3, 152-153.

Wissenschaftsrat (2007): Empfehlungen zu einer lehrorientierten Reform der Personalstruktur an Universitäten. Berlin. http://www.wissenschaftsrat.de/download/archiv/7721-07.pdf (Zugriff am 20. Mai 2014).

Wissenschaftsrat (2008): Empfehlungen zur Qualitätsverbesserung von Lehre und Studium. Berlin. http://www.wissenschaftsrat.de/download/archiv/8639-08.pdf (Zugriff am 15. Juni 2010).

11. Über vier Jahre Lehrprofessur in Passau

Ein Erfahrungsbericht aus der universitären Praxis im Kontext der Examensvorbereitung für Studierende der Rechtswissenschaften

Urs Kramer

11.1. Die Ausgangslage

Die Erste Juristische Staatsprüfung in Bayern besteht aus sechs jeweils fünfstündigen Examensklausuren, die, nur durch ein Wochenende unterbrochen, direkt nacheinander geschrieben werden. Hinzu kommt eine regelmäßig dreistündige mündliche Prüfung in Gruppen zu üblicherweise fünf Kandidatinnen und Kandidaten.

Die Vorlesungen an der Universität bereiten offenbar allein nicht richtig auf diesen Prüfungsmarathon vor. Daher ist die Examensvorbereitung bisher weitgehend in der Hand kommerzieller Repetitorien gewesen; es gab bzw. gibt nur zaghafte und oft wenig koordinierte Versuche der Universitäten gegenzusteuern, so dass es für Studierende an vielen Universitäten kaum bzw. gar keine – Alternativen zu dem kostenpflichtigen Besuch eines kommerziellen Repetitoriums (bis zu 200 Euro im Monat für einen Jahreskurs!) gibt. Gerade mit der Einführung von Studiengebühren bzw. Studienbeiträgen – in Bayern zuletzt bis zu 500 Euro pro Semester – nahm jedoch der Druck für Veränderungen an diesem seit „Urzeiten" unveränderten System von Seiten der Studierenden zu: Es war (und ist) nicht nur für sie zunehmend unverständlich, warum ein wesentlicher Teil des juristischen Studiums außerhalb der an sich zuständigen Universität stattfindet und dafür auch noch zusätzlich bezahlt werden soll. Was – so war die Frage – erhalten die Jurastudierenden von ihren Studiengebühren bzw. Studienbeiträgen zurück?

11.2. Die Reaktion der Universität Passau

Diese Frage wurde in Passau seit 2008 wie folgt beantwortet: die Verbesserung der juristischen Lehre und die Einführung eines universitätseigenes Repetitoriums!

Im Wintersemester 2008/09 schuf die Universität Passau die organisatorischen und institutionellen Rahmenbedingungen, um den Studierenden der Rechtswissenschaften fortan eine umfassende Vorbereitung auf die Erste Juristische Staatsprüfung zu gewährleisten. Als erste Universität Deutschlands richtete sie – aus Studienbeiträgen finanziert – an der Juristischen Fakultät (und in ähnlicher Weise auch an allen anderen Fakultäten) drei Lehrprofessuren mit einer Lehrverpflichtung von 14 Semesterwochenstunden ein: je eine für das Öffentliche Recht, das Strafrecht und das Zivilrecht (sie sind seither mit drei Männern besetzt; allein deshalb ist nachfolgend nur noch von „Lehrprofessoren" die Rede).

Ein Semester später folgte auf dieser Basis die Gründung des „Institutes für Rechtsdidaktik", in dem die Verantwortung für die Vorbereitung auf das Erste Staatsexamen gebündelt wurde und das Ziel der qualitativen Aufwertung der Lehre federführend verfolgt wird. Die neue Personalkategorie „Lehrprofessur" ist dabei vor allem durch ihre höhere Lehrverpflichtung gekennzeichnet. Sie ermöglicht es dem Institut für Rechtsdidaktik, einen den gesamten examensrelevanten Stoff umfassenden, kostenlosen Jahreskurs zur Examensvorbereitung anzubieten, der (wie bei der kommerziellen „Konkurrenz" und anders als in den bisherigen universitären Lehrveranstaltungen) auch während eines großen Teils der vorlesungsfreien Zeit stattfindet.

Dieser ganzjährige Kurs untergliedert sich in Einheiten von je 40 Wochen Zivilrecht (pro Woche sieben Stunden) und Öffentliches Recht (sechs Stunden) und 20 Wochen Strafrecht (fünf Stunden) sowie einen einwöchigen kompakten Block zum Arbeitsrecht. Die Inhalte der verschiedenen Bereiche werden von den drei Lehrprofessoren aufeinander abgestimmt und – wo möglich – auch miteinander „verzahnt", so dass eine Examensvorbereitung „aus einem Guss" und durch die personelle Kontinuität zudem „aus einer Hand" erfolgt.

Ein zentrales Element des Kurses ist die fallorientierte Lernmethode. Die zu wiederholenden Inhalte werden nicht – wie zuvor in vielen Vorlesungen – im Vortragsprinzip (fast nur) abstrakt-theoretisch vermittelt, sondern anhand von Fällen (oft in Examenslänge) systematisch und anschaulich erarbeitet. Dabei wird auch die für das Examen relevante höchstrichterliche Rechtsprechung einbezogen. Mit dieser Herangehensweise wiederholen die Studierenden nicht nur den materiellen examensrelevanten Stoff, sondern erhalten während der Fallbesprechungen zugleich wichtige Tipps zum Aufbau des Gutachtens sowie zur überzeugenden Argumentation und zur Methodik. Ausführliche Lösungen, in die auch relevante im Kurs gestellte Fragen als „Infokästen" eingearbeitet werden, stehen zum zeitnahen Download bei „Stud.IP" (der universitären

Lernplattform im Internet) bereit. Außerdem gehören Übersichten, die den Studierenden helfen sollen, das Erlernte zu strukturieren, zum Kursmaterial.

Nicht zur Verfügung gestellt werden hingegen – im Unterschied zu manchem kommerziellen Repetitorium – bloße Wiederholungen, die dem Gesetz ohne weiteres zu entnehmen sind. So soll „stumpfes" Auswendiglernen vermieden und das Verständnis der Materie in den Vordergrund gerückt werden. Auch die Arbeit mit dem Gesetz soll besonders „beworben" und eingeübt werden. Dabei geht es um Fragen wie: Was steht explizit in der Norm, was ist zumindest mit ihrem Wortlaut vereinbar, was weicht vom Wortlaut ab?

Das Passauer Universitätsrepetitorium verfolgt damit einen wissenschaftlichen Anspruch: Zentrale Aspekte im Examenskurs sind vor allem die Förderung wichtiger juristischer Fertigkeiten wie Argumentationsvermögen und Problembewusstsein sowie der Fähigkeit zu stringenter Gedankenführung, zur Strukturierung und Systematisierung des Stoffes. Es geht dabei insbesondere darum, den Studierenden die im Gesetz angelegten Strukturen, Wertungen und Zusammenhänge verständlich zu machen, um dadurch die schon vorhandenen Kenntnisse zu festigen, neu Erlerntes damit zu verknüpfen und das erforderliche Wissen durch die Vermeidung unreflektierten Auswendiglernens zu reduzieren.

Durch die Möglichkeit der Wortmeldung bei der gemeinsamen Erarbeitung der Falllösungen werden die Studierenden überdies ermutigt, die Inhalte während des Repetierens zu hinterfragen. Um den wissenschaftlichen Ansatz vertieft zu verfolgen, nehmen sich die Lehrprofessoren mehr Zeit für die Erarbeitung der Inhalte als die meisten kommerziellen Anbieter, bei denen das Verständnis für systematische Zusammenhänge nach dem Bericht vieler „Kurswechsler" oftmals zu kurz kommt. Die Passauer Studierenden kommen auch deshalb – anstatt dreimal beim kommerziellen Anbieter – im Schnitt viermal in der Woche zum universitären Repetitorium. Dafür sind dort jedoch die Ferienzeiten länger, so dass der Zeitaufwand letztlich ähnlich ist.

Ein großer Vorteil des Passauer Angebotes ist zudem, dass die Lehrprofessoren zugleich selbst auch als Prüfer im Staatsexamen tätig sind. Das bedeutet, dass sie aus eigener Erfahrung wissen, worauf es bei den schriftlichen und mündlichen Prüfungen ankommt; sie sind nah dran am Ablauf und den Inhalten der Examina und können dadurch wertvolle Tipps aus erster Hand geben.

In den Kurs integriert sind ein schriftliches und ein mündliches Probeexamen (unter Prüfungsbedingungen) in jedem Semester. Das schriftliche Examen findet jeweils am Ende der kursfreien Monate im März und

September statt, und die simulierte mündliche Prüfung wird im Juni und Dezember angeboten. Außerdem können diejenigen Kandidatinnen und Kandidaten, die sich nicht selbst prüfen lassen wollen, als Zuhörerende in einer solchen simulierten Prüfung den Ablauf und die Art und Weise der Fragestellungen kennenlernen. Durch die Prüfungen unter realistischen Bedingungen werden die Anforderungen an die Examenskandidatinnen und -kandidaten klar und transparent. Das verschafft ihnen vor allem Sicherheit und hilft, ihnen (zumindest den vermeidbaren Teil der) Angst vor dem Examen zu nehmen.

Darüber hinaus gibt es für alle Studierenden die Möglichkeit, wöchentlich Klausuren auf Examensniveau zu schreiben, die korrigiert und besprochen werden. Dieser von der gesamten Passauer Juristischen Fakultät angebotene Klausurenkurs wird vom Institut für Rechtsdidaktik organisatorisch koordiniert.

Ein besonderes Angebot des Institutes für Rechtsdidaktik ist schließlich das etwa 90-minütige „Einzelcoaching", das für alle Jurastudierenden unabhängig davon angeboten wird, ob sie am Examenskurs teilnehmen oder nicht. Im Rahmen einer solchen Klausurenanalyse werden die eingereichten Klausuren – wenn nötig – „Satz für Satz" besprochen und die Kandidatinnen und Kandidaten von den Lehrprofessoren persönlich beraten sowie auf individuell vermeidbare Schwächen bzw. Probleme, aber auch auf ausbaufähige Stärken hingewiesen.

Um an dem Coaching teilzunehmen, geben die interessierten Studierenden im Vorfeld aus dem betreffenden Fach zwei bis vier korrigierte Klausuren im Institut für Rechtsdidaktik ab. Dannach erfolgt eine Terminvereinbarung mit dem betreffenden Lehrprofessor. Die individuelle Analyse und Beratung gibt den Examenskandidatinnen und -kandidaten die Chance, ihr vorhandenes Potenzial auszuschöpfen. Unabhängig davon, auf welchem Leistungsstand sie sich befinden, soll durch die Abstrahierung der problematischen Punkte ihrer Klausuren so für sie ein allgemeiner Verbesserungseffekt erzielt werden.

Das durchweg beliebte und gut angenommene Einzelcoaching ist ein Beleg dafür, dass es den Mitgliedern des Institutes für Rechtsdidaktik ein wichtiges Anliegen ist, die Studierenden auch individuell zu fördern und ihnen bei der Examensvorbereitung möglichst effektiv zur Seite zu stehen. Dass die Lehre bei den drei Lehrprofessoren nicht nur bereits in der Amtsbezeichnung, sondern auch sonst im Vordergrund steht, ist demnach nicht nur an der erhöhten Semesterwochenstundenzahl ihrer Lehrverpflichtung festzumachen, sondern auch an ihrer Herangehensweise und Methodik, die sich noch stärker als sonst üblich an den Bedürfnissen der Studierenden orientiert.

Um einen direkten Dialog mit den Studierenden zu gewährleisten und die didaktische Konzeption der universitären Examensvorbereitung stetig verbessern zu können, werden die „Performance" der Lehrenden und das Konzept des Kurses regelmäßig evaluiert. Eine neu eingeführte Studierendensprechstunde von Mitarbeitenden des Institutes bietet eine zusätzliche Anlaufstelle, um Anregungen, Probleme sowie Verbesserungsvorschläge loszuwerden.

Ein weiterer Aufgabenbereich des Institutes für Rechtsdidaktik ist schließlich die Schulung derjenigen wissenschaftlichen Mitarbeiterinnen und Mitarbeiter, die in den unteren und mittleren Semestern die vorlesungsbegleitenden Übungen für die Studierenden leiten.

11.3. Erste Erkenntnisse zur Examensvorbereitung – nach über vier Jahren

Dass eine universitätsinterne Examensvorbereitung und Professuren mit einem Tätigkeitsschwerpunkt in der Lehre von den Studierenden gewünscht werden, belegt die gute Resonanz der angehenden Passauer Juristinnen und Juristen auf die Angebote des Institutes für Rechtsdidaktik. Insbesondere der Erfolg des Examenskurses lässt sich mit Zahlen belegen: Mittlerweile kommen mehr als die Hälfte der Examenskandidatinnen und -kandidaten eines Jahrganges in den universitätseigenen kostenlosen Jahreskurs. Die Entwicklung war rasant: Aus den weniger als 20 Zuhörenden beim Start des Angebotes im Herbst 2008 sind mittlerweile über 120 Teilnehmende geworden. Auch die guten Ergebnisse im Examen – die Universität Passau liegt in der Landesstatistik regelmäßig auf den vorderen Plätzen – sind (bei aller gebotenen Bescheidenheit) ein weiterer Indikator für den Erfolg des Kurses.

Das neue Angebot an der Universität spricht sich auch immer mehr herum – der „Trend zum Repetitor" ist in Passau offenbar gedreht. Diese Entwicklung zeigt, dass der Besuch des kommerziellen Repetitoriums nicht auf Grund einer generellen Ablehnung universitärer Angebote zur Examensvorbereitung durch die Studierenden erfolgt; er ist vielmehr auf den Mangel an alternativen, universitären Angeboten zurückzuführen. Mit Hilfe der Einführung der Lehrprofessuren konnte die Universität Passau nun eine solche offenbar attraktive Alternative schaffen.

11.4. Die Rolle und die Bewertung der Lehrprofessuren in diesem Kontext

Die neue Personalkategorie unterscheidet sich von den klassischen Professuren bzw. Lehrstühlen vor allem dadurch, dass eine höhere Lehrverpflichtung besteht. Während die reguläre Professur mit acht bis neun Semesterwochenstunden konzipiert ist, hält sich ein Lehrprofessor bzw. eine Lehrprofessorin zwölf bis 16 (in Passau sind es, wie oben schon erwähnt, 14) Semesterwochenstunden im Hörsaal auf.

Die Einführung der Lehrprofessuren ist dabei nach mehrheitlicher Auffassung vor Ort ein wichtiger Schritt für das Umdenken der Universitäten bei der Bewertung der Wichtigkeit der Lehre. An der Universität Passau – sie ist angesichts der parallelen Situation an den anderen Fakultäten insoweit eine bundesweite Vorreiterin bei der Schaffung von Lehrprofessuren – können bisher, wie ausgeführt, erkennbare Erfolge verzeichnet werden. Positive Folgen davon sind unter anderem auch die Reaktion und die Unterstützung für die Lehrprofessuren von Seiten der Universitätsleitung: Trotz der sich abzeichnenden Abschaffung der Studienbeiträge wurden die drei Stellen der Lehrprofessoren nach drei Jahren entfristet. Die Universität sicherte somit wegen des Erfolges des Examenskurses den Fortbestand der Stellen auch bei der (mittlerweile erfolgten) Abschaffung der Studienbeiträge. Das Professorium der Juristischen Fakultät hat angekündigt, im Bedarfsfall Finanzierungslücken notfalls zu Lasten eigener Mitarbeiter- und Mitarbeiterinnenstellen zu schließen. Somit gehört der Examenskurs auch in Zukunft fest zum Programm der Examensvorbereitung in Passau, und die Lehrprofessoren haben sich dort erfolgreich etabliert.

Bei aller Freude darüber soll aber nicht verschwiegen werden, dass es auch Probleme und Widerstände gibt: So wird die „Ämtertauglichkeit" der Lehrprofessoren (etwa in Bezug auf das Dekanat) oft in Frage gestellt. Unter Kolleginnen und Kollegen anderer Universitäten herrschen überdies immer noch Unwissen, Unsicherheit, Berührungsängste, zum Teil sogar auch Ablehnung gegenüber den regelmäßig nicht habilitierten „kleinen Professoren" vor. Viele sehen durch sie die Einheit von Lehre und Forschung gefährdet. Es wird argumentiert, die Lehre durch Lehrprofessuren könne sich nicht ständig aus der Forschung erneuern und sei somit keine wirkliche *universitäre* Lehre. Diese Befürchtung mutet allerdings schon dadurch wenig überzeugend bis gar absurd an, weil sich die Forschungs- und Lehrgebiete bei den Lehrstuhlinhaberinnen und Lehrstuhlinhabern oft kaum überschneiden, jedenfalls nicht decken.

Einig sind sich jedoch (fast) alle, dass die universitäre Lehre gerade im Bereich der Rechtswissenschaften verbessert werden muss, um das hohe Ausbildungsniveau an deutschen Universitäten zu sichern. Nahezu unisono wird überdies gefordert, dass die Anzahl der Professoren und Professorinnen gesteigert werden müsse. Die Nutzung der neuen Personalkategorie „Lehrprofessur" kann dabei nach diesseitiger Auffassung eine gute Lösung sein. Zwar stehen den Lehrprofessuren regelmäßig weniger Sach- und Personalmittel zur Verfügung; dadurch können die Universitäten jedoch trotz beschränkter Finanzmittel deutlich mehr hochqualifizierte Nachwuchskräfte einstellen und die Lehrkapazitäten ausbauen. Da – so ist zu hoffen – vor allem diejenigen, die sich für die Lehre begeistern, die Lehrprofessuren besetzen werden, kann auf diesem Wege die Qualität der Lehre nicht nur auf Grund der höheren Lehrverpflichtung, sondern auch wegen der besonderen Eignung und Lehrleistung der Bewerberinnen und Bewerber deutlich gesteigert werden.

Es eröffnen sich so auch neue Möglichkeiten, und neue Angebote können geschaffen werden, die sonst nicht umsetzbar wären; zum Beispiel eben ein ganzjähriges universitätseigenes Repetitorium, geleitet von insgesamt nur drei Lehrprofessoren, die sich die Verwirklichung einer individuellen und den Bedürfnissen der Studierenden entsprechenden Vorbereitung auf das Erste Juristische Staatsexamen auf die Fahnen geschrieben haben.

11.5. Zusammenfassung und ein persönliches Resümee

Insbesondere für die Examensvorbereitung der angehenden Juristinnen und Juristen (ob auch sonst, wurde noch nicht erprobt; es wäre dort aber vermutlich auch der Fall) erweist sich die Lehrprofessur als ein hilfreiches, in der Praxis „getestetes" und dort für sehr gut befundenes – im Übrigen deswegen mittlerweile auch schon von einigen bayerischen Universitäten zumindest teilweise „kopiertes" – Instrument zur dringend nötigen Verbesserung der Lehre.

Gerade bei einer Lehrprofessur erweist sich aber – das ist unumwunden einzuräumen – die Humboldt'sche Einheit von Lehre und Forschung als ein besonderer Spagat. Das rührt nicht aus der fehlenden Habilitation oder der besonderen Lehrleistungspflicht, sondern schlicht aus Zeitgründen her. Könnten sich hier zusätzlich eingeworbene Drittmittel als hilfreicher Ausweg erweisen, wenn der Lehrprofessor bzw. die Lehrprofessorin eben auch noch forschen und seine bzw. ihre wissenschaftliche

„Aber" ebenfalls nutzen will? Der Verfasser hatte zunächst diese Hoffnung, musste aber schnell erleben, dass das Problem des (zu) knappen Zeitbudgets davon unberührt bleibt, auch wenn Mitarbeitende natürlich trotzdem eine willkommene Hilfe gerade bei der wissenschaftlichen Tätigkeit sind. Die Freude an der Lehre wiegt indes letztlich vieles auf; eine gewisse Unzufriedenheit über zu geringe Forschungskapazitäten ist aber nicht zu leugnen.

Wichtig ist letztlich jedoch in der Summe die Zufriedenheit mit dem eigenen „Job". Dafür ist die entscheidende Frage die nach dem Maßstab für die Selbsteinschätzung: Sind es die spürbaren Erfolge in der Lehre, wenn das Feedback der Studierenden „stimmt", oder ist es eher die gefühlte „Augenhöhe" mit den Kolleginnen und Kollegen auf wissenschaftlicher Ebene? Das muss letztlich jede(r) selbst entscheiden. Von daher bleibt als mein persönliches Fazit nach über vier Jahren Lehrprofessur: Es sollte kein „Entweder-oder" zwischen klassischem Lehrstuhl und Lehrprofessur, sondern ein „Sowohl-als-auch" geben, wobei entscheidend ist, dass die gewählte Struktur und Stelle zur jeweiligen Fakultät und zur einzelnen Person passen muss.

Teil C.

Universitäre Rahmenbedingungen aus Geschlechterperspektive

12. Universitäre Gleichstellungspolitik aus der Perspektive der Frauen- und Gleichstellungsbeauftragten

Petra Dimitrova

12.1. Einführung

In den letzten zehn Jahren wurde die universitäre Gleichstellungspolitik und -arbeit durch inhaltliche und strukturelle Veränderungen und Entwicklungen geprägt. Diese wurden zum einen durch staatliche und politische Interventionen gesteuert und zum anderen durch den Wandel des Hochschulsystems beeinflusst.

Zu der politischen und staatlichen Einflussnahme gehören einerseits die Gesetzgebung, wie z.b. Landesgleichstellungsgesetze (LGG) und die Landeshochschulgesetze (LHG) (mehr dazu unter Punkt 12.2), und andererseits die durch Politik und wissenschaftliche Institutionen in den letzten Jahren angestoßenen Förderprogramme und -initiativen, wie das 2008 gestartete „Professorinnen-Programm"[1] des Bundes und die „Forschungsorientierten Gleichstellungsstandards" der Deutschen Forschungsgemeinschaft (DFG) als auch die Exzellenzinitiative oder der Pakt für Forschung und Innovation.

Die meisten von diesen Programmen und Initiativen haben als Ziel den Frauenanteil in den Spitzenpositionen der Wissenschaft zu erhöhen sowie die Entwicklung von Gleichstellungskonzepten und Gleichstellungsarbeit an den Hochschulen zu fördern. Dabei schlägt die DFG im Rahmen der „Forschungsorientierten Gleichstellungsstandards" vor, dass „das so genannte Kaskadenmodell" als Leitgedanke zur Erhöhung des Frauenanteils „auf allen wissenschaftlichen Karrierestufen"[2] dienen soll. Alle oben genannten politischen und staatlichen Einflussnahmen haben

---

[1] Die Laufzeit des „Professorinnen-Programms I" war von 2008 bis 2012. Das Professorinnen-Programm II ist gestartet. Dabei haben 96 deutsche Hochschulen die Möglichkeit bis zu drei neue Professorinnen zu berufen und dafür Finanzierungen durch Bund und Länder zu bekommen.

[2] http://www.dfg.de/foerderung/grundlagen_rahmenbedingungen/chancengleichheit/fo rschungsorientierte_standards/

„die gleichstellungspolitische Dynamik" und „die kontinuierliche Fortsetzung sinnvoller gleichstellungspolitischer Maßnahmen an vielen Hochschulen nachhaltig gefördert" (Dalhoff 2013: 47).

Parallel dazu sind die Hochschulen auch von den Hochschulreformen geprägt worden, die gravierende Veränderungen sowie neue Herausforderungen für Hochschulsystem und -organisation hervorrief. Hierzu zählen eine gestiegene Zahl der Studierenden, gleichzeitig aber auch eine Verbesserung der Qualität der Lehre, die Internationalisierung von Lehre und Forschung, die Steigerung der Bedeutung markt- und betriebswirtschaftlicher Elemente sowie eine höhere Autonomie und größere Entscheidungsspielräume. Von diesen komplexen Entwicklungen ist auch die hochschulische Gleichstellungspolitik und -arbeit an den Hochschulen beeinflusst worden, da von ihr eine neue Qualität und ein Wandel gefordert werden. Die Neuerung der universitären Gleichstellungspolitik kann in den veränderten Gleichstellungsstrukturen an den Hochschulen nachvollzogen werden, wie z.B. neu geschaffene Stellen und personelle Strukturen, wie Beauftragte bzw. Referentinnen und Referenten für Gleichstellung in Stabstellen, Prorektoraten sowie Funktionsstellen in der zentralen Verwaltung, die zu einer Professionalisierung und Ausdifferenzierung der universitären Gleichstellungsarbeit beitragen.

Zeitgleich zu den strukturellen Reformen finden thematische Veränderungen und Entwicklungen statt, wie Diversity-Konzepte, Work-Life-Career-Konzepte, etc. (vgl. Löther/Vollmer 2012). Die qualitativen Veränderungen der universitären Gleichstellungspolitik können in der Einführung von Qualitätsstandards in diesem Bereich nachvollzogen werden, wie z.B. Gleichstellungsrankings und Evaluationen der gleichstellungspolitischen Maßnahmen für die Hochschulen[3]. Demzufolge wird Gleichstellungspolitik zu einem messbaren Element der Hochschulsteuerung, im Sinne eines Qualitätsmanagements. Diese Entwicklungen der qualitativen und strukturellen Veränderung der universitären Gleichstellungsarbeit deuten darauf hin, dass die Gleichstellungspolitik fester Bestandteil der Hochschulsteuerung geworden ist und somit an Bedeutung gewonnen hat und erklären dementsprechend das gestiegene Interesse seitens der Hochschulleitungen an der Implementierung von Gleichstellungsmaßnahmen und -strategien (mehr dazu unter Punkt 12.3).

---

[3] Mehr unter: Löther, Andrea (2013): Hochschulranking nach Gleichstellungsaspekte 2013; unter: http://www.gesis.org/cews/fileadmin/cews/www/download/cews-publik1 7.pdf; sowie Das TOTAL E-QUALITY Prädikat (TEQ), unter: http://www.gesis.org/c ews/informationsangebote/total-e-quality/ oder audit familiengerechte hochschule; unter: http://www.beruf-und-familie.de/index.php?c=22, etc.

Trotz dieser komplexen und positiven Entwicklungen und Veränderungen der universitären Gleichstellungspolitik und -arbeit in den letzten Jahrzehnten kommt der Fortschritt in Richtung einer tatsächlichen Gleichstellung der Geschlechter an Hochschulen sowie im Wissenschaftssystem mühsam nur voran. Somit wird sowohl von Wissenschaftlern und Wissenschaftlerinnen als auch von gleichstellungspolitischen Akteurinnen und Akteuren kritisiert und bemängelt, dass:

- obwohl innerhalb der Laufzeit des Professorinnen-Programms (2008–2012) der Professorinnen-Anteil von 17,4 Prozent auf 20,4 Prozent angestiegen ist, die durchschnittliche Steigerungsrate in den letzten zehn Jahren nur 0,85 Prozent pro Jahr betrug, weshalb sich die durch das Programm erbrachten Fortschritte nicht in der Gesamtstatistik widerspiegeln (vgl. Dalhoff 2013);

- es erhebliche Unterschiede zwischen den Disziplinen gibt, die aus der geschlechtsspezifischen Konnotation der einzelnen Disziplinen resultieren und zu unterschiedlichen Frauenanteilen auf den verschiedenen Hierarchieebenen beitragen[4];

- Wissenschaftlerinnen und Wissenschaftler bzw. Professorinnen und Professoren mit unterschiedlichen Arbeits- und Lebensbedingungen konfrontiert sind, wie z.B. Entlohnung (gender pay gap), Befristung von Arbeitsverhältnissen und Teilzeitarbeit (gender time gap), Work-Life-Career-Balance, etc., die oft zum Nachteil der Frauen ausfallen (vgl. Dalhoff 2013)[5];

- obwohl die Gesetzgebungen eine verbindliche Basis für die in ihnen erhaltenen Gleichstellungsmaßnahmen darstellen, werden sie oft auf den Ebenen der Hochschulleitungen und insbesondere auf der Ebene der Fakultäten und Institute kaum unterstützt oder teilweise sogar blockiert[6].

Diese komplexen Entwicklungen und die erhöhte Bedeutung der Gleichstellungspolitik und -arbeit an Hochschulen bilden den thematischen Hintergrund des Projekts „LehrWert". Durch die Analysen von rechtlichen Rahmenbedingungen und durch die durchgeführten Online- und schriftlichen Befragungen wurde versucht das heterogene Bild der Gleichstellungsarbeit an Hochschulen, soweit es möglich ist, abzubilden

---

[4] vgl. auch den Beitrag „Die Universität als Gendered Organization: Abwertung und Feminisierung in der Entrepreneurial University?" in diesem Buch
[5] ebd.
[6] ebd.

und zu präsentieren[7]. Im Zentrum der Befragungen standen die zentralen Frauen- und Gleichstellungsbeauftragen (FGB), da sie aus gleichstellungspolitischer Perspektive, die zentralen Akteurinnen und Akteure für die Umsetzung von Gleichstellungspolitik und -arbeit als auch für eine Gleichberechtigung und -stellung der Geschlechter in den Personalstrukturen und bei der Besetzung von Führungspositionen an Hochschulen sind.

Im Fokus des Forschungsprojekts „LehrWert" standen neben der Rolle und den Aufgaben dieser Akteure und Akteurinnen[8] auch die Fragen der Ressourcen und Erfahrungen der FGB sowie die Probleme und Entwicklungen, die gegenwärtig bei der Ausübung dieses Amtes relevant sind. Ziel dieses Kapitels ist es die Erkenntnisse in Bezug auf die Rahmenbedingungen der universitären Gleichstellungspolitik und der Ausübung des Amtes der zentralen FGB aus der Sicht der Gleichstellungsakteure und -akteurinnen sowie Hochschulleitungen darzustellen.

12.2. Rechtliche Rahmenbedingungen der Gleichstellungsarbeit an Universitäten

Neben den verfassungsrechtlichen Gleichstellungszielsetzungen des Grundgesetzes (vgl. Art. 3, Abs. 2 Satz 2 GG) und anderen staatlichen Gleichstellungsgesetzen (Allgemeines Gleichstellungsgesetz – AGG, Bundesgleichstellungsgesetz – BGleiG), die auf Bundesebene eine tatsächliche Gleichstellung von Männern und Frauen fördern, stellen Landesgleichstellungsgesetze (LGG), die die Beschäftigten im öffentlichen Dienst betreffen und dadurch auch für die Hochschulen gelten, eine Grundlage für die Durchsetzung der Gleichstellungspolitik auf Landesebene dar. Da die Hochschulpolitik eine Domäne der Länder ist, sind gleichzeitig die Hochschulgesetze der Länder (LHG) für die Durchsetzung der Gleichstellung von Männern und Frauen an den Hochschulen von Bedeutung. „Konkrete Reglungen bleiben dem Hochschulrecht der Länder bzw. den Einrichtungen selbst überlassen." (Blome 2005: 75). In allen LHG wird Gleichstellung bzw. Gleichberechtigung als Aufgabe definiert - in einigen von ihnen auch als „durchgehendes Leitprinzip" oder als Querschnittsaufgabe, die

---

[7] vgl. auch den Beitrag „Der Lehrprofessur auf der Spur: Forschungsdesign und Bestandsaufnahme" in diesem Buch

[8] vgl. auch die Beiträge „Die Bedeutung von Lehre und die Rolle von Geschlecht in Berufungsverfahren – berufungsrechtliche Regelungen" und „Die W-Besoldung als gleichstellungspolitische Herausforderung" in diesem Buch

„bei allen Aufgaben (Gender Mainstreaming)" berücksichtigt werden soll. Dies trägt dazu bei, dass das Gleichstellungsprinzip Bestandteil des hochschulischen Handels und Denkens wird. Einige LHGs definieren auch konkrete Ziele, wie:

> „Ziel: Steigerung Frauenanteil auf allen Ebenen der Wissenschaft." (Art. 4 I BayHSchG); „Erhöhung des Anteils von Frauen" (§ 3 (4) HmbHG); „Förderung Frauen- und Geschlechterforschung" (§ 3 (3) NHG); „Erhöhung Anteil von Frauen in der Wissenschaft" (§ 3 (2) GIG M-V, §4 LHG M-V); „Erhöhung des Anteils von Frauen und Männern soweit unterrepräsentiert." (§ 3 (5)HSG LSA)[9]

Für die Erreichung einer Gleichstellung der Geschlechter in den Hochschulen werden in den LGG und LHG einige Maßnahmen dargelegt, wie die Erarbeitung von Frauenförderplänen und/oder Frauenrichtlinien sowie Gleichstellungskonzepten. In den LGG von Baden-Württemberg, Bayern, Berlin, Brandenburg, Bremen, Mecklenburg-Vorpommern, Niedersachsen, Nordrhein-Westfalen, Saarland, Sachsen, Schleswig-Holstein und Thüringen sowie in den LHG von Rheinland-Pfalz, Sachsen-Anhalt, Hessen wurden auch Vorgaben zur geschlechtsparitätischen Besetzung von Gremien festgelegt.

Ein anderer Punkt, der insbesondere von den LHG behandelt wird und für die Besetzung von Professuren von Bedeutung ist, ist die Zusammensetzung von Berufungskommissionen. Alle LHG, mit Ausnahme von Rheinland-Pfalz, enthalten solche Anforderungen. In einigen der Gesetze gibt es keine klare Vorgabe zu gleichstellungsrelevanten Aspekten der Besetzung (Hamburg, Sachsen, Thüringen). In den LHG von Bremen und Nordrhein-Westfalen ist die Beteiligung der Berufungsbeauftragten und in Bayern die Beteiligung der Frauenbeauftragten vorgesehen. In den anderen neun LHG (Baden-Württemberg, Berlin, Brandenburg, Bremen, Mecklenburg-Vorpommern, Niedersachsen, Saarland, Sachsen-Anhalt, Schleswig-Holstein) ist die Beteiligung von Frauen innerhalb der Mitgliedschaft der Berufungskommission unterschiedlich definiert worden.

So zum Beispiel wird in den LHG von Berlin und Mecklenburg-Vorpommern nur unkonkret von einer „...angemessenen Beteiligung von Frauen" (§46 (7) BerlHG) bzw. „Angemessenen Vertretung von Frauen und Männern" (HSL § 59(3)) gesprochen, in den LHG z.B. von Branden-

---

[9] „Geltungsbereich der Gleichstellungsgesetze/Verpflichtungen zur Förderung der Gleichberechtigung von Frauen und Männern in staatlichen Hochschulen" unter: http://www.hof.uni-halle.de/daten/gleichstell_gesetze/Geltungsbereich%20der%20Gle ichstellungsgesetze_Hochschulen.pdf

burg, Bremen, Niedersachsen andererseits wird klar definiert, dass Frauen mindestens 40 von Hundert der Stimmberechtigten sein sollen.

Ein weiterer Aspekt der Gleichstellungsarbeit an Hochschulen, der auch in der Hochschulgesetzgebung der Länder behandelt wird, ist die Institution der FGB mit allen ihren Facetten von Stellung/Status, Ausstattung des Amtes bis hin zu Wirkung, Zuständigkeiten und Wirkungsfeldern (mehr dazu unter Punkt 12.3).

Die Analyse der rechtlichen Rahmenbedingungen verdeutlicht die Heterogenität bei der Ausführung der universitären Gleichstellungsarbeit je nach Bundesland und Hochschulen, die von den Zielsetzungen bis hin zu Besetzung von Gremien reicht und sich auch im Amt der FGB niederschlägt.

12.3. Stellenwert der Gleichstellungspolitik innerhalb der Universitätsleitungen und -steuerung

Bedingt durch die Hochschulreform, die gleichstellungsorientierte Gesetzgebung und politische Einflüsse von außen, hat die Gleichstellungspolitik an den Hochschulen in den letzten Jahren an Bedeutung gewonnen. Dies zeigt sich auch darin, „dass Hochschulleitungen zunehmend die Verantwortung für die Entwicklung von Gleichstellungszielen übernehmen und deren Umsetzung fördern" (Goldmann 2013: 36). Diese Entwicklungen können auch mit dem gestiegenen Interesse an Gleichstellungsstrategien wie Gender Mainstreaming und Diversity Management erklärt werden, die sich mit markt- und betriebswirtschaftlichen Instrumenten verbinden und mit der unternehmerischen Hochschule vereinbaren können[10]. Diese Erkenntnisse spiegeln sich außerdem in den Antworten der Hochschulleitungen in der durchgeführten Befragung wider. Knapp über die Hälfte der Befragten (13 von insgesamt 22 - 59,1%) ordnen dem Thema Gleichstellung die „höchste Priorität" in den Entwicklungszielen der Universitäten zu. Die restlichen neun Hochschulleitungen bewerten das Thema mit „mittlerer Priorität".

Trotz dieses Bekenntnisses der Universitätsleitungen bleibt immer noch die Frage offen, ob Gleichstellung an Hochschulen als Querschnittaufgabe im Sinne von „Gender Mainstreaming" bzw. als Leitprinzip gedeutet und verstanden sowie durch welche Maßnahmen und in welchen

---

[10] vgl. auch den Beitrag „Die Universität als Gendered Organization: Abwertung und Feminisierung in der Entrepreneurial University?" in diesem Buch

Bereichen bzw. Ebenen sie umgesetzt wird. Festzustellen ist, dass „eine Versachlichung bei der Diskussion von Gleichstellungsthemen und eine deutlich engere Kooperation der Hochschulleitungen mit den Gleichstellungsbeauftragten" (Goldmann 2013: 36) stattfindet.

Die Ergebnisse dieser Kooperation zeigen sich auch in den Befunden der Befragung der Hochschulleitungen[11]. Neun von insgesamt 22 befragten Hochschulleitungen (ca. 41%) geben konkrete gleichstellungspolitische Ziele und Themenbereiche innerhalb der fünf wichtigen Entwicklungsziele der Universität an. Darunter sind sowohl allgemeinformulierte Ziele, wie „Gleichstellung", „Frauenförderung", „Gleichstellung verwirklichen", „Steigerung der Familienfreundlichkeit und Gendergerechtigkeit", als auch konkrete Vorhaben und Instrumente für die Verwirklichung einer Gleichstellung der Geschlechter in verschiedenen Bereichen und Ebenen, wie „Integration d. Gendercontrollings ins Qualitätssicherungskonzept der Hochschulleitung", „Internationalisierung und Diversitätsmanagement als Querschnittaufgabe", „Frauen in MINT-Fächer", „Steigerung d. Frauenanteils auf d. wiss. Qualifikationsebenen", „Vereinbarkeit von Beruf/Studium und Familie (Reauditierung zur familienfreundlichen Hochschule)" artikuliert worden.

Insbesondere die letzten definierten Zielvorgaben deuten auf die aktuellen Themenfelder der hochschulischen Gleichstellungspolitik, wie Diversity Management, Erhöhung der Frauenanteile in den MINT-Fächern und in den wissenschaftlichen Qualifikationsebenen, Work/Study-Life-Balance sowie Controlling-Instrumente und Platzierung in Gleichstellungsrankings und -audits.

„Die Hochschulreformen der letzten Jahre haben an vielen Hochschulen dazu beigetragen, die Umsetzung von Gleichstellung von Frauen und Männern durch neue Strategien zu beschleunigen. Sie haben allerdings auch zu einem Auseinanderdriften der Gleichstellung in der Hochschullandschaft geführt." (Goldmann 2013 : 36)

Nach fast dreißigjähriger Institutionalisierung von Gleichstellungspolitik und Gender Forschung und dadurch initiierten Maßnahmen sind auch Fortschritte in einzelnen Hochschulbereichen zu beobachten. Die Mehrheit der befragten Hochschulleitungen gibt an, dass die in den letzten Jahren durchgeführten Maßnahmen im Bereich der Berufung von Professorinnen und Professoren zu einem Fortschritt der Gleichstellung beigetragen haben (Übersicht 25). Hierzu haben auch politisch gesteuerte Pro-

---

[11] vgl. auch den Beitrag „Der Lehrprofessur auf der Spur: Forschungsdesign und Bestandsaufnahme" in diesem Buch

gramme und Maßnahmen beigetragen, wie z.B. das „Professorinnen-Programm" des Bundes, in dessen erstem Durchlauf 260 neue Professorinnen in 109 Hochschulen berufen und 124 von insgesamt 152 Gleichstellungskonzepten positiv bewertet wurden (Zimmerman 2012: 5; vgl. auch Dalhoff 2013).

Übersicht 25: Gleichstellungsfortschritt bei den Berufungen*

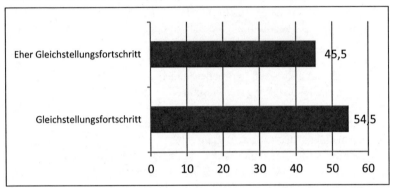

*Frage: Wenn Sie einmal zurückblicken, inwieweit haben Ihrer allgemeinen Einschätzung nach die gleichstellungspolitischen Maßnahmen der letzten Jahre generell einen Gleichstellungsfortschritt bzw. -rückschritt bei den Professorinnen und Professoren bewirkt?
N: 22/ Gültig: 22/ Fehlend: 0
Quelle: Befragung Hochschulleitungen (in %)

Aber nicht nur gleichstellungsorientierte politische Einflüsse von Außen und gesetzliche Vorgaben sind ausschlaggebend für die Durchsetzung einer Gleichstellung/Gleichberechtigung der Geschlechter an Universitäten. Eine wichtige Rolle für die Durchführung und Umsetzung dieser Vorgaben und Forderungen spielen die FGB an Universitäten, die als wichtigste Gleichstellungsakteur und -akteurinnen in diesen Institutionen und Strukturen agieren und den Prozess von innen steuern und fördern.

12.4. Frauen- und Gleichstellungsbeauftragte

Zu den wichtigsten und erfahrensten Akteuren und Akteurinnen im Bereich der Gleichstellungsarbeit an Universitäten zählen die FGB. Wesentliche Grundlage für ihre Arbeit stellen die rechtlichen Rahmenbedingungen (Grundgesetzt – Art. 3, Allgemeine Gleichstellungsgesetz – AGG, Bundesgleichstellungsgesetz – BgleiG, etc.) dar. Eine ausführliche Präzisierung ihrer Tätigkeits- und Handlungsbereiche ist in den LGG und

LHG verankert. Insbesondere letztere beinhalten Stellung, Aufgaben und Kompetenzen der FGB in den Hochschulen der jeweiligen Länder[12]. Die rechtlichen Rahmenbedingungen verdeutlichen bereits die Vielfalt innerhalb der Gruppe der FGB in den Hochschulen. Die Heterogenität der Gruppe betrifft folgende Bereiche ihrer Arbeit:

- Stellung/Status der Beauftragten: haupt- oder nebenberuflich, ehrenamtlich, zentral oder dezentral, Stellvertreter/innen, Amtszeit, etc.;
- Ausstattung des Amtes: zeitliche, personelle und finanzielle Ressourcen;
- Wirkung – Zuständigkeiten – Tätigkeitsfelder.

Die durchgeführte Befragung richtete sich an die zentralen FGB an Universitäten[13]. Leitfragen der Befragung in Bezug auf das Amt der FGB waren: Welche Rahmenbedingungen geben die LHG für ihre Arbeit vor? Welche Ausstattung des Amtes stellen die Hochschuleinrichtungen zur Verfügung? Über welche beruflichen Erfahrungen und Kompetenzen verfügen die als FGB berufenen Personen? Diese Fragen entstanden vor folgendem Hintergrund:

> „Wie der Auftrag ausgeführt wird, hängt ab sowohl von den politischen und rechtlichen Vorgaben sowie den Ressourcen als auch von der individuellen Ausgestaltung." (von Wrangell 2012: 21)

Gemäß den LHG können FGB hauptamtlich, nebenberuflich oder ehrenamtlich tätig sein. In den Ländern Berlin, Brandenburg, Hamburg, Hessen, Niedersachsen Schleswig-Holstein sind die zentralen FGB hauptamtlich beschäftigt, in Baden-Württemberg, Bayern, Mecklenburg-Vorpommern, Saarland – nebenberuflich und in Sachsen und Sachsen-Anhalt – ehrenamtlich. In den LHG von Bremen und Thüringen sind keine Angaben vorhanden. Die Heterogenität bei der Ausführung des Amtes in den einzelnen Bundesländern spiegelt sich auch in den Antworten der Befragungsteilnehmenden wider (Übersicht 26). Von Interesse ist die Kategorie „Sonstiges", die 25,5 Prozent der Befragten darstellt. Hier sind Antworten wie „Amt neben der Professur", „nebenamtlich im Ehrenamt", „FGB im Rahmen meines beruflichen Engagements", „klare Zu-

---

[12] „Ressourcen und Beteiligungsrechte der Frauen- und Gleichstellungsbeauftragten an Hochschulen nach den Hochschulgesetzen der Ländern" unter: http://www.hof.uni-halle.de/daten/gleichstell_gesetze/Ressourcen%20und%20Beteiligungsrechte%20der%20FBA_GBA.pdf

[13] vgl. auch den Beitrag „Der Lehrprofessur auf der Spur: Forschungsdesign und Bestandsaufnahme" in diesem Buch

ordnung ist mit diesen Angaben nicht möglich" vorzufinden, die den vielfältigen Status des Amtes und dessen Ausführung in den einzelnen Hochschuleinrichtungen verdeutlichen.

Übersicht 26: Stellung/Status der zentralen FGB*

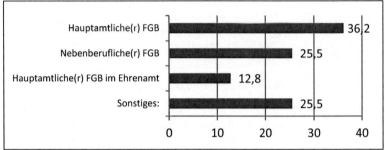

*Frage: Sind sie: Hauptamtliche(r) FGB oder Nebenberufliche(r) FGB
N: 47/Gültig: 47/Fehlend: 0
Quelle: Befragung der zentralen FGB (in %)

Die heterogene Art des Amtes veranschaulicht nicht nur den unterschiedlichen Stellenwert der FGB in den einzelnen Strukturen der hochschulischen Einrichtungen haben, sondern weist auch auf die verschiedene Ausstattung des Amtes je nach Bundesland bzw. Hochschule hin. Es zeigt sich ein sehr differenziertes Bild der Ausstattung des Amtes mit zeitlichen, personellen und materiellen Ressourcen. Die Mehrheit der befragten FGB gab an (insgesamt 80,4%), dass die zeitlichen Ressourcen, die für die Ausübung des Amtes benötigt werden, „nicht ausreichen" (46,3%) oder „absolut unzureichend" (34,1%) sind (Übersicht 27). Eine Erklärung für das Problem des Zeitmangels kann in den LHG gesucht werden.

Die meisten LHG sehen nur eine „angemessene Entlastung" der FGB (Baden-Württemberg, Bayern, Bremen, Sachsen, Schleswig-Holstein, Thüringen) vor. Andere Länder regeln die Freistellung für die Ausübung des Amtes entsprechend der Größe der Einrichtung (Nordrhein-Westfalen, Sachsen-Anhalt) oder mindestens 50% Befreiung (Brandenburg, Mecklenburg-Vorpommern). In der Gesetzgebung von Niedersachsen und dem Saarland sind keine Angaben bezüglich einer Freistellung oder Befreiung zu finden. Nur Berlin und Hamburg sehen eine komplette Freistellung der zentralen FGB vor. Somit sind insbesondere die nebenberuflichen FGB, die das Amt neben anderen beruflichen Verpflichtungen, wie z.B. Professur oder wissenschaftliche Mitarbeit, ausüben, von der Zeitnotproblematik betroffen.

Knapp über die Hälfte der befragten Personen ist auch der Meinung, dass die ihnen zur Verfügung gestellte „personelle Ausstattung" (61%) und die „materiellen Instrumente" (61%) unzureichend sind (Übersicht 27). Infolgedessen kann festgehalten werden, dass die Hälfte der zentralen FGB bundesweit nicht genügend mit zeitlichen, personellen und materiellen Ressourcen und Instrumenten ausgestattet ist, was einerseits die alltägliche Arbeit der befragten Gruppe erschwert und andererseits einen Aufhebung der gleichstellungsbezogenen Ungleichheiten in den Hochschulstrukturen abbremst.

Übersicht 27: Ausstattung des Amtes*

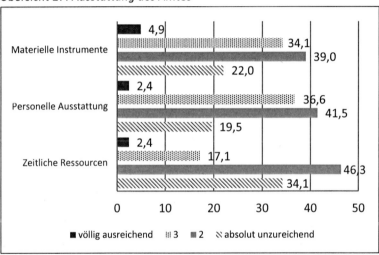

*Frage: Bitte geben Sie auf einer vierstufigen Skala an, inwieweit Ihnen die folgenden Ressourcen in ausreichendem Maße zur Verfügung stehen, um geschlechtsbezogene Ungleichheiten an Ihrer Hochschule aufzuheben! (Mehrfachantworten)
Antworten insgesamt: 123
Quelle: Befragung der zentralen FGB (in %)

In Bezug auf die personelle Ausstattung gibt die Hälfte der Befragten an, dass ihnen eine von den abgefragten Personalkategorien ihnen für die Ausübung des Amtes zur Verfügung steht, was auf das sich erweiternde Aufgabenfeld und die wachsenden Anforderungen an das Amt zurückzuführen ist. (Übersicht 28). In der Kategorie „Sonstige" ist auch die Anmerkung „kein Personal" zu finden, was darauf hindeutet, dass an einigen Universitäten die zentralen FGB das Amt ohne zusätzliche Unterstützung ausüben. Andere Personalkategorien, die hier aufgelistet wurden, sind: „Gleichstellungsreferentin" oder „Referentin", „Stellvertreterin" sowie „Geschäftsführerin" und „Praktikantin", was auf ein steigendes Arbeitspensum des Amtes hindeutet. Am häufigsten ist hier die Kategorie „Projektmitarbeiterin" bzw. „Projektkoordinatorin" zu finden.

Dieses weist auf die steigende Anzahl von Drittmittelprojektarbeiten hin, die seitens der zentralen FGB initiiert werden, bedingt durch die zunehmenden Themenfelder der Gleichstellungsarbeit an Universitäten als auch die Möglichkeit zur Erhöhung der personellen und finanziellen Ressourcen: „Das Erste, was meine Nachfolgerin gemacht hat, ist Drittmittel einzuwerben, um einen eigenen Etat zu haben , um selber Projekte auf den Weg zu gehen." (Interview E6; S. 7; 23:15). Zugleich kann die Kategorie „Projektmitarbeiterin" auf einen fortschreitenden Verlust des Status des 'reinpolitischen' Amtes der zentralen FGB hinweisen.

Übersicht 28: Personelle Ressourcen der zentralen FGB*

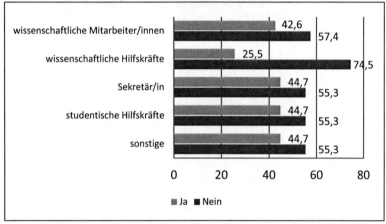

*Frage: Welche personellen Kapazitäten (außer Ihrer eigenen Stelle) stehen Ihnen für die Ausübung des Amtes als FGB zur Verfügung? (Haushaltsjahr 2011) (Mehrfachantworten)
Antworten insgesamt:235
Quelle: Befragung der zentralen FGB (in %)

Die steigende Initiative der zentralen FGB in Bezug auf die Drittmittelfinanzierung ihrer Arbeit resultiert aus dem sehr niedrigen Etat ihres Amtes aus dem universitären Haushalt. Über die Hälfte der befragten FGB (62,5%) verfügt über einen Etat unter 10.000,00 € und 40,6 Prozent über einen Etat unter 1.000,00 € jährlich. Es bleibt zu fragen, inwieweit die zur Verfügung gestellten finanziellen Ressourcen seitens der Universitä-

ten für eine erfolgreiche Umsetzung von Gleichstellungspolitiken und -
arbeit in den Hochschulstrukturen ausreichen, insbesondere angesichts
der steigenden Anforderungen an universitäre Gleichstellungspolitik und
der Erweiterung des Tätigkeitsfeldes:

> „Gleichstellungsaufgaben sind seit der HRG-Novelle von 1998 bei der
> staatlichen Finanzierung der Hochschulen zu beachten. Zu welchem Teil
> innerhalb der Hochschulen die Haushaltsmittel der Länder für Gleichstel-
> lungsaufgaben eingesetzt werden, ist jedoch auch in den Ländergesetzen
> nicht konkretisiert. Verteilungskämpfe finden also in den Hochschulen
> statt." (Blome 2005 :76)

Übersicht 29: Etat des Amtes*

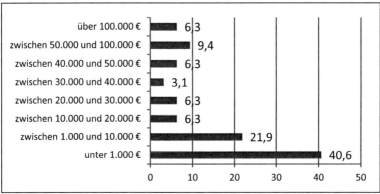

*Frage: Falls der/dem zentrale/n Frauen- bzw. Gleichstellungsbeauftragte/n aus dem uni-
versitären Haushalt ein eigener Etat zur Verfügung gestellt wird, wie hoch war dieser
2011?
N: 47/Gültig:32/Fehlend:15
Quelle: Befragung der zentralen FGB (in %)

Die durchgeführte Befragung der zentralen FGB verdeutlicht, dass insbe-
sondere die finanziellen und zeitlichen Ressourcen für die Ausübung des
Amtes nicht ausreichend sind. Bei der steigenden Bedeutung und den
Qualitätsanforderungen an die universitäre Gleichstellungspolitik ist die
Arbeit der FGB unter solchen Rahmenbedingungen besonders erschwert
und

> „selbst bei einer Konzentration auf die wesentlichen Aufgaben ist der
> Mangel an Ressourcen bei vielen eklatant und zeigt von einem Unwillen
> und Desinteresse an der Umsetzung des Reformziels Gleichstellung
> durch [Hochschul-]Politik und [einige Fälle auch durch Hochschul-]Ver-
> waltung." (von Wrangell 2012: 22)

12.5. Selbstdarstellung der Frauen- und Gleichstellungsbeauftragten

Als FGB engagieren sich bzw. werden in dieses Amt Personen berufen, vorwiegend Frauen[14], aus verschiedenen Altersgruppen[15], aus unterschiedlichen Statusgruppen, mit unterschiedlichen Motiven und Interessen, mit jeweils verschiedenem kulturellen, politischen und wissenschaftlichen Hintergrund. Die durchgeführte Befragung zeigt, dass die meisten FGB an Universitäten Mitarbeitende in Medizin, Technik und Verwaltung (44,7%) sind. Da die hauptamtlichen zentralen FGB der Selbstverwaltung der Hochschulen angehören können und sie auch 36,2 Prozent der Befragten darstellen, lässt sich der höhere Anteil dieser universitären Beschäftigungsgruppe erklären. An zweiter Stelle kommen die Mitarbeiter und Mitarbeiterinnen des akademischen Mittelbaus (44,4%). Sehr niedrig dagegen ist der Anteil der Personen, die gleichzeitig auch Professoren-Stellen besetzen (14,9%) (Übersicht 30). Der fachspezifische Hintergrund der Akteure und Akteurinnen ist breit gestreut, von Sozialwissenschaften, Rechtwissenschaften über Pädagogik bis hin zu Betriebswirtschaftslehre, Polymerchemie oder Musikwissenschaften.

Übersicht 30: Statusgruppen von zentralen FGB*

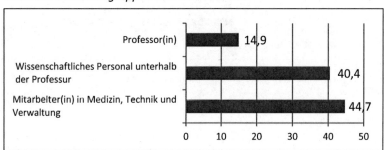

*Frage: Welcher universitären Beschäftigtengruppe gehören Sie an?
N: 47/Gültig:47/Fehlend:0
Quelle: Befragung der zentralen FGB (in %)

---

[14] Innerhalb der Gruppe der Befragten gibt es eine Überrepräsentanz des weiblichen Geschlechts und nur in 3 Fällen wurde das Amt mit männlichen Personen besetzt.

[15] Innerhalb der Gruppe der Befragten ist eine Überrepräsentanz der Gruppe der 40- bis 60jährigen und eine Unterrepräsentanz der Gruppe bis 40jährigen zu beobachten. „Diese Zahlen legen nahe, dass die Funktion der hauptamtlichen Gleichstellungsbeauftragten nur aus einer relativ gesicherten Position und nicht während der Qualifikationsphase übernommen wird." (Schuster 2009: 29)

Basierend auf den gesetzlichen und hochschulinternen Regelungen wird das Amt von den gleichstellungspolitischen Akteuren und Akteurinnen für einen unterschiedlichen Zeitrahmen, von zwei, vier bis zu sechs Jahren, besetzt[16]. In den meisten Fällen besteht die Möglichkeit der Wiederwahl. Die Befragung zeigt, dass die überwiegende Zahl Teilnehmenden erst seit ca. zwei bis sechs Jahren im Amt ist – erste Amtszeit (40,9%). Nur 11,4 Prozent der Befragten weisen eine mehrjährige Besetzung des Amtes auf, die auf eine Wiederwahl schließen lässt. Die starke Fluktuation in diesem Amt kann durch eine Nichtwahrnehmung der Möglichkeit der Wiederwahl oder durch einen gegenwärtigen Generationswechsel erklärt werden.

Übersicht 31: Dauer der Beschäftigung*

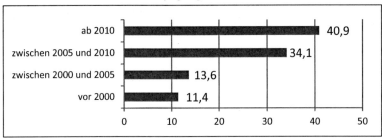

*Frage: Seit wann sind Sie als zentrale FGB an Ihrer Hochschule im Amt? (Jahr)
N: 47/Gültig: 44/Fehlend: 3
Quelle: Befragung der zentralen FGB (in %)

Unterschiedliche Erfahrungen innerhalb der Gruppe der zentralen FGB sind nicht nur bei der Dauer der Ausübung des Amtes nachzuweisen sondern auch bei den Karrieremodellen der Befragten. Nur die Hälfte der Befragten verweist darauf, dass sie bereits Erfahrungen als zentrale oder dezentrale Frauen- oder Gleichstellungsbeauftragten gesammelt hatten (Übersicht 32). Von denjenigen, die frühere Erfahrungen hatten, sind nur 22,7 Prozent seit mehr als zehn Jahren in solchen Positionen und sechs Personen (27,2%) von ihnen haben auch solche Positionen außerhalb der jetzigen Hochschule besetzt (Übersichten 33 und 34).

---

[16] „Ressourcen und Beteiligungsrechte der Frauen- und Gleichstellungsbeauftragten an Hochschulen nach den Hochschulgesetzen der Ländern" unter: http://www.hof.uni-halle.de/daten/gleichstell_gesetze/Ressourcen%20und%20Beteiligungsrechte%20der%20FBA_GBA.pdf

Übersicht 32: Amtserfahrungen der zentralen FGB*

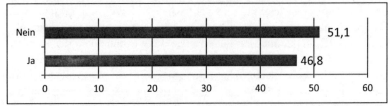

*Frage: Haben Sie vor dieser Amtsperiode an dieser oder anderen Hochschulen bereits Erfahrungen als zentrale oder dezentrale FGB gesammelt?
N: 47/Gültig:46/Fehlend:1
Quelle; Befragung der zentralen FGB (in %)

Übersicht 33: FGB mit langjährigen Amtserfahrungen – Zahl der Jahre*

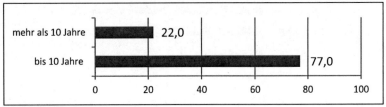

*Frage: Bitte geben Sie an, wie viele Jahre insgesamt Sie bisher als FGB an Hochschulen tätig waren!
N: 47/Gültig:22/Fehlend:25
Quelle: Befragung der zentralen FGB (in %)

Übersicht 34: FGB mit langjährigen Amtserfahrungen – Zahl der Hochschulen*

Zahl der Hochschulen	Häufigkeit	Prozent
1	16	72,7
2	4	18,2
3	1	4,5
4	1	4,5
Gesamt	22	100,0

*Frage: Bitte geben Sie an, an wie vielen Hochschulen insgesamt Sie ein entsprechendes Amt innehatten!
N: 47/Gültig:22/Fehlend:25
Quelle: Befragung der zentralen FGB (in %)

12.6. Fazit

Gleichstellung hat als Gegenstand von Reformationsprozessen und als Leistungskriterium an den Hochschulen in den letzten Jahren weiter an Bedeutung gewonnen. Dies hat zu strukturellen und thematischen Veränderungen in der universitären Gleichstellungsarbeit geführt. Angeregt durch gleichstellungsorientierte Initiativen und Maßnahmen der Politik, Gesetzgebung und Wissenschaftsinstitutionen auf Bundes- und Landesebene hat ein großer Teil der Universitäten dem Themenfeld Gleichstellung erhöhte Aufmerksamkeit zukommen lassen. Dies schlägt sich in veränderten Denk- und Handlungsweisen der zentralen Akteure und Akteurinnen nieder. Insbesondere die hochschulöffentlichen Diskurse zwischen den einzelnen Akteuren und Akteurinnen zu einer Gleichstellungspolitik und -arbeit an den Hochschulen haben zugenommen (vgl. Zimmermann 2012).

Es ist immer noch fraglich, wie weit diese in konkrete Gleichstellungsziele und -vorhaben umgesetzt und durchgeführt werden. Die Befragung verdeutlicht, dass, obwohl die Mehrheit der Hochschulleitungen der Gleichstellungspolitik einen höheren Stellungswert zuschreibt, wenige von ihnen konkrete Gleichstellungsvorhaben in die Entwicklungsplanung der Universitäten integrieren.

Auch wenn zahlreiche Initiativen und Maßnahmen, wie das „Professorinnen Programm des Bundes", „Forschungsorientierte Gleichstellungsstandards" der DFG, die Exzellenzinitiative vorschreitenden Entwicklungen im Rahmen der universitären Gleichstellungspolitik gefördert haben, sind noch große Lücken und Nachholbedarf in Bereichen wie Bezahlung/Besoldung, Arbeit- und Lebenssituationen, geschlechtsspezifische Konnotation von Disziplinen und den in ihnen vertretenen Frauenanteilen auf den verschiedenen Hierarchieebenen zu verzeichnen. Im Rahmen einer Implementierung und Umsetzung der Gleichstellungspolitik und -konzepte an Hochschulen spielen FGB eine zentrale Rolle.

Die durchgeführte Erhebung und Analysen zeigen, dass sowohl das Amt als auch der Stellenwert der zentralen FGB, resultierend aus der Gesetzgebung, in den einzelnen Bundesländern und Hochschuleinrichtungen sehr heterogen ist. Diese Heterogenität spiegelt sich auch in den personellen, zeitlichen und finanziellen Ressourcen der Ausstattung der FGB wider. Ein großer Teil der befragten zentralen FGB gibt an, dass insbesondere die zeitlichen und finanziellen Ressourcen ihnen nicht in ausreichendem Maß zur Verfügung gestellt werden, was zu Einbußen in der Qualität der Gleichstellungsarbeit an Universitäten führen kann, insbesondere bei den zunehmenden Themenfeldern und dem steigenden

Ausmaß an Arbeit. „Um politisch wirksam zu werden, wäre es hilfreich, wenn Zeit und Geld zur Verfügung stünden, um Projekte und Arbeitsergebnisse zu evaluieren und Konsequenzen daraus zu ziehen" (von Wrangell 2012: 24). Einige FGB entwickeln Strategien, wie Beantragung von Drittmittelprojekten, um dieser Mangelsituation zu entgehen, womit die Stellung des rein 'politischen' Amtes in Frage gestellt werden kann.

Ein weiterer Aspekt, der für eine erfolgreiche Ausübung des Amtes von Relevanz sein und somit die erfolgreiche Umsetzung der universitären Gleichstellungspolitik beeinflussen kann, ist die Person der zentralen FGB selbst mit ihrem professionellen und amtlichen Hintergrund. Die Befragung zeigt, dass die Amtsinhaberinnen vorwiegend aus dem akademischen Mittelbau oder den Mitarbeitenden in Medizin, Technik und Verwaltung kommen. Sehr gering ist der Anteil der Professorinnen. Bei der Besetzung des Amtes ist eine große Fluktuation von Amtsinhaberinnen zu beobachten. Die geringen Erfahrungen sowie die kurze Zeit der Amtsausübung der FGB als auch die unzureichenden zeitlichen, finanziellen und personellen Ressourcen können einen nachteiligen Einfluss auf der Qualität der Gleichstellungsarbeit und -politik an Hochschulen haben, insbesondere bei den zunehmenden Themenfeldern, Qualitätsansprüche und dem steigenden Erfolgsdruck in diesem hochschulpolitischen Bereich.

Literatur

Löther, Andrea (Hg.) (2011): Arbeitsplatz Hochschule. Dokumentation der 22. Jahrestagung der BuKoF, Bonn.

Blome, Eva/ Alexandra Erfmeier. (2005): Handbuch zur universitären Gleichstellungspolitik. Von der Frauenförderung zum Gendermanagement?, Wiesbaden: VS Verlag für Sozialwissenschaften.

Dalhoff, Jutta (2013): Hochschulische Gleichstellungspolitik 2013 – eine kritisch-konstruktive Bilanz mit Perspektive(n), in: CEWS Journal, Nr. 9, 29.10.2013, S. 46-51.

Goldmann, Monika (2013): Integration von Gleichstellungszielen in die Steuerung von Hochschulen; in: Bundesministerium für Bildung und Forschung (Hg.), Exzellenz und Chancengerechtigkeit: Das Professorinnenprogramm des Bundes und der Länder. Fachtagung am 18. und 19. Juni 2012 in Berlin; auch unter: http://www.bmbf.de/pub/ta gunsdokumentation_professorinnenprogramm.pdf (10.4.2014).

Löther, Andrea (2013): Hochschulranking nach Gleichstellungsaspekte 2013, CEWS (cews.publik.no17), auch unter: http://www.gesis.org/cews/fileadmin/cews/www/down load/cews-publik17.pdf (10.4.2014).

Löther, Andrea/ Lina Vollmer (2012): CEWS -Projekt „Hochschulische Gleichstellungsstrukturen im Wandel", in: CEWS-Journal, Nr. 85/12.09.2019, S. 40-43; auch unter: http://www.gesis.org/cews/fileadmin/cews/www/download/cews-journal85.pdf (10.4. 2014).

Schuster, Robert (2009): Gleichstellungsarbeit an den Hochschulen Sachsens, Sachsen-Anhalts und Thüringens, HoF-Arbeitsbericht 5'09, Institut für Soziologie der Martin-Luther-Universität Halle-Wittenberg, Halle (Saale).

Vollmer, Lina (2012): Wandel und Professionalisierung der Gleichstellungsarbeit an Hochschulen. BuKoF –Jahrestagung, 26.9.2012, auch unter: http://www.bukof.de/tl_files/Ve roeffentl/jt12_Professionalisierung_vollmer.pdf (10.4.2014).

von Wrangell, Ute (2012): Die Gleichstellungsbeauftragte – unverzichtbares Element emanzipatorischer Gleichstellungspolitik, in: Stigler, Barbara (Hg.), Erfolgreiche Gleichstellungspolitik. Ansprüche – Entwicklungen – Ergebnisse, WISO Diskurs, Januar 2012, S. 18-32.

Zimmermann, Karin (2012): Bericht zur Evaluation des „Professorinnenprogramm des Bundes und der Länder", Institut für Soziologie der Martin-Luther-Universität Halle-Wittenberg, Halle (Saale), auch unter: http://www.hof.uni-halle.de/dateien/ab_6_2012. pdf (10.4.2014).

13. Die Bedeutung von Lehre und die Rolle von Geschlecht in Berufungsverfahren.
Berufungsrechtliche Regelungen

Karin Hildebrandt | Petra Dimitrova

13.1. Einleitung und rechtliche Rahmenbedingungen

Berufungen gehören zu den „zentralen hochschulinternen Steuerungsinstrumenten für die Qualitätssicherung in Forschung und Lehre" (Wissenschaftsrat 2005:3). Über die Berufung von Hochschullehrenden werden einerseits entscheidend Profil und Reputation der Universität bestimmt; andererseits wird über das Berufungsverfahren unmittelbar Einfluss auf das Geschlechterverhältnis genommen. Wie bereits die Beiträge in diesem Buch zeigen, haben Forschung und Lehre einen unterschiedlichen Stellwert; Forschung hat nach wie vor die dominierende Bedeutung bei der Beurteilung der Leistungsfähigkeit der Universität aber auch bei der Beurteilung der Leistungen der Professoren und Professorinnen.

Seit Mitte der 1990er Jahre erfolgten zahlreiche Aktivitäten und auch umfangreiche Reformen sowohl vom Bund als auch von den Ländern, um Berufungsverfahren zu reformieren, die Verfahrensdauer zu reduzieren, Transparenz (über Formalisierung) zu sichern und Gleichstellung sowie Effizienz und Effektivität in den Verfahren zu gewährleisten. Als zentraler Kritikpunkt wurden vom Wissenschaftsrat dabei stets die Qualität der Lehre und ihr Stellenwert angesehen. Der Wissenschaftsrat zeigt sich „überzeugt, dass Qualitätsentwicklung im Bereich Studium und Lehre dringend erforderlich ist und deren Erfolg die Wettbewerbsfähigkeit des deutschen Wissenschaftssystem … beeinflussen wird" (Wissenschaftsrat 2008:5). Dabei erweist sich, dass ein grundlegendes Problem für alle Ansätze zur Verbesserung der Qualität der Lehre das Reputationsgefälle zwischen Lehre und Forschung darstellt und dass damit verbundene Anerkennungsdefizit von Lehrleistungen gegenüber den Forschungsleistungen.

Politisches Ziel ist die Etablierung einer „‚Lehrkultur' …, in der Lehrleistungen in gleichem Maße wie Forschungsleistungen zur Reputation beitragen" (Wissenschaftsrat 2008: 6). Dazu soll „das Reputationsniveau der Lehre dem der Forschung durch eine gezielte und systematische Qualitätsentwicklung von Lehre und Studium" (ebd.:16) angeglichen werden. Die eingeführten Maßnahmen sind vielfältig; sie reichen z.b. von Qualitätsmanagementsystemen über Lehrpreise, Förderprogramme für die Lehre bis hin zur Etablierung von Lehrprofessuren.

Lehre wird vom wissenschaftlichen Personal erbracht und insbesondere von der Professorenschaft geprägt. Die unzulänglichen Methoden der Leistungsbewertung der Bewerber und Bewerberinnen im Bereich Lehre wurden vom Wissenschaftsrat kritisiert:

> „Derzeit fehlt es in der Verfahrenspraxis vielfach an geeigneten Methoden, um die Qualifikationen eines Bewerbers (Bewerberin – d.V.) in der Lehre sachgemäß und mit einer gewissen prognostischen Sicherheit bewerten zu können." (Wissenschaftsrat 2005: 39)

Es sei „außerordentlich unbefriedigend, dass bislang keine klaren Kriterien vorliegen, nach denen die Qualität von Vortrag und Lehrprobe im Berufungsverfahren beurteilt wird." (ebd.). Auch in der Perspektive von Bewerbern und Bewerberinnen auf Professuren ist die Bedeutung ihrer Lehrkompetenz in den Berufungsverfahren oftmals unklar: ‚Lehre muss man gemacht haben, aber auf die Forschung kommt es an', ist eine gängige Vermutung[1]. Darüber hinaus wird die Durchsetzung der Chancengerechtigkeit angemahnt. Bei der Projektbearbeitung von „LehrWert" interessierten vor allem folgende Fragen:

- Welche rechtlichen Veränderungen wurden in den letzten Jahren vollzogen?
- Welche Kriterien werden insbesondere zur Beurteilung von Lehrleistungen zugrunde gelegt?
- Welcher Stellenwert kommt der Lehre in den Berufungsverfahren zur Lehrprofessur zu?
- Welche Rolle spielt Geschlecht in den Berufungsverfahren?

2005 hat der Wissenschaftsrat „Empfehlungen zur Qualitätssicherung von Berufungsverfahren" veröffentlicht und den Länder vorgeschlagen, dass Berufungsrecht auf die Hochschulen zu übertragen. Damit sollte die Hochschulautonomie gestärkt und die Verfahrensdauer verkürzt sowie mehr Transparenz hergestellt werden. Darüber hinaus wurde z. B. empfohlen, Berufungsbeauftragte zur Unterstützung der Hochschulleitungen zu etablieren, stimmberechtigte Frauen einzubinden, Befristung mit Regelungen zur Entfristung vorzunehmen sowie Zielvereinbarungen abzuschließen.

---

[1] Dies wird auch von Universitätsleitungen und universitären Frauen- und Gleichstellungsbeauftragte in einem aktuellen HoF-Forschungsprojekt (LehrWert) betont.

Übersicht 35: Länder mit rechtlicher Verankerung von hauptamtlichen Berufungsbeauftragten

Bundesland	Gesetzliche Grundlage	Inhalt
Bayern	Art. 18 Abs.2 Satz 1 und 2 BaySchPG	Hochschulleitung bestellt für jedes Berufungsverfahren i.d.R einen Professor oder Professorin als Berichterstatter oder in; begleitet das Berufungsverfahren, zur Teilnahme an den Sitzungen berechtigt, nimmt an den Sitzungen der zuständigen Gremien teil und nimmt zum Berufungsvorschlag Stellung.
Hamburg	§14 Abs. 6 Satz 1 iVm §85 Abs. 1 Nr.1 HmbHG i.V. m. Berufungsordnung	Die Hochschulen treffen in Satzungen die Regelungen über ihre verfahren. §3 Berufungsordnung regelt (1) Das Dekanat benennt eine Berufungsbeauftragte_n der Fakultät, der/die die Durchführung des Verfahrens unterstützend begleitet und als Schnittstelle zwischen Ausschuss, Dekanat und Präsidium wirkt. (2) B. unterstützt Universität; achtet darauf, dass die Pläne zur strategischen Entwicklung der Hochschule auf der Grundlage des STEP sowie der in der Ausschreibung festgelegten Kriterien erfolgt, dass wettbewerbliche Charakter gewahrt wird, dass Transparenz ist und Bewerbende über den Stand informiert werden. (3) B. hat beratende Stimme; kann alle Unterlagen einsehen.
Hessen	§63 Abs. 2 Satz 4 HHG	Die Berufungsordnung kann die Benennung B. durch die Hochschulleitung vorsehen, die den Sitzungen der BK beratend teilnehmen
Niedersachsen	§41 Abs. 1 Satz 1 i.V.m. §26 NGH i.V.m. BBO	Es ergehen Satzungen an der Universität.
Nordrhein-Westfalen	§ 38 Abs. 4 Satz 2 HFG	Berufungsordnung soll Regelungen zur Qualitätssicherung treffen
Sachsen	§ 83Abs. 3 Satz 3 i.V.m. §59 Abs.3 u.§60 Abs. 5 Satz 2SächsHG	Das Rektorat setzt B. ein, die in den Verfahren ohne Stimmrecht mitwirken. Näheres regeln die Berufungsordnungen der Hochschulen.
Thüringen	§ 78 abs. 9, 10 i.V.m. §120 Abs. 1 ThürHG	Die Hochschulen sollen eine oder mehrere Hochschullehrende zu Berufungsbeauftragten bestellen.

Quelle: eigene Zusammenstellung aus Forschung & Lehre Nr. 6/2011: 4.

Um nachzuvollziehen, wie die Empfehlungen des Wissenschaftsrats Berücksichtigung fanden, wurden zunächst die rechtlichen Regelungen sowohl auf Landes- als auch Universitätsebene betrachtet. Mit der Überarbeitung bzw. Neugestaltung der Landeshochschulgesetze erfolgte in der Mehrzahl der Länder eine Übertragung des Berufungsrechts auf die Universitäten, so in den Ländern Baden-Württemberg, Bayern, Hessen, Nordrhein-Westfalen, Hamburg, Schleswig-Holstein, Sachsen, Saarland und Thüringen (Anhang 1: Gleichstellungsanforderungen im Berufungsverfahren). Damit entscheiden die Universitäten eigenverantwortlich über die Besetzung der Professuren. Dies zeigt sich auch in unserer Untersuchung, die meisten der einbezogenen Universitäten hatten das Berufungsrecht übertragen bekommen (über 70% der eingezogenen Universitäten). Auch wurde die Möglichkeit gegeben einen Berufungsbeauftragten bzw. -berichterstatter und -berichterstatterin zur Unterstützung der Universitätsleitungen einzusetzen. Dies sehen die LHG von Bayern, Hamburg, Hessen, Niedersachen, Nordrhein-Westfalen, Sachsen und Thüringen vor (vgl. Übersicht 35).

Insgesamt gesehen, gehen die Veränderungen in den rechtlichen Regelungen zunächst davon aus, dass Qualitätsverbesserungen im gesamten Verfahrensablauf erzielt werden sollen. Dazu gehört auch, dass Gleichstellungsaspekte zunehmend Beachtung finden.

13.2. Stellenwert von Lehr- und Forschungsleistungen in Berufungsverfahren

13.2.1. Rechtliche Regelungen

Wie bereits dargestellt war für das Projekt „LehrWert" von Interesse, welchen Stellenwert kommt den Lehr – und Forschungsleistungen bei der Berufung von Lehrprofessuren zu (vgl. dazu auch „Lehre, Forschung und Geschlecht" in diesem Band sowie „ Die W-Besoldung..."), welche Kriterien werden zugrundegelegt, erfolgt dadurch eine Einflussnahme auf das Reputationsgefälle und welche Rolle spielt Geschlecht dabei?

Dazu wurden einerseits die gesetzlichen Regelungen betrachtet und andererseits die schriftlichen Befragungen sowie die Interviews nach Kriterien für Lehr- und Forschungsleistungen und deren Stellenwert in den Berufungsverfahren ausgewertet.

Kriterien der Bewertung von Lehr- und Forschungsleistungen sind kein Bestandteil von landesrechtlichen Regelungen in den LHG[2]. In den LHG werden grundsätzliche Fragen der Berufung zu Professuren geregelt sowie teilweise die Zusammensetzung der Berufungskommission vorgeschlagen (vgl. hierzu ausführlich Beitrag „Universitäre Gleichstel-

---

[2] allerdings Bestandteil der Landesbesoldungsregelungen

lungspolitik" in diesem Band; vgl. auch Anhang 1: Gleichstellungsanfor-derungen im Berufungsverfahren: Auswahlverfahren und Berufung).

Kriterien für die Bewertung von Lehr- und Forschungsleistungen sind in den von den Universitäten entwickelten Berufungsleitfäden zu finden. In nur wenigen Dokumenten zum Berufungsgeschehen (wie Berufungs-leitläden, -richtlinien) sind Verweise auf die besondere Beachtung der Lehrleistungen enthalten. In einigen davon wird die Rolle der Lehrprobe betont, andere verweisen auf Lehrkonzepte und Lehrevaluationen (vgl. hierzu auch Beitrag „Der Lehrprofessur auf der Spur" in diesem Band; Anhang 2: Berufungsleitfäden).

Im Mittelpunkt von Berufungsverfahren steht die Bewertung der Qualifikation von Bewerberinnen und Bewerbern. Auch wenn Beru-fungsverfahren heute weitgehend standardisiert sind, gibt es eine Reihe von Spielräumen für eine subjektive Einschätzung insbesondere der Be-wertung der Leistungen von Bewerbenden (vgl. Schröder 2011). Hier stellte sich für das Projekt vor allem die Frage: ob in Berufungsverfahren von Lehrprofessorinnen und -professoren Kriterien für die Bewertung von Lehrleistungen ein besonderer Stellenwert zukommt und sich von „klassischen" Berufungsverfahren unterscheiden?

Der Wissenschaftsrat hat in seinen Empfehlungen zur Ausgestaltung von Berufungsverfahren generell darauf verwiesen, dass es aus der Sicht der Hochschulleitungen, als auch der Bewerbenden und Studierenden wichtig ist, dass neben den Forschungsleistungen auch die Leistungen in der Lehre sowie Betreuung der Studierenden in den Verfahren „angemes-sen gewichtet" werden (Wissenschaftsrat 2005: 34). Für die Bewertung der Forschungsleistungen empfahl er a) eine indikatorengestützte Leis-tungsbewertung und b) das Peer-Review-Verfahren (Wissenschaftsrat 2005: 31,32; Wissenschaftsrat 2011). Bei der Lehre orientierte er auf Probevorlesungen bzw. -lehrveranstaltungen, um die didaktischen Fähig-keiten eines Bewerbenden zu bewerten sowie das Votum der Studieren-den (Wissenschaftsrat 2005: 30) gebührend zu beachten. Bei den Emp-fehlungen zur lehrorientierten Reform der Personalstruktur (Professuren mit Schwerpunkt Lehre) orientierte er auf eine „systematische Professio-nalisierung der Lehrtätigkeit" ausgewiesen Lehrkompetenzen sowie de-ren Vermittlung (Wissenschaftsrat 2007: 6).

Trotz der Empfehlungen des Wissenschaftsrat, den Stellenwert der Lehre bei den Berufungsverfahren zu würdigen und entsprechend „zu ge-wichten", zeigten die durchgeführten Befragungen der Universitätsleitun-gen, der Frauen- und Gleichstellungsbeauftragten (FGB) sowie die Inter-views der Lehrprofessorinnen und -lehrprofessoren sehr deutlich, dass die lehrbezogenen Kompetenzen und Qualifikationen der Bewerberinnen und Bewerber einen immer noch deutlich niedrigeren Stellenwert im Vergleich zu forschungsbezogenen haben. Demzufolge werden die lehrbezogenen Kompetenzen und Qualifikationen weiterhin den Forschungsleistungen nachgeordnet.

Sieben von 22 Universitätsleitungen sind der Meinung, dass lehrbezogene Kompetenzen und Qualifikationen einen „sehr hohen Stellenwert" besitzen. Im Vergleich dazu äußern 18 von den befragten Universitätsleitungen, das forschungsbezogenen Kompetenzen einen „sehr hohen Stellenwert" in der Praxis der Berufungsverfahren zukommt.

Übersicht 36: Kriterien der Bewertung der bisherigen Lehrleistungen*

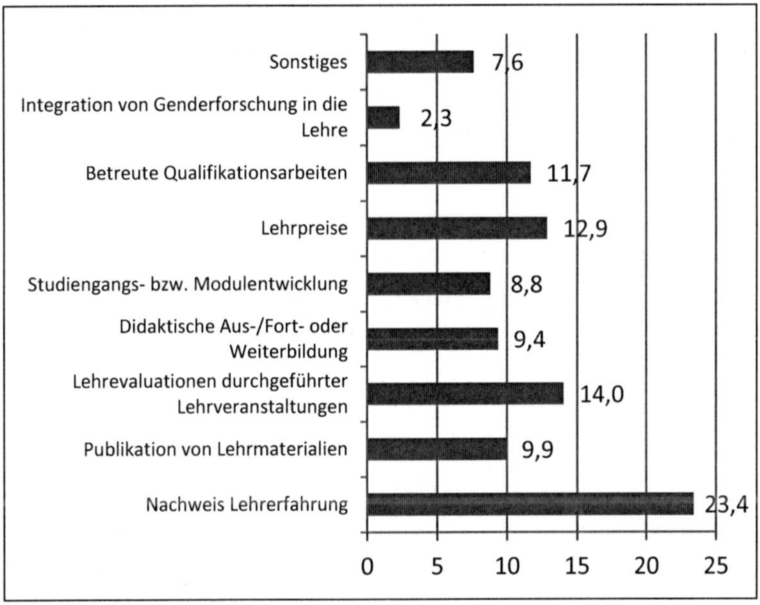

* Frage: Welche Kriterien werden der Einschätzung der bisherigen **Lehrleistungen** der Bewerber und Bewerberinnen formal zu Grunde gelegt? (Mehrfachantworten)
Antworten insgesamt: 171
Quelle: Befragung der zentralen FGB (in %)

13.2.2. Kriterien der Bewertung von Lehrleistungen an Universitäten

Um den subjektiven Faktor in der Bewertung von Leistungen zu minimieren, erfolgt deren Beurteilung auf der Grundlage von Bewertungskriterien für Leistungen insbesondere Forschung und Lehre (vgl. LHG,

Wissenschaftsrat 2005) – wenn diese auch umstritten sind – so können sie dennoch eine gewisse Grundlage für Vergleichbarkeit und Transparenz in den Verfahren bilden.

Übersicht 37: Stellenwert der Kriterien zur Bewertung der Lehrleistung in der tatsächlichen Berufungspraxis*

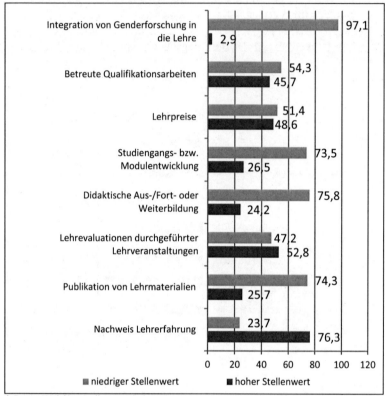

* Frage: Welchen Stellenwert haben diese Kriterien in der tatsächlichen Berufungspraxis? (Mehrfachantworten)
Antworten insgesamt: 280
Quelle: Befragung der zentralen FGB (in %)

Nach Einschätzung der FGB werden in den Berufungsverfahren (allgemein) folgende Kriterien für Lehrleistungen zugrunde gelegt (vgl. Übersicht 36).

Es sind demzufolge der Nachweis der Lehrerfahrung, die Lehrevaluation sowie die Lehrpreise, die am häufigsten genannt werden. Diese Reihenfolge der formal zugrunde gelegten Kriterien wird auch durch die Befragung der Universitätsleitungen bestätigt. Im Vergleich dazu zeigt die Übersicht 37 jene Kriterien, die nach Aussagen der FGB bei den Berufungsverfahren tatsächliche beachtet werden.

Ein Vergleich der Aussagen der FGB mit den Aussagen der Universitätsleitungen zu den tatsächlichen in den Verfahren zugrunde gelegten Kriterien weist ebenfalls eine Übereinstimmung in der Reihung auf.

Übersicht 38: Elemente von Berufungsverfahren*

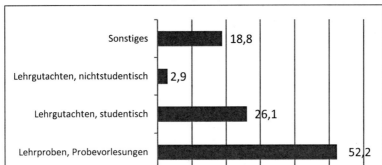

* Frage: Welche der folgenden Elemente sind Bestandteil der Berufungsverfahren Ihrer Hochschule? (Mehrfachantworten)
Antworten insgesamt: 69
Quelle: Befragung der zentralen FGB (in %)

Auch die Kriterien des Nachweises von Lehrerfahrungen, der Lehrevaluation und Lehrpreise haben einen hohen Stellenwert bei der tatsächlichen Berufungspraxis. Dabei ist zu konstatieren, dass in den letzten Jahren – so die Einschätzung sowohl der Vertreter und Vertreterinnen der Universitätsleitungen als auch der Expertinnen, der Stellenwert der Lehre an Bedeutung zugenommen hat (vgl. hierzu Beitrag „Die Einheit von Forschung und Lehre in der Arbeitspraxis" in diesem Band).

Im Vergleich dazu werden nach Meinung der FGB folgende Elemente in Berufungsverfahren angewendet (Übersicht 38).

Deutlich wird aus den Übersichten, dass Lehrproben zunehmend an den Universitäten eine Rolle spielen und sich allmählich zur gängigen Praxis in Berufungsverfahren entwickeln. In über einem Drittel der in unserer Untersuchung eingezogenen Universitäten werden Lehrproben, Probeveranstaltungen auch in den Berufungsleitfäden gefordert (vgl. auch Anhang 2: Berufungsleitfäden). Ebenfalls spielen studentische Lehrgutachten eine zunehmende Rolle – wie dies auch der Wissenschaftsrat empfohlen hat, wenn dies auch differenziert zu sehen ist (Wissenschaftsrat 2005: 32):

> „... in den Berufungsverfahren natürlich das übliche Prozedere ..., (es - div.) werden vergleichende Gutachten in Auftrag gegeben. ... diese ...haben in der Regel kein Wort über die Lehre verloren. Und dann ..., wurde jemand ausgewählt ... so, wurde noch ein Lehrgutachten in Auftrag gegeben. Aber dieses Lehrgutachten war nicht von jemand externem, sondern das wurde aus der Kommission heraus gemacht. Es gibt dann ja auch nochmal ein Kommissionsgutachten als Ganzes, zu der Person, und da gab es ein gesondertes Lehrgutachten, und damit wurden dann die Studierendenvertreterinnen und -vertreter beauftragt. Und was ich meinte, war: ...dieses Gutachten nicht von einem Professor erstellt wurde, oder einer Professorin, die man sowieso so gut wie nicht hatte, sondern von Studierenden, spricht Bände, das war verdammt unwichtig, ..., war es jedenfalls üblich, dass die Personen Vorträge gehalten haben. Das schimpfte sich zwar Vorlesung, aber im Grunde genommen ging es darum, die anwesenden Berufungskommissionsmitglieder von der Qualität der eigenen Forschungsleistung zu überzeugen. Und wenn man das dann auch noch so verpackt hat, dass die Studierenden dem folgen konnten, dann war das nett, aber nicht zwingend nötig....“ (E2)

Die Auswertung der Berufungsleitfäden von ausgewählten Universitäten[3] ergab, dass Lehre in elf Leitfäden der Universitäten erwähnt wird, entweder in Form der Durchführung einer Lehrprobe oder als Nachweis von Lehrkompetenz bzw. didaktische Gutachten anforderten werden sowie Unterlagen zur Lehrevaluation einzureichen sind.

Insgesamt deutet sich an, dass ein Auseinanderfallen von formalen Regelungen und Anwendungspraxis vorhanden ist, wobei die Akteure bzw. Akteurinnen eine wichtige Rolle spielen. Hierzu sind weitere Untersuchungen erforderlich.

In Abhängigkeit von der Fächerkultur verweisen die Befunde an einzelnen Universitäten darauf hin, dass sich in den Berufungsverfahren das Verhältnis von Lehre und Forschung hin in Richtung Bedeutungszuwachs von Lehre verändert hat. In diesen Berufungsverfahren wird eine Aufteilung in Vorlesungsbereiche für Studierende und Vortragbereiche vorgenommen.

> „...gibt es ein gewisses neues Bewusstsein, auch an den Universitäten, dass Lehre wichtiger ist.“…..“ dass in manchen Fächern in der Zwischenzeit eine Aufteilung passiert, nämlich in Vorlesungsbereiche, die aus-

---

[3] Insgesamt wurden von 24 Universitäten die Berufungsleitfaden betrachtet.

drücklich für Studierende sind, das heißt, die Lehre wird an der Stelle wahrgenommen, und dann gibt es noch einen Vortragsteil, der für die Berufungskommission ist, was schon mal denk ich ein Sonderfall ist, das ist nicht überall ..." (E2).

13.2.3. Kriterien der Bewertung von Forschungsleistungen an Universitäten

Nach Aussagen der Universitätsleitungen werden für die Bewertung der Forschungsleistungen formal Publikationen, bisher eingeworbene Drittmittel, Forschungspreise und Forschungsstipendien beachtet, weniger Leistungen auf dem Gebiet der Genderforschung. Dies bestätigt auch die Onlinebefragung der FGB (vgl. Übersicht 39). Hier deutet sich auch an, dass die Gleichstellungsstandards der DFG noch nicht alle Ebenen erreicht haben.

Übersicht 39: Kriterien der Bewertung der bisherigen Forschungsleistungen*

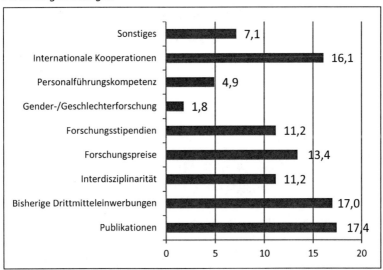

* Frage: Welche Kriterien werden der Einschätzung der bisherigen **Forschungsleistungen** der Bewerber und Bewerberinnen formal zu Grunde gelegt? (Mehrfachantworten)
Antworten insgesamt: 224
Quelle: Befragung der zentralen FGB (in %)

Auch hier zeigen sich kaum Unterschiede in der Bewertung der Wertigkeit zwischen den Aussagen der Universitätsleitungen und den FGB. Wie Übersicht 40 zeigt haben die Einwerbung von Drittmitteln und Publikationen einen hohen Stellenwert.

Übersicht 40: Stellenwert der Kriterien zur Bewertung der Forschungsleistungen in der Berufungspraxis*

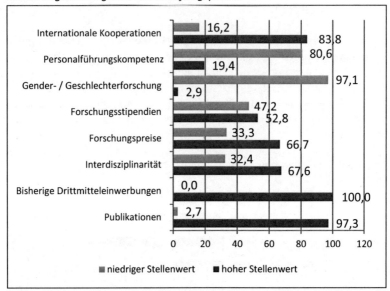

*Frage: Welchen Stellenwert haben diese Kriterien in der tatsächlichen Berufungspraxis? (Mehrfachantworten)
Antworten insgesamt 290
Quelle: Befragung der zentralen FGB (in %)

Sowohl bei den Lehrleistungen als auch den Forschungsleistungen deutet sich an, dass zwischen den formal vorhandenen Bewertungskriterien und den tatsächlich verwendeten Unterschiede bestehen, die weiter zu betrachten wären.

Die Antworten bestätigen das Reputationsgefälle zwischen den Bereichen Lehre und Forschung. Auch der Vergleich der Berufungsleitfäden (Formalisierung) verweist darauf, dass der Lehre zwar einer gewissen Bedeutung beigemessen wird, aber Forschung mehr Beachtung findet (vgl. hierzu auch Beitrag „Die Einheit von Forschung und Lehre in der Arbeitspraxis" in diesem Band).

Sowohl die Befragungen als auch die Interviews verdeutlichen, dass der Forschung ein höherer Stellenwert im Vergleich zur Lehre eingeräumt wird (vgl. auch Übersicht 41) – wie Zitate aus der Befragung der Universitätsleitungen bestätigen:

> „Die Hochschule mit ihrem strategischen Zukunftskonzept „Studierende im Fokus der Exzellenz" im Wettbewerb „exzellente Lehre" ausgezeichnet worden. Lehrkompetenz ist aber kein entscheidendes Auswahlkriterium, die Forschungskompetenz deutlich übergeordnet."
>
> „Die Lehre wird teils als zweitrangig gegenüber der Forschung behandelt."

Dabei bewerten die Universitätsleitungen die lehrbezogenen Kompetenzen (mit ca. einem Drittel als sehr hoch) der Bewerberinnen und Bewerber in den Berufungsverfahren höher als die FGB (5% mit sehr hoch). Die forschungsbezogenen Kompetenzen werden von beiden mit sehr hoch eingeschätzt.

Übersicht 41: Stellenwert von lehr- und forschungsbezogenen Kompetenzen in Berufungsverfahren*

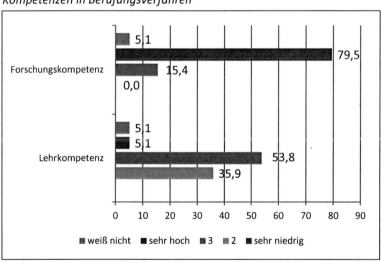

*Frage: Welchen Stellenwert haben lehrbezogene und forschungsbezogene Kompetenzen und Qualifikationen bei der Bewertung und Begutachtung von Bewerber und Bewerberinnen in Berufungsverfahren in der Praxis?
N: 47/Gültig: 39/ Fehlend: 8
Quelle: Befragung der zentralen FGB (in %)

Der bisherige Stand der Formalisierung verweist nicht darauf, dass damit dem Reputationsgefälle konsequent begegnet wird. Nach Aussagen der Expertinnen und Experten ist eher das Gegenteil zu beobachten (Übersicht 42).

Übersicht 42: Formalisierung als Mittel zur Veränderung des Stellenwertes der Lehre gegenüber der Forschung*

	Prozent
Stimme überhaupt nicht zu	9,1
2	18,2
3	38,6
Stimme voll zu	31,8
Weiß nicht	2,3

* Frage: Inwieweit stimmen Sie folgender Aussage zu? Eine weitere Formalisierung der Berufungsverfahren wäre ein geeignetes Mittel, um den Stellenwert der Lehre gegenüber der Forschung zu erhöhen.
N: 47/ Gültig: 44/ Fehlend: 3
Quelle: Befragung der zentralen FGB (in %)

Dennoch äußerten sich die Mehrzahl der FGB, dass die Formalisierung der Berufungsverfahren zur Nivellierung des Reputationsgefälles führen kann. Für die Zustimmung wurden folgende Gründe angeführt (offene Antworten der Befragung der FGB):

„Formalisierung bedeutet Transparenz und mehr Gleichbehandlung aller Kandidaten und Kandidatinnen bzw. schon vor der Bewerbung Verstärkung der gleichen Ausgangspositionen. Während des Verfahrens sind durch eine stärkere Formalisierung interne Absprachen oder Änderungen oder Verschiebung der Gewichtung einzelner Aspekte der Ausschreibung zugunsten einer Person schwerer möglich." Oder

„Ich stelle fest, dass Berufungsverfahren zu den besten (transparentesten, nachvollziehbarsten) Ergebnissen führen, wenn sie vollständig formalisiert sind - und sich Berufungskommission und Unileitung daran halten."

Als Gegenargumente gab es folgende Aussagen:

„Die Formalisierung halte ich nicht für einen relevanten Aspekt, Transparenz halte ich für sinnvoller im Rahmen von Berufungsverfahren. An der Hochschule an der ich tätig bin ist es üblich, dass jede/r Bewerber/in ein schriftliches Lehr- und Forschungskonzept vorlegt, das Gegenstand des Gesprächs der Berufungskommission ist. Beide Aspekte werden gleichermaßen berücksichtigt" oder

„Dieser Aussage kann ich bedingt zustimmen, weil ich der Meinung bin, dass Lehrstühle, an denen hervorragende Forschung betrieben wird, dafür

Sorge tragen sollen, dass diese Ergebnisse auch in die Lehre einfließen. An einigen Lehrstühlen herrscht durchaus die Auffassung, dass Forschung wichtiger ist als Lehre."

13.2.4. Rolle der Lehre in den Berufungsverfahren zur Lehrprofessur

Die qualitativen Interviews der Lehrprofessorinnen und Lehrprofessoren sowie der Universitätsleitungen verweisen darauf, dass sich die Berufungsverfahren von Lehrprofessur kaum von anderen Berufungsverfahren unterscheiden (vgl. auch hierzu den Beitrag „Die Verbindung von Forschung und Lehre in der Arbeitspraxis der Lehrprofessoren und -professorinnen" in diesem Band). Denn in den meisten dieser Verfahren besitzt Lehre keine oder nur eine marginale Rolle. Forschung besitzt die dominierende Bedeutung. Ein Lehrprofessor schildert dies wie folgt:

„... Ja, ich versuch so viel wie möglich Zeit für die Forschung aufzubringen, grad auch, um diesem Drittmittelwahn zu entsprechen und zu Drittmittelprojekten zu kommen, hab in den letzten drei Jahren, seit ich hier bin, acht Anträge geschrieben, das war relativ viel glaube ich. Den Lehrbereich, ich glaub, das, da steck ich dasselbe rein an Energie wie die Kollegen, aber ich müsste eigentlich mehr reinstecken, weil ich ja auch mehr Deputat habe. (...) Ich glaub, es wär an der Stelle hilfreich (...), diese Zielvereinbarungen nicht zu haben, die drittmittelbezogenen; das würde einiges vereinfachen, wenn man dann sagt, okay, ich hab das nicht, ich konzentrier mich auf die Lehre, und was halt dann noch geht, versuch ich einfach mit Boardmitteln in der Forschung oder vielleicht wirklich mal auch mal 'n Antrag schreiben, aber nicht diese, diese Menge. Also diese Zielvereinbarungen find ich kontraproduktiv. Ja, so würd ich 's (...) ausdrücken. Wobei, Forschung wär halt einfach schon auch wichtig." (LP3)

In einigen wenigen Berufungsverfahren – so geht aus den Interviews mit den Lehrprofessoren und Lehrprofessorinnen hervor - wurde die Entwicklung von Lehrkonzepten gefordert. Erwartungen an die Forschung hatten in den Verhandlungen einen unterschiedlichen Stellenwert (von keiner bis Erwartungen an eine Drittmitteleinwerbung).

„Ich musste ein Lehrkonzept einreichen, das ist wohl auch sehr gut evaluiert worden von der Kommission, wo sie nach der Vorstellung, also wo man sozusagen in Bezug auf die bestehenden Studiengänge seine Lehrvorstellungen präsentieren sollte, wie man es füllen würde, das war schon dominant. Danach hat 's eigentlich keine Rolle mehr gespielt. Was 'ne Rolle spielte, war, dass man Engagement in der Überarbeitung des Studiengangs erwartete und eben diesen Prüfungsausschussvorsitz mir gleich antrug; ich denk, das hängt nicht nur mit der Lehrentlastung zusammen, das hing auch an der Vorstellung, dass das doch gut zu 'ner Lehrprofessur passen würde ... Aber auch das kann man ja in unterschiedlicher Art und Weise füllen ... Der Prüfungsausschuss ist gleichzeitig 'ne Möglichkeit, Einblick in das zu bekommen, was Kollegen tun, um bestimmte Strukturentscheidungen zu treffen, ob man noch 'n kleines Modul ... bekommt, in dem man Praxis lehren soll, oder ob man eben sagt, hier, die Fragestellung, die will ich widergespiegelt sehen." (LP8)

Lehre spielte keine Rolle so aus einem Interview:

„Ich würde sagen keine. Ich glaube es interessierte niemanden ... Also man kann sich irgendwie dazu äußern und sagen, dass man das gerne macht, natürlich habe ich das auch gemacht, ich habe auch gesagt, ich möchte dieses ....Projekt, das hatte ich tatsächlich damals schon vor, ich glaube, das wirkt ‚nett'. Das wirkt irgendwie sympathisch. Und insbesondere bei Frauen sozusagen dann hat man so einen netten Anstrich und die können sich gut vorstellen, dass man da gut_mit den Studenten und das wollen ja letztlich alle, letztlich wollen alle entlastet werden." (LP5)

13.3. Geschlecht in Berufungsverfahren – ein relevanter Faktor

13.3.1. Formalisierung der Berufungsverfahren – Vielfalt der Regelungen

Im „LehrWert"- Projekt wird unter Formalisierung von Berufungsverfahren eine schriftliche Fixierung von organisatorischen Regelungen zum Ablauf von Berufungen verstanden. Diese finden dann ihren Niederschlag in Berufungsverordnungen, -richtlinien, -leitfäden oder Regelungen zur Zusammensetzung von Berufungskommissionen.

Die meisten der in unserer Befragung einbezogenen Universitäten (knapp 70%) hatten – wie bereits angeführt - das Berufungsrecht übertragen bekommen und entscheiden damit selbst über die Berufung von Professuren. Damit liegen die einbezogenen Universitäten in Bezug auf die Übertragung des Berufungsrechts über dem Bundesdurchschnitt (56% – eigene Berechnung). Die BuKoF gibt diesbezüglich zu bedenken, dass darin auch die

„Gefahr zu starker Einflussnahme der Hochschulleitungen [besteht – d.V.], wodurch die angestrebte Qualitätsverbesserung in Frage gestellt und Machtmissbrauch möglich gemacht wird. Die Einwirkungsmöglichkeiten der Frauenbeauftragten/Gleichstellungsbeauftragten hingegen werden geschwächt" (BuKoF 2005: 2).

Inwieweit diese Befürchtung zutreffend ist, kann mit der Untersuchung nicht nachgewiesen werden.

Mit der Übertragung des Berufungsrechts wurde die Grundlage für die Möglichkeit der Formalisierung geschaffen. Formalisierung ist „eine wichtige Maßnahme des Qualitätsmanagements und ein geeignetes Instrument zur Professionalisierung von Berufungsverfahren, zur Schaffung von Transparenz und zur Gewährleistung von Chancengleichheit" (Färber/Spangenberg: 382). Hier zeigten sich deutliche Fortschritte.

Übersicht 43: Formalisierung von Berufungsverfahren an Universitäten*

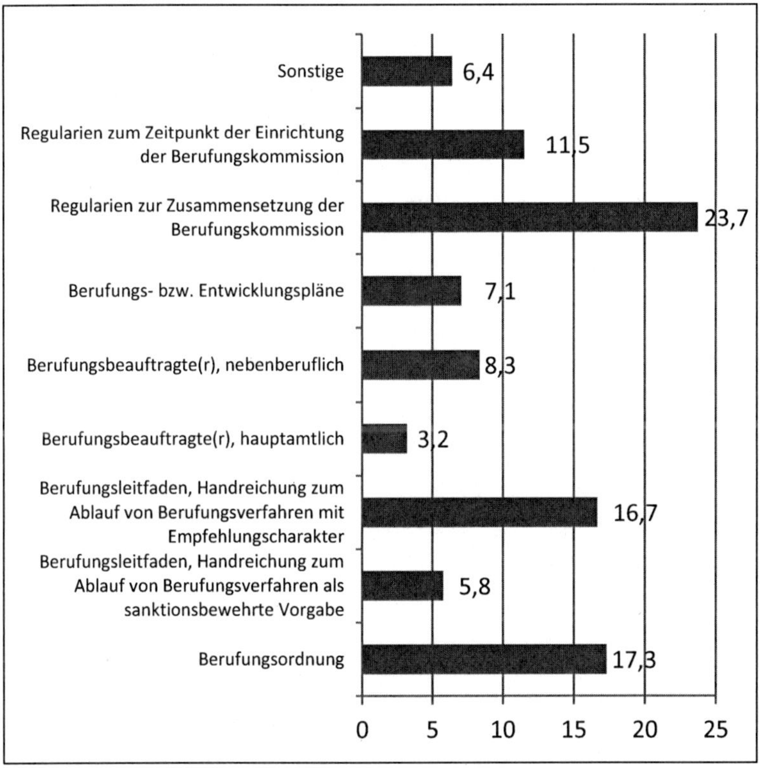

* Frage: In welchem Maße sind Berufungsverfahren an Ihrer Hochschule formalisiert. Welche der folgenden Instrumente existieren an Ihrer Hochschule? (Mehrfachantworten)
Antworten insgesamt: 156
Quelle: Befragung der zentralen FGB (in %)

Die Hälfte der in unserer Befragung beteiligten Universitäten hat in den Jahren 2011/2012 ihre Berufungsverfahren formalisiert (vgl. Übersicht 43); Berufungsleitfäden erstellt bzw. bereits bestehende Regelungen überarbeitet. Teilweise sind diese öffentlich zugänglich. Damit hatten fast alle in unsere Untersuchung einbezogenen Universitäten ihre Berufungsverfahren formalisiert. Dabei zeigte sich eine Vielfalt der Regelungen mit unterschiedlichem Formalisierungsgrad bzgl. Quantität und Qualität: Diese reichen von Verordnungen, Plänen über Leitfäden bis hin zu Handreichungen und Ablaufmustern mit Empfehlungscharakter. Am häufigsten ist nach Aussagen der Universitätsleitungen und der Befragung der FGB der Berufungsleitfaden verbreitet (vgl. Anhang 2: Berufungsleitfäden).

Bezüglich der Formalisierung von Regelungen wurden die Empfehlungen des Wissenschaftsrats beachtet. Dies bestätigt sich sowohl durch die Befragung der FGB (vgl. Übersicht 43) als auch die Befragung der einbezogenen Universitätsleitungen. Die Errichtung von hauptamtlichen Berufungsbeauftragten (vgl. Übersicht 35) blieb dagegen bisher unter den rechtlich vorgegebenen Möglichkeiten. Inwieweit diese zur Transparenz beitragen, welche Aufgaben sie konkret wahrnehmen, inwieweit ihr Aufgabenspektrum die Herstellung von Chancengerechtigkeit unterstützt, mit welchem Qualifikationsprofil sie die Funktion ausüben und wie unabhängig sie sind, ist bisher nicht bekannt.

13.3.2. Formalisierung und Gleichstellung

Eine Analyse der Berufungsleitfäden/-verordnungen von ausgewählten Universitäten verweist auf erhebliche Unterschiede sowohl quantitativer als auch qualitativer Art und Weise, wie der Anhang 2 zeigt (Berufungsleitfäden ausgewählter Universitäten).

Diese Bemühungen zur Formalisierungen sind teilweise mit Gleichstellungsaspekten verbunden. Einige Universitäten gelang der Schritt integrierte Leitfäden unter Gleichstellungsgesichtspunkten zu erstellen, wie von Färber/Spangenberg vorgeschlagen (vgl. S. 78ff.), so z. B. bei der Universität Würzburg, Erlangen-Nürnberg, Bayreuth, der RUB, der Universität Göttingen, um nur einige zu nennen. Dies zeigt sich z. B. in der Zusammensetzung der Berufungskommissionen, einer umfassenden Beteiligung der FGB von Beginn des Verfahrens an oder in Bemühungen Frauen zur Bewerbung aufzufordern.

Nach Aussagen der FGB ist eine systematische Durchsetzung von Gleichstellungsgesichtspunkten in den Fächer unterschiedlich, differenziert und durchaus kritisch zu sehen, denn:

„das ganze Thema [ist] natürlich von den ohnehin schon bestehenden Hierarchien - in der Universität - naja, wie soll ich das nennen, quasi schon vorstrukturiert ..., oder durchkreuzt wird. Und ein harter Punkt ist dabei natürlich schon auch die Fachspezifik. Also es gibt ja offenbar doch bei Geistes- und Kultur- oder Sozialwissenschaften ist es halt weniger, also scheint es mir, dass da einfach weniger Verhandlungsmacht ist, als wenn ich in einem naturwissenschaftlichen Feld bin. Einfach da auch die Zahl derjenigen, die überhaupt zur Verfügung stehen für Stellen, niedriger ist." (E3)

Trotz Zunahme der Formalisierung der Berufungsverfahren in den letzten Jahren und einer Vielzahl von gleichstellungspolitischen Maßnahmen, wird Geschlecht weiterhin als ein Einflussfaktor in Berufungsverfahren insbesondere von FGB gesehen. Dies zeigen insbesondere die Antwortmuster der Befragung der FGB in mehr oder weniger ausgeprägter Form (Übersicht 44). In wieweit Geschlecht eine Rolle spielt ist sehr vom Engagement der entsprechenden Akteure und Akteurinnen sowie der gleichstellungspolitischen Positionierung der Universitätsleitung abhängig (z.B. Beachtung der Gleichstellungsstandard der DFG, Vorhandensein eines Gleichstellungskonzepts, Stellenwert von Gleichstellung im Handeln einer Universität – siehe auch Beitrag „Universitäre Gleichstellungspolitik" in diesem Band).

Übersicht 44: Bewertung von Geschlecht als Einflussfaktor in Berufungsverfahren*

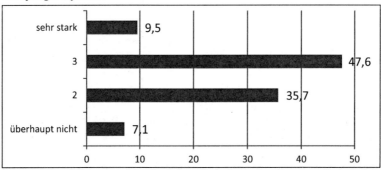

* Frage: Bitte schätzen sie auf der vierstufigen Skala ein, inwieweit an Ihrer Hochschule in Berufungsverfahren das Geschlecht der Bewerber(innen) ein Faktor ist, der Einfluss auf das Berufungsergebnis hat!

N: 47/Gültig: 42/ Fehlend: 5

Quelle: Befragung der zentralen FGB (in %)

Dabei ist die „Akteursgebundenheit" – wie eine FGB sagte – ein wesentlicher Faktor, sowohl in Richtung zielgerichteter Erhöhung des Frauenanteils als auch Nichtbeachtung von Frauen (vgl. Übersicht 45). Das Schema zeigt, welche Maßnahmen positiv oder auch negativ auf Frauen in den Verfahren wirken können.

Im Vergleich dazu betrachten die Universitätsleitungen Geschlecht als weniger kritischen Einflussfaktor und verweisen auf die vielfältig vorhandenen Maßnahmen wie, z. B. Berufungsmanagement, Berufungsstandards sowie Berufungsportale. 6 von 22 Universitätsleitungen sehen im Geschlecht „überhaupt kein Problem". Eine Universität dagegen thematisiert dies durchaus und sieben mit „teilweise".

Übersicht 45: Geschlecht in Berufungsverfahren

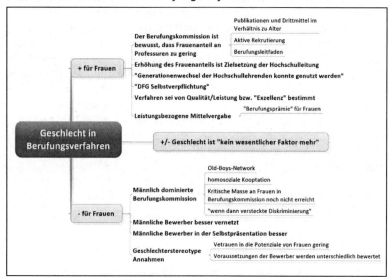

Als besonders kritische Punkte in den Berufungsverfahren werden sowohl von den FGB als auch teilweise von den Universitätsleitungen die mangelnde Genderkompetenz der Berufungskommissionsmitglieder sowie der Begutachtenden als auch die Zusammensetzung der Berufungskommission gesehen, wobei durchaus auf Unterschiede zwischen den Fächern verwiesen wird, die allerdings nicht genauer benannt werden (vgl. auch hierzu Beitrag „Universitäre Gleichstellung" in diesem Band*)*.

„Und insofern ist die Lage nicht befriedigend. Also ich sehe es so, dass ein Bewusstsein als Lippenbekenntnis für einen höheren Anteil von Professorinnen natürlich da ist, aber wir haben nur männliche Dekane, wir haben in weiten Bereichen wie überall den Überhang an männlichen Professoren und das reproduziert sich. Also von daher Genderkompetenz oder 'ne Sensibilität müsste eingebracht werden von den Gleichstellungsbeauftragten, die ja in den Kommissionen drin sind, und das ist ein außerordentlich schwieriges Geschäft." (HSL2)

FGB bezeichnen es als Fortschritt, dass infolge der Formalisierung der Berufungsverfahren es an einigen Universitäten konkrete Festlegungen bzgl. der geschlechterparitätischen Zusammensetzung der Berufungskommissionen erfolgten, und dass es auch teilweise bereits integrierte gleichstellungspolitische Berufungsleitfäden gibt. Maßnahmen zu Chancengerechtigkeit sind in 15 der 24 analysierten Berufungsleitfäden zu finden – allerdings von unterschiedlicher qualitativer Ausrichtung. Inwieweit diese in die Praxis umgesetzt werden, ist unbekannt. Einige Aussagen in den Interviews der Universitätsleitungen deuten darauf, dass zwar der rechtliche Rahmen abgesteckt ist, aber die konsequente Umsetzung in der Praxis noch nicht vollzogen ist.

„Aus meiner Sicht zu wenig. Aber es wird, also das, was zwingend ist und was auch gemacht wird an dieser Universität, ist natürlich schon darauf zu achten, dass wenigstens eine Hochschullehrerin in der Kommission ist. Also diese Fragen, das wird schon gemacht. Also keine rein männlichen Berufungskommissionen." (HSL2)

Insgesamt gut ein Drittel der FGB gaben an, dass keine Regelung dieser Art existiert (22%) oder es ihnen unbekannt ist (12%).

24 Prozent der FGB sagten, dass an ihrer Universität ein bestimmter Prozentsatz an Mitgliedern der Berufungskommission weiblich sein muss. An sechs Universitäten existiert eine „40-Prozent Regelung", an fünf eine „50-Prozent-Festlegung" und an einer eine „30-Prozent-Mindestgrenze" (wie es in den Regelungen heißt) an weiblichen Berufungsmitgliedern (vgl. auch hierzu Beitrag „Universitäre Gleichstellungspolitik" in diesem Band).

13.3.3. Rolle der Frauen- und Gleichstellungsbeauftragten in Berufungsverfahren

Der wichtigste gleichstellungspolitische Akteur an der Universität in den Berufungsverfahren ist die Frauen- und Gleichstellungsbeauftragte (FGB). Resultierend aus den in den LHG beschriebenen Wirkungs- und Themenbereichen ist Berufung das zentrale Thema ihrer alltäglichen Arbeit[4]. Dies bestätigen auch die Antworten der zentralen FGB in der durchgeführten Befragung, in der mehr als die Hälfte den Stellenwert des Themenfeldes als „sehr hoch" eingestuft haben (Übersicht 46).

So interessierte im „LehrWert"- Projekt bezüglich der FGB besonders folgende Fragen:

- Welche Rolle spielen Frauen- und Gleichstellungsbeauftragen in den Berufungsverfahren, um geschlechtsbezogenen Ungleichheiten entgegenzuwirken?
- Welche Instrumente stehen ihnen zur Verfügung?
- Welche Veränderungen oder Verbesserungen werden von ihnen gewünscht?

Übersicht 46: Stellenwert der Berufung in der Arbeit der FGB*

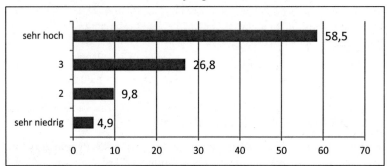

* Frage: Welchen Stellenwert nehmen die Themenkomplexe Besoldung, Berufung und Lehr- und Forschungsprofessuren in ihrer Arbeit als FGB ein? – Berufung
N: 47/Gültig:41/Fehlend:6
Quelle: Befragung der zentralen FGB (in %)

In Bezug auf das Berufungsverfahren besagen fast alle LHG, mit Ausnahmen von Baden-Württemberg, Sachsen und Schleswig-Holstein, dass FGB das Recht auf Stellungnahme bzw. Widerspruchsrecht oder beides haben. In den meisten Bundesländern haben sie Informations-, Rede- und Antragsrecht. Recht auf Einsicht in den Bewerbungsunterlagen wird ihnen in Baden-Württemberg, Brandenburg, Hamburg, Niedersachsen, Nordrhein-Westfalen, Sachsen, Sachsen-Anhalt und Thüringen einge-

---

[4] Detaillierte Aufstellung über die „Ressourcen und Beteiligungsrechte der Frauen- und Gleichstellungsbeauftragten an Hochschulen nach den Hochschulgesetzen der Ländern" finden Sie unter: http://www.hof.uni-halle.de/daten/gleichstell_gesetze/Ress ourcen%20und%20Beteiligungsrechte%20der%20FBA_GBA.pdf

räumt. In Bayern, Sachsen-Anhalt und Thüringen haben sie auch ein Stimmrecht in den Gremien oder im Senat. Über die Hälfte der befragten zentralen FGB finden die gesetzlichen Instrumente und Reglungen als „sehr geeignet" bzw. „geeignet" (58,5%). Die große Spanne zwischen den beiden extremen Pollen „sehr geeignet" (14,6%) und „ungeeignet" (7,3%) ist auf die Unterschiedlichkeit der Beteiligungsrechte in den einzelnen Bundesländern zurückzuführen.

Die zentrale FGB äußern aber auch Kritik an den vorhandenen rechtlichen Instrumenten (Übersicht 47). Dabei ist fast ein Drittel der Befragten der Meinung, dass „die Hochschulleitung ... gesetzlich stärker ‚in die Pflicht' genommen werden sollte – d.V.)", dass Sanktionsmöglichkeiten und rechtliche Instrumente mit Konsequenzen geschaffen werden sollten und auch Kontrollinstanzen zur Überprüfung von Berufungsverfahren seitens des Ministeriums zu entwickeln wären.

Übersicht 47: Bewertung der Eignung der rechtlichen Regelungen aus Gleichstellungsperspektive*

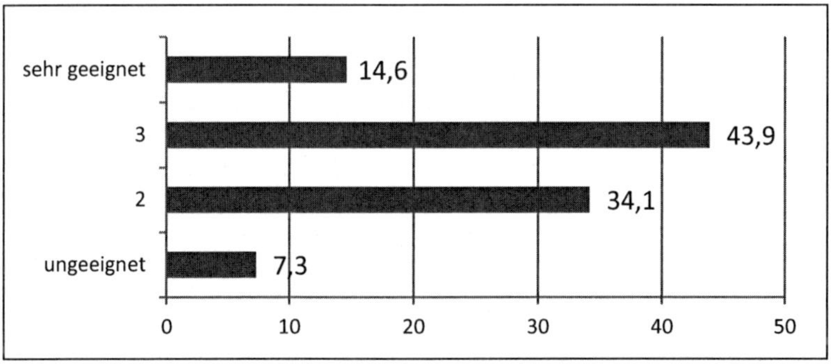

* Frage: Für wie geeignet halten Sie die Ihnen zur Verfügung stehenden rechtlichen Instrumente, um geschlechtsbezogene Ungleichheiten in **Berufungsverfahren** aufzuheben!
N: 47/Gültig:41/Fehlend:6
Quelle: Befragung der zentralen FGB (in %)

Die zweite große Gruppe der Befragten verweist auf die fehlende bzw. nicht vorhandene Genderkompetenz und -wissen nicht nur innerhalb der Berufungskommissionen sondern auch auf verschiedenen Ebenen der Universität hin (insbesondere auch auf der Ebene der Fakultäten): „Genderkompetenz fehlt auf allen Ebenen!". Um diese Wissenslücke zu schließen, fordern einige Frauen- und Gleichstellungsbeauftragten „Qualifizierung von Kommissionsmitgliedern", „Gendertrainings für Berufungskommissionsmitglieder" und „regelmäßigen Fortbildungen in Genderkompetenz".

Ein dritter Teil der Teilnehmenden fordern ein Stimmrecht in den Kommissionen und gesetzliche Quotenregelungen bei der Lehrstuhlbesetzung, um geschlechtsbezogene Ungleichheiten innerhalb des Berufungsverfahrens entgegenzuwirken. Infolgedessen kann gesagt werden, dass obwohl die Mehrheit der FGB die gesetzlichen Regelungen für geeignet halten, sich aber dennoch einen weiteren Ausbau der Instrumente sowie der Kompetenzen in den Berufungsinstanzen wünschen.

Das Berufungsverfahren ist ein sehr komplexer Auswahlprozess, der in mehreren Etappen oder Phasen verläuft. Dabei können die FGB, bedingt durch die Gesetzgebung oder internen hochschulischen Regelungen, auf einzelne Prozessphasen und Arbeitsschritte Einfluss nehmen; nicht auf alle (vgl. Dömling/Thomas 2011).

Die Ergebnisse der Befragung zeigen, dass die FGB vorwiegend in vier Phasen Einfluss nehmen können: Ausschreibung, Berufungsvorschlag, Zusammensetzung der Berufungskommission und Bestellung der Gutachterinnen und Gutachter (vgl. Übersicht 48). Unter der Kategorie „Sonstiges" sind neben „Vetorecht" und „beratende Funktion in Berufungsverfahren" auch andere wichtige Aspekte zu finden, wie z.B. „[der/die] Fakultätsfrauenbeauftragte hat die Möglichkeit zum Sondervotum und gibt regelmäßig schriftliche Stellungnahme, die zu den Unterlagen kommt und im Senat mitbehandelt wird, zum Verfahrensablauf ab." oder „über die Entwicklungs- und Gleichstellungsplanung". Insbesondere die letzten beiden Hinweise, deuten auf die Komplexität der Gleichstellungsarbeit an Universitäten an, in der auch andere Akteure und Akteurinnen, wie dezentrale FGB sowie weitere Instrumente, wie Gleichstellungspläne, im Rahmen der Berufungsverfahren beteiligt sind bzw. Einfluss ausüben.

Mit welchem Erfolg FGB auf einzelne Phasen des Berufungsverfahrens Einfluss nehmen können, hängt mit deren Funktion und mit der Reichweite ihrer Rechte zusammen, die durch die LHG und unterschiedlichen Regelungen der Universitäten bedingt und dadurch sehr heterogen sind. Die Befragung zeigt (vgl. Übersicht 48), dass in Rahmen der „Ausschreibung" die FGB öfter eine beratende Funktion haben oder bei der Vorbereitung des Textes bzw. bei der Freigabe der Ausschreibung beteiligt werden.

In Bezug auf die „Zusammensetzung der Berufungskommission" gibt die Hälfte der Befragten an, dass sie Kontrolle ausüben bzw. eine Prüfung bei der Besetzung der Kommission mit weiblichen Mitgliedern veranlassen können. In einer der Universitäten kann die FGB auch einen „Vorschlag für [ein]externes Mitglied" unterbreiten. Bei der „Bestellung der Gutachter(innen)" haben einige der Befragten nur beratende Funktion, fast die Hälfte von ihnen können Vorschläge einreichen bzw. Gutachter und Gutachterinnen vorschlagen oder einbeziehen. Bei dem Verfahrensabschnitt „Berufungsvorschlag" haben ein großer Teil der Befragungsteilnehmenden ausgehend von den gesetzlichen Regelungen ein „Vetorecht" oder die Möglichkeit zur „Stellungnahme".

Übersicht 48: Elemente der Einflussnahme von FGB in Berufungsverfahren*

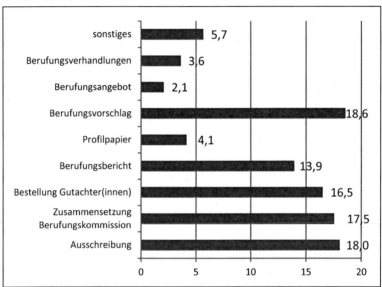

* Frage: Auf welche Elemente des Berufungsverfahrens kann der/die FGB Einfluss nehmen? (Mehrfachantworten)

Antworten insgesamt:194

Quelle: Befragung der zentralen FGB (in %)

Demzufolge werden die FGB nicht in allen fünf Phasen des Verfahrens beteiligt, sondern nur in die, die zur Formalisierung und Standardisierung des Verfahrens beitragen (Dömling/Thomas 2011: 28-30). Dabei ist es auffällig, dass ihnen eine beratende bzw. meinungsbildende Position und Funktion zugewiesen wird oder sie eine entsprechende Stellungnahme zu dem Berufungsverfahren abgeben sollen.

Aufgrund dessen können FGB nur in Rahmen einer Formalisierung und Standardisierung Einfluss auf das Berufungsverfahrens und die Integration von Gleichstellungskriterien nehmen. Sie haben aber keinen Einfluss auf den „subjektive[n] Faktor in Berufungsverfahren[, der] noch immer hoch ist und Möglichkeiten zur Beeinflussung des Verfahrensergebnisses bietet" (Thomas 2011: 11). Den subjektiven Faktoren der Bewertungen sowie die der Beeinflussung auf eine gleichstellungsorientierte Besetzung von Professuren kann nur durch die Erhöhung der Genderkompetenz der Berufungskommission entgegengewirkt werden.

13.4. Zusammenfassung

Das Berufungsverfahren ist eines der wichtigsten Steuerungsinstrumente der Universität für Profilbildung und Gleichstellung. Deutliche Veränderungen zeigten sich in den letzten Jahren vor allem in der Formalisierung des Berufungsgeschehens. Fast alle in die Untersuchung einbezogenen Universitäten hatten die Berufungsverfahren formalisiert. Die Analyse der Berufungsleitfäden verweist auf eine Breite und Vielfalt in der Ausdifferenzierung dieser; Fortschritte aus der Sicht der Gleichstellung werden insbesondere in Richtung Integration von Gleichstellungs- bzw. Genderaspekten sichtbar (Erarbeitung von integrierten Berufungsleitfäden unter Gleichstellungsaspekten) – wenn auch diese nur zögerlich erreicht werden und die Umsetzung ungenügend erfolgt. Formalisierungen könnten Ansätze zur Einflussnahme auf das Reputationsgefälle zwischen Lehre und Forschung liefern sowie die Chance für Ansätze Berufungsverfahren geschlechtergerechter zu gestalten und dabei viele Akteure und Akteurinnen einbinden. Dabei hängt die Qualität der Fortschritte von der Integration der lokalen Akteuren und Akteurinnen sowie – so nach Aussagen der Expertinnen - von der Fächerstruktur ab.

Trotz Bemühungen des Wissenschaftsrat und der zunehmenden Bedeutung der Lehre haben Kriterien der Bewertung von Forschungsleistungen in Berufungsverfahren weiterhin einen höheren Stellenwert als Lehrleistungen – dies zeigt sich auch in den Verfahren zur Besetzung der Lehrprofessuren. Die Ergebnisse der Befragungen verweisen darauf, dass sich der Stellenwert der Lehre erhöht hat. Allerdings gibt es keinen eindeutigen Befund dahingehend, dass in Berufungsverfahren das Reputationsgefälle beeinflusst wird.

Weitere Untersuchungen werden deshalb aus der Sicht des Projektes insbesondere in folgender Richtung gesehen:

- Stellung und Aufgaben von Berufungsbeauftragten,
- Ermittlung von Faktoren der Beeinflussung des Reputationsgefälles,
- Rolle der Lehrprofessuren in der künftigen Hochschullandschaft sowie
- Kriterien zur Messbarkeit von Lehrleistungen.

Deutlich wurde auch, dass Geschlecht weiterhin ein Stellenwert in den Berufungsverfahren beigemessen wird. Die mangelnde Genderkompetenz einschließlich des mangelnden Genderwissens der Berufungskommission sowie der Begutachtenden und die noch nicht in der Praxis erreichte geschlechterparitätische Zusammensetzung der Kommission werden als vorherrschende Probleme verifiziert. Die FGB sind in den Berufungsverfahren wichtige Akteurinnen. Ihre Position weiter zu stärken, durch Erweiterung und Ausbau ihrer Wirkungsrechte, ist wesentlich für die Umsetzung von gleichstellungsorientierten Berufungsverfahren sowie der rechtlichen Regelungen.

Literatur

Berufungsbeauftragte (2011): Eine Länderübersicht, in: Lehre & Forschung 6/2011, S. 454.

BuKoF, Bundeskonferenz der Frauen- und Gleichstellungsbeauftragten (2005): Stellungnahme zu den Empfehlungen des Wissenschaftsrat zur Ausgestaltung von Berufungsverfahren; unter: http://www.bukof.de/index.php/Stellungnahmen_und_Empfehlungen. html.

DFG, Deutsche Forschungsgemeinschaft (2008): Forschungsorientierte Gleichstellungsstandards: unter http://www.dfg.de/download/pdf/foerderung/grundlagen_dfg_foerde rung/chancengleichheit/forschungsorientierte_gleichstellungsstandards.pdf.

Dömling, Martina/Thomas Schröder, (2011): Qualitätssicherung in Berufungsverfahren unter Gleichstellungsaspekten. Ergebnisse eines Benchmarkings niedersächsischer Hochschulen, HIS, Forum Hochschule 2/2011; unter: www.his.de/pdf/pub_fh/fh-201102.pdf.

Schröder, Thomas (2011): Qualitätssicherung in Berufungsverfahren unter Gleichstellungsaspekten. in: Wissenschaftlerinnen-Rundbrief der FU Nr. 3, S. 10-13.

Wissenschaftsrat (1998): Empfehlungen zur Chancengleichheit von Frauen in Wissenschaft und Forschung, Drs. 3534/98.

Wissenschaftsrat (2005): Empfehlungen zur Ausgestaltung von Berufungsverfahren, Drs. 7609-05, auch unter http://www.wissenschaftsrat.de/download/archiv/6709-05.pdf.

Wissenschaftsrat (2011): Empfehlungen zur Bewertung und Steuerung von Forschungsleistungen, Drs. 1656-11, http://www.wissenschaftsrat.de/download/archiv/165 6-11.pdf.

14. W-Besoldung – als gleichstellungspolitische Herausforderung?

Karin Hildebrandt

14.1. Einordnung[1] und Rahmenbedingungen

14.1.1. Gesetzliche Rahmenbedingungen der W-Besoldung auf Bundes- und Landesebene

Generell zeigen sich Geschlechterungleichheiten auf dem Arbeitsmarkt in Form des Gender-Pay-Gap. Zwischen Frauen und Männern ist die Lohnlücke immer noch beachtlich (Autorengemeinschaft 2001, 2009, Stephan/Gartner 2005). Im öffentlichen Dienst ist diese allerdings weniger ausgeprägt aufgrund von standardisierten Entgeltregelungen und einem gewissen öffentlichen Bewusstsein. Obwohl es eine Vielzahl von Studien zum Thema Entgeltungleichheit gibt, existieren bisher kaum Untersuchungen, die Besoldungsfragen an den Universitäten in den Blick nehmen. Der Forschungsstand sowohl zur C- als auch zur W-Besoldung ist insgesamt diffus, heterogen und basiert auch in den Fachdisziplinen auf einer ungenügenden wissenschaftlichen Grundlage (vgl. auch Biester 2011: 64). Unter Geschlechteraspekten finden sich meist nur Betrachtungen, die die Entwicklung des Frauenanteils unter den Professuren nach Besoldungsgruppen beinhalten. Die Ausnahme bildete eine Umfrage des Deutschen Hochschullehrerverbandes (DHB) an Fachhochschulen zur W-Besoldung (Hellemacher 2009).

Im Zuge der Föderalismusreform sind universitäre Personalstrukturen (vgl. auch Beitrag „Lehre, Forschung und Geschlecht" in diesem Band) und bereits davor professorale Besoldungsregelungen grundlegend in Bewegung geraten. Die Umgestaltung der Universitäten zur „Entrepreneurial Universität" (siehe auch den Beitrag „Die Universität als Gendered Organization" in diesem Band) ist verbunden mit Flexibilisierungs- (bei der

---

[1] Die Darstellung der Ergebnisse beinhaltet den Zeitraum vor dem „Karlsruher Urteil", da die Befragungen im Zeitraum 2011 bis Anfang 2013 durchgeführt wurden. Neuregelungen werden damit nicht erfasst werden.

Besoldung), Formalisierungs- (bei Berufung und Besoldung) und Entstandardisierungstendenzen (Personalentwicklung). Das Projekt verfolgte vor allen folgende Fragen:

- in wie weit diese Entwicklungen (also die Einführung flexibler Gehaltsbestandteile) dazu führen, die durch die C-Besoldung verursachten Geschlechterungleichheiten zu beeinflussen,

- welchen Stellenwert die Bewertung von Forschungsleistungen aber insbesondere von Lehrleistungen besitzt,

- welche Konsequenzen sich aus daraus für die Besoldung von Lehrprofessoren und -professorinnen ergeben und

- ob damit auch Einfluss auf das Reputationsgefälle und die Geschlechterungleichheit in Lehre und Forschung genommen wird.

2002 erfolgte mit dem Professorenreformbesoldungsgesetz (ProfBesReformG) die Fixierung der rechtlichen Rahmenbedingungen für die W-Besoldung. Damit wurde eine grundlegende Wende hin zu einer leistungsorientierten Vergütung eingeleitet. Diese Veränderungen sollen zunächst dargestellt werden. Die Übersicht 49 stellt eine allgemeine Sicht auf die W-Besoldung dar, um darauf aufbauend den Fragen nach zu gehen, ob mit dem Übergang zur W-Besoldung und der Einführung der Lehrprofessur sich mehr Risiken oder auch Chancen für Frauen ergeben? Ist die Besoldung ein Instrument, dass gleichstellungspolitisch eingesetzt werden kann/oder sollte?

Mit dem ProfBesReformG hat der Bund die gesetzlichen Rahmenbedingungen geschaffen und damit den Ländern Gestaltungsmöglichkeiten eingeräumt. 2005 erfolgte die Einführung der W-Besoldung. Sie löste die C-Besoldung ab.

Mit der W-Besoldung erhielten alle neu berufenen Professorinnen und Professoren neben einem insgesamt niedrigeren Grundgehalt gegenüber der C-Besoldung (was bereits entscheidend ist) besondere Leistungsbezüge statt Dienstaltersstufen (Senioritätsprinzip). Diese setzen sich zusammen aus (vgl. auch Übersicht 49):

- Leistungsbezügen aus Anlass von Berufungs- und Bleibeverhandlungen als Berufungs- und Bleibeleistungsbezüge,

- Funktionsleistungsbezügen (als fixe Beträge) für die Wahrnehmung von Funktionen und

- besondere Leistungsbezüge für Lehre und Forschung, Weiterbildung, Nachwuchsförderung und Kunst) sowie

- als nicht ruhegehaltsfähige Zulagen für die Einwerbung von Drittmittel (§33 ProfBesReformG)

und sollten den Ausgleich für das niedrigere Grundgehalt bringen.

Übersicht 49: W-Besoldung im Überblick

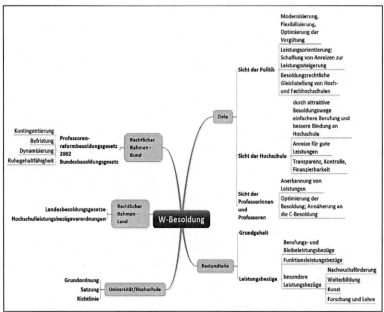

Damit besteht rechtlich die Möglichkeit, besondere Leistungen auch in der Lehre anzuerkennen und so eine Hypothese im Projekt – könnten sich Chancen für Frauen ergeben, da ihnen eine stärkere Neigung zur Lehre nachgesagt wird (vgl. auch den Beitrag „Lehre, Forschung und Geschlecht" in diesem Band).

Das ProfBesReformG forderte die Länder auf, ihre Landesbesoldungsgesetze und die Leistungsbezügeverordnungen an die neuen Regelungen anzupassen. Bis 2005 hatten alle Länder die Pflicht die Regelungen des Gesetzes (ProfBesReformG) in entsprechende Landesgesetze zu fassen, d.h. die entsprechenden Landesbesoldungsgesetze zu ändern. Dies erfolgte in den einzelnen Bundesländern sowohl in unterschiedlichem Tempo als auch vom Differenzierungsgrad in sehr unterschiedlicher Form. Die Absenkung des Grundgehaltes geschah in den Ländern nicht einheitlich und führte zu deutlichen Gehaltsunterschieden zwischen ihnen (vgl. Übersicht 50).

Übersicht 50: Gesetzlicher Besoldungsdurchschnitt der Bundesländer für Universitätsprofessoren (Stand 2010/2011)

	Bundesland	gesetzlicher Durchschnitt in Euro
1.	Baden-Württemberg	84.534
2.	Bayern	84.000
3.	Hessen	82.500
4.	Saarland	80.000
5.	Hamburg	78.839
6.	Mecklenburg-Vorpommern	78.206
7.	Brandenburg	76.874
8.	Niedersachsen	75.226
9.	Sachsen	74.276
10.	Berlin	73.950
11.	Rheinland-Pfalz*	74.533
12.	Nordrhein-Westfalen*	73.650
13.	Bremen	71.422
14.	Sachsen-Anhalt*	71.353
15.	Schleswig-Holstein	71.046
16.	Thüringen*	67.610

* Daten aus 2008. Da die Länder Rheinland-Pfalz, Nordrhein-Westfalen, Sachsen-Anhalt und Thüringen den auf dem gesetzlichen Besoldungsdurchschnitt beruhenden Vergaberahmen (als gesetzliche Höchstgrenze) abgeschafft haben, werden die Daten seit 2009 nicht mehr veröffentlichen.
Quelle: DHV http://www.hochschulverband.de/cms1/fileadmin/redaktion/download/pdf/ besoldungstabellen/Besoldungsdurchschnitt.pdf

Die Landesbesoldungsgesetze regelten neben der Höhe des Grundgehaltes die Vergabe der Berufungs- und Bleibeleistungen, die Vergabe der besonderen Leistungsbezüge und die der Funktionsleistungsbezüge. In ihnen sind Kriterien für die Vergabe der Leistungsbezüge insbesondere für die Vergabe von besonderen Leistungsbezügen für Lehr- bzw. Forschungsleistungen festgelegt. Hamburg hat diese bereits im Landesbesoldungsgesetz festgeschrieben, während Baden-Württemberg, Bayern, Bremen, Hessen, Mecklenburg-Vorpommern, Niedersachsen, Nordrhein-Westfalen, Sachsen und Sachsen-Anhalt sie jeweils in der Besoldungsverordnung verankert haben. Vom Detailliertheitsgrad, dem Stellenwert und der Trennschärfe der Zuordnung sind diese bereits in den Landesregelungen sehr unterschiedlich.

Die Übersichten 51–53 fassen diese in den Verordnungen fixierten Kriterien zusammen. Für die Vergabe der Berufungs- und Bleibeleistungsbezügen werden in den Landesgesetzen 16 verschiedene Kriterien benannt, für besondere Leistungen in der Lehre 17 und für besondere Leistungen in der Forschung 14. Die Länder Berlin, Brandenburg, Hamburg, Rheinland-Pfalz, Schleswig-Holstein und das Saarland haben in den Gesetzen keine Kriterien festgelegt.

Übersicht 51: Kriterien für die Vergabe von Bleibe- und Berufungsleistungsbezügen in den Landesgesetzen

Bezüglich Honorierung von besonderen Leistungen im Bereich Gender haben fünf Landesgesetze Aussagen getroffen:

- Baden-Württemberg – Förderung des weiblichen wissenschaftlichen und künstlerischen Nachwuchses;

- Brandenburg – Gleichstellung von Wissenschaftlern/innen;

- Nordrhein-Westfalen – besonderes Engagement für die Gleichstellung von Wissenschaftlerinnen und Wissenschaftlern;

- Rheinland-Pfalz – Gleichstellung von Wissenschaftlerinnen und Wissenschaftlern sowie eine Funktionszulage von Frauenbeauftragten und

- Thüringen – Förderung des weiblichen wissenschaftlichen Nachwuchses.

Dies verweist darauf, dass in den Landesbesoldungsregelungen kaum Geschlechteraspekte Beachtung fanden.

Übersicht 52: Kriterien für die Vergabe von Lehr- und Forschungsleistungsbezügen in den Landesgesetzen

Lehrevaluation

Über die regellehrverpflichtung hinausgehende Lehrtätigkeit

Studentische Bewertung von Lehrveranstaltungen

mit der Lehre zusammenhängende Aufgaben, die mit bes. Lehrbelastungen mit überdurchschnittlichen Betreuungsaufwand verbunden sind (z.B. Betreuung v. Abschlussarbeiten, Korrektur- u. Prüfungstätigkeiten, soweit diese nicht auf d. LV angerechnet werden)

Internationale Kooperationen

Publikationen

Preise

Einwerbung von Drittmitteln für die Lehre

Besonderes Engagement u. bes. Erfolge bei Studienreform, Internationalisierung d. Lehrangebots, Entwicklung neuer Studienangebote

Besondere Leisungen bei Entwicklung bes. Lehrformen / Lehrmethoden, Verbesserung d. Lehrqualität / Lehr- u. Lernmaterial (z. B. multimediale Lehrangebote), innovative Prüfungsmethoden

Entwicklung, Implementierung u. Durchführung v. Curricula / curricularen Elementen (Modulen, Lehrveranstaltungen, innovativer Studiengängen, interdisziplinären Projekten)

Entwicklung u. Umsetzung neuartiger Beratungs- u. Betreuungskonzepte, bes. Engagement in der Studienberatung

Entwicklung u. Umsetzung eines Schülerstudiums für bes. Begabte

Einführung neuer Vermittlungsformen

Durchführung fremdsprachlicher Lehrveranstaltungen

Besonderes Engagement bei internat. Kooperationen, internat. Austausch, d. Integration ausländischer Studierender

Bes.onderes Engagement bei d. Studierenden- u. Doktorandenbetreuung

Kriterien für Lehrleistungen

Kriterien für die Vergabe von Leistungsbezügen in den Landesgesetzen

14.1.2. W-Besoldungsregelungen der Universitäten

Da einerseits das Gebiet der Besoldung ein bisher wenig beforschtes Feld ist und die Datenlage sich dazu sehr undurchsichtig darstellt und es sich andererseits um einen sehr sensiblen Bereich handelt, zu dem sich die Universitätsleitungen auch nur zurückhaltend äußerten, erfolgte eine Analyse der Leistungsbezügeverordnungen der Universitäten, um daraus

Übersicht 54: W-Besoldung an Universitäten

W-Besoldung an Universitäten

Wirkung
- Reputationsgefälle Lehre/Forschung
- Besoldungsdifferenz
- Geschlechterdifferenz

Besoldungsdifferenz nach Geschlecht
- Gründe
  - Berufsverhandlung
    - Beantragung
    - Zuschläge für besondere Leistungen

Kriterien der Bewertung
- Kriterien für die Lehre
- Kriterien für die Forschung
- Kriterien für Berufungs- u. Bleibeverhandlungen

Fachspezifik
- Berufungsverhandlungen
- Bewertung/Kriterien

Veränderung
- Leistungskriterien
- Leistungsbezügen
- Geschlechterzuweisungen
- Vergaberahmen
- Grundgehalt

Formalisierung
- Verfahren/Instrumente
  - Beantragung
    - Formalisiert
    - Eigeninitiative
    - Vorschlag
    - Rundbrief
  - Information
  - Regelungen
    - Dynamisierung
    - Ruhegehaltfähigkeit
    - Befristung
    - Entfristung
  - Eingruppierung
    - Leistungsstufen

Berufungsverhandlungen
- Bewertung von Lehre/Forschung
- Besoldung/Ausstattung
- Geschlecht
- Fachspezifik
- Zielvereinbarungen

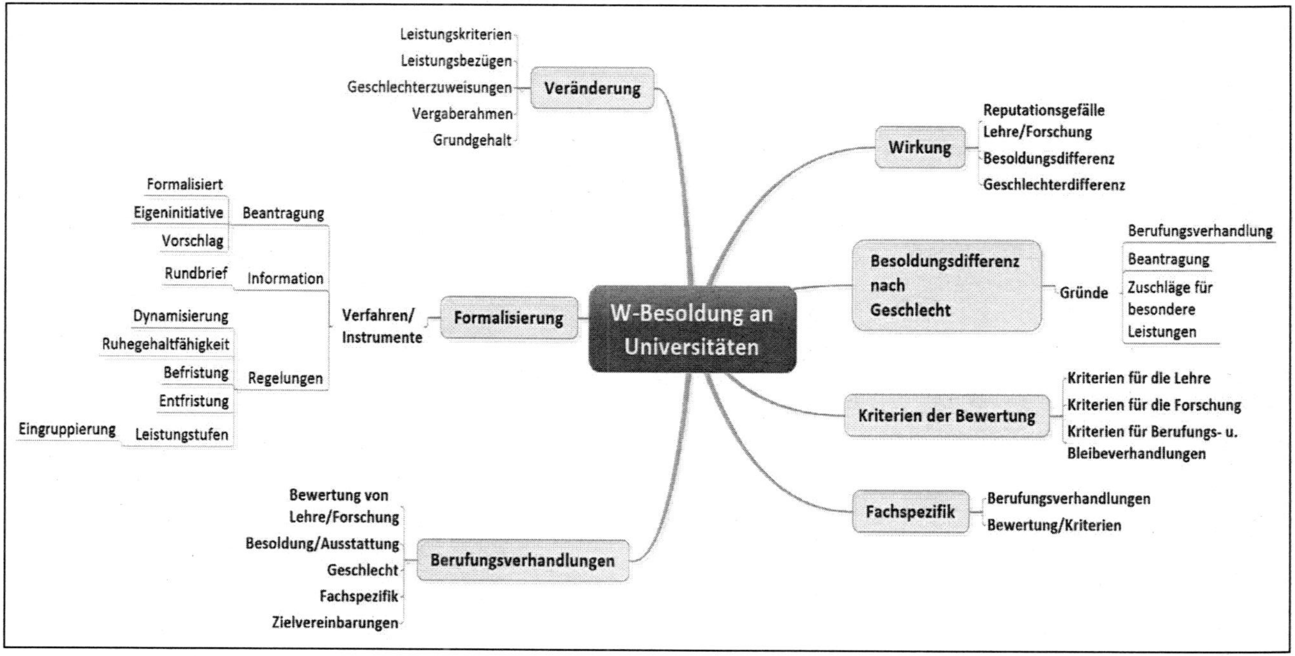

zu ermitteln, wie die Umsetzung der Landesbesoldungsgesetze an den Universitäten erfolgte (insbesondere um herauszufinden wie eine Ausdifferenzierung und Konkretisierung hinsichtlich der Kriterien für die Vergabe besonderer Leistungsbezüge vorgenommen wurde und um darauf aufbauend zu verallgemeinernden Aussagen zu gelangen[2]). Die Leistungsbezügeverordnungen, der von uns befragten Universitäten wurden dann nochmals gegenübergestellt (vgl. dazu auch Anhang 3: Leistungsbezügeverordnungen).

Leistungsbezügeverordnungen

Aus der Analyse der Leistungsbezügeverordnungen der Universitäten lässt sich zusammenfassend feststellen, dass

- fast alle Universitäten diese erarbeitet haben,

- eine Uneinheitlichkeit bzgl. der Regelungsgegenstände (nicht alle Bezügearten sind geregelt), der Detailliertheit (bei Kontingenten, Kriterien) sowie den Anteilen über die zu vergebenen Mittel für die jeweiligen Bezügeart bestehen. So sind beispielsweise Regelungen zu besonderen Leistungsbezügen in 97 Prozent der Verordnungen enthalten, im Vergleich dazu werden die Berufungs- und Bleibeleistungsbezüge nur in 91 Prozent der Universitäten geregelt. Feste Kontingente gibt es in 24 Prozent der Universitäten für besondere Leistungsbezüge (bei 13% für Berufungs- u. Bleibeleistungsbezüge – vgl. Biester 2011: 6) und

- insgesamt ein hoher Bürokratisierungsgrad verbunden ist.

Für die Vergabe von Leistungsbezügen für Berufungs- und Bleibeleistungsbezüge werden insgesamt 14 verschiedene Kriterien angeführt (Übersicht 55; vgl. auch Anhang 3). „Bezüglich des Genderaspekts wird nur in einer einzigen Leistungsbezügeverordnung das Kriterium Frauenförderung genannt" (Biester 2011:8), ohne einen Ansatz in welcher Richtung dies erfolgen soll.

---

[2] Dabei ist zu beachten, dass diese Angaben sich auf einen Auswertungsstand von 2009 beziehen. In der Zwischenzeit ist eine Reihe von Regelungen überarbeitet worden.

Übersicht 55: *Kriterien für die Vergabe von Berufungs- und Bleibeleistungsbezügen an Universitäten*

Auch wenn in der Zwischenzeit die Bezügeverordnungen überarbeitet worden sind, ist die zusammenfassende Einschätzung weiterhin von Bestand, da diese vor allem Inkonsequenzen korrigiert haben – wie dies aus den Gesprächen mit den Expertinnen und Experten sowie mit den Universitätsleitungen hervorging.

Da aus der Forschung bekannt ist, dass einerseits Formalisierung einer Benachteiligung von Frauen entgegenwirkt (vgl. Allmendinger/Hinz 2007) aber auch andererseits eine Flexibilisierung und Entstandardisierung (Kaiser 2003) von Entgeltregelungen wiederum sich gegen Frauen kehren können, ist die professorale W-Besoldung aus gleichstellungspolitischer Perspektive problematisch. Hinzu kommt, dass Leistungsbewertung oft mit geschlechterstereotypen Zuweisungen verbunden ist. In Verbindung mit allem was bisher zur „Weiblichkeit" von Lehre gesagt wurde, ist zu befürchten, dass Professorinnen weniger häufig von den Leistungszuschlägen profitieren. Deshalb ist von besonderem Interesse, welchen Stellenwert Lehrleistungen in Relation zu Forschungsleistungen in der flexibilisierten Besoldung einnehmen.

Kriterien der Vergabe für Forschungs- und Lehrleistungen in den Leistungsbezügeverordnungen

Der Vergleich der Leistungsbezügeverordnungen der Universitäten ergab keine systematische Struktur bei den zugrundeliegenden Kriterien für Forschung und Lehre. Es lässt sich eine Vielfalt von differenzierten Kriterien ermitteln. So sind für die Vergabe von besonderen Leistungen in

der Forschung sind insgesamt 23 zu finden, die wie folgt zusammengefasst werden können (Biester 2011: 11, Übersicht 56 und 57):

1. Anerkennung;
2. finanzielle Aspekte;
3. Vernetzung;
4. klassische wissenschaftliche Tätigkeiten;
5. Tätigkeiten mit Schwerpunkt Organisation und Wissensmanagement;
6. Verwertung.

Nur in vier Leistungsbezügeverordnungen der Universitäten wird die
Förderung der Genderforschung als ein Kriterium für die Vergabe besonderer Leistungsbezüge genannt (Biester 2011:15).

Für die Vergabe von besonderen Leistungen in der Lehre werden 26
Kriterien angeführt (vgl. Übersicht 56 und 57), die sich grob zusammen-
fassen lassen, dass überdurchschnittliche Leistungen und überdurch-
schnittliches Engagement honoriert werden und wer seine Leistung über-
prüfen lässt, hat gute Chancen auf Gehaltszulagen. Das Kriterium Verankerung der Geschlechterperspektive wird nur in zwei Fällen genannt. Damit wurden die Kriterien für Forschung und Lehre im Vergleich zu den
Landesbezügeverordnungen weiter ausdifferenziert. (vgl. Übersicht 51,
52)

Bezüglich der Bleibe – und Berufungsleistungsleistungsbezüge sind
die Kriterien sehr auf Strukturmerkmale des Faches sowie auf die persönliche Voraussetzung ausgerichtet und weniger an der Profilbildung
der Universität orientiert. Damit liegt der Schluss nahe, dass die Universitäten die Möglichkeiten ihren Gestaltungsspielraum über die Leistungsbezügeverordnungen einen Beitrag zu Profilbildung und Schwerpunktsetzungen zu leisten ungenügend beachten.

Die im Zuge der Föderalismusreform und im Laufe des Bologna-Pro-
zesses einhergehenden Veränderungen sollten dazu dienen, die Universitäten leistungs- und damit wettbewerbsfähiger zu gestalten, die leistungsorientierte Besoldung diente als ein Teil der Reform – ein weiterer sind
Ziel – und Leistungsvereinbarungen – als Bestandteil der neuen Steue-
rungsmodelle. An den Universitäten sind Zielvereinbarungen heute in
vielfältiger Art und Weise etabliert – als Hochschulverträge (Vgl. Pasternack 2003: 141) oder z. B. in Form von Ziel-und Leistungsvereinbarungen für Professuren als Bestandteil der Berufung.

In 38 Prozent der Leistungsbezügeverordnungen der Universitäten
werden die Kriterien für die Bleibe- und Berufungsleistungsbezüge an
Zielvereinbarungen gebunden (Biester 2011: 9). Für die Vergabe von be-

sonderen Leistungsbezügen in Lehre, Forschung und in der Nachwuchsförderung knüpfen 32 Prozent der Universitäten ihre Regelungen an Zielvereinbarungen.

*Übersicht 56: Kriterien für die Vergabe von Leistungsbezügen an
Universitäten – besondere Leistungen in der Lehre*

Übersicht 57: Kriterien für die Vergabe von Leistungsbezügen an Universitäten – besondere Leistungen in der Forschung

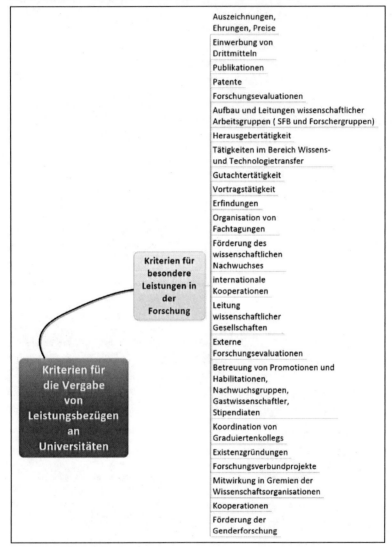

Verfahren zur Vergabe von besonderen Leistungsbezügen

Wie aus der Übersicht der ausgewählten Universitäten (Anhang 3) hervorgeht, sind die Verfahren zur Vergabe von besonderen Leistungsbezügen sehr unterschiedlich geregelt, einerseits sehr breit, andererseits teilweise sehr differenziert. Weniger als die Hälfte der Universitäten (44%) wenden Stufenmodelle mit sehr unterschiedlichen vielen Stufen an (Maximum sind 10 Stufen; vgl. auch Biester 2011: 19). Universitäten, die Kontingente für mindestens eine der Leistungsbezüge vornehmen orientieren sich (sind allerdings nur 24% der Universitäten) auf durchschnittlich 75 Prozent für Bleibe- und Berufungsleistungsbezüge, 22 Prozent auf besondere Leistungsbezüge und 6 Prozent für Funktionsleistungsbezüge. Damit wird zunächst deutlich, dass der Hauptteil der Leistungszuschläge in die Bleibe- bzw. Berufungszuschläge einfließen soll und der Spielraum für die Vergabe von Leistungen in Lehre und Forschung gering ist. Wird dann der Stellenwert von Forschung gegenüber der Lehre in Betracht gezogen (vgl. Beitrag „Lehre, Forschung und Geschlecht" in diesem Band) und dies noch unter der Geschlechterperspektive gesehen, verweist dies darauf, dass bereits in den Besoldungsverordnungen ein „Einfalltor" für einen Gender-Pay-Gap liegen kann. Zunächst unabhängig davon, wie Frauen verhandeln und wer die Leistungen von Professorinnen einschätzt – bei knappen Mitteln. Von Interesse wäre, wie sich diese Entwicklung nach dem Karlsruher Urteil für die Frauen zeigt.

Im folgenden Abschnitt sollen nun einige empirische Einblicke aus dem „LehrWert"- Projekt in die Besoldungspraxis der Universitäten gegeben werden. Denn auf Grund der Sensibilität des Themas, bisher kaum vorhandener Forschungen zur W-Besoldung und dem insgesamt schweren Zugang zu vergleichbaren Daten, kann im Rahmen des Projektes nur auf einige Probleme bzgl. der Thematik Besoldung, Reputation und Geschlecht verwiesen werden.

14.1.3. Datenbasis

Wie bereits dargestellt sind dezidierte Aussagen zu konkreten Verfahrensweisen der Vergabe von Leistungsbezügen zu besonderen Leistungen für Lehre und Forschung und deren Höhe insgesamt kaum zu ermitteln, da sie Gegenstand der Berufungsverhandlungen sind und zwischen Präsidenten bzw. Präsidentin oder dem Rektor bzw. der Rektorin und den zu berufenden Professor/der Professorin in einem sehr individuellen Gespräch ausgehandelt werden. Im Rahmen der Online-Befragung der FGB erfolgte dazu nur die Erhebung einiger Daten, denn FGB sind in diesem Prozess nicht schwerpunktmäßig einbezogen und deshalb nur bedingt aussagefähig. Aussagen wurden insbesondere von der Befragung der Universitätsleitungen und den Expertinnen und Experten für Besoldungsfragen erhofft, die allerdings aus ihrer Sicht Besoldungsfragen ebenfalls als ein sehr sensibles Thema sehen. Das betrifft sowohl auf die Aussagen der schriftlichen Befragung als auch die der Interviews zu. Das Problem liegt zum einem in der mangelnden Vergleichbarkeit der Angaben, da trotz einheitlicher Vorgaben, unterschiedliche Bezugsgrundlagen von den Universitäten verwendet wurden, zum anderen wegen der geringen Fallzahl der befragten Universitätsleitungen und von Lehrprofessuren (sich auf den Datenschutz bezogen wurde). Hinzu kommt der unterschiedliche Wissensstand der befragten Akteure und Akteurinnen.

Trotz vorhandener Dokumentationen zum Besoldungsgeschehen wird auf die strenge Vertraulichkeit der Dokumente verwiesen. Über die Hälfte der befragten Universitätsleitungen gaben an, dass eine derartige Dokumentation vorhanden ist. Aus den Verordnungen und Richtlinien der Universitäten wird auch ersichtlich, dass dazu Dokumentationen erstellt werden.

Unsere Befragungen beinhalteten folgende Schwerpunkte

a) bei den Universitätsleitungen bzw. Expertinnen und Experten für Besoldung:

- Formalisierung der Regelungen;

- Vergabe von flexiblen Leistungsbezügen;

- Stellenwert für Lehre und Forschung und Kriterien der Vergabe sowie

- Unterschiede zwischen Professorinnen und Professoren bei der Besoldung und

b) bei der Online-Befragung der FGB:

- Stand der Formalisierung der W-Besoldung;

- Beteiligung der FGB bei der Formalisierung;

- Kriterien der Vergabe von besonderen Leistungsbezügen für Lehr- und Forschungsleistungen;

- Verfahrensregelungen der Beantragung derartiger Leistungen sowie

- Einschätzung, ob Unterschiede in der Besoldung von Professorinnen und Professoren bestehen;

c) bei den Interviews der Lehrprofessuren

- um den Stellenwert von Lehr- und Forschungsleistungen in den Berufungsverfahren.

Dabei interessierte uns insbesondere die Einschätzung der Universitätsleitungen und FGB zu den Fragen:

- inwieweit die universitären Verfahren der Leistungsmessung und -an-
  erkennung das Reputationsgefälle zwischen Lehre und Forschung
  verändern;
- inwieweit Geschlecht eine Rolle spielt und
- inwieweit die W-Besoldung Geschlechterungleichheiten beeinflusst.

Dabei ist zu beachten, dass Besoldung ein Aufgabenbereich ist, der auch
für FGB schwer zugänglich ist (vgl. Abschnitt 3.3. in diesen Beitrag).
Ein Indiz dafür ist die hohe Anzahl von Missings zu diesem Thema bei
der Befragung der FGB (vgl. Übersicht 58). Trotz dieser Einschränkung
geben die Aussagen der FGB wichtige Hinweise für die weitere Themen-
bearbeitung.

*Übersicht 58: Beteiligung der FGB an der Erstellung von
Besoldungsregelungen**

	Häufigkeit	Prozent	Gültige Prozent
Ja	11	23,4	52,4
Nein	7	14,9	33,3
Weiß nicht	3	6,4	14,3
Gültige Angaben (Gesamt)	21	44,7	100,0
Missing Values	26	55,3	
Gesamt	47	100,0	

* Frage: War der/die FGB an der Erstellung der Besoldungsregelungen beteiligt?
Quelle: FGB; N=47; Missing=26.

Fast alle Universitäten hatten Leistungsbezügeverordnungen erarbeitet.
Damit ist ein hoher Formalisierungsgrad vorhanden. Dies bestätigt die
Befragung der Universitätsleitungen (mit über Dreiviertel). Die Formali-
sierungen wurden im Zeitraum 2003 bis 2012 vorgenommen.

Über die Hälfte der FGB waren in irgendeiner Form (nicht ermittelt
wurde, in welcher Form die Einbeziehung erfolgte; dabei ist die hohe
Anzahl – 26 - von Missings zu beachten) an der Erstellung der Regelungen beteiligt. Ein Drittel verneinten die Mitwirkung und 14 Prozent
„weiß es nicht", was teilweise auch an der kurzen Amtszeit der amtieren-
den FGB liegen kann (vgl. dazu auch den Beitrag „Universitäre Gleichstellungspolitik…" in diesem Band).

Weniger als die Hälfte der in unserer Befragung einbezogenen Universitäten hatten keinen Vergaberahmen für die Besoldung. Damit lag
der Anteil über dem Bundesdurchschnitt (25% für das Jahr 2012). Diese

Universitäten können somit im Rahmen der Besoldung über ihre verfügbaren finanziellen Mittel für Personalausgaben frei verfügen. Damit hätten sie einen gewissen Gestaltungsspielraum und Möglichkeiten um auch Geschlechterungleichheiten über die Besoldung auszugleichen. Von Interesse für das Projekt war insbesondere die Vergabe von besonderen Leistungsbezügen.

Der größte Anteil bei der Vergabe von besonderen Leistungsbezügen (entsprechend Leistungsbezügeverordnung der Universitäten) wird für Bleibe- und Berufungsleistungsbezüge verwendet. Auf sie entfallen 60 Prozent bis 95 Prozent. Damit zeigt sich auch eine große Spreizung zwischen den Universitäten. D.h. die Vergabe des „Löwenanteils" der Zuschläge wird bereits von Universitätsleitungen bewusst für die Bleibe- und Berufungsverhandlungen eingesetzt. Darüber hinaus hängt es insbesondere vom Verhandlungsgeschick der Betreffenden in den Berufungsgesprächen ab (außerhalb von Öffentlichkeit und Standardisierung), welche Höhe das Gehalt am Ende hat. Dies ist aus geschlechterpolitischer Perspektive problematisch, aber schwierig zu ermitteln.

14.2. W-Besoldung und Reputationsasymmetrie

14.2.1. Vergabe von besonderen Leitungsbezügen für Lehre und Forschung

Bereits aus der Analyse der Leistungsbezügeverordnungen der Universitäten war ersichtlich, dass der größte Teil der Leistungsbezüge über die Berufungs- und Bleibeleistungsbezüge vergeben wird. Nur ein geringer Anteil (max. knapp ein Viertel) entfällt auf besondere Leistungsbezüge für Lehre, Forschung, Weiterbildung, Nachwuchsförderung. Dieser Anteil unterliegt einem Antragsverfahren. Eine Trennung nach den einzelnen Positionen dieses Leistungsbezügeteils erfolgt nicht, d.h. es konnte nicht ermittelt werden, welchen Anteil daran Lehr-, Forschungs- oder Leistungen für die Nachwuchsförderung und Weiterbildung besitzen.

17 von 22 der von uns befragten Universitäten vergeben Leistungsbezüge für besondere Leistungen in Lehre und Forschung, Nachwuchs und Weiterbildung.

Der Anteil von Bezügen für Funktionsleistungen liegt zwischen 1 Prozent bis 20 Prozent der Gesamtsumme der flexiblen Leistungsbezüge.

Auch die Befragung der FGB verweist darauf, dass nicht alle Universitäten Leistungszuschläge für besondere Leistungen in Forschung und

Lehre vergeben. Zwei Drittel der FGB gehen davon aus, dass an ihrer Universitäten besondere Leistungsbezüge für Lehr- und Forschungsleistungen vergeben werden. Ein Drittel ist es unbekannt (Übersicht 59).

Übersicht 59: Vergabe von Leistungsbezügen für besondere Leistungen*

	Häufigkeit	gültige Prozent
Ja	31	66,0
Weiß nicht	16	34,0
Gesamt	47	100,0

* Frage: Werden an Ihrer Einrichtung flexible Leistungsbezüge für besondere Leistungen in Lehre und Forschung vergeben?
Quelle: FGB; N=47; Missing=0.

Insgesamt zeigen sich hierbei Unterschiede zu den rechtlichen Vorgaben der Leistungsbezügeverordnungen. Es wird ein Auseinanderfallen von rechtlichen Regelungen und Anwendungspraxis deutlich. Dieses Auseinanderfallen könnte auch als eine Chance zum Abbau von Geschlechterungleichheit nutzbar gemacht werden.

Da einerseits der Anteil der Vergabe von besonderen Leistungen für Lehre, Forschung, Weiterbildung und Nachwuchsförderung sehr unterschiedlich zwischen den Universitäten ist (von 0 bis 23%) und andererseits nicht zu ermitteln war, welchen Anteil daran Lehr- und Forschungsleistungen haben, kann zunächst nicht daraus geschlussfolgert werden, dass dadurch das Reputationsgefälle beeinflusst wird. Eine Einschätzung über den Stellenwert von lehr- und forschungsbezogenen Komponenten und Qualifikationen bei der Bewertung in Berufungsverfahren, verweist aber auf die höhere Bewertung von Forschungskomponenten im Vergleich zur Lehre (vgl. Beitrag „Die Bedeutung von Lehre und die Rolle von Geschlecht in Berufungsverfahren" in diesem Band). Daraus kann dann gefolgert werden, dass über die Besoldung das Reputationsgefälle sich vergrößert, da Forschungsleistungen höher bewertet werden und somit die Höhe der Besoldung beeinflussen.

Die nähere Betrachtung der Kriterien für die Bewertung von Leistungen in der Lehre und Forschung in den Bezügeverordnungen der Universitäten zeigt Folgendes:

14.2.2. Kriterien der Bewertung von Leistungen in der Lehre und in der Forschung

In den Leistungsbezügeverordnungen der Universitäten werden für die Vergabe von Leistungszuschlägen für besondere Leistungen in der Forschung 23 unterschiedliche Kriterien angegeben; für die Lehre 26; vgl. Übersicht 56 und 57)

Nach Aussagen der Universitätsleitungen werden vor allem die Leistung in der Drittmitteleinwerbung und Leistungen beim Aufbau und der Leitung von wissenschaftlichen Arbeitsgruppen für die Bewertung von besonderen Leistungszuschlägen in der Forschung beachtet.

Kriterien für die Bewertung von Forschungsleistungen aus der Sicht der Universitätsleitungen sind (über die Hälfte bis Dreiviertel):

- Einwerbung von Drittmittel
- Aufbau und Leitung von wissenschaftlicher Arbeitsgruppen
- Auszeichnungen, Ehrungen und Preise
- Publikationen, Gutachten
- Betreuung von Forschungs- und Habilitationsprojekten
- Förderung des wissenschaftlichen Nachwuchses
- Wissens- und Technologietransfer
- Forschungsverbundprojekte untergeordnet
- Förderung der Genderforschung

Bei der Vergabe für besondere Leistungen in der Lehre sind es vor allem die Ergebnisse der Lehrevaluation und überdurchschnittliche Belastungen durch Prüfungstätigkeit.

Folgende Kriterien der Bewertung von Lehrleistungen werden nach Aussagen der Universitätsleitungen (über die Hälfte bis Zweidrittel) zugrunde gelegt:

- Ergebnisse der Lehrevaluation
- Belastung durch Prüfungstätigkeit
- Auszeichnungen, Ehrungen
- Engagement bei Studienreform
- Betreuung von Abschlussarbeiten
- Aktualisierung und Weiterentwicklung des Lehrangebots
- Innovative Lehre
- Drittmitteleinwerbung für die Lehre untergeordnet
- Verankerung der Gleichstellungsperspektive in der Lehre

Ein Vergleich der Aussagen der Universitätsleitungen mit denen der FGB zeigt, dass es nach Einschätzung der FGB vor allem die herausragende Leistungen in der Forschung verbunden mit Preisen und Auszeichnungen, Forschungspublikationen entscheidend sind und weniger die Einwerbung von Drittmitteln. Hier unterschieden sich die Aussagen von FGB und Universitätsleitungen, während bei den Kriterien für die Lehre für beide die Ergebnisse der Lehrevaluation entscheidend sind. Aus Universitätsleitungssicht ist die Einwerbung von Drittmittel in Anbetracht von zusätzlichen Mitteleinwerbungen verständlicherweise bedeutungsvoll.

Fragen der Genderforschung und der Integration von Gleichstellungsaspekten in die Lehre finden insgesamt wenig Beachtung (sowohl nach Aussagen der Universitätsleitungen als auch nach Aussagen der FGB).

Sowohl nach Einschätzung der Aussagen der Universitätsleitungen als auch der FGB besitzen Forschungsleistungen bei der Besoldung einen deutlich höheren Stellenwert als die Lehre wobei die Lehrleistung differenzierter bewertet wird (vgl. dazu auch Beitrag „Theoretische Bezugspunkte..." in diesem Band)

14.2.3. Verfahren bei der Vergabe von besonderen Leistungsbezügen für Lehre und Forschung

Auch die Verfahrensweise bei der Vergabe von besonderen Leistungsbezügen in Lehre und Forschung erweist sich als problematisch. Sie erfolgt meist über eine Antragstellung. Dabei müssen die Antragstellenden selbst aktiv werden, so die Aussagen der Mehrheit der Universitätsleitungen als auch der FGB. Dies setzt eine regelmäßige Informationsübermittlung bzw. Eigeninitiative zur Ermittlung der notwendigen Information voraus. Die Hälfte der befragten Universitätsleitungen (11 von 22) informiert regelmäßig über Rundschreiben die Professorenschaft über die Antragstellung. Die Antragstellung erfolgt meist formlos, ein Formular dazu hat ein Fünftel der Universtäten entwickelt.

Die Antragstellung erfolgt i. d. R. über den Dekan, der Dekanin, selten über die Fachbereichssprecher bzw. -sprecherinnen. Bei einem Fünftel haben die Dekane bzw. Dekaninnen ein Vorschlagsrecht. Bei weniger als einem Viertel der befragten Universitäten entscheidet dann eine Kommission über die Vergabe.

Im Vergleich dazu sind es laut Befragung der FGB knapp ein Drittel der Universitäten, an denen eine Kommissionen über die Vergabe von besonderen Leistungsbezügen entscheidet. Diese Unterschiede resultieren insbesondere aus dem unterschiedlichen Wissenstand der Akteure.

Die Vergabe von Leistungsbezügen wird nach Angaben der Universitätsleitungen in Zweidrittel der Fälle nach Leistungsstufen vorgenommen, die auf der Grundlage von überdurchschnittlichen Leistungen beantragt werden können.

Die Professorinnen und Professoren müssen dabei selbst aktiv in Erscheinung treten und ihre überdurchschnittlichen Leistungen begründen. Nach Aussagen der FGB sehen sie in der Selbsteinschätzung ein Problem bei den Professorinnen, die sich selbst eventuell zurückhaltender einschätzen. Ein FGB meinte auch „teilweise unter Wert verkaufen".

Nach Aussagen der Befragung der Universitätsleitungen wird bei der Hälfte der Fälle die Vergabe von Leistungsbezügen für besondere Leistungen über individuelle Zielvereinbarungen zwischen Präsidium und Professor bzw. Professorin geregelt. Hierin zeigt sich ein deutlicher Unterschied zur Befragung der FGB, die nur zu weniger als ein Fünftel der Meinung sind, dass die Vergabe über individuelle Zielvereinbarungen geregelt wird.

Mit über der Hälfte der neuberufenen Professoren und Professorinnen werden zwar – so die Universitätsleitungen - Berufungszielvereinbarungen getroffen (62% – „Ja, immer"). Diese Zielvereinbarungen sind teilweise wenig konkret bzw. nicht individuell ausgerichtet, in einigen Fällen liegen sie auch standardisiert vor und beinhalten meist monetäre Vereinbarungen. Weniger als ein Fünftel der befragten Universitätsleitungen äußerten sich negativ zu Berufungszielvereinbarungen.

Werden Berufungszielvereinbarungen abgeschlossen, beinhalten sie meist Festlegungen zu Forschungsaktivitäten, wie Drittmitteleinwerbung, Forschungskooperationen und Publikationen, selten werden Vereinbarungen zur Lehre getroffen. Einige verknüpfen sie mit Vereinbarungen zur leistungsabhängigen Besoldung

„Also das ist, das liegt daran, was praktisch vorher fest vereinbart worden ist. Also zum Beispiel kann ich mich an eine jetzt erinnern, wo dann drin stand, weitere 300 Euro werden für einen Zeitraum von, weiß nicht, drei oder fünf Jahre zugestanden und dafür wird erwartet, dass das und das gemacht wird. Und da wird nicht ausdrücklich die Lehre erwähnt, da geht es fast immer um die Frage von wissenschaftlichem Forschungsoutput, also Drittmittelakquise plus so was wie Publikationen oder Tagungen durchführen. (HSL2)

14.2.4. W-Besoldung der Lehrprofessuren

Grundsätzlich gibt es für die Besoldung von Lehrprofessuren keine gesonderten Regelungen in den Landeshochschulgesetzen und Leistungsbezügeverordnungen. Grundlage bildet die jeweilige Stellenbeschreibung und die entsprechende Eingruppierung als W2- oder W3-Stelle sowie das Ergebnis der Berufungsverhandlung. Einige Universitäten haben sich entschieden Lehrprofessuren generell nur als mit W2 zu vergüten. Es gibt auch Bundesländer, wo keine W2-Professuren vergeben werden und damit Lehrprofessuren eine W3-Besoldung erhalten. Generell stellt sich hier die Frage – als Folge der Verfassungsgerichtsentscheidung, in wieweit die W2-Professur amtsangemessen ist und dies ist wiederum abhängig von der Höhe der W2-Besoldung des Landes, die zwischen den Ländern sehr unterschiedlich ist.[3]

Bei der Besoldung der Lehrprofessuren schlagen sich zum einen die Probleme der W-Besoldung nieder, zum anderen ist es abhängig vom Willen und Wollen der Einstellung der Universitätsleitung zur Lehrprofessur sowie vom Verhandlungsgeschick des/der zu Berufenden.

Auf die Frage, ob es zwischen Lehr- und Forschungsprofessuren und „klassischen" Professuren Unterschiede in der Besoldung gibt, ergab die Befragung keine eindeutigen Antworten.

Teilweise werden mit Lehrprofessorinnen und Lehrprofessoren Berufungszielvereinbarungen getroffen, die monetär ausgerichtet und forschungsbasiert sind (Verpflichtungen zur Einwerbung von Drittmittel). Lehre spielt dabei kaum eine Rolle und wird nicht gesondert vergütet – wie teilweise die Interviews mit Lehrprofessuren zeigen:

> „also das ist tatsächlich auch auf 'nem Level formuliert, dass man sagt, das sind maximal Wünsche des Präsidiums; tendenziell sind die Sachen sogar so formuliert, dass man sagt, das ist nicht mal 'n Wunsch des Präsidiums, das ist eine Traumvorstellung. Also man sieht 's an der Formulierung, da sind so viele Konjunktive in einen Satz gepresst ... Also, es gibt drei eigentlich konkrete Ziele, die sich monetär niederschlagen. Das eine Ziel ist Einwerbung von Drittmitteln, und die anderen zwei sind Sonderforschungsbereiche und Graduiertenkolleg, also völlig absurd. Und d.h., ein Ziel, Drittmittel, das erreicht man früher oder später, wenn man Drittmittel einwirbt, sowieso, das ist nur 'ne Frage der Zeit, und die anderen zwei, würd ich mal sagen, sind für 90 Prozent aller Professoren illusorisch." (LP2)

> „Lehre nicht. Nee, die Lehrevaluation spielt keine Rolle dazu, ist nicht mit drin ..., nee. Sind Drittmittel und bestimmte Aufgaben, aber keine Lehre. Eigentlich hätte da noch die Lehrevaluation mit reingehört, ne, das wäre fair gewesen." (LP8)

Auch bei der Vergabe von Leistungsbezügen bleibt die Lehre unbeachtet, wie es auch in einem Interwies sehr deutlich wird.

---

[3] Untersuchung lag vor der endgültigen Entscheidung des Verfassungsgerichtes

„Lehre nicht. Nee, die Lehrevaluation spielt keine Rolle dazu, ist nicht mit drin ..., nee. Sind Drittmittel und bestimmte Aufgaben, aber keine Lehre. Eigentlich hätte da noch die Lehrevaluation mit reingehört, ne, das wäre fair gewesen." (LP8)

Über die weitere Ausstattung der Stelle gibt es sehr unterschiedliche Aussagen. Diese reichen von analoger Ausstattung wie andere W2-Stellen bis hin zu keiner Ausstattung bzgl. Stellenumfang einer Sekretärin oder Hilfskräften.

Insgesamt verweisen die Ergebnisse, dass bei der Vergabe von besonderen Leistungsbezügen die Forschung den höheren Stellenwert besitzt und sich somit das Reputationsgefälle zwischen Forschung und Lehre vergrößern kann.

14.3. W-Besoldung und Geschlecht

14.3.1. Frauenanteile an den W-Besoldungsgruppen

Ein Blick in die Statistik zeigt, dass die Geschlechterungleichheit bei den Frauenanteilen besonders deutlich beim wissenschaftlichen Personal insbesondere sehr ausgeprägt bei den Professuren mit deutlichen Differenzierungen zwischen den Bundesländern vorhanden ist. Generell gilt, dass Frauen in diesen Positionen weiterhin unterrepräsentiert sind. Der Frauenanteil sinkt außerdem mit steigender Besoldungsstufe (vgl. dazu ausführlich   http://www.hof.uni-halle.de/fis/dokumentationen/besoldung/). Dies zeigt sich sowohl allgemein als auch für die C- und W-Besoldung. Aus diesem Grund differenzieren die meisten Darstellungen nicht nach W- und C-Besoldung. Da im Mittelpunkt des „LehrWert"- Projektes die W-Besoldung steht, wurden die Daten differenziert nach W- und C-Besoldung unter der Geschlechterperspektive betrachten.

In den Jahren 2005 bis 2011 ist ein steigender Frauenanteil auf Professuren seit der Einführung der W-Besoldung zu beobachten. Dies trifft sowohl auf die W3- (ca. 30%) als auch bei W2-Besoldungsgruppe zu (16%). Im Unterschied dazu sinken die Anteile in der C-Besoldung (bedingt durch die Reform der Professorenbesoldung; z. Zt. beträgt der Anteil an C-besoldeten Professorinnen und Professoren ca. 48%). Auffällig ist, dass die Frauenanteile in den C- Besoldungsgruppen, bedingt durch die Altersstruktur, leicht ansteigen: So erhöhte sich der Frauenanteil sowohl bei C4 als auch bei C3 leicht (C4 von 9,7% auf 10,7%; C3 14,0% auf 15,3%). Während in den W-Besoldungsgruppen unterschiedliche

Entwicklungen vorhanden sind: Zwischen 2005 und 2011 sank der Frauenanteil in der Besoldungsgruppe W2 (von 25,7% auf 24,8%) leicht; während in der Gruppe W3 eine Steigerung von 4,1 Prozentpunkten (von 15,1% auf 19,7%) zu verzeichnen ist. Dies kann als ein Zeichen bewertet werden, dass gleichstellungspolitische Maßnahmen nicht ohne Wirkung geblieben sind.

Da in der amtlichen Statistik keine Daten für W-Besoldungsgruppen nach Universitäten vorliegen, wurden diese in einer Sonderauswertungen vom statistischen Bundesamt für das „LehrWert"- Projekt erhoben. Insgesamt ist allerdings auch bei der W-Besoldung von 2005-2011 für die Universitäten feststellbar, dass trotz des gestiegenen Frauenanteils gilt, je höher die Statusgruppe, desto geringer der Frauenanteil. Jedoch ist diese Entwicklung bei differenzierter Betrachtung nach einzelnen Bundesländern und an einzelnen Universitäten bei der W-Besoldung nicht mehr so eindeutig wie bei der C-Besoldung. Bei einer genaueren Betrachtung der Frauenanteile in den einzelnen Bundesländern sind unterschiedliche Entwicklungen innerhalb der W-Besoldung sowie zwischen den einzelnen Besoldungsstufen in den Disziplinen festzustellen.[4]

14.3.2. Gender-Pay-Gap bei Professuren

Die bereits dargestellten Ergebnisse verweisen darauf, dass die flexible W-Besoldung einerseits ein Risiko für die Geschlechtergleichheit darstellt andererseits auch als Chance betrachtet werden kann. Es zeigen sich durchaus differenzierte Entwicklungen, die auf keiner eindeutigen Befundlage basieren. Die gesetzlichen Regelungen beinhalten kaum Ansätze für eine Integration von Geschlechteraspekten (vgl. Rolle der Frauen- und Gleichstellungsbeauftragten im selben Kapitel).Wie differenziert dann dieses Thema von den verschiedenen Hochschulakteuren gesehen wird, zeigen die unterschiedlichen Einschätzungen der Vertreter bzw. Vertreterinnen der Universitätsleitungen, die im Folgenden näher betrachtet werden.

Zunächst wurde über die Expertinnen und Experten für Besoldungsfragen an den befragten Universitäten der Versuch unternommen, die durchschnittliche Besoldungshöhe von Professorinnen und Professoren zu ermitteln, um eine Aussage zur Geschlechterungleichheit zu erhalten.

---

[4] vgl. dazu ausführlich Dokumentation zur Besoldung unter http://www.hof.uni-hall e.de/fis/dokumentationen/besoldung/

Die durchschnittliche jährliche Besoldungshöhe bei W2 lag bei den in die Untersuchung einbezogenen Universitäten:

- Professorinnen bei 66.068,50€ und schwankte zwischen 55.000€ und 75.700,00€,
- Professoren bei 65.026,00€ und schwanket zwischen 57.500€ und 71.500,00€.

Für die W3-Besoldung ergaben sich folgende Besoldungshöhen bei:

- Professorinnen von 75.562,00€ zwischen 70.000,00€ und 91.500,00€,
- Professoren von 82.432,00€ zwischen 74.800,00€ und 92.600,00€.

Der Vergleich zwischen den Geschlechtern zeigt in den Besoldungsgruppen W2 keine eindeutige Differenzierung zwischen den Geschlechtern, sondern verweist auf nicht eindeutige Entwicklungen zwischen den Besoldungsgruppen. Bei W3-Professuren haben eindeutig die Männer die höheren Gehälter. Da das Grundgehalt fixiert ist, müssten die Unterschiede aus der Höhe der Leistungsbezüge resultieren. Die Befragung der Universitätsleitung verneint dies allerdings. Dies betraf 15 von 22 bei sechs Enthaltungen. Auch in der Ruhegehaltfähigkeit werden zu über Dreiviertel (17 von 22 Hochschulleitungen) keine Unterschiede gesehen. Eine repräsentative Untersuchung an den Fachschulen zeigte aber sehr deutliche Unterschiede zwischen Professorinnen und Professoren (Hellemacher) bezüglich der Ruhegehaltfähigkeit. Dies weist zum Teil daraufhin, dass eine große Unkenntnis über die reale Situation der Besoldung in Bezug auf die Rolle von Geschlecht besteht und es dringend erforderlich ist, hier die Forschung zu aktivieren, um die die notwendigen Daten zu ermitteln, damit mit Sachkenntnis beurteilt werden kann und Vorurteilen und Vorbehalten begegnet werden können.

Die Ergebnisse der Experten- bzw. Expertinnen-Befragung weisen darauf, wenn sie konkret auf Besoldungsunterschiede angesprochen werden, diese ihnen nicht bewusst sind. Sie sind der Auffassung, dass sich die Unterschiede aus der Höhe der Leistungsbezüge ergeben. 40 Prozent der Expertinnen und Experten gab dies an und äußerten, dass diese bei Männern häufiger daraus resultieren, dass sie besondere Leistungen in der Forschung erhalten.

Die Interviews der Universitätsleitungen verweisen dann darauf hin, dass diese Unterschiede mit oder auch aus der Fächerstruktur resultieren könnten:

„Es gibt enorme Unterschiede (zwischen den Fächern – d. V.). Wie Sie wissen haben wir ja ein sehr ausgeklügeltes Modell uns ausgedacht für die Verteilung von Gehältern, also von den variablen Anteilen, also dieses ....-System und das ist dafür da, dass wir möglichst Transparenz darin haben wollten, für welche Leistung gibt es welches Geld auch in der W-Besoldung." (HSL10)

„...dass wo ich es wirklich vergleichen also bei ... naturwissenschaftlichen, mathematischen Professuren gibt es keine Unterschiede in den Bezahlungen, eher gut verhandelt. Bei der Informatik gut verhandelt, das weiß ich. Bei den Architekten und Landschaftsgeschichten, das ist jetzt vielleicht, das sind nicht die Top-Gehälter und da gibt es natürlich die klassischen Männerdomänen des Maschinenbaus, Produktionstechnik, alles so was, da sind sicherlich die Leute, die vorher aus der Industrie kommen, die sind schon oben bei den Gehältern. Aber ich sage mal, das liegt jetzt nicht am Geschlecht." (HSL10)

Hier deutet sich an, dass Auffälligkeiten im Unterschied der Gehälter weniger aus dem Geschlecht resultieren könnten, sondern aus Position, Fachspezifik und vorheriges Einsatzgebiet, z. B. aus der Industrie kommend. Diese teilweise widersprüchlichen Aussagen verdeutlichen die Problematik, die sich aus dem Thema Besoldung ergibt und weitere Forschungsarbeiten erforderlich sind, um hier zu validen Ergebnissen zu gelangen.[5]

Im Vergleich dazu äußern sich die FGB insbesondere in die Richtung, dass Frauen im Umgang hinsichtlich der „Offensivität bei der Mittelbeantragung besonderer Leistungsbezüge zurückhaltender" sind (Übersicht 60). Ca. ein Drittel der FGB sind der Meinung, dass Professorinnen weniger fordernd sind und begründen es wie folgt:

- „Die Darstellung der erbrachten Leistungen wird von den Frauen eher zurückhaltender dargestellt („ich habe da so ein kleines DFG-Projekt") – Frauen sind mehr bei den internen Lehrpreisen angesiedelt; die internen Forschungspreise in den verschiedenen Kategorien gehen mehr an die Männer.

- „Frauen wissen oft nicht, was für Rechte sie haben ... kriegens auch nicht ‚gesteckt' von den Kollegen/innen."

- „...Antragsbereitschrat und Bewilligungssummen von Frauen sind bislang geringer ausgeprägt."

- „Weniger Anträge von Frauen, da es weniger Frauen gibt und diese eher auf W2-Stellen haben, von wo aus Leistungszulagen schwieriger sind, weil die Vernetzung von einer einfachen Professur aus schwieri-

---

[5] – best practice – LinFsystem der TU Berlin – Forschungs- und Lehrbilanz eingegeben

ger als von einem Lehrstuhl ist. Daher haben es W2 bei Berufungsverhandlungen schwer, weil nichts gegeben wird; von W2 aus ist eine Bleibeverhandlung nicht so effektiv wie von W3 aus. Grundsätzlich beantragen bei uns die W2 Damen regelmäßig ihre Leistungszulagen."

Die FGB sehen auch im unterschiedlichen „Verhandlungsgeschick" von Frauen und Männern eine Ursache für Unterschiede in der Besoldungshöhe:

- „Die Leistungsbezüge von Männern sind im Durchschnitt höher als die von Frauen, was m.E. auch darauf zurückzuführen ist, dass Frauen mit wenigen Ausnahmen nicht in derselben Weise verhandeln".

- „Die Professorinnen verhandeln realistischere Zielvorgaben, d.h. sie gehen von der Summe her etwas zurückhaltender Vereinbarungen ein. Die Professoren setzen auf mehr Gewinn und Risiko."

Übersicht 60: Unterschiede in der Mittelbeantragung zwischen Professorinnen und Professoren*

	Häufigkeit	Gültige Prozent
Ja	16	34,0
Nein	7	14,9
Weiß nicht	24	51,1
Gesamt	47	100,0

* Frage: Beobachten Sie Unterschiede zwischen Professorinnen und Professoren im Umgang mit den besonderen Leistungsbezügen (bspw. hinsichtlich der Offensivität bei der Mittelbeantragung, dem Umfang der beantragten Mittel o.ä.)?
Quelle: FGB; N=47; Missing Values=0.

Auf die Frage, ob Geschlecht ein Faktor ist, der die individuelle leistungsabhängige Besoldung beeinflusst, werden sehr unterschiedliche Einschätzungen zwischen Universitätsleitungen und FGB ersichtlich. Einige Leitungen der Universitäten sind der Auffassung (fünf von 22), dass Geschlecht teilweise ein Faktor ist, der das Ergebnis der individuellen Leistungsbewertung beeinflusst.

Im Vergleich dazu sind ein Drittel der FGB dieser Auffassung. Ca. ein Viertel meinen, dass es keine Bedeutung besitzt und über die Hälfte „weiß es nicht".

Insgesamt gesehen wird die Einführung der W- Besoldung von den FGB ambivalent betrachtet und die Befunde verweisen auf nicht eindeutige Entwicklungen (Übersicht 61).

Übersicht 61: Bewertung der Einführung der leistungsabhängigen Besoldung im Hinblick auf die Gleichstellung von Frauen und Männern*

	Häufigkeit	Prozent	Gültige Prozent
Risiko	11	23,4	26,8
Chance	8	17,0	19,5
Ambivalent	20	42,6	48,8
Keine Bedeutung	2	4,3	4,9
Gültig Gesamt	41	87,2	100,0
Missing Values	6	12,8	
Gesamt	**47**	**100,0**	

* Frage: Wie bewerten Sie die Einführung der leistungsabhängigen Besoldung im Hinblick auf die Gleichstellung von Frauen und Männern im Hochschulsystem?
Quelle: FGB; N=47; Missing Values = 6.

Über ein Fünftel der FGB sehen in der leistungsabhängigen Besoldung im Hinblick auf die Gleichstellung eine Chance für Frauen; ca. ein Viertel bewerten diese als Risiko und weniger als die Hälfte sehen die Einführung der W-Besoldung ambivalent (vgl. auch den Beitrag „Lehre, Forschung und Geschlecht" in diesem Band).

In einigen Fällen wird dazu von den FGB eine Begründung angegeben. Jene, die sie als Chance sehen äußern dies wie folgt:

- „Da gleichstellungspolitische Parameter mit in den Leistungskatalog aufgenommen werden könnten."

- „…die eigentliche Arbeit an den Hochschulen wird von vielen Frauen erledigt, insofern würde ich persönlich in der leistungsabhängigen Besoldung eine Chance sehen."

- -„Die Wahrnehmung von Leistungen kann geschlechterbezogen verschieden sein. Gender-Bias-Diskussionen um und Konsens über Leistungskriterien, über die Mechanismen der Zuschreibung von Kompetenzen und Erfolgen, über die „Reputationsökonomie" sind Dreh- und Angelpunkt des kulturellen Wandels, der nachhaltige Gleichstellungserfolge ermöglicht".

- „…. Voraussetzung dafür sind allerdings transparente und verlässliche Kriterien."

Jene FGB, die es als Risiko einschätzen, begründen es wie folgt:

- „Da kein formalisiertes und standardisiertes Verfahren angewendet wird, keine Transparenz über die Höhe der Leistungszulagen besteht, die die Leistungszulagen individuelle verhandelt werden."

- „Die mit den Leistungsbezügen verbundene Intransparenz benachteiligt Frauen, weil sie (1) nicht so gut vernetzt sind (2) nicht so gut verhandeln und einfordern können und (3) ihre Verhandlungspartner im Präsidium fast immer Männer sind."

- „Es ist in der Tat so, dass Frauen eher W2 sind als W3 eher mit einer Lehrprofessur „abgespeist" werden. Durch die W-Besoldung ist es möglich billige Professuren zu bekommen."

- „Gerade Wissenschaftsbereiche, in denen die leistungsabhängige Besoldung eine größere Rolle spielt, sind noch immer stark von Männern geprägt, die sich von anderen Aufgaben .... weitgehend freigestellt haben. Höhere gerade auch quantifizierbar größere Leistungen zu erbringen, fällt in solchen Wissenschaftsbiografien tendenziell leichter und kann Wissenschaftlerinnen ins Hintertreffen geraten lassen."

- „Daten fehlen"

14.3.3. Frauen- und Gleichstellungsbeauftragte und Besoldung[6]

Als ein zusätzlicher Risikofaktor für die Gleichstellung von Männern und Frauen bei der individuellen leistungsabhängigen Besoldung wird in der ungenügenden Beteiligung und Präsenz von FGB im Rahmen der Verhandlungen gesehen. Die Befunde der Online-Befragung verdeutlichen, dass das Thema „Besoldung" kaum einen Stellenwert in der alltäglichen Arbeit der FGB besitzt. Ca. 88 Prozent der befragten zentralen FGB haben angegeben, dass das Thema Besoldung einen „sehr niedrigen" bzw. „niedrigen" Stellungswert in ihrer Arbeit einnimmt (Übersicht 62).

Die geringe Beteiligung der FGB in den Besoldungsfragen und der niedrige Stellenwert des Themas in ihrer Arbeit resultieren aus den fehlenden Instrumenten sowie gesetzlichen Rahmenbedingungen. Kein Landeshochschulgesetz, in dem die Art und der Umfang der Beteiligung sowie die Rechte der gleichstellungpolitischen Akteure und Akteurinnen festgelegt werden, enthält Aussagen zum Themenfeld „Besoldung"[7]. In einigen Ländern (Berlin, Brandenburg, Saarland) sind die FGB berechtigt zur „Akteneinsicht", haben aber keinen Einfluss auf die Verhandlungen und der Zugang zu Informationen bzw. Daten ist erschwert. Denn die zusätzlichen Leistungsbezüge werden meist hinter ‚geschlossenen Türen'

---

[6] Bearbeitung von Petra Dimitrova

[7] Detaillierte Aufstellung über die „Ressourcen und Beteiligungsrechte der Frauen- und Gleichstellungsbeauftragten an Hochschulen nach den Hochschulgesetzen der Ländern" finden Sie unter: http://www.hof.uni-halle.de/daten/gleichstell_gesetze/Ress ourcen%20und%20Beteiligungsrechte%20der%20FBA_GBA.pdf

Übersicht 62: Stellenwert von Besoldung im Aufgabenspektrum der FGB*

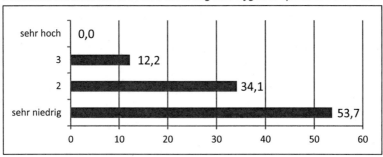

* Frage: Welchen Stellenwert nimmt der Themenkomplexe Besoldung in Ihrer Arbeit als FGB ein?
Quelle: FGB, N: 47/Gültig:41/Fehlend:6

zwischen den Verhandelnden – Kanzler oder Kanzlerin bzw. Präsident oder Präsidentin und Berufenen – ausgehandelt. Die FGB können im Rahmen dieser Verhandlungen nur auf ‚ausdrücklichen Wunsch' der Akteurinnen und Akteuren teilnehmen oder erfahren nur ‚per Zufall' die Ergebnisse der Verhandlung mit. Dieses bekräftigen auch die Aussagen der Expertinnen-Interviews:

„Diese rechtliche Möglichkeit haben wir nicht. ... Und das ist ja nun ein persönliches Gespräch zwischen Präsidenten und der Person. Ja, ... unter bestimmten Umständen- ich war schon mal dabei, aber das war wie gesagt, das ist ne Frage von Akteurinnen und Akteuren." (E2)

„... ich wusste sehr wenig darüber, denn bei Berufungsverhandlungen werden die Frauenbeauftragten nicht beteiligt. Die Frauenbeauftragten kriegen also die Akte im akademischen Senat ... aber die Berufungsverhandlungen, also wie viel Geld, wie viel Ausstattung, also ist also absolut vertraulich, das kriegt man nur zufällig manchmal mit." (E1)

Die Mehrheit der befragten FGB (fast 80%) gibt an, dass die rechtlichen Instrumente für die Aufhebung der Geschlechterungleichheiten in Besoldungsfragen „ungeeignet" sind (Übersicht 63).

Dies wird auch in der offenen Fragen bestätigt: „Es gibt keine Instrumente", „keine rechtliche Instrumente", „Überhaupt ein Mitwirkungsrecht schaffen, bis her gibt es keines". Hierbei wurde auch von Seite der zentrale FBA auch eine „Beteiligung der FGB", „Einbeziehung der Gleichstellungsbeauftragte" bzw. „Einbindung der GB in der Verhandlungen" gefordert. Eine andere Problematik, die von Seiten der Befragten thematisiert wurde, ist die fehlende Transparenz der Verhandlungen sowie Informationen oder Daten. „Es muss Transparenz geschafft werden.

Übersicht 63: Eignung von bestehenden rechtlichen Instrumenten zur Aufhebung von Geschlechterungleichheiten in der Besoldung*

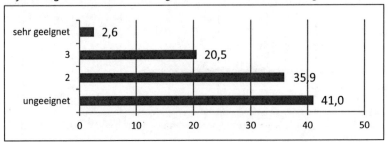

* Frage: Für wie geeignet halten Sie die Ihnen zur Verfügung stehenden rechtlichen Instrumente, um geschlechtsbezogene Ungleichheiten in Besoldungsfragen aufzuheben!
Quelle: FGB, N: 47/Gültig: 39/Fehlend: 8

Die Besoldungshöhe muss in die Hochschul-Statistik aufgenommen werden", „Rechte/Pflichten sind nicht transparent und Führungskräfteschulungen fehlen überall" sowie „Transparenz der Kriterien".

Auch die Expertinnen-Interviews äußern sich in diese Richtung; wie folgendes Zitat belegt:

> „... wir [waren] skeptisch, konnten es aber natürlich nicht verhindern und konnten von daher nur sagen, es ist wichtig, dass es geschlechtergerecht passiert, und von daher wäre es wichtig, Transparenz zu haben. Es gibt eine Hochschule, wo die Frauenbeauftragte auch beteiligt ist an dieser Kommission über die Zulagen, ... die Mehrzahl wird da nicht beteiligt und selbst die regelmäßige Transparenz in Form von statistischen Übersichten kriegen wir nicht. ... Also die Hochschulöffentlichkeit kriegt das auch nicht, sondern das kriegen eigentlich nur die Dekane." (E1)

Fehlenden Transparenz, nicht vorhandene Daten und Informationen sowie nicht ausreichende gesetzliche Rahmenbedingungen und die daraus resultierende mangelnde Beteiligung von Frauen- und Gleichstellungsbeauftragten in der Verhandlungen zur Vergabe von Leistungsbezuge sind immer noch Probleme, die bereits 2003 im „Positionspapier zur W-Besoldung" von Bundeskonferenz der Frauenbeauftragten und Gleichstellungsbeauftragten an Hochschulen (BuKoF) formuliert worden sind: „Die zugrundeliegende Entscheidungsverfahren müssen nachvollziehbar und transparent sein. Die Vergabeentscheidungen sollen nicht ausschließlich bei der Leitungsebene (Hochschulpräsidien bzw. Dekanate) liegen"; „Die Ergebnisse eines Systems leistungsorientierten Besoldungszulagen sind in geschlechterdifferenzierter Weise statistisch zu dokumentieren" sowie „Die Beteiligung der Frauen- und Gleichstellungsbeauftragten an der Gestaltung der Verfahrensregelungen und an den konkreten Vergabeentscheidungen ist sicherzustellen." (BuKoF 2003: 1-3).

14.4. Zusammenfassung

Insgesamt ist einzuschätzen, dass die Besoldung an den Universitäten einen hohen Formalisierungsgrad erreicht hat. Dabei besteht eine Vielfalt hinsichtlich der konkreten Ausgestaltung der Leistungsbezügeverordnungen. Differenziertheit zeigt sich zwischen den Universitäten hinsichtlich der Regelungsgegenstände, der Konkretisiertheit sowie den Anteilen zwischen den einzelnen Leistungsbezügen. Selten zeigen Leistungsbezügeverordnungen Ansätze, dass Universitätsleitungen über die Besoldung einen Bezug zur Orientierung auf ihre Schwerpunktsetzung bzw. Profilbildung herstellen. Das faktische Handeln der Universitätsleitungen ist teilweise sehr breit gefächert und der Gestaltungspielraum wird weit gefasst.

Formalisierungen werden von den verschiedenen Akteuren als ambivalent betrachtet. Aus der Sicht der FGB bieten sie einerseits eine Chance Geschlechterungleichheiten zu beeinflussen. Diese ergeben sich vor allem durch vorhandene Transparenz, durch den Wegfall des Vergaberahmens, dem Auseinanderfallen von Regelungen und Anwendungspraxis dieser Regelungen, aber insbesondere durch eine gleichstellungsoffene Einstellung der verantwortlichen Akteure und Akteurinnen. Andererseits stellen die damit verbundene Flexibilisierung und teilweise Entstandardisierung sowie ungenügend vorhandene Transparenz ein Risiko dar.

Bezüglich der Kriterien der Bewertung von Lehr- und Forschungsleistungen in den Leistungsbezügeverordnungen wird ein sehr uneinheitliches Bild deutlich. Es ergibt sich eher ein neben einander Bestehen als eine Herstellung einer Verbindung von Forschung und Lehre bei starker Orientierung auf Drittmittel. Forschung besitzt weiterhin den dominierenden Stellenwert und kann damit das Reputationsgefälle zwischen Forschung und Lehre verstärken. Genderaspekte sind in den Leistungsbezügeverordnungen sehr selten zu finden. Auch bei der Vergabe von besonderen Leistungen spielt die Integration von Gender in die Lehre oder Forschung kaum eine Rolle. Dies ist unabhängig davon, ob eine Verankerung in den landesgesetzlichen Regelungen existiert. Berufungszielvereinbarungen werden an einigen Universitäten mit neu berufenen Professorinnen und Professoren abgeschlossen. Teilweise werden sie an die

Vergabe von Leistungsbezügen gekoppelt (unabhängig von Genderaspekten).

Vorhandene Probleme eines Gender-Pay-Gap bestehen auch nach der Einführung der W-Besoldung weiterhin, bedürfen allerdings einer vertiefenden wissenschaftlichen Betrachtung. Die Ergebnisse könnten auch in die Richtung verweisen, dass die Unterschiede zwischen den Fächern heute größer als die Unterschiede zwischen dem Geschlecht sind. Geschlecht wird aber durchaus von den verschiedenen Akteuren als ein Faktor betrachtet, der die Höhe der Besoldung beeinflussen kann.

Besoldungsprobleme werden insbesondere von den FGB kritisch betrachtet. Sie bemängeln ihre ungenügende Beteiligung. Ihrerseits werden fehlenden rechtliche Instrumente sowie Daten und Informationen thematisiert. Die größte Problematik im gesamten Besoldungsverfahren sehen die FGB in der fehlenden Transparenz – trotz vorhandenem Formalisierungsgrad.

Die Besoldung von Lehrprofessuren erfolgt meist im Rahmen einer W2-Besoldung. W3-Vergütungen bilden die Ausnahmen. Eine besondere Vergütung von Lehrleistung konnte nicht nachgewiesen werden. Auch hier werden weitere wissenschaftliche Untersuchungen als dringend erforderlich angesehen.

Literatur

Allmendinger, Jutta/ Astrid Podsiadlowski,(2001): Segregation in Organisationen und Arbeitsgruppen, in: B. Heintz (Hg.), Geschlechtersoziologie, in: Kölner Zeitschrift für Soziologie und Sozialpsychologie. Sonderheft, 41, Westdeutscher Verlag, Opladen, S. 276-307.

Allmendinger, Jutta/ Thomas Hinz (2007): Geschlechtersegregation in Organisationen und die Lohndifferenz zwischen Männern und Frauen, in: Gildemeister, Regine/Wetterer Angelika (Hg.), Erosion geschlechtlicher Differenzierungen? Widersprüchliche Entwicklungen in professionalisierten Berufsfeldern und Organisationen, Westfälisches Dampfboot, Münster, S. 172-188.

Autorengemeinschaft (2011): Broterwerb: Lohnentwicklung und Lohnpolitik, in: IAB-Forum 1/2005, W. Bertelsmann Verlag GmbH & Ko. KG, Bielefeld, S. 107.

Autorengemeinschaft (2009): Gleichstellung. Wo Frauen und Männer in der Arbeitswelt stehen? In: IAB-Forum 1/2005, W. Bertelsmann Verlag GmbH & Ko. KG, Bielefeld , S.101.

Biester, Christopher (2011): Auswertung der Leistungsbezügeverordnungen für das Projekt: „Männliche" Forschung – „weibliche" Lehre? Konsequenzen der Föderalismusreform für Personalstruktur und Besoldung am Arbeitsplatz Universität, Bielefeld.

Biester, Christopher (2013): Leistungsorientierte Vergütung in der Wissenschaft. Eine theoretische und empirische Analyse der neuen Professorenbesoldung, Beltz Juventa, Weinheim.

BuKoF, Bundeskonferenz der Frauenbeauftragten und Gleichstellungsbeauftragten an Hochschulen (2003): Positionspapier zur W-Besoldung – Eckpunkte zur Umsetzung der leistungsorientierten ProfessorInnenbesoldung, unter http://www.bukof.de/index.ph p/Stellungnahmen_und_Empfehlungen.html .

Hellemacher, Leo/ Katrin Simons (2009): W-Zulagen und Entgeltgleichheit an Hochschu-len, in: Die neue Hochschule 4-5/2009, S. 14-15.

Hellemacher, Leo (2011): Gender-Pay-Gaps an Hochschulen, in: Die neue Hochschule 3/2011, S. 122-126.

Kaiser, Lutz C. (2003): Entstandardisierte Erwerbsmuster im europäischen Vergleich – Ei-ne Analyse für fünf Länder unter besonderer Berücksichtigung von Deutschland, Dis-sertation, Universität Bochum.

Stephan, Gesine/ Lutz Gartner (2005): Lohnlücke. Dem kleinen Unterschied auf der Spur, in: IAB-Forum 2/2005, S. 65-70.

Pasternack, Peer (2003): Hochschulverträge und Zielvereinbarungen. Grundlagen, Modell-referenzen und Berliner Erfahrungen, in: die hochschule 1/2003, S. 136-159.

Verzeichnis der Übersichten

Verzeichnis der Abkürzungen

BB   Brandenburg

BE   Berlin

BK   Berufungskommission

BLK   Bund-Länder-Kommission für Bildungsplanung und Forschungsförderung

BMBF   Bundesministerium für Bildung und Forschung

BuKoF   Bundeskonferenz der Frauenbeauftragten und Gleichstellungsbeauftragten an Hochschulen

BV   Berufungsverfahren

BW   Baden-Württemberg

BY   Bayern

CEWS   Center of Excellence Women and Science

DHV   Deutscher Hochschulverband

DFG   Deutsche Forschungsgemeinschaft

ESF   Europäischer Sozialfonds

FFP   Frauenförderplan

FGB   Frauen- und Gleichstellungsbeauftragte

GEW   Gewerkschaft Erziehung und Wissenschaft

HB   Hansestadt Bremen

HH   Hansestadt Hamburg

HE   Hessen

HRG   Hochschulrahmengesetz

HRK   Hochschulrektorenkonferenz

HSL   Hochschulleitung

HSLE   Hochschullehrende

JP   Juniorprofessur

KMK   Kultusministerkonferenz

LaKoF MV Landeskonferenz der Gleichstellungsbeauftragten der Hochschulen und der Forschungseinrichtungen des Landes Mecklenburg-Vorpommern

LaKoG BW Landeskonferenz der Gleichstellungsbeauftragten der wissenschaftlichen Hochschulen Baden-Württembergs

LB   Leistungsbezüge

LfbA   Lehrkraft für besondere Aufgaben

LGG   Landesgleichstellungsgesetz(e)

LHG   Landeshochschulgesetz(e)

LOM   Leistungsorientierte Mittelvergabe

LP   Lehrprofessur, Lehrprofessorin, Lehrprofessor

LVVO   Lehrverpflichtungsverordnung(en)

MV   Mecklenburg-Vorpommern

NI   Niedersachsen

NPM   New Public Management

NW   Nordrhein-Westfalen

OECD   Organisation für wirtschaftliche Zusammenarbeit und Entwicklung

ProfBes Professorenbesoldung

ProfBesReformG Professorenbesoldungsreformgesetz

RP   Rheinland-Pfalz

SN   Sachsen

ST   Sachsen-Anhalt

SH   Schleswig-Holstein

SL   Saarland

SWS   Semesterwochenstunde

TH   Thüringen

WissZeitVG Wissenschaftszeitvertragsgesetz

WRK   Westdeutsche Rektorenkonferenz

Verzeichnis der Autorinnen und Autoren

Ulrike Beisiegel, Prof. Dr. rer. physiol. Dr. h.c., seit 2011 Präsidentin der Universität Göttingen, 1984-2011 am Universitätsklinikum Hamburg, Inhaberin der Ehrendoktorwürde der schwedischen Universität Umeå und zahlreicher weiterer wissenschaftlicher Auszeichnungen, Sprecherin des Ombudsgremiums der DFG und Vorsitzende der Wissenschaftlichen Kommission des Wissenschaftsrates, Senatorin der Leibniz-Gemeinschaft und der Max-Planck-Gesellschaft, seit 2012 Vizepräsidentin der Hochschulrektorenkonferenz. eMail: praesidentin@uni-goett ingen.de

Roland Bloch, Dr. rer. pol., seit 2007 wissenschaftlicher Mitarbeiter am Institut für Hochschulforschung Halle-Wittenberg (HoF). Arbeitsschwerpunkte: Studienreformen, Elitebildung, Lehr- und Personalstrukturen an Hochschulen. eMail: rol and.bloch@hof.uni-halle.de

Petra Dimitrova M.A., seit 2011 freiberufliche wissenschaftliche Mitarbeiterin am Institut für Hochschulforschung Halle-Wittenberg (HoF), zuvor wissenschaftliche Hilfskraft am GenderKompetenzZentrum an der Humboldt-Universität zu Berlin, Mitarbeiterin am Institut für gleichstellungsorientierte Prozesse und Strategien (GPS) e.V. an der HWR, Arbeitsschwerpunkte: Politikfeld Gleichstellung, Frauen- und Genderforschung im Bildungsbereich, Genderlinguistik und -diskurse, Gender-Migration-Integration. eMail: dimitrova@gleichstellungsinstitut.de

Romy Hilbrich, Dipl. Soz., seit 2013 wissenschaftliche Mitarbeiterin der Abteilung Hochschulforschung an der Humboldt-Universität zu Berlin. Arbeitsschwerpunkte: Wandel von Arbeit und Organisation in Hochschulen, Eigensinn und Widerstand im Arbeitsprozess, Organisationsreformen und Geschlecht. eMail: romy .hilbrich@hu-berlin.de

Karin Hildebrandt, Dr. oec., 2010 bis 2013 wissenschaftliche Mitarbeiterin am Institut für Hochschulforschung Halle-Wittenberg (HoF), zuvor Geschäftsführerin des GenderKompetenzZentrums an der Humboldt-Universität zu Berlin, Gründungsmitglied des Instituts für gleichstellungsorientierte Prozesse und Strategien (GPS) e.V. an der HWR. Arbeitsschwerpunkte: Frauen- und Geschlechterforschung an Hochschulen, Gleichstellungspolitik an Hochschulen und in der Bundesverwaltung. eMail: hildebrandt@gleichstellungsinstitut.de

Winfried Kluth, Prof. Dr. jur., Inhaber des Lehrstuhls für Öffentliches Recht an der Martin-Luther-Universität Halle-Wittenberg; seit 2000 Richter am Landesverfassungsgericht Sachsen-Anhalt, DHV-Sprecher der Hochschulverbandsgruppe Halle, seit 2012 Geschäftsführender Direktor der interdisziplinären wissenschaftlichen Einrichtung Genossenschaft- und Kooperationsforschung (IME GK). Arbeitsschwerpunkte: Staats- und Verwaltungsorganisationsrecht (mit besonderen Ausprägungen im Kommunal-, Hochschul- und Kammerrecht), Migrationsrecht sowie Medizin- und Gesundheitsrecht. eMail: winfried.kluth@jura.uni-hall e.de

Urs Kramer, Prof. Dr. jur., seit 2009 Inhaber der Lehrprofessur für Öffentliches Recht an der Universität Passau und Sprecher des Instituts für Rechtsdidaktik, 2010 mit dem Preis für gute Lehre der Universität Passau und 2013 mit dem Ars legendi-Fakultätenpreis Rechtswissenschaftenausgezeichnet. Arbeitsschwerpunkte: Allgemeines und Besonderes Verwaltungsrecht, insbesondere Wirtschaftsverwaltungsrecht sowie deutsches und europäisches Eisenbahnrecht. eMail: Urs.Kramer@Uni-Passau.de

Monique Lathan, M.Sc., seit 2010 wissenschaftliche Mitarbeiterin am Institut für Hochschulforschung Halle-Wittenberg (HoF). Arbeitsschwerpunkte: Lehr- und Personalstrukturen an Hochschulen, Motivationsforschung. eMail: monique.lathan@hof.uni-halle.de

Birgit Riegraf, Prof. Dr. phil., seit 2009 Professorin für Allgemeine Soziologie an der Universität Paderborn. Arbeitsschwerpunkte: Theorien und Methodologie der Frauen- und Geschlechterforschung, Organisations-, Arbeits- und Industriesoziologie, Gerechtigkeits- und Staatsforschung. eMail: briegraf@mail.upb.de

Robert Schuster, Dipl. Soz., von 2008-2014 Mitarbeiter am Institut für Hochschulforschung Halle-Wittenberg (HoF). Arbeitsschwerpunkte: Struktur und Organisation der akademischen Lehre, Methoden der empirischen Sozialforschung, Organisationssoziologie, Professionssoziologie. eMail: robert_schuster@web.de

Lena Weber, Dipl. Soz., wissenschaftliche Mitarbeiterin und Doktorandin in der Soziologie an der Fakultät für Kulturwissenschaften der Universität Paderborn. Arbeitsschwerpunkte: Soziologische Theorie, Geschlechterforschung, Arbeits- und Organisationssoziologie, Hochschul- und Wissenschaftsforschung, qualitative Sozialforschung. eMail: leweber@mail.upb.de

Carsten Würmann, Dr. phil., seit 2008 wissenschaftlicher Mitarbeiter am Institut für Hochschulforschung Halle-Wittenberg (HoF). Arbeitsschwerpunkte: Geschichte, Struktur und Organisation der akademischen Lehre. eMail: carsten.wuermann@hof.uni-halle.de

ANHÄNGE

Anhang 1: Gleichstellungsanforderungen im Berufungsverfahren: Auswahlverfahren und Berufung*

	Auswahl und Einladung von Berber/Innen	Berufungsvorschlag	Gutachten	Unzulässige/ nicht nachteilig auszulegende Bewertungskriterien	Unzulässige Fragen	Berücksichtigung sozialer Kompetenzen für Qualifikation	Bevorzugungsregelungen	Berufungsrecht[1]
BW	bei Unterrepräsentation alle Bewerberinnen, die Anforderungen erfüllen, min. gleiche Anzahl Frauen/ Männer § 9 (1) ChancenG	Sondervoten alle Mitglieder und Fb § 48 (4) LHG Berufungskomm. 2 Frauen	auswärtig und vergleichend § 48 (4) LHG	Dienstalter, Lebensalter, Zeitpunkt der letzten Beförderung nur soweit für Bewertung Qualifikation relevant, geringere Dienst- oder Beschäftigungszeiten; Reduzierung Arbeitszeit, Verzögerungen Ausbildung wg. Betreuung v. Kindern oder pflegebedürftigen Angehörigen § 10 (3) ChancenG	Familienplanung, Betreuung von Kindern neben Berufstätigkeit § 9 (2) ChancenG	Familienarbeit und ehrenamtliche Tätigkeit, überfachlich erworbene Kompetenzen, soweit von Bedeutung und eingebracht § 10 (2) ChancenG	flexible Zielquote § 10 (1) ChancenG	Hochschule § 48 (1) LHG
BY	-	Erhöhung des Frauenanteils von Frauen zu beachten/ Sondervoten aller Mitglieder/ i.Ü. GO Art. 18 IV BayHSchPG	auswärtig und vergleichend Art. 18 IV BayHSchPG	-		dienstlich festellbare soziale Erfahrungen und Fähigkeiten aus Kinderbetreuung, Pflege, ehrenamtlicher Tätigkeit Art. 8 (2) BayGlG	flexible Zielquote Art. 8 (1) BayGlG	Hochschule, vorbehaltlich einer abweichenden VO Art. 18 Absatz 10 BayHSchPG

[1] Zu weiteren Details des Berufungsrechts, vgl. Wissenschaftsrat 2005, Anhang 2 (Stand 01. 05. 2005)

Auswahl und Einladung von Berber/innen	Berufungsvorschlag	Gutachten	Unzulässige/ nicht nachteilig auszulegende Bewertungskriterien	Unzulässige Fragen	Berücksichtigung sozialer Kompetenzen für Qualifikation	Bevorzugungsregelungen	Berufungsrecht[1]
BE: In Bereichen, in denen Rauen unterrepräsentiert sind, sind entweder alle Bewerberinnen oder mindestens ebenso viele Frauen wie Männer einzuladen, sofern sie die in der Ausschreibung vorgegebene Qualifikation für die Stelle oder Funktion besitzen und Bewerbungen von Frauen in ausreichender Zahl vorliegen § 6 (1) LGG	Sondervoten aller Mitglieder § 101 BerlHG	intern und auswärtig § 101 BerlHG	geringere zurückliegende Beschäftigungszeiten/ Reduzierung Arbeitszeit; Verzögerungen Ausbildung wegen Betreuung v. Kindern oder pflegebedürftigen Angehörigen; Lebensalter, Familienstand, Einkünfte/ Einkommenslosigkeit Partner/in, gegenwärtige zeitliche Belastungen durch Kinder/ pflegebedürftigen Angehörigen, Arbeitszeitreduzierung § 8 (4) LGG	-	z.B. wg. Familienarbeit, soziales Engagement, ehrenamtliche Tätigkeit § 8 (4) LGG	Entscheidungsquote bis 50% § 8 (1,2) LGG	Senat Einreichung aller Bewerbungsunterlagen und Gutachten § 101 BerlHG
BB: -	§ 39 III BbgHG	min. 2 auswärtig und vergleichend § 39 III BbgHG	-	-	-	-	Kann Hochschule übertragen werden durch entspr. Rechtsvorschrift § 38 (4,5) BbgHG

Auswahl und Einladung von Berber/innen	Berufungsvorschlag	Gutachten	Unzulässige/ nicht nachteilig auszulegende Bewertungskriterien	Unzulässige Fragen	Berücksichtigung sozialer Kompetenzen für Qualifikation	Bevorzugungsregelungen	Berufungsrecht[1]
HB							
-	§§ 18, 19 BremHG	auswärtig und vergleichend § 19 III BremHG	-	Schwangerschaft § 7 (4) LGG	Z.B. Familienarbeit, soziales Engagement o. ehrenamtliche Tätigkeit, wenn für Ausübung dienlich § 4 (4) LGG	Entscheidungsquote § 4 (4) LGG	Rektor im Einvernehmen mit Senat Hochschulen in satzung regeln § 18 (I) BremHG
HH							
-	Frauen sind bei gleicher Qualifikation bevorzugt zu berücksichtigen, abweichende Regelungen durch Satzung möglich § 14 III HmbHG	-	-	-	Familienarbeit § 9 (2) HmbGlG	Entscheidungsquote solange unter 50% § 14 III HmbHG	Hochschule § 13 (1) HmbHG
HE							
bei Unterrepräsentation min. ebenso viele Frauen wie Männer, die die gesetzlichen oder sonst vorgesehenen Vorraussetzungen erfüllen § 9 HGlG	§ 72 II HessHG	2 auswärtig und vergleichend § 72 II HessHG	Dienstalter, Lebensalter und Zeitpunkt Beförderung, nur soweit Qualifikation relevant; Familienstand, Einkommen Partner/in; Teilzeit, Beurlaubungen wg. Betreuung v. Kindern oder pflegebedürftigen Angehörigen § 10 (1.2) HGlG	-	Familienarbeit, auch neben Erwerbstätigkeit § 10 HGlG	angemessene Berücksichtigung § 5 II HessHG Zielquote nach FFP §§ 5 (4), 10 (4) HGlG	Hochschule § 63 HessHG

Auswahl und Einladung von Berber/innen	Berufungs-vorschlag	Gutachten	Unzulässige/ nicht nachteilig auszulegende Bewertungskriterien	Unzulässige Fragen	Berücksichtigung sozialer Kompetenzen für Qualifikation	Bevorzu-gungsrege-lungen	Berufungs-recht[1]
MV bei Unterrepräsentation auf begründetes Verlangen Gb min. gleiche Anzahl Frauen/ Männer, die Anforderungen erfüllen § 5 (7) GIG M-V	Stellungnahme Gb § 59 IV LHG M-V	2 auswärtig (an Uni vergleichend) 59 V LHG M-V	Teilzeit § 5 (8) GIG M-V	Schwangerschaft nur bei Entscheidung zwischen Frauen und beruflichem Bezug erlaubt; Familienplanung, Betreuung von Kindern neben Erwerbstätigkeit und andere diskriminierende Fragen § 5 (4) GIG M-V	spezielle außerhalb beruflicher Tätigkeit erworbene Erfahrungen und Fähigkeiten, wenn dienlich § 5 (4) GIG M-V	Entschei-dungsquote bis 50% § 5 (3) GIG M-V	Ministerium Stellungnahme Gb/ Liste aller Bewerber/innen § 59 (4) LHG M-V
NI bei Unterrepräsentation min. 50% Frauen (E: Geschlecht), die Anforderungen erfüllen § 12 (1) NGG	Fakultätsrat zu-ständig Zurückweisung durch Präsidium bei Verletzung Gleichstellung § 26 (2) NHG	Auswärtig, i.d. R. vergleichend § 26 (5) NHG	Dienstalter o. Lebensalter nur soweit Erweiterung berufl. Kenntnisse, i. Ü. soweit Frauenförderplan nicht entgegensteht § 13 (2) NGG bzw. §10 Abs. 1 Personal- oder Organisationsentwicklung	Familienplanung, Betreuung von Kindern neben Erwerbstätigkeit § 12 (2) NGG	Erfahrungen und Fähigkeiten aus sozialer Arbeit, soweit für Aufgabe von Bedeutung, z.B. Flexibilität, Kommunikations- und Teamfähigkeit, Tatkraft und Organisationsfähigkeit, § 13 (3) NGG	*45% § 13 (6) NGG*	Ministerium Stellungnahmen aller beteiligten Gremien § 48 (2) NHG

	Auswahl und Einladung von Berber/innen	Berufungsvorschlag	Gutachten	Unzulässige/ nicht nachteilig auszulegende Bewertungskriterien	Unzulässige Fragen	Berücksichtigung sozialer Kompetenzen für Qualifikation	Bevorzugungsregelungen	Berufungsrecht[1]
NR W	Bei Unterrepräsentanz sind mindestens ebenso viele Frauen wie Männer einzuladen § 9 I LGG	§ 48 III, IV HG. § 48 III HG	2 auswärtig § 48 III HG	geringere Beschäftigungszeiten wegen Kindern/ pflegebedürftigen Angehörigen, Familienstand, Einkommensverhältnisse d. Partner/in, Zahl der unterhaltsberechtigten Personen § 10 (2) LGG	Geplante oder bestehende Schwangerschaft; Betreuung von Kindern § 9 (3) LGG	Erfahrungen und Fähigkeiten aus Betreuung von Kindern oder Pflegebedürftigen soweit für Aufgabe von Bedeutung § 10 I(1) LGG	Entscheidungsquote § 7 (1,2) LGG	Hochschule, § 37 (1) HG
RP	*alle Bewerber/innen des unterrepräsentierten Geschlechts bei geforderter Qualifikation, min. im Verhältnis zum Anteil der Bewerbungen § 43 III HochSchG*	Stellungnahme Fb § 50 II HochSchG	-	ausschließlich Anforderungen der zu besetzenden Stelle, die sich in der Regel aus Stellenausschreibung ergeben § 43 IV HochSchG	-	Erfahrungen und Fähigkeiten aus Betreuung von Kindern oder Pflegebedürftigen, soweit für Aufgabe von Bedeutung § 43 IV HochSchG	Entscheidungsquote § 43 III HochSchG	Ministerium Vorlage aller Bewerbungen, Stellungnahme Fb § 50 (2,3,3a) HochSchG
SL (UG)	bei Unterrepräsentation 50% Frauen, die geforderte Qualifikation erfüllen § 11 (1) LGG	Stellungnahme Fb § 36 V UG	auswärtig und vergleichend zu fachlicher Qualifikation § 36 V UG	Lebensalter, Dienstalter, Zeitpunkt der letzten Beförderung, soweit für Qualifikation relevant § 12 (4) LGG	Schwangerschaft; Betreuung von Kindern § 11 (2)LGG	Familienpflichten § 12 (3)LGG	flexible Zielquote solange bis 50% § 13 LGG	Hochschule § 36 (2) UG

	Auswahl und Einladung von Berber/innen	Berufungsvorschlag	Gutachten	Unzulässige/ nicht nachteillig auszulegende Bewertungskriterien	Unzulässige Fragen	Berücksichtigung sozialer Kompetenzen für Qualifikation	Bevorzugungsregelungen	Berufungsrecht[1]
SN	alle Bewerberinnen, mit geforderter Qualifikation § 7 (1) SächsFFG	Sondervoten alle Beteiligten, einschließlich Gb § 42 III SächsHG	3, davon min. 2 auswärtig § 42 III SächsHG	-	Schwangerschaft; Familienaufgaben § 7 I(2) SächsFFG	Fähigkeiten und Erfahrungen aus familiärer und sozialer Arbeit, soweit für Stelle erheblich f. § 8 (2) SächsFFG	flexible Zielquote § 8 (1) Sächs-FFG	Hochschule § 60 (1) § 42 SächsHG
ST	alle Bewerberinnen, mit geforderter Qualifikation, ist die Bewerberin einzustellen, wenn der Anteil der Frauen in der Funktion, in der Vergütungs- oder Besoldungsgruppe geringer ist als der der Männer. Dies gilt nicht, wenn in der Person eines Mitbewerbers liegende Grunde vorliegen, die auch unter Beachtung der Verpflichtung zur Förderung der tatsächlichen Gleichstellung von Frauen und Männern überwiegen. § 4 (1) FrFG LSA	Sondervotum alle Mitglieder und Gb § 36 HSG LSA	2 auswärtig, davon 1 vergleichend § 36 HSG LSA	bestehende oder gewünschte Schwangerschaft, geringere Beschäftigungszeiten wegen sozialen oder familiären Gründen § 4 (3,4) FrFG LSA		Fähigkeiten und Erfahrungen aus familiärer und sozialer Arbeit, soweit für Arbeit von Bedeutung § 4 (4) FrFG LSA	Entscheidungsquote § 4 (2) FrFG LSA Zielvorgabe FFP	Ministerium Vorlage aller Bewerbungsunterlagen § 36 (8) HSG LSA

	Auswahl und Einladung von Berber/innen	Berufungsvorschlag	Gutachten	Unzulässige/ nicht nachteilig auszulegende Bewertungskriterien	Unzulässige Fragen	Berücksichtigung sozialer Kompetenzen für Qualifikation	Bevorzugungsregelungen	Berufungsrecht[1]
SH	Fb kann Einladung Bewerberin, bzw. soweit keine Bewerbungen von Frauen, Einladung Bewerber verlangen § 97 V HSG (a.F.) Fb kann Einladung Bewerber/in verlangen § 62 V HSG (n.F.)	Sondervoten aller Mitglieder, Anhörung Fb und schriftliche Äußerung § 97 IV HSG (a.F.) § 62 V HSG (n.F.)	auf Verlangen Ministerium Fb kann Professorin oder Sachverständige als Gutachterin vorschlagen § 97 IV HSG (a.F.) § 62 V HSG (n.F.)	Dienst- und Lebensalter, nur soweit Erweiterung beruflicher Kenntnisse; im übrigen, soweit Frauenförderung nicht entgegenstehend; Familienstand, Schwangerschaft oder deren Möglichkeit § 8 GstG	-	Erfahrungen und Fähigkeiten aus Betreuung von Kindern und Pflegebedürftigen § 8 II GstG	Entscheidungsquote §§ 4, 6 GstG	Hochschule § 62 (1) HSG; Vorlage Ministerium Sondervotum § 62 (2)
TH	-	Stellungnahme Studierende § 78 III ThürHG (n.F.) § 49 III; IV ThürHG (a.F.)	auswärtig und vergleichend § 78 III ThürHG (n.F.)	geringere Beschäftigungszeiten wegen Betreuung von Kindern und häuslicher Pflege § 7 II ThürGleichG	-	Erfahrungen und Fähigkeiten aus Betreuung von Kindern und Pflegebedürftigen, ehrenamtliche Tätigkeit im Sozialbereich, soweit erheblich für Aufgaben § 7 III ThürGleichG	flexible Zielquote § 7 I ThürGleichG	Hochschule (4 Jahre befristet) § 78 (2)ThürHG (

* Übersicht erstellt von Ulrike Spangenberg, Stand Oktober 2006. Ergänzung von Karin Hildebrandt 2011

Anhang 2: Berufungsleitfäden ausgewählter Universitäten

Universität	Umfang Gliederung	Einstellungs- bzw. Berufungsvoraussetzungen, Kriterien	Zusammensetzung der Berufungskommission	Vorstellung zur Rolle der Lehre	Chancengerechtigkeit	Dokumentation
FU Berlin Leitfaden für Berufungsverfahren Februar 2011	54 Seiten 1. Verfahren zur Konstituierung der Berufungskommission (BK) 2. Verfahren ab Aufnahme der Arbeit der BK 3. Grundsätze 4. Beteiligung der FBA 5. Schwerbehindertenbeauftragter 6. Berufungskommission 7. Erweiterter Fachbereichsrat 8. Rechtsgrundlagen 9. Anlagen	§100 Abs. BerlHG Pädagogische Eignung zentrales Anliegen – Nachweise: • mehrjährige Erfahrungen in der Lehre • positive Lehrevaluation • publizierte Lehrmaterialien, • didaktische Aus- u. Fortbildung im Bereich Lehre	BerlHG §45, 46, 73 HSLE_innen Mehrheit Frauenanteil mögl. Hälfte der BK, mind. 2 (1 Hochschul-lehrerin, 1 Wissenschaftliche Mitarbeiterin)	Lehrkompetenz: Lehrprobe oder in Ausnahme Konzept für spezifische Lehrveranstaltung (Anlage 9 Muster)	FBA von Beginn an einbeziehen; Ausschreibung, Besetzung der BK; Einsicht in die Unterlagen; Sitzungen der BK einzuladen	Protokoll Arbeitsbericht
TU Berlin Leitfaden für die Durchführung von Berufungsverfahren November 2011	34 Seiten 1. Vorwort 2. Grundlegende Hinweise 3. Verfahrensablauf 4. Vorschriften, Normen u. Richtlinien	Exzellente Forschung: Rufe, Publikationen, Preise, inhaltliche Breite u. Tiefe der Forschungsthemen, Vorträge auf internationalen Konferenzen,	7-10, alle Statusgruppen, mindestens 2 Frauen, Fachvertretung aus anderen Fak.	Probelehrveranstaltung „didaktische Gutachten"	Beteiligung der FBA zu jedem Zeitpunkt, Einsicht in die Unterlagen, Einladung zu BK zu 3. Verfahrensablauf: zu einzelnen Schritten Emp-	

Universität	Umfang Gliederung	Einstellungs- bzw. Berufungsvoraussetzungen, Kriterien	Zusammensetzung der Berufungskommission	Vorstellung zur Rolle der Lehre	Chancengerechtigkeit	Dokumentation
	5. Anhänge 6. Ansprechpartner	exzellente Lehrleistung/ Hochschuldidaktische Kompetenzen: Stud. Votum, Lehrerfahrungen, Evaluation, Lehrpreise, hochschuldidaktische Fortbildung, betreute Qualifikationsarbeite, Engagement f. Lehre u. Studium in der Verwaltung, fachliche u. methodische Breite, Fähigkeit zur Drittmitteleinwerbung Gleichstellung Interdisziplinarität Internationalität überfachliche Kompetenzen: strategische Genderkompetenz §100 BerlHG			fehlungen zur Chancengleichheit formuliert	
HU Berlin Leitfaden der HUB zur Durchführung von Berufungsverfahren September 2007	4 Seiten a. Beginn des Verfahrens b. Zusammensetzung der Kommission c. Auswahlverfahren		7-10 Personen; FBA (nicht stimmberechtigt)	Probevortrag: Vorhaben zu innovativen Vorhaben in Lehre u. Forschung	FBA bereits zu Beginn über ev. Neubesetzung informiert, Frauen zielgerichtet ange-sprochen, um Anteil zu erhöhen	Einbeziehung d. nicht stimmberechtigten Senatsberichter_in

Universität	Umfang Gliederung	Einstellungs- bzw. Berufungsvoraussetzungen, Kriterien	Zusammensetzung der Berufungskommission	Vorstellung zur Rolle der Lehre	Chancengerechtigkeit	Dokumentation
	d. Erstellung der Berufungsliste u. Berufung e. Dauer des Verfahrens					
Universität Göttingen Empfehlungen des Senats für die Erstellung von Berufungsvorschlägen März 2007	4 Seiten Ausschreibung Zusammensetzung der BK Gleichstellung Sichtung der Bewerbungen Begutachtung durch auswärtige Fachleute Anforderungen an die Gutachten auswärtiger Fachleute Bericht der Fakultäten	Keine Angaben Grundlage „Empfehlungen zur Qualitätssicherung von Berufungsverfahren in Universitäten und Hochschulen"	Keine konkreten Angaben zur Besetzung mit einzelnen Statusgruppen	keine	Fakultäten Thema „Qualitätssicherung unter Gleichstellungsaspekten" in BV thematisieren u. Problembewußtsein entwickeln Mitglieder der BK auf Chancengleichheit hingewiesen werden; Offenheit für Wissenschaftlerinnen Handreichung zur Sicherung der Chancengleichheit in Berufungsverfahren Januar 2008	Abschnitt 7. Gliederung des Berichtes
Universität Marburg Berufungen an der PUM August 2011	32 Seiten Vorbemerkungen I. Planung und Ausschreibung einer Professur II. Berufungskommission III. Besetzung der Professur IV. Einstellung Übersichten		5 Prof.innen, 2 Studierende, 2 Wissenschaftliche Mitarbeitende	weitere Materialien einsehen: Publikationen, Ergebnisse der Lehrevaluation; Probevorträge – wissenschaftliche Arbeit, Lehrkonzept vorstellen	nur Ansprache m/w	Arbeitsbericht der BK

Universität	Umfang Gliederung	Einstellungs- bzw. Berufungsvoraussetzungen, Kriterien	Zusammensetzung der Berufungskommission	Vorstellung zur Rolle der Lehre	Chancengerechtigkeit	Dokumentation
Universität Duisburg-Essen Ordnung für die Besetzung von Professuren und Juniorprof. der Berufungskommission Duisburg-Essen Berufungsordnung vom Dezember 2007; geändert durch erste Änderungsordnung vom 11. Januar 2010 (VBl Jg. 8, 2010 S. 5 / Nr. 2)	§1 Einleitung des Berufungsverfahrens §2 Stellenausschreibung §3 Berufungsbeauftragte/r §4 Berufungskommission §5 Gutachten §6 Berufungsvorschlag §7 Beschlussfassung §8 Juniorprofessur §9 zeitl. beff. Prof. §10 Stellungnahme des Senats §11 Berufung §12 Anforderungen an die Berichte §13 Vertraulichkeit §14 In-Kraft-Tretung		§3a 5:2:1 gemäß LGG Besetzung mit Hälfte der Frauen; mindestens eine HSLE'in	bei Ausschreibung auf besonderen Wert der Lehre achten	GBA von Beginn an zu beteiligen; an allen Sitzungen mit Rede- und Antragrecht, Bewerbung von Frauen gewünscht	§12 regelt Berichterstattung inhaltlich
Universität Würzburg Qualitätssteigerung in BV durch Berücksichtigung der Chancengleichheit Ein Leitfaden für gendergerechte BV März 2012	4 Seiten Präambel Checkliste für gendergerechte BV		Präferenzregelung gem. Art. 4 BayHschG Neben FBA mindestens eine Professorin Mittelfristig – paritätische Zusammensetzung nach Kaskadenmodell		Ausschreibung so, dass sie für Männer und Frauen geeignet Verstärkte Beteiligung von Gutachterinnen Vorschlagsrecht der FBA	Geschlechterspezifische Dokumentation

Universität	Umfang Gliederung	Einstellungs- bzw. Berufungsvoraussetzungen, Kriterien	Zusammensetzung der Berufungskommission	Vorstellung zur Rolle der Lehre	Chancengerechtigkeit	Dokumentation
Universität Leipzig BV der Universität Leipzig Juni 2012	21 Seiten Präambel § 1 Geltungsbereich bis § 19 Gemeinsame Berufungen		gehören in der Regel 6 Professoren/ Professorinnen, 2 akademische Mitarbeiter/innen, 2 Studierende und ein/e sonstiger/sonstige Mitarbeiter/in an (6:2:2:1). Professoren /Professorinnen verfügen über eine Mehrheit von einem Sitz. Geschlechterparität anzustreben		Spätestens mit Ausschreibung GBA informiert	
Universität Paderborn Leitfaden für Berufungsverfahren Juli 2012	14 Seiten Ablauf Ansprechpersonen Rechtsgrundlagen Verfahren Beauftragte Fristen Zusammensetzung d. BK Verfahren in der BK Kriterienkatalog Ausschreibungstext Auswahlverfahren Bewerbung v. schwerbehinderten M. Hausberufungen Gutachten	Kriterienkatalog: wissenschaftliche Qualifikation pädagogische Eignung Erfahrungen bei Forschung- u. Lehrorganisation	4:2:1 4 Prof_innen 2 Wiss. Mitarbeitende 1 Studierende		GBA zu beteiligen Bewerbung von Frauen, wo Unterrepräsentanz gleich viele Frauen u. Männer	Abschlussbericht

Universität	Umfang Gliederung	Einstellungs- bzw. Berufungsvoraussetzungen, Kriterien	Zusammensetzung der Berufungskommission	Vorstellung zur Rolle der Lehre	Chancengerechtigkeit	Dokumentation
	Erstellung der Berufungsliste Abschlussbericht Behandlung im Fakultätsrat Präsidium/Senat Berufungs-verhandlung JP					
Martin-Luther-Universität Halle-Wittenberg Verfahrensweise bei Berufungen an der MLU Februar 2012	8 Seiten I. Ausschreibung II. BK III. Auswahlver-fahren IV. Hausberufungen V. Berufungsunter-lagen VI. Berufungsprü-fungskommission		1. Dekan 2.4 Prof_innen der MLU 3. mindestens ein Professor – extern 4. 2 Wiss. Mitarbeitende 5. 2 Studierende 6. GBA mindestens 3 Frauen, 1 Professorin			
Universität Hamburg-Harburg Berufungsordnung für die Berufung von Professoren sowie JP der TU Hamburg-Harburg vom September 2006	4 Seiten §1 Widmung u. Funktionsprüfung §2 Ausschreibungs-verfahren § 3 Prüfungsaus-schuss §4 Berufungsver-fahren §5 Abstimmungs-		Leiter des jeweiligen Studienbereichs schlägt Senats-mitglieder vor; min-destens 2 Professuren nicht Mitglied der Hochschule GBA kann als Gast GBA kann Vorschläge		Verwaltung teilt der GBA Ausschreibungstext mit; GBA kann qualifizierte Personen benennen.	

Universität	Umfang Gliederung	Einstellungs- bzw. Berufungsvoraussetzungen, Kriterien	Zusammensetzung der Berufungskommission	Vorstellung zur Rolle der Lehre	Chancengerechtigkeit	Dokumentation
	verfahren §6 Ruferteilung §7 In-Kraft-Tretung		unterbreiten; erhält Zusammensetzung			
Universität Ulm Verfahren zur (Wieder)besetzung von Hochschuller-Stellen	4 Seiten 1. Entscheidung 2. Bildung einer BK oder Auswahlkommission		1 Mitglied Fakultätsvorstandes 1 hochschul-externe sachverständige Person mind. 1 Studierender mind. 2 fachkundige Frauen GBA Professuren Mehrheit der Stimmen			
Universität Erlangen-Nürnberg Berufungsleitfaden zur Qualitätssicherung BV für Universitäts-Professuren u.JP unter besonderer Berücksichtigung des Gleichstellungs-aspektes Juli 2011	35 Seiten A Zuständigkeiten B Allgemeiner Teil B.1 Rechtsgrundlagen B.2 Fristen B.3 Wichtige Hinweise B.4 Gleichstellungsaspekte B.5 Berufungsausschuss B.6 Fakultätsrat B.7 Senatsberichterstatterin bzw. Senatsberichterstatter		Mehrheit Prof_innen mind. 1 Prof_innen extern angemessene Vertretung v. Frauen u. Männern: mind 2 Professorinnen bis zu 2 externe Professorinnen FBA- stimmberechtigt 1 Wiss. Mitarbeitende 1 Studierende		4. Gleichstellungsaspekt bei A., B4. FGB – Funktion d. Verfahrenskontrolle Die Sensibilisierung der Mitglieder des Berufungsausschusses für die vorurteilsfreie Bewertung von Personen ist durch die Universitätsleitung zu unterstützen, durch • Trainingskurse zu Genderkompetenz, • Flyer, die in jedem neu	Senatsbericht-erstatter_in 1.7 Formalisierung des Verfahrens und Dokumentation der gender-gerechten Durchführung des Berufungsverfahrens, S. 24

Universität	Umfang Gliederung	Einstellungs- bzw. Berufungsvoraussetzungen, Kriterien	Zusammensetzung der Berufungskommission	Vorstellung zur Rolle der Lehre	Chancengerechtigkeit	Dokumentation
	... B.12 Lehrprofessuren B.13 Forschungsprofessuren B.14 Hausberufungen C Ausschreibungsverfahren D. Erstellung und Vorlage des Berufungsvorschlags durch die Fakultät E. Behandlung der Vorschlagsliste in der ZUV und Beschluss-fassung F. Unterlagen im Internet				eingerichteten Ausschuss verteilt werden, • 1.9 Chancengleichheit bei der Beurteilung der wissenschaftlichen Qualität, S. 25,26	
Universität Magdeburg Leitfaden für Berufungsverfahren vom Dezember 2005	1 Seite		Zusammensetzung rechtzeitig	Denomination nach Maßgabe des Lehr- u. des Forschungsbedarfs geprüft gründliche Prüfung der Lehrbefähigung		
Universität Bayreuth Leitfaden der Universität Bayreuth für Berufungsverfahren Dezember 2012	4 Seiten 1. Ausschreibung d. Professur 2. Erarbeitung d. Berufungsvor-schlages durch die BK 3. Entscheidung der Hochschullehrer über					

Universität	Umfang Gliederung	Einstellungs- bzw. Berufungsvoraussetzungen, Kriterien	Zusammensetzung der Berufungskommission	Vorstellung zur Rolle der Lehre	Chancengerechtigkeit	Dokumentation
	d. Berufungsvorschlag 4. Berufungsverhandlung					
Checkliste für Berichterstatter der Hochschulleitung der UBT in BK, um eine Gleichstellung von Frauen und Männern zu gewährleisten 2011	5 Seiten Besetzung der BK Proaktive Kandidatinnensuche Beurteilungskriterien im Berufungsverfahren Berufungsliste Beschlussfassung über den Berufungsvorschlag u. Berufung Checkliste zur Umsetzung der Gleichstellungsbeauftragten für Berichterstatter der HSLE in BK	Beurteilungskriterien – spezif. Belange von Frauen beachten bzgl. der Quantität fachlicher Leistungen	Art. 18, Abs.4 Satz 2 BayHschPG neben stimmberechtigten Fakultätsbeauftragten mind. eine stimmberechtigte Professorin oder Habilitierte		Corporate design Umsetzung der Chancengleichheit – mind. 2 Professorinnen Beteiligung der FBA bei allen Besetzungen von Prof. BK über Gender in BV und FFP informiert werden Beachtung spezifische Biographien von Frauen	
TU Darmstadt Leitfaden für Berufungsverfahren an der TU Darmstadt v. April 2008	6 Seiten Verfahrensschritte: 1. Perspektivgespräch bis 16. Rufannahme u. Einstellung	5 stimmberechtigte der Professorengruppe 2 Wiss. Mitarbeitende 2 Studierende mit beratender Stimme 1 Administrierende 2 Professoren aus an-	Lehr- und Forschungsvortrag; Vorträgen u. Gesprächen Forschungs- u. Lehrkompetenzen, Kompetenzen in Mitarbeiterführung u.		

Universität	Umfang Gliederung	Einstellungs- bzw. Berufungsvoraussetzungen, Kriterien	Zusammensetzung der Berufungskommission	Vorstellung zur Rolle der Lehre	Chancengerechtigkeit	Dokumentation
			deren Bereichen Senatsbeauftragter o. Stimmrecht FBA beteiligen mind. 2 Frauen, 1 stimmberechtigte	Wissensmanagement		
Universität Kaiserslautern in Vorbereitung						
TU München TUM Berufungs- u. Karrieresystem vom Juli 2012	Neue Karrierewege					
Universität Bremen Berufungsordnung der Uni Bremen v. Januar 2009 Leitfaden f. BV vom März 2008	10 Seiten I. Verfahren und Kommission II. Beschluß III. Neuausschreibung IV. Berufungsvorschlag V. Öffentlichkeit VI. Gemeinsames Berufungsverfahren Ausstattung u. Inkrafttreten	§6 Kriterien f. die Auswahl: Stellenbeschreibung, Einbindung in Studienkonzept u. Forschungskonzept des FB BK_Beschluss über Verfahren zur Überprüfung der pädagogisch-didaktische Fähigkeiten u. außerfachlichen Eignung	§3 5 HSLE 2 wiss. Mitarbeitende 2 Studierende 1-2 sonstige geschlechterparitätisch	§6Leistungen im Bereich der Lehre angemessen zu bewerten Probelehrveranstaltung §8zur zukünftigen Tätigkeit in Lehre u. Forschung	FBA einzuladen Besonderes Votum bei der Berücksichtigung der Frauen abzugeben	§11Berufungsbericht

305

Universität	Umfang Gliederung	Einstellungs- bzw. Berufungsvoraussetzungen, Kriterien	Zusammensetzung der Berufungskommission	Vorstellung zur Rolle der Lehre	Chancengerechtigkeit	Dokumentation
RUB Bochum Berufungsordnung der RUB vom Mai 2008	4 Seiten § 1 - 12	§6 BK Auswahlkriterien u. deren Gewichtung festlegen Berufungsstandards	§6 Mehrheit der Stimmberechtigten nicht der Fakultät angehörig, zu der besetzte Professur angehört Zusammensetzung geschlechterparitätisch (LGG)	Student. Vertretung – Votum zur Lehrleistung abgeben Berufungsstandards – Verweis auf ex. Lehrleistung/hochschuldidaktische Kompetenz Lehrerfahrung Evaluationsergebnisse, Lehrpreise, hochschuldidaktische. Fortbildung, betreute Qualifikationsarbeiten, Engagement in Lehre u. Studium, fachliche u. methodische Breite, Probelehrveranstaltung, didaktische Gutachten	Leitfaden zur gendergerechten Ausgestaltung von universitären BV April 2010	
Universität Augsburg Qualitätssicherung und Gleichstellungsstandards in BV. Beschluss der erweiterten Universitätsleitung vom Juni 2010	2 Seiten mit Empfehlungen	Qualifizierung zur Forschung	Frauenanteil von mindestens 40% bzw. zwei Professorinnen (zusätzl. zur FBA)	Beachtung der hochschuldidaktischen Qualifikation und der praktischen Lehrerfahrung Probevorträge – ausgewogenes Verhältnis von Männern und Frauen	Ausgewogenes Verhältnis der externen Gutachterinnen und Gutachter	Stellungnahme zur Umsetzung der Empfehlungen ist Bestandteil der Berichterstattung

Universität	Umfang Gliederung	Einstellungs- bzw. Berufungsvoraussetzungen, Kriterien	Zusammensetzung der Berufungskommission	Vorstellung zur Rolle der Lehre	Chancengerechtigkeit	Dokumentation
Universität Mainz Leitfaden für die Besetzung von Professuren an der JGU Mainz vom Mai 2011	44 Seiten 1. Wiederzuweisung 2. Bildung u. Zusammensetzung der BK 3. Ausschreibung 4. Erstellung eines Besetzungsvorschlages 5. Abwicklung des Berufungsverfahrens im Senat Anlagen	4.3.3 Beurteilung des Engagements in der Forschung: Zahl und Art der Publikationen, - Rufe auf andere Professuren, - Mitgliedschaft in den wichtigsten wissenschaftlichen Gremien, - Preise, Stipendien, etc. - Drittmittelaktivitäten	2.1 Prinzip der Geschlechterparität – Präsenz von Wissenschaftlerinnen in BK Mitglieder anderer Fachbereiche Studierende Auswärtige Fachvertretende bis zu 6 Hochschullehrende 1-2 Studierende 1-2 Wiss. Mitarbeitende	4.3.2 Beurteilung der Lehrqualifikation, begründen anhand welcher Kriterien Lehreignung vorgenommen wird Ermittlung u. Bewertung der didaktische Kompetenz Prüfung der Lehrqualifikation ähnlicher Stellenwert wie der Forschungsleistung einzuräumen	2.1 Prinzip der Geschlechterparität 4.3.6.4. Frauenförderung 2.1 Präsenz von Wiss. Verweis auf div. Wissenschaftlerinnen-Expertinnen Datenbanken Beteiligung der GBA Anlage 01 zu 4.4.1 des Leitfadens zur Besetzung von Professuren an der Johannes Gutenberg-Universität Mainz Richtlinien zur Beteiligung der Gleichstellungsbeauftragten im Rahmen von Berufungsverfahren	Leitfaden zur Besetzung von Professuren
Universität Kassel Allgemeine Hinweise zur Durchführung von Berufungsverfahren Juli 2011	10 Seiten 1. Allgem Grundsätze 2. Beteiligung der FBA. 3. Freigabe u. Ausschreibung der Professur 4. Zusammensetzung der BK 5. Eingang der Bewerbung in FB 6. Probevorträge/-	Auswahlkriterien im Anforderungsprofil Zahl der Publikationen, Drittmitteleinwerbung Auslandsaufenthalt	1 auswärtiges fachliches affines Mitglied, gesetzliche Vorgaben Beide Geschlechter möglichst paritätisch		Hinweise bereits in Allg. Grundsätzen; FBA überwacht die Durchführung d. HgrG u. AGG Beachtung individueller Lebensumstände	Berufungsbericht

307

Universität	Umfang Gliederung	Einstellungs- bzw. Berufungsvoraussetzungen, Kriterien	Zusammensetzung der Berufungskommission	Vorstellung zur Rolle der Lehre	Chancengerechtigkeit	Dokumentation
	vorlesungen 7. Externe Gutachten 8. Abschluss d. Verfahrens in d BK 9. Abschluss d. BV im Fachbereich 10. Weiterleitung 11. Abschluss					
Universität Rostock Berufungsordnung der Universität Rostock vom November 2011	10 Seiten Präambel §1 Vorverfahren §2 öffentliche Ausschreibung §3 Berufungskomm. §4 Aufgaben d. BK. §5 Verfahren in d. Berufungskommission §6 GBA §7 Berufungsvorschlag §8 Berufung §9 Berufung der JP §10 Inkrafttreten	keine Angaben, nur Vorschlag für Ausschreibungstext Kriterien in §4: Forschungstätigkeit entsprechend Profil der Universität Drittmitteleinwerbung Managementerfahrung interdisziplinäre Zusammenarbeit Internationalisierung	§3 angemessenen Vertretung von Frauen und Männern ist vorzusehen; den stimmberechtigten Mitgliedern der HSLE_innen mind. eine Frau	didaktische Eignung – bisherigen Leistungen in Lehre, Studierendenbetreuung universitätsöffentlicher Lehrauftritt	§6 Information über jede Ausschreibung; einzuladen; Stellungnahme §4Gleichstellungsförderung in Forschung u. Lehre	Protokoll zu den Beratungen der BK u. des Fakultätsrates; Abschlussbericht enthält Ausstattung der Professur in der Fakultät

Quelle: Zusammenstellung der Projektgruppe „LehrWert", Oktober 2013

Anhang 3: Vergabe von Leistungsbezügen an ausgewählten Universitäten

Universität	Vergabe von Berufungs- und Bleibeleistungsbezüge	Vergabe von Leistungsbezügen für besondere Leistungen			Vergabe von Funktionsleistungsbezüge		Forschungs- u. Lehrzulagen
	Kriterien	Allgemeine Angaben	Stufen / Anteil	Monatl. Betrag	Funktion	Monatl. Betrag	
Universität Bremen (Ordnung der Universität für die Vergabe von Leistungsbezügen und Zulagen – Leistungsbezügeordnung vom 16.07.2003)			5 Stufen: 1. über die Erfüllung der Dienstpflichten hinausgehen	300,- €	1. Konrektoren_in	1.000,- €	X
					2. Zentrale Frauenbeauftragte	500,- €	
			2. Profil des Faches/ Fachbereichs mitprägen	400,- €	3. Dekan_in	700,- €	
			3. Profil der Universität mitprägen	500,- €	4. Stellvertretende Dekan_in	200,- €	
			4. zur Erhöhung der internationale Reputation der Universität beitragen	600,- €	5. Studiendekan_in in in Fachbereichen _		
			5. Internat. Reputation der Universität entschieden mitprägen	700,- €	• bis zu 2 Studienfächern	200,- €	
					• bis zu 3 Studienfächern	300,- €	
					• bis zu 4 Studienfächern	400,- €	
					• mehr als 4 Studienfächern	500,- €	
FU Berlin (Richtlinie über die Festlegung von Funktionsleistungsbezügen für die Wahrnehmung von bes. Aufgaben im Rahmen der Hochschulselbstverwaltung der FU Berlin (Funk-					1.Fachbereich mit 30 od. mehr Professuren		
					• Dekan_in	500,- €	
					• Prodekan_in u. Studiendekan_in	250,- €	
					2. Fachbereich mit weniger als 30 Professuren	250,- €	
						125,- €	

Universität	Vergabe von Berufungs- und Bleibeleistungsbezüge	Vergabe von Leistungsbezügen für besondere Leistungen			Vergabe von Funktionsleistungsbezüge		For-schungs- u. Lehrzulagen
	Kriterien	Allgemeine Angaben	Stufen / Anteil	Monatl. Betrag	Funktion	Monatl. Betrag	
tionsleistungsbezüge-richtlinie) vom 19. März 2007)					• Dekan_in • Prodekan/_in und Studiendekan_in 3. Vorsitzenden der Institusräte	125,- €	
Ruhr-Universität Bochum (Richtlinie des Rektors zur Gewährung von Leistungsbezügen an der Ruhr-Universität Bochum vom 01.2012 befristet bis 12.2017)		Jährliche Prämien	Forschung – 3 Stufen 1. Einwerbung Graduiertenkollegs 2. Einwerbung SFB 3. Verleihung entsprechender Preise (bspw. Leibniz-Preis) Lehre – 3 Stufen 1. Beteiligung an der Entwicklung eines Erasmus-Mundus-Programms 2. Beteiligung an der Entwicklung eines Erasmus-Mundus-Programms mit Sprecher/innen-Funktion 3. Verleihung entsprechender Preise (bspw. Ars-Legendi-Preis)	1.000 bis 5.000 € 3.000 bis 7.000 € 5.000 bis 9.000 € 1.000 bis 5.000 € 3.000 bis 7 000 € 5.000 bis 9.000 €	Dekan_in bei Größe der Fakultät über 15 Professuren Dekan_in bei einer Größe der Fakultät bis 15 Professuren Studiendekan_in Sprecher von Sonderforschungsbereichen	250,- € 150,- € 100,- € 10 % des Grundgehalts	
Universität Göttingen (Richtlinie über das Ver-	Bundesbesoldungsgesetz; Niedersächsisches Besoldungsgesetz	als laufende Zahlungen oder als Einmalzahlungen (Prämie)	höchstens 8 Stufen	von jeweils 280,- €	1. Dekan_in 2. Studiendekan_in 3. jedes weiter	644,18 € 322,09 € 214,73 €	

Universität	Vergabe von Berufungs- und Bleibeleistungsbezüge — Kriterien	Vergabe von Leistungsbezügen für besondere Leistungen — Allgemeine Angaben	Stufen / Anteil	Monatl. Betrag	Vergabe von Funktionsleistungsbezüge — Funktion	Monatl. Betrag	Forschungs- u. Lehrzulagen
fahren u. die Vergabe von Leistungsbezügen für Professor/inn/en an der Universität Göttingen vom 28.04.2011)					Mitglied des Dekanats		
Hochschule Vechta (Richtlinie der Hochschule Vechta über das Verf. und die Vergabe von Leistungsbezügen vom 07.2009)	nach individuellen Voraussetzungen gewährt; In der Regel erstmalig für 3 Jahre mit Option der befristeten oder unbefristeten Weitergewährung.	können alle 3 Jahre gewährt werden			Nebenamtliche Vizepräsident_in	500,- €	X
Universität Leipzig (Ordnung der Universität Leipzig über die Vergabe von Leistungsbezügen und Zulagen (Leistungsbezügeordnung W-LBezO) vom 24.01.2008)	befristet od. unbefristet erstmalig für 3 Jahre; Höhe der Bezüge wird in einer Vereinbarung festgelegt;	monatlich gewährt; Höhe wird vom Rektoratskollegium bis 30. Juni des letzten Jahres festgelegt und bekannt gegeben;	4 Stufen: 1. Leistungen, die erheblich über Dienstpflichten hinausgehen. 2. Profil des Fachs od. der Fakultät mitprägen 3. Profil der Universität im regional. u. internat. Rahmen mitprägen 4. internat. Reputation mitprägen	500,- € Insg. 400,- € (können auf mehrere verteilt werden) 100,- €	1. Dekan_in 2. Studiendekan_in 3. Prodekan/in		X
Christian-Albrechts-Universität Kiel (Satzung der Christian-Albrechts-Universität zu Kiel über das Verfahren und die	Max. 70% von den Mittel zur Finanzierung der Leistungsbezüge; Können ab der erstmaligen Vergabe unbefristet vergeben werden;	Max. 20% von den Mitteln zur Finanzierung der Leistungsbezüge; In besonderen Fällen – höhere Beträge od.	6 Vergabeschlüssel: 1. Stufe: max. 60% aller Professuren 2.Stufe: max. 40% aller Professuren 3.Stufe: max. 30% aller	grundsätz-lich in Höhe von 300,- € je Stufe	1. Rektor_in 2. Prorektor_in 3. Dekan_in der Philosophischen, Mathematisch-naturwiss., Medizinischen	3.500,- € 1.200,- € 800,- €	X

311

Universität	Vergabe von Berufungs- und Bleibeleistungsbezüge	Vergabe von Leistungsbezügen für besondere Leistungen			Vergabe von Funktionsleistungsbezüge		Forschungs- u. Lehrzulagen
	Kriterien	Allgemeine Angaben	Stufen / Anteil	Monatl. Betrag	Funktion	Monatl. Betrag	
Vergabe von Leistungsbezügen sowie Forschungs- und Lehrzulagen vom 22.07.2005)	Bei der zweiten Berufung und bei der jeder Bleibeverhandlung können jeweils bis zu 700,- € monatlich gewährt werden.	Einmalzahlung nicht höher als 500,- €.	Professuren 4.Stufe: max. 20% aller Professuren 5.Stufe: max. 10% aller Professuren 6.Stufe: max. 5% aller Professuren		Fakultät 4.Dekan_in der übrigen Fakultäten 5.Prorektor_in entsprechend der Aufteilung der Dekan_in	600,- € 400,- € bzw. 300,- €	
Universität Kassel (Richtlinie zur Vergabe von Leistungsbezügen für Professor_innen der Besoldungsgruppe W2 und W3 an der Universität Kassel vom 17.09.2007; geänd. 03.08.2009)	Werden befristet für 5 Jahre gewährt. In Ausnahmefällen – Bleibeverfahren – können von Anfang an unbefristet vergeben werden. Möglichkeit - Einmalzahlung; Befristete Berufungs- u. Bleibeleistungen sind nicht ruhegehaltsfähig; unbefristete – gesondert zu entscheiden, soweit sie zusammen nicht 40% des Grundgehalts überschreiten.		3 Leistungsstufen: 1. Leistungen über die Erfüllung der Dienstpflichten 2. Prägen das Profil des Faches / Fachbereiches 3. Prägen das Profil der Universität im nationalen und internationalen Rahmen	400,- € 400,- € 400,- €	1.Nebenamtliche Vizepräsident_in 2.Dekan_in 3.Studiendekan_in 4.Prodekan_in	900,- € 600,- € 400,- € 200,- €	X
Johannes Gutenberg-Universität Mainz (Grundordnung der Johannes Gutenberg-Universität Mainz vom 8.09.2004 – Teil 12: Verfahren zur Gewährung von Leis-		Werden für längeren Zeitraum, der 3 Jahre nicht unterschreiten soll, gewährt.			Funktionsleistungsbezüge in Höhe von 11 v. der Bezüge aus der Besoldungsgruppe W3.		X

Universität	Vergabe von Berufungs- und Bleibeleistungsbezüge — Kriterien	Vergabe von Leistungsbezügen für besondere Leistungen — Allgemeine Angaben	Stufen / Anteil	Monatl. Betrag	Vergabe von Funktionsleistungsbezüge — Funktion	Monatl. Betrag	Forschungs- u. Lehrzulagen
tungsbezügen und zur Vergabe von Forschungs- und Lehrzulagen)							
Universität Duisburg-Essen (Ordnung der Uni Duisburg-Essen über das Verfahren und die Vergabe von Leistungsbezügen sowie Forschungs- und Lehrzulagen vom 07.05.2007)	Befristete Berufungs- und Bleibeleistungsbezüge werden an Zielvereinbarungen geknüpft. Unbefristete Berufungs- und Bleibeleistungsbezüge – über die Gewährung, Höhe und Teilnahme entscheidet der/die Rektor/in im Rahmen der Verfügbarkeit des Vergaberahmens.	Im Falle einer wiederholten Vergabe können laufende bes. Leistungsbezüge unbefristet vergeben werden – mit einem Widerrufungs-vorbehalt versehen. Für die Dauer der Leitung von Forschungs-schwerpunkten, Sonderforschungs-bereichen, wiss. Arbeitsgruppen und weiteren Aufgaben-/Tätigkeitsbereichen können Leistungs-bezüge für bes. Leistungen bis zu 340,- € monatlich gewährt werden.	4 Stufen: 1. über die üblicherweise zu erwartenden Leistungen 2. dauerhaft sehr gute Beiträge, die das Profil des Faches/ der Fakultät mitprägen 3. Beiträge von sehr höheren Standards und herausragender Bedeutung 4. Herausragende, international beachtete und maßgebliche Beiträge – internat. u. fachübergreifende Reputation	200,- € 400,- € 700,- € 1.000,- €	1.Nebenamtliche Mitglieder des Leitungsgremiums 2.Dekan_in 3.Prodekan_in und Studiendekan_in	400,- € 400,- € 220,- €	X
Universität Erlangen-Nürnberg	Unter Berücksichtigung : individueller Qualifikationen, etwaigen Evaluierungs-ergebnisse, Bewerberlage für	Min. 15% des Gesamtbetrags der Leistungsbezüge sollen auf bes.	Laufende monatliche Zahlungen in 4 Stufen: 1. über die Dienstpflichten hinausgehen und das		Professorinnen u. Profess0ren, die als Vizepräsident_in, Dekan_in od. Studien-	Die Beiträge werden durch die	X

313

Universität	Vergabe von Berufungs- und Bleibeleistungsbezüge	Vergabe von Leistungsbezügen für besondere Leistungen			Vergabe von Funktionsleistungsbezüge		For-schungs- u. Lehrzu-lagen
	Kriterien	Allgemeine Angaben	Stufen / Anteil	Monatl. Betrag	Funktion	Monatl. Betrag	
(Grundsätze der Universität Erlangen-Nürnberg für die Vergabe von Leistungsbezügen vom 24.09.2008; geänd. 20.07 2011)	die ausgeschriebene Professur, Arbeitsmarktsituation. Die Höhe der Berufungs-LB wird individuell vereinbart. Berufungs- und Bleibe-LB: unbefristete monatliche Zahlungen oder befristet unter Abschluss einer Zielvereinbarung.	Leistungsbezüge entfallen. Die Anzahl der Vergabe-möglichkeiten und die Höhe der Stufen werden von der Hochschulleitung einmal jährlich festgelegt und bekannt gegeben. Die erstmalige Vergabe einer Leistungsstufe erfolgt befristet für einen Zeitraum von 3 Jahren. Bei der 3. Vergabe können bes. LB unbefristet vergeben werden. In besonderen Fällen auch als Einmalzahlung.	Profil des Faches prägen, 2. Profil des Faches u. der Fakultät mit prägen, 3. Reputation der Universität prägen, 4. Reputation der Universität auf internationale Ebene prägen		dekan_in, Prodekan_in od. Department-sprecher_in od. Frauenbeauftragte der Universität tätig sind / Auch für Vorsitzende des Senats, Sprecher eines Clusters/ Exzellenzinitiative, einer Graduiertenschule/ Exzellenzinitiative, einer Sonderforschungs-bereichs, DFG-Graduiertenkollegs, DFG-Forschungsgruppe können auch Funktionsleistungs-prämien gewährt werden.	Hoch-schullei-tung fest-gelegt.	
Universität Marburg (Grundsätze f. Kriterien d. Gewährung von LB f. bes. Leistungen sowie die Ermittlung die-	Ruhegehaltsfähig, unbefristet.	Beachtung der fächerspezifischen Besonderheiten Angemessenes Verhältnis von Aufgabenwahrnehmung in Lehre, Forschung,	Erstmalig nach dem 4. Jahr nach Dienstantritt, befristet für 3 Jahre Leistungsstufen (Maximaler proz. Anteil der Professur 1.a 100%	Bis 250,-€ / 250-400 €	1.Nebenamtl. Präsidiumsmitgieder. 2.Deka_/in 3.Studiendekan_in 4.Prodektor_in 5.Sprecher_in SFB o.ä.	1.000,-€ / 700,-€ / 500,-€ / 400,-€ / 500,-€	X

Universität	Vergabe von Berufungs- und Bleibeleistungsbezüge	Vergabe von Leistungsbezügen für besondere Leistungen			Vergabe von Funktionsleistungsbezüge		Forschungs- u. Lehrzulagen
	Kriterien	Allgemeine Angaben	Stufen / Anteil	Monatl. Betrag	Funktion	Monatl. Betrag	
ser Leistungen vom 11.1.2010 sowie Rl d. Präsidiums zur Vergabe v. LB u. Forschungs- u. Lehrzulagen vom 22.2.10)		Administration	b 80% 2.40% 3.20% 4. max. 25 Personen	400-700 € 700-1.000€ 1.000 - 2.500 €			
BTU Cottbus Noch in Bearbeitung							
TU Berlin (Richtlinie zur Gewährung von Leistungsbezügen für Hochschullehrer_innen an der TU Berlin vom 30.01.2006)	Berufungs- und Bleibe-LB können befristet, auf der Grundlage einer Zielvereinbarung für 4 Jahre od. unbefristet gewährt werden und werden ausgehandelt. Ruhegehaltsfähigkeit	Max. 50% der zur Verfügung stehenden Personalmittel sollen für bes. LB verwendet werden.			1.Präsident_in 2.Vizepräsident_in 3.Vizepräsident_in 4.Dekan_in 5.Prodekan_in	68,78 v. H. des Grundgehalts v. W3 1.000,- € 600,- € 500,- € 400,- €	
TU Kaiserslautern (Grundordnung der TU Kaiserslautern für die Vergabe von LB sowie Forschungs-und Lehrzulagen vom 15.07.05)	Berufungs-LB werden vereinbart, verhandelt, unbefristet gewährt. Seit der letzten Gewährung sollen mindestens 3 Jahre vergangen sein.	Bes. LB können als Einmalzahlungen oder als monatliche Zahlungen vergeben werden. Monatliche Vergabe – befristet für einen Zeitraum von 3 Jahre. Im Falle einer wiederholten Vergabe können laufende Zahlun- nen laufende Zahlun-	Stufenmodell von 10 Stufenbeträgen	150 €, je Stufe frei verhandelbar			

315

Universität	Vergabe von Berufungs- und Bleibeleistungsbezüge	Vergabe von Leistungsbezügen für besondere Leistungen			Vergabe von Funktionsleistungsbezügen		Forschungs- u. Lehrzulagen
	Kriterien	Allgemeine Angaben	Stufen / Anteil	Monatl. Betrag	Funktion	Monatl. Betrag	
TU Hamburg-Harburg (Richtlinie über das Verfahren und die Vergabe von LB sowie Forschungs- und Lehrzulagen für die TU Hamburg-Harburg vom 02.03.2005)	Berufungs- und Bleibe-LB werden befristet und unbefristet vergeben.	gen unbefristet vergeben werden. Die erstmalige Vergabe von bes. LB wird auf bis 5 Jahre befristet. Für einen sich unmittelbar anschließenden Fortsetzungszeitraum – unbefristet.	5 Stufen: 1. die über die üblicherweise zu erwartenden Leistung hinausgehen; 2.besondere Beiträge; 3.dauerhaft sehr gute Beiträge 4.Beiträge von sehr hohem Standard od. herausragende Bedeutung; 5.Herausragende, international beachtete u. maßgebliche Beiträge von internationalen u. fachübergreifenden Reputation	150,- € 225,- € 338,- € 506,- € 759,- €	1.Dekan_in 2. Vizepräsident_in	150,- € 300,- €	X
TU Darmstadt (Richtlinie zur Vergabe von LB, Forschungs- und Lehrzulagen an der TU Darmstadt vom 10.06.2005)	Berufungs- und Bleibe-LB können befristet, verknüpft mit einer Zielvereinbarung od. unbefristet vergeben werden; nur in begründeten Ausnahmefällen – ruhegehaltsfähig.	Min. 20% der für LB insgesamt zur Verfügung stehende Mittel (Vergaberahmen) werden für LB für bes. Leistungen verwendet. Einmalzahlungen od. als laufende Zahlungen für einen Zeitraum bis zu 5			Unter Berücksichtigung der Größe des Fachbereichs sowie des Umfangs u. der Schwierigkeiten der jeweiligen Funktion: 1.Nebenamtliche Präsidiumsmitglieder 2.Dekan_in; 3.Prodekan_in	700,- € 250-700 € 100-200 € 150-500 €	X

Universität	Vergabe von Berufungs- und Bleibeleistungsbezüge	Vergabe von Leistungsbezügen für besondere Leistungen			Vergabe von Funktionsleistungsbezüge		For-schungs- u. Lehrzu-lagen
	Kriterien	Allgemeine Angaben	Stufen / Anteil	Monatl. Betrag	Funktion	Monatl. Betrag	
		Jahre vergeben werden. Befristet nehmen sie nicht an der Besoldungs-anpassung teil. Nur in besonderen Fällen ruhegehaltfähig.			4. Studiendekan_ in des Fachbereichs 5. Studiendekan_ in für Lehrbildung;	200–600 €	
TU München (Grundsätze der TU München über die Vergabe von Leistungs-bezügen und Forschungs-und Lehrzulagen vom 28.04.2007)	Berufungs- und Bleibe-LB werden befristet und/ od. unbefristet vergeben. Befristete Vergabe für 4 Jahre gewährt, können auch Zielvereinbarungen abgeschlossen werden.	Die erstmalige Ge-währung wird für einen Zeitraum von max. 5 Jahre befristet. Bei wiederholter Vergabe – frühestens nach einer Bezugsdauer von insgesamt mindestens 3 Jahre unbefristet gewährt werden.			1. Vizepräsidenten_ in 2. Dekan_ in und Leiter_ in von Zentralen Einrichtun-gen 3. Vorsitzender deines Leitungsgremiums 4. Senatsvorsitzende	bis zu 400 X € bis zu 300 € nach pflicht-gemäßem Ermessen ent-schieden bis 700 €	
Universität Augsburg (Grundsätze der Uni Augsburg für die Vergabe von LB vom 14.07.2005)	Berufungs- und Bleibe-LB werden als laufende monatliche Zahlung und unbefristet gewährt. Können an der allgemeinen Besoldungs-anpassung mit dem Prozentsatz teilnehmen, als Einmalzahlung möglich; sollen frühestens nach Ablauf von 3 Jahren seit der letzten	Min. 15 v.H. des Gesamtbeitrags der LB sollen auf bes. Leist. entfallen; Bes. Leist. werden in 2 Stufen in jeweils gleicher Höhe gewährt. Die Höhe der Stufen wird von Leitungsgremium	Stufe 1: das Profil des Fachs/der Fakultät in besonderer Weise mitprägen Stufe 2: das Profil des Fachs/der Fakultät in herausragende Weise mitprägen		Funkt.-LB sollen bis zu 5 v.H. des Gesamtbeitrags der LB zur Verfügung stehen.		

317

Universität	Vergabe von Berufungs- und Bleibeleistungsbezüge	Vergabe von Leistungsbezügen für besondere Leistungen			Vergabe von Funktionsleistungsbezüge		Forschungs- u. Lehrzulagen
	Kriterien	Allgemeine Angaben	Stufen / Anteil	Monatl. Betrag	Funktion	Monatl. Betrag	
	Gewährung neu vergeben od. erhöht werden	einmal jährlich in angemessener Höhe festgelegt und bekannt gegeben; auch in besonderen Fällen auch als Einmalzahlungen gewährt werden – die Höhe des Betrags soll 5.000,- € nicht überschreiten;					X
Universität Weimar (Verwaltungsvorschrift der Bauhaus-Universität Weimar über das Verfahren und die Vergabe von Leistungsbezügen vom 05.07.2005)	Berufungs- und Bleibe-LB werden in der Regel unbefristet vergeben. Dabei können bis zu 40 v. H. dieser LB unter auflösenden Bedingungen gewährt werden.	als befristete monatliche Zahlungen, über einen Zeitrahmen von 3 Jahren, bei 3 und mehr gleichzeitig vergebenen Leistungsstufen über einen Zeitrahmen von 6 Jahren gewährt werden; auch als Einmalzahlungen – nicht höher als 5.000,- € gewährt werden	Leistungsstufen: 1.Bes. Leistungen, die das Profil der Fakultät nachhaltig mitprägen; 2.Bes. Leistungen, die das Profil der Universität im nationalen Rahmen mitprägen; 3.Bes. Leistungen, die zusätzlich die Reputation der Universität im internationalen Rahmen mitprägen.	von je- weils 200,- €	1.Prorektor_in und Dekan_in 2. Prodekane und Studiendekane 3.Gleichstellungsbeauftragte (GBA)	600,- € 300,- € 200,- €	X
Universität Ulm (Richtlinie der Universität Ulm über das Verfahren u. die Vergabe	Berufungs-LB: ausgehandelt Bleibe-LB: Antrag 4 Stufen: 1. Erstberufung: 250,- €	Stufen: 1. Beiträge über erw. Leistungen 2. dauerhaft sehr gute			1.Vorstandsvorsitz. 2.Hauptamtl. Vorstandsmitglied 3.Nebenamtl.	1.000 - € 750,- € 500,- €	X
			300,- € Weitere				

Universität	Vergabe von Berufungs- und Bleibeleistungsbezüge	Vergabe von Leistungsbezügen für besondere Leistungen			Vergabe von Funktionsleistungsbezüge		For-schungs- u. Lehrzulagen
	Kriterien	Allgemeine Angaben	Stufen / Anteil	Monatl. Betrag	Funktion	Monatl. Betrag	
von LB sowie von Forschungs- u. Lehrzulagen vom 14.1.05)	monatl. 2. Berufung oder 1 Bleibe.: weiteren 250,- € 3. Berufung oder 2 Bleibe.: weiteren 500,- € frei verhandelbar 4.Spitzenberufung, frei		Beiträge 3. Beiträge von sehr hohem Standard, herausragende Bedeutung f. Universität 4. herausragende international. beachtete Beträge, fachübergreifende Reputation	500,- € Weitere 700,- € Weitere 900,- €	Vorstandsmitglied 4.Dekane 5.Studiendekane 6.GBA	500,- € 250,- € 100,- €	
Universität Lübeck (Satzung der Universität zu Lübeck über das Verfahren und die Vergabe von LB sowie Forschungs-und Lehrzulagen vom 01.01.2005)	Berufungs- und Bleibe-LB max. 70% der Mittel zur Finanzierung der LB. Berufungs- und Bleibe-LB können in Höhe von jeweils 150,- € monatlich od. Einmalzahlung, die 3.000,- € nicht übersteigen darf, vergeben werden. Werden auch befristet für 3 Jahre vergeben.	Bes. LB max. 20% der Mittel zur Finanzierung der LB. Bes. LB können in Höhe von jeweils 150 € monatlich od. Einmalzahlung, die 3.000,- € nicht übersteigen darf, vergeben werden. Die Vergabe von bes. LB ist erstmalig auf 3 Jahre befristet danach können sie für weitere 5 Jahre befristet vergeben werden.			max. 20% der Mittel zur Finanzierung der LB 1.Rektor_in 2.Prorektor_in 3.Dekan_in 4.Prodekan_in 5.Studiendekan_in	1.600,- € 800,- € 500,- € 250,- € 250,- €	X
Universität Rostock (Richtlinie der Universität Rostock über das Verfahren und die	Werden von der Universitätsleitung verhandelt u. entschieden. Grundsätzlich befristet für 3 Jahre gewährt.	Werden von der Universitätsleitung verhandelt und entschieden. Werden	5 Stufen: 1.Leistungen, die deutlich über die Dienstpflichten hinausgehen;	250,- € für jede Stufe	1.Prorektor_in 2.Dekan_in bei eine Größe der Fakultät bis 25 Professuren	500,- € 250,- €	X

320

Universität	Vergabe von Berufungs- und Bleibeleistungsbezüge	Vergabe von Leistungsbezügen für besondere Leistungen			Vergabe von Funktionsleistungsbezüge		Forschungs- u. Lehrzulagen
	Kriterien	Allgemeine Angaben	Stufen / Anteil	Monatl. Betrag	Funktion	Monatl. Betrag	u. Lehrzulagen
Vergabe von LB und Forschungs- und Lehrzulagen vom 06.06.2005)	Nach Ablauf der Frist kann ein Antrag auf unbefristete Weitergewährung gestellt werden. Sobald sie unbefristet sind, können sie als Ruhegehaltsfähig erklärt werden.	befristet für 3 Jahre vergehen. Zum Ablauf der Befristung können sie nochmal befristet auf min. 3 Jahre gewährt werden.	2. Profil d. Fachs/ der Fakultät mitprägen; 3.Profil der Universität im regionale Rahmen mitprägen; 4.Profil der Universität im nationalen Rahmen mitprägen; 5.Erhöhung der internationalen Reputation der Universität; 6.internationale Reputation der Universität entscheidend mitprägen.		3.Dekan_in bei eine Größe der Fakultät über 25 Professuren 4.Prodekan_in bei eine Größe der Fakultät über 25 Professuren 5.Studiendekan_in 6.Vorsitzende des Akademischen Senats	300,- € 100,- € 200,- € 200,- €	
Martin-Luther-Universität-Halle (Ordnung der MLU über Vergabe v. Berufungs-Bleibeleistungsbezügen, bes. LB, Funktionsleistungsbezügen u. Forschungs- u. Lehrzulagen vom 08.06.20.05)	Ruhegehaltsfähig, befristet oder unbefristet, mind. nach 3. Jahren		Gruppe 1: Profil des Faches Gruppe 2: Profil der Universität Gruppe 3: international	500,- € 1000,- € 1.500,- €	1.Rektor_in 2.Prorektor_in 3.Dekan_in 4.Prodekan_in	Land bestimmt 750,- € 500,- € 200,- €	X
Universität Paderborn (Richtlinie über das Verfahren und die Vergabe von	Können befristet oder unbefristet vergeben werden. Sie werden grundsätzlich in Stufen von jeweils 150,- € monatlich vergeben, wobei	Werden als monatliche Zahlungen für einen Zeitraum von bis zu 5 Jahren, in besonderen Ausnah-	Sie werden grundsätzlich in Stufen von jeweils 150,- € monatlich vergeben, wobei auch mehrere Stufen gleich-		1.Prorektor_in, Dekan_in	10 v. H des Grundgehalts nach W3 5 v. H. des	

Universität	Vergabe von Berufungs- und Bleibeleistungsbezüge	Vergabe von Leistungsbezügen für besondere Leistungen			Vergabe von Funktionsleistungsbezüge		Forschungs- u. Lehrzulagen
	Kriterien	Allgemeine Angaben	Stufen / Anteil	Monatl. Betrag	Funktion	Monatl. Betrag	
Leistungsbezügen vom 15.06.2005)	auch mehrere Stufen gleichzeitig gewährt werden können.	meßfällen auch als Einmalzahlung gewährt. Sie nehmen mit dem Vomhundertsatz an den allgemeinen Besoldung-anpassungen teil, um den die Grundgehälter der Besoldungs-ordnung W angepasst werden.	zeitig gewährt werden können.		2.Prodekan_in und Studiendekan_in	Grund-gehalts nach W3	
Humboldt-Universität zu Berlin (Satzung der HU-Berlin zur W-Besoldung vom 15.02.2005 ; Richtlinie des Präsidenten zur Vergabe von Funktionsleistungs-bezügen in der W-Besoldung vom 29.06.2011)		Besondere Leistungsbezüge können als monatlicher Betrag und daneben als Einmalzahlung vergeben werden; die kumulative Vergabe monatlicher Beträge ist zulässig.	1.Monatliche Leistungsbezüge bei herausragenden Leistungen 2.Monatliche Leistungsbezüge bei erheblich überdurchschnittlichen Leistungen 3. Einmalzahlung bei herausragenden L. 4.Einmalzahlung bei erheblich überdurchschnittlichen Leistungen	500,- € 250.- € 6.000,- € 3.000,- €	1.Dekan_in von Fakultäten 2.Studiendekan_in sowie Prodekan_in 3.Geschäftsführende Direktor_in von Instituten 4.Direktor_in von Zentralinstituten 5.Vorsitzende der Ständigen Kommissionen das Akademischen Senats	500,- € 250,- € 250,- € 205,- € 250,- €	

Universität	Vergabe von Berufungs- und Bleibeleistungsbezüge	Vergabe von Leistungsbezügen für besondere Leistungen			Vergabe von Funktionsleistungsbezüge		For-schungs- u. Lehrzu-lagen
	Kriterien	Allgemeine Angaben	Stufen / Anteil	Monatl. Betrag	Funktion	Monatl. Betrag	
Europa-Universität Viadrina Frankfurt (Oder) (Satzung für die Professorenbesoldung – Besoldungsordnung W – vom 15.06.2005)		Leistungsbezüge können als Einmalzahlung oder als monatliche Zahlungen für einen Zeitraum bis zu fünf Jahren befristet vergeben werden. Im Fall einer wiederholten Vergabe für sich unmittelbar anschließende weitere Zeiträume können laufende besondere Leistungsbezüge unbefristet vergeben werden.			1.Dekane 2.Studiendekane 3.der Vorsitzende des Senats.	400,- € 300,- € 200,- €	X
Universität Saarbrücken (Richtlinie zur Gewährung von Leistungsbezügen vom 25.01.2007)	Berufungs- und Bleibeverhandlungen können zusätzlich zum Grundgehalt als Mindestbezug Leistungsbezüge gewährt werden.	Besondere Leistungsbezüge können gewährt werden: a) einmalig, befristet oder unbefristet für erbrachte erheblich über dem Durchschnitt liegende Leistungen, die einen Beitrag zu den Zielen des Fachs und der			1.Nebenamtliche Vizepräsident_in 2.Dekan/in (Fakultät 1,2,3,5,6,7) 3.Dekan_in (Fakultät Dekan_in (Fakultät 8) 4.Studiendekan_in (Fakultät 1,2,6,7) 5.Studiendekan in (Fakultät 3,5,8) 6.Studiendekan_in (Fakultät 4) 7.Prodekan_in (Fakul-	800,- € 500,- € 400,- € 600,- € 250,- € 300,- € 400,- € 250,- €	X

Universität	Vergabe von Berufungs- und Bleibeleistungsbezüge	Vergabe von Leistungsbezügen für besondere Leistungen			Vergabe von Funktionsleistungsbezüge		Forschungs- u. Lehrzulagen
	Kriterien	Allgemeine Angaben	Stufen / Anteil	Monatl. Betrag	Funktion	Monatl. Betrag	
		Universität darstellen; b) einmalig oder befristet für zukünftige Leistungen, wenn befristete Aufgaben wahrgenommen werden. Für dieselben Leistungen können nicht mehrfach Leistungsbezüge gewährt werden.			tät 1,2,6,7) 8.Prodekan/in (Fakultät 3,4,5)	200,- €	
					9.Prodekan_in (Fakultät 8)	100,- €	
					10.Abteilungssprecher /in und Studienbeauftragte/r (Fakultät 1)	250,- €	
					11.Prodekan/in und Forschungsdekan/in (Fakultät 2)	250,- €	
					12.ZHMB-Geschäftsführende/r Leiter/in	400,- €	
					13.ZBI-Geschäftsführende/r Sprecher/in	400,- €	

* Stand Dezember 2012; Bearbeitung: Karin Hildebrandt, Petra Dimitrova
öffentlich zugängliche Dokumente auf den Webseiten der Universitäten

Schriftenreihe „Hochschulforschung Halle-Wittenberg"

Uwe Grelak / Peer Pasternack: *Die Bildungs-IBA. Bildung als Problembearbeitung im demografischen Wandel: Die Internationale Bauausstellung „Stadtumbau Sachsen-Anhalt 2010"*, Akademische Verlagsanstalt, Leipzig 2014, 504 S.

Reinhard Kreckel / Karin Zimmermann: *Hasard oder Laufbahn. Akademische Karrierestrukturen im internationalen Vergleich,* Akademische Verlagsanstalt, Leipzig 2014, 277 S.

Peer Pasternack (Hg.): *Jenseits der Metropolen. Hochschulen in demografisch herausgeforderten Regionen,* Akademische Verlagsanstalt, Leipzig 2013, 571 S.

Daniel Hechler / Peer Pasternack: *Traditionsbildung, Forschung und Arbeit am Image. Die ostdeutschen Hochschulen im Umgang mit ihrer Zeitgeschichte,* Akademische Verlagsveranstalt, Leipzig 2013, 505 S.

Peer Pasternack (Hg.): *Hochschulen nach der Föderalismusreform,* Akademische Verlagsanstalt, Leipzig 2011, 368 S.

Peer Pasternack (Hg.): *Relativ prosperierend. Sachsen, Sachsen-Anhalt und Thüringen: Die mitteldeutsche Region und ihre Hochschulen,* Akademische Verlagsanstalt, Leipzig 2010, 547 S.

Eva Bosbach: *Von Bologna nach Boston? Perspektiven und Reformansätze in der Doktorandenausbildung anhand eines Vergleichs zwischen Deutschland und den USA,* Akademische Verlagsanstalt, Leipzig 2009, 182 S.

Roland Bloch: *Flexible Studierende? Studienreform und studentische Praxis,* Akademische Verlagsanstalt, Leipzig 2009, 336 S.

Reinhard Kreckel (Hg.): *Zwischen Promotion und Professur. Das wissenschaftliche Personal in Deutschland im Vergleich mit Frankreich, Großbritannien, USA, Schweden, den Niederlanden, Österreich und der Schweiz,* Akademische Verlagsanstalt, Leipzig 2008, 400 S.

Anke Burkhardt (Hg.): *Wagnis Wissenschaft. Akademische Karrierewege und das Fördersystem in Deutschland,* Akademische Verlagsanstalt, Leipzig 2008, 691 S.

Peer Pasternack (Hg.): *Stabilisierungsfaktoren und Innovationsagenturen. Die ostdeutschen Hochschulen und die zweite Phase des Aufbau Ost,* Akademische Verlagsanstalt, Leipzig 2007, 471 S.

Robert D. Reisz / Manfred Stock: *Inklusion in Hochschulen. Beteiligung an der Hochschulbildung und gesellschaftlichen Entwicklung in Europa und in den USA (1950-2000).* Lemmens Verlag, Bonn 2007, 148 S.

Peer Pasternack: *Qualität als Hochschulpolitik? Leistungsfähigkeit und Grenzen eines Policy-Ansatzes.* Lemmens Verlag, Bonn 2006, 558 S.

Anke Burkhardt / Karsten König (Hg.): *Zweckbündnis statt Zwangsehe: Gender Mainstreaming und Hochschulreform.* Lemmens Verlag, Bonn 2005, 264 S.

Reinhard Kreckel: *Vielfalt als Stärke. Anstöße zur Hochschulpolitik und Hochschulforschung.* Lemmens Verlag, Bonn 2004, 203 S.

Irene Lischka / Andrä Wolter (Hg.): *Hochschulzugang im Wandel? Entwicklungen, Reformperspektiven und Alternativen.* Beltz Verlag, Weinheim/Basel 2001, 302 S.

Jan-Hendrik Olbertz / Peer Pasternack / Reinhard Kreckel (Hg.): *Qualität – Schlüsselfrage der Hochschulreform.* Beltz Verlag, Weinheim/Basel 2001, 341 S.

Barbara M. Kehm / Peer Pasternack: *Hochschulentwicklung als Komplexitätsproblem. Fallstudien des Wandels,* Deutscher Studien Verlag, Weinheim 2001, 254 S.

Peer Pasternack (Hg.): *DDR-bezogene Hochschulforschung. Eine thematische Eröffnungsbilanz aus dem HoF Wittenberg.* Deutscher Studien Verlag, Weinheim 2001, 315 S.

Peter Altmiks (Hg.): *Gleichstellung im Spannungsfeld der Hochschulfinanzierung.* Deutscher Studien Verlag, Weinheim 2000, 107 S.

Peer Pasternack: *Hochschule & Wissenschaft in SBZ/ DDR/Ostdeutschland 1945-1995. Annotierte Bibliographie für den Erscheinungszeitraum 1990-1998.* Deutscher Studien Verlag, Weinheim 1999, 567 S.

Jan-Hendrik Olbertz / Peer Pasternack (Hg.): *Profilbildung – Standards – Selbststeuerung. Ein Dialog zwischen Hochschulforschung und Reformpraxis,* hrsg. unt. Mitarb. v. Gertraude Buck-Bechler und Heidrun Jahn. Deutscher Studien Verlag, Weinheim 1999, 291 S.

Peer Pasternack: *Demokratische Erneuerung. Eine universitätsgeschichtliche Untersuchung des ostdeutschen Hochschulumbaus 1989-1995. Mit zwei Fallstudien: Universität Leipzig und Humboldt-Universität zu Berlin.* Deutscher Studien Verlag, Weinheim 1999, 427 S.

Heidrun Jahn / Jan-Hendrik Olbertz (Hg.): *Neue Stufen – alte Hürden? Flexible Hochschulabschlüsse in der Studienreformdebatte.* Deutscher Studien Verlag, Weinheim 1998, 120 S.

Weitere Buchveröffentlichungen aus dem Institut für Hochschulforschung (HoF)

Benjamin Köhler / Isabell Maue / Peer Pasternack: *Sachsen-Anhalt-Forschungslandkarte Demografie,* Institut für Hochschulforschung (HoF), Halle-Wittenberg 2014, 84 S.

Peer Pasternack u.a.: *50 Jahre Streitfall Halle-Neustadt. Idee und Experiment. Lebensort und Provokation,* Mitteldeutscher Verlag, Halle (Saale) 2014, 608 + XXXII S.

Peer Pasternack / Isabell Maue (Hg.): *Lebensqualität entwickeln in schrumpfenden Regionen. Die Demographie-Expertisen der Wissenschaft in Sachsen-Anhalt,* WZW Wissenschaftszentrum Sachsen-Anhalt, Wittenberg 2013, 166 S.

Peer Pasternack / Reinhold Sackmann (Hg.): *Vier Anläufe: Soziologie an der Universität Halle-Wittenberg. Bausteine zur lokalen Biografie des Fachs vom Ende des 19. bis zum Beginn des 21. Jahrhunderts,* Mitteldeutscher Verlag, Halle (Saale) 2013, 256 S.

Sebastian Bonk / Florian Key / Peer Pasternack (Hg.): *Rebellion im Plattenbau. Die Offene Arbeit in Halle-Neustadt 1977–1983. Katalog zur Ausstellung,* Institut für Hochschulforschung (HoF), Halle-Wittenberg 2013, 48 S.

Klaus Friedrich / Peer Pasternack (Hg.): *Demographischer Wandel als Querschnittsaufgabe. Fallstudien der Expertenplattform „Demographischer Wandel" beim Wissenschaftszentrum Sachsen-Anhalt,* Universitätsverlag Halle, Halle (Saale) 2012, 312 S.

Peer Pasternack: *Zwischen Halle-Novgorod und Halle-New Town. Der Ideenhaushalt Halle-Neustadts* (Der Hallesche Graureiher 2/12), Institut für Soziologie der Martin-Luther-Universität Halle-Wittenberg, Halle (Saale) 2012, 112 S.

Peer Pasternack / Thomas Erdmenger: *Hochschulen, demografischer Wandel und Regionalentwicklung. Der Fall Sachsen-Anhalt,* WZW Wissenschaftszentrum Sachsen-Anhalt, Wittenberg 2011, 134 S.

Daniel Hechler / Peer Pasternack: *Scharniere & Netze. Kooperationen und Kooperationspotenziale zwischen Universitäten und außeruniversitären Forschungseinrichtun-

gen in Sachsen-Anhalt, unt. Mitarb. v. Reinhard Kreckel und Martin Winter, WZW Wissenschaftszentrum Sachsen-Anhalt, Wittenberg 2011, 107 S.

Johannes Keil / Peer Pasternack: *Qualifikationsprofile in Arbeitsfeldern der Pädagogik der Kindheit. Ausbildungswege im Überblick,* unt. Mitarb. v. Yvonne Anders, Andrea Binder, Hans Gängler, Klaus Fröhlich-Gildhoff, Anne Levin, Manfred Müller-Neuendorf, Iris Nentwig-Gesemann, Monika Pfaller-Rott, Volker Pudzich, Simone Stelzmüller u. Mathias Tuffentsammer, Robert Bosch Stiftung, Stuttgart 2011, 114 S.

Uwe Grelak / Peer Pasternack (Red.): *Zukunftsgestaltung im demographischen Umbruch. Impulse und Handlungsoptionen aus Sicht der WZW-Expertenplattform „Demographischer Wandel in Sachsen-Anhalt",* WZW Wissenschaftszentrum Sachsen-Anhalt, Wittenberg 2011, 68 S.

Enrique Fernández Darraz / Gero Lenhardt / Robert D. Reisz / Manfred Stock: *Hochschulprivatisierung und akademische Freiheit. Jenseits von Markt und Staat: Hochschulen in der Weltgesellschaft,* Transcript Verlag, Bielefeld 2010, 200 S.

Yvonne Anger / Oliver Gebhardt / Karsten König / Peer Pasternack: *Das Wissenschaftszentrum Sachsen-Anhalt (WZW) im Schnittpunkt von Anspruchsgruppen aus Wissenschaft, Politik, Wirtschaft und Öffentlichkeit,* WZW Wissenschaftszentrum Sachsen-Anhalt, Wittenberg 2010, 111 S.

Peer Pasternack / Carsten von Wissel: *Programmatische Konzepte der Hochschulentwicklung in Deutschland seit 1945,* Hans-Böckler-Stiftung, Düsseldorf 2009, 83 S. URL http://www.boeck ler.de/pdf/p_arbp_204.pdf.

Daniel Hechler / Jens Hüttmann / Ulrich Mählert / Peer Pasternack (Hg.): *Promovieren zur deutsch-deutschen Zeitgeschichte. Handbuch,* Metropol Verlag, Berlin 2009, 292 S.

Jens Hüttmann: *DDR-Geschichte und ihre Forscher. Akteure und Konjunkturen der bundesdeutschen DDR-Forschung,* Metropol-Verlag, Berlin 2008, 420 S.

Nicolai Genov / Reinhard Kreckel (Hg.): *Soziologische Zeitgeschichte. Helmut Steiner zum 70. Geburtstag,* Edition Sigma, Berlin 2007, 334 S.

Peer Pasternack: *Wissenschafts- und Hochschulgeschichte der SBZ, DDR und Ostdeutschlands 1945–2000. Annotierte Bibliografie der Buchveröffentlichungen 1990–2005,* CD-ROM-Edition, unt. Mitarb. v. Daniel Hechler, Stiftung zur Aufarbeitung der SED-Diktatur/Institut für Hochschulforschung, Berlin/Wittenberg 2006.

Manfred Stock: *Arbeiter, Unternehmer, Professioneller. Eine theorievergleichende Analyse zur sozialen Konstruktion von Beschäftigung in der Moderne,* VS-Verlag für Sozialwissenschaften, Wiesbaden 2005, 398 S.

Peer Pasternack / Roland Bloch / Claudius Gellert / Michael Hölscher / Reinhard Kreckel / Dirk Lewin / Irene Lischka / Arne Schildberg: *Die Trends der Hochschulbildung und ihre Konsequenzen. Wissenschaftlicher Bericht für das Bundesministerium für Bildung, Wissenschaft und Kultur der Republik Österreich,* bm:bwk, Wien 2005, 227 S.

Peer Pasternack / Arne Schildberg / Ursula Rabe-Kleberg / Kathrin Bock-Famulla / Franziska Larrá: *Entwicklungspotenziale institutioneller Angebote im Elementarbereich,* Verlag Deutsches Jugendinstitut, München 2005.

Peer Pasternack / Falk Bretschneider: *Handwörterbuch der Hochschulreform,* UniversitätsVerlag Webler, Bielefeld 2005, 221 S.

Barbara M. Kehm (Hg.): *Mit SOKRATES II zum Europa des Wissens. Ergebnisse der Evaluation des Programms in Deutschland,* Wissenschaftliches Zentrum für Berufs- und Hochschulforschung der Universität Kassel & HoF Wittenberg – Institut für Hochschulforschung, Kassel/Wittenberg 2005, 404 S.

Peer Pasternack: *Politik als Besuch. Ein wissenschaftspolitischer Feldreport aus Berlin,* UniversitätsVerlag Webler, Bielefeld 2005, 253 S.

Manfred Stock / Helmut Köhler: *Bildung nach Plan? Bildungs- und Beschäfti-gungssystem in der DDR 1949 bis 1989,* Leske + Budrich, Opladen 2004, 153 S.

Jens Hüttmann / Peer Pasternack / Ulrich Mählert (Hg.): *DDR-Geschichte vermitteln. Ansätze und Erfahrungen in Unterricht, Hochschullehre und politischer Bildung,* Metropol-Verlag, Berlin 2004, 310 S.

Jens Hüttmann / Peer Pasternack (Hg.): *Wissensspuren. Bildung und Wissenschaft in Wittenberg nach 1945,* Drei-Kastanien-Verlag, Wittenberg 2004, 414 S.

Barbara M. Kehm / Dirk Lewin / Sergej Stoetzer: *Förderung ausländischer Gastdo-zenten zu Lehrtätigkeiten an deutschen Hochschulen. Programmstudie,* Deutscher Akademischer Austauschdienst, Bonn 2003, 91 S.

Altmiks, Peter: *Zur Reform der Finanzierung der Hochschulausbildung in Deutsch-land. Ein bildungsökonomischer Vergleich der USA, der Niederlande und Deutsch-land,* Verlag Monsenstein u. Vannerdat, Münster 2003, 355 S.

Peer Pasternack: *177 Jahre. Zwischen Universitätsschließung und Gründung der Stif-tung Leucorea: Wissenschaft und Höhere Bildung in Wittenberg 1817–1994,* Stiftung Leucorea an der Martin-Luther-Universität Halle-Wittenberg, Wittenberg 2002, 122 S.

Martin Winter / Thomas Reil (Hg.): *Qualitätssicherung an Hochschulen. Theorie und Praxis,* W. Bertelsmann-Verlag, Bielefeld 2002, 192 S.

Peer Pasternack (Hg.): *Flexibilisierung der Hochschulhaushalte. Handbuch,* Schüren Verlag, Marburg 2001, 336 S.

Peer Pasternack / Thomas Neie (Hg.): *stud. ost 1989–1999. Wandel von Lebenswelt und Engagement der Studierenden in Ostdeutschland,* Akademische Verlagsanstalt, Leipzig 2000, 464 S.

Monika Gibas / Peer Pasternack (Hg.): *Sozialistisch behaust & bekunst. Hochschu-len und ihre Bauten in der DDR,* Leipziger Universitätsverlag, Leipzig 1999, 246 S.

Barbara M. Kehm: *Higher Education in Germany. Developments Problems, Future Perspectives,* CEPES, Bucarest 1999, 145 S.

Peer Pasternack (Hg.): *Eine nachholende Debatte. Der innerdeutsche Philosophen-streit 1996/ 97,* Leipzig 1998, 234 S.

Gertraude Buck-Bechler / Hans-Dieter Schaefer / Carl-Hellmut Wagemann (Hg.): *Hochschulen in den neuen Ländern der Bundesrepublik Deutschland. Ein Handbuch zur Hochschulerneuerung,* Deutscher Studien-Verlag, Weinheim 1997, 698 S.

HoF-Handreichungen

Online unter http://www.hof.uni-halle.de/journal/handreichungen.htm

Peer Pasternack / Steffen Zierold: *Überregional basierte Regionalität. Hochschulbeiträge zur Entwicklung demografisch herausgeforderter Regionen. Kommentierte Thesen,* unt. Mitarb. v. Thomas Erdmenger, Jens Gillessen, Daniel Hechler, Justus Henke und Romy Höhne, Halle-Wittenberg 2014, 120 S.

Peer Pasternack / Johannes Keil: *Vom 'mütterlichen' Beruf zur differenzierten Professionalisierung. Ausbildungen für die frühkindliche Pädagogik,* Halle-Wittenberg 2013, 107 S.

Peer Pasternack (Hg.): *Regional gekoppelte Hochschulen. Die Potenziale von Forschung und Lehre für demografisch herausgeforderte Regionen,* Halle-Wittenberg 2013, 99 S.

Peer Pasternack / Daniel Hechler: *Hochschulzeitgeschichte. Handlungsoptionen für einen souveränen Umgang,* Halle-Wittenberg 2013, 99 S.

Daniel Hechler / Peer Pasternack: *Hochschulorganisationsanalyse zwischen Forschung und Beratung,* Halle-Wittenberg 2012, 99 S.

Peer Pasternack / Tim Hutschenreuter (Red.)

HoF-Lieferungen

Die Buchpublikationen des Instituts für Hochschulforschung Halle-Wittenberg (HoF)

Halle-Wittenberg 2013, 88 S.
ISBN 978-3-937573-41-0

Auch unter http://www.hof.uni-halle.de/dateien/01_hof_buecher_katalog_2013.pdf

die hochschule. journal für wissenschaft und bildung

Herausgegeben für das Institut für Hochschulforschung (HoF) von
Peer Pasternack. Redaktion: Daniel Hechler

Ältere Hefte online unter http://www.hof.uni-halle.de/journal/archiv.htm

Themenhefte:

Jens Gillessen / Johannes Keil / Peer Pasternack (Hg.): *Berufsfelder im Professionalisierungsprozess. Geschlechtsspezifische Chancen und Risiken* (2013, 198 S., € 17,50)

Martin Winter / Carsten Würmann (Hg.): *Wettbewerb und Hochschulen. 6. Jahrestagung der Gesellschaft für Hochschulforschung in Wittenberg* (2012; € 17,50).

Karsten König / Rico Rokitte: *Weltoffen von innen? Wissenschaft mit Migrationshintergrund* (2012, 210 S.; € 17,50)

Edith Braun / Katharina Kloke / Christian Schneijderberg (Hg.): *Disziplinäre Zugänge zur Hochschulforschung* (2011, 212 S.; € 17,50)

Peer Pasternack (Hg.): *Hochschulföderalismus* (2011, 217 S.; € 17,50)

Carsten Würmann / Karin Zimmermann (Hg.): *Hochschulkapazitäten – historisch, juristisch, praktisch* (2010, 216 S.; € 17,50)

Georg Krücken / Gerd Grözinger (Hg.): *Innovation und Kreativität an Hochschulen* (2010, 211 S.; € 17,50)

Daniel Hechler / Peer Pasternack (Hg.): *Zwischen Intervention und Eigensinn. Sonderaspekte der Bologna-Reform* (2009, 215 S.; € 17,50)

Peer Pasternack (Hg.): *Hochschulen in kritischen Kontexten. Forschung und Lehre in den ostdeutschen Regionen* (2009, 203 S.; € 17,50)

Robert D. Reisz / Manfred Stock (Hg.): *Private Hochschulen – Private Higher Education* (2008, 166 S.; € 17,50)

Martin Winter: *Reform des Studiensystems. Analysen zum Bologna-Prozess* (2007, 218 S.; € 17,50)

Peer Pasternack: *Forschungslandkarte Ostdeutschland,* unt. Mitarb. v. Daniel Hechler (Sonderband 2007, 299 S., € 17,50)

Reinhard Kreckel / Peer Pasternack (Hg.): *10 Jahre HoF* (2007, 197 S., € 17,50)

Karsten König (Hg.): *Verwandlung durch Verhandlung? Kontraktsteuerung im Hochschulsektor* (2006, 201 S.; € 17,50)

Georg Krücken (Hg.): *Universitäre Forschung im Wandel* (2006, 224 S.; € 17,50)

Konjunkturen und Krisen. Das Studium der Natur- und Technikwissenschaften in Europa (2005, 246 S.; € 17,50)

Peer Pasternack (Hg.): *Konditionen des Studierens* (2004, 244 S.; € 17,50)

Martin Winter (Hg.): *Gestaltung von Hochschulorganisation. Über Möglichkeiten und Unmöglichkeiten, Hochschulen zu steuern* (2004, 254 S.; € 17,50)

Anke Burkhardt / Uta Schlegel (Hg.): *Warten auf Gender Mainstreaming. Gleichstellungspolitik im Hochschulbereich* (2003, 282 S.; € 17,50)

Barbara Kehm (Hg.): *Grenzüberschreitungen. Internationalisierung im Hochschulbereich* (2003, 268 S.; € 17,50)

Peer Pasternack / Martin Winter (Hg.): *Szenarien der Hochschulentwicklung* (2002, 236 S.; € 17,50)

HoF-Arbeitsberichte 2011-2013

Online unter http://www.hof. uni-halle.de/publikationen/hof_arbeitsberichte.htm

4'13 Gunter Quaißer / Anke Burkhardt: *Beschäftigungsbedingungen als Gegenstand von Hochschulsteuerung. Studie im Auftrag der Hamburger Behörde für Wissenschaft und Forschung*, 89 S.

3'13 Jens Gillessen / Peer Pasternack: *Zweckfrei nützlich: Wie die Geistes- und Sozialwissenschaften regional wirksam werden. Fallstudie Sachsen-Anhalt*, 127 S.

2'13 Thomas Erdmenger / Peer Pasternack: *Eingänge und Ausgänge. Die Schnittstellen der Hochschulbildung in Sachsen-Anhalt*, 99 S.

1'13 Sarah Schmid / Justus Henke / Peer Pasternack: *Studieren mit und ohne Abschluss. Studienerfolg und Studienabbruch in Sachsen-Anhalt*, 75 S.

7'12 Martin Winter / Annika Rathmann / Doreen Trümpler / Teresa Falkenhagen: *Entwicklungen im deutschen Studiensystem. Analysen zu Studienangebot, Studienplatzvergabe, Studienwerbung und Studienkapazität*, 177 S.

6'12 Karin Zimmermann: *Bericht zur Evaluation des „Professorinnenprogramm des Bundes und der Länder"*, 53 S.

5'12 Romy Höhne / Peer Pasternack / Steffen Zierold: *Ein Jahrzehnt Hochschule-und-Region-Gutachten für den Aufbau Ost (2000-2010). Erträge einer Meta-Analyse*, 91 S.

4'12 Peer Pasternack (Hg.): *Hochschul- und Wissensgeschichte in zeithistorischer Perspektive. 15 Jahre zeitgeschichtliche Forschung am Institut für Hochschulforschung Halle-Wittenberg (HoF)*, 135 S.

3'12 Karsten König / Gesa Koglin / Jens Preische / Gunter Quaißer: *Transfer steuern – Eine Analyse wissenschaftspolitischer Instrumente in sechzehn Bundesländern*, 107 S.

2'12 Johannes Keil / Peer Pasternack / Nurdin Thielemann: *Männer und Frauen in der Frühpädagogik. Genderbezogene Bestandsaufnahme*, 50 S.

1'12 Zierold, Steffen: *Stadtentwicklung durch geplante Kreativität? Kreativwirtschaftliche Entwicklung in ostdeutschen Stadtquartieren*, 63 S.

7'11 Peer Pasternack / Henning Schulze: *Wissenschaftliche Wissenschaftspolitikberatung. Fallstudie Schweizerischer Wissenschafts- und Technologierat (SWTR).* 96 S.

6'11 Robert D. Reisz / Manfred Stock: *Wandel der Hochschulbildung in Deutschland und Professionalisierung.* 45 S.

5'11 Peer Pasternack: *HoF-Report 2006 – 2010. Forschung, Nachwuchsförderung und Wissenstransfer am Institut für Hochschulforschung Halle-Wittenberg.* Unter Mitarbeit von Anke Burkhardt und Barbara Schnalzger. 90 S.

4'11 Anja Franz / Monique Lathan / Robert Schuster: *Skalenhandbuch für Untersuchungen der Lehrpraxis und der Lehrbedingungen an deutschen Hochschulen. Dokumentation des Erhebungsinstrumentes.* 79 S.

3'11 Anja Franz / Claudia Kieslich / Robert Schuster / Doreen Trümpler: *Entwicklung der universitären Personalstruktur im Kontext der Föderalismusreform*, 85 S.

2'11 Johannes Keil / Peer Pasternack: *Frühpädagogisch kompetent. Kompetenzorientierung in Qualifikationsrahmen und Ausbildungsprogrammen der Frühpädagogik*, 139 S.

1'11 Daniel Hechler / Peer Pasternack: *Deutungskompetenz in der Selbstanwendung. Der Umgang der ostdeutschen Hochschulen mit ihrer Zeitgeschichte*, 225 S.

Peer Pasternack (Hg.)

Jenseits der Metropolen
Hochschulen in demografisch herausgeforderten Regionen

Akademische Verlagsanstalt, Leipzig 2013, 571 S.
ISBN 978-3-931982-83-6. € 33,00

Einerseits demografische Schrumpfung, fragmentierte Entwicklungen der Regionen und die Verminderung finanzieller Spielräume, andererseits die beiden zentralen politischen Ziele „selbsttragende Entwicklung" und „gleichwertige Lebensverhältnisse": So lassen sich die zentralen Rahmenbedingungen der Regionalentwicklung in Ostdeutschland – alsbald aber auch in anderen Regionen – beschreiben. Fragt man vor diesem Hintergrund nach den Entwicklungschancen dieser Regionen, sind zwei zentrale Komponenten einzubeziehen: wirtschaftliche Stabilität und soziale Stabilität. Die wirtschaftliche Stabilität erfordert eine Steigerung des technisch-technologischen Innovationsgeschehens, und die gesellschaftliche Stabilität erfordert soziale Innovationen.

Diese Innovationen werden wesentlich über wissensgesellschaftliche Entwicklungsfaktoren und vornehmlich über endogene Entwicklungspotenziale zu erschließen sein. Die regionalen Hochschulen sind die institutionell stabilsten Agenturen der Wissensgesellschaft. Indem sie sich auf die Herausforderungen ihres Umfeldes einlassen, können sie zu einem zentralen Verödungshemmnis in den demografisch herausgeforderten Regionen werden.

Im Mittelpunkt des HoF-Forschungsprogramms stehen seit einigen Jahren raumbezogene Fragen der Hochschul- und Bildungsentwicklung in demografisch herausgeforderten Regionen. Im Zuge der Entfaltung dieser Forschungslinie sind zahlreiche Einzeluntersuchungen realisiert worden. Deren verstreut oder bisher noch nicht publizierte Ergebnisse werden nun in diesem Sammelband kompakt zusammengefasst.

Reinhard Kreckel / Karin Zimmermann

Hasard oder Laufbahn
Akademische Karrierestrukturen im internationalen Vergleich

Akademische Verlagsanstalt, Leipzig 2014, 277 S.
ISBN 978-3-931982-84-3. € 26,00

Das Weber'sche Spannungsfeld zwischen bürokratisierter Laufbahn und wildem Hasard riskanter Karrieren prägt auch die Universitäten in der globalisierten akademischen Welt von heute – allen Standardisierungen zum Trotz und mit beträchtlichen Unterschieden von Land zu Land.

Im Mittelpunkt dieses Buches stehen akademische Positionen an Universitäten, den akademischen Kerninstitutionen, in denen Lehre, Forschung und Nachwuchsqualifizierung in Verbindung miteinander stattfinden. Verschiedene derzeit dominierende Modelle gelten als westliche Referenzmodelle von globaler Geltung. Neun Länderstudien zu Deutschland, den USA, Großbritannien, Frankreich, Österreich, der Schweiz, Schweden, den Niederlanden und Ungarn zeigen, dass sie aber nicht monolithisch zu sehen sind. Vielmehr gelten sie als Bestandteil eines umkämpften Terrains, auf dem eine Schattenstruktur prekärer Beschäftigungsverhältnisse in Forschung und Lehre zunehmend an Boden gewinnt.

Über die Community der Hochschulforschung hinausgehend, richtet sich das Buch an Studierende, Wissenschaftler und Wissenschaftlerinnen ebenso wie an Entscheider in den Hochschulen und der Hochschulpolitik, die über die bestehenden Inkompatibilitäten der nationalen Wissenschaftssysteme und das Ringen der Länder um international konkurrenzfähige akademische Karriereoptionen mehr wissen wollen.